北東アジアにおける
帝国と地域社会

白木沢旭児◆編著

北海道大学出版会

目　　次

第11章　朝鮮北部残留日本人の活動と「脱出」・「公式引揚」
——日本窒素肥料の事例——

……………内 藤 隆 夫……387

第12章　日本の植民地下における生漆「国産化」の展開過程

……………湯 山 英 子……421

序　帝国と地域社会に関する覚書

白木沢旭児

1　帝国主義から帝国へ

1.1　帝国主義論

　戦後歴史学の全盛期には，帝国主義研究はきわめて活発に行われており，高い水準の研究成果も数多く発表されてきた。たとえば，1985 年から 1994 年にかけて刊行された大石嘉一郎編『日本帝国主義史』（全 3 巻）［大石 1985, 1987, 1994］は，帝国主義論を前提とした日本経済史の研究書として，おそらく最高の，そして最後のものであろう。本書第 1 巻の序章において，編者の大石は，

> 　さて，本書において日本帝国主義を問題にする場合，ホブソン『帝国主義論』（一九〇二年），ヒルファディング『金融資本論』（一九一〇年）を経て，レーニン『資本主義の最高の段階としての帝国主義』（一九一七年，以下『帝国主義論』と略す）によって確立された帝国主義概念を前提としている［大石 1985, 4］。

と同書は，ホブソン，ヒルファディング，レーニンと発展してきた帝国主義論（帝国主義概念）を前提としていると宣言している。この帝国主義概念はレーニンが集大成として位置づけられているので，このあとの叙述はレーニン『帝国主義論』に依拠して展開される。

> 　いうまでもなくレーニン『帝国主義論』は，マルクス『資本論』で体系化された資本の運動法則，とりわけ資本主義的再生産＝蓄積の法則をふ

　まえ，それを二〇世紀初頭の世界資本主義の新しい段階に具体化し，それによって当時の帝国主義的諸対立の政治的・経済的本質を解明したものである。そこで解明された新しい段階の資本主義とは，一言でいえば独占資本主義であり，その意味で帝国主義とはその経済的本質からみれば独占資本主義であり，資本主義の独占段階である［大石 1985, 4］。

　ここにおいて，帝国主義を研究するということは，すなわち独占資本主義＝資本主義の独占段階を研究することである，とされている。この文章の冒頭において「本シリーズ『日本帝国主義史』（全3巻）は，一九一〇年代とくに第一次大戦から，第二次大戦後の一九五〇年頃までの日本資本主義＝帝国主義の展開とその解体・再建の過程を……」［大石 1985, 3］とされており，日本資本主義と帝国主義はほぼ同義の語として用いられていた。

　このような位置づけを与えられた大石嘉一郎編『日本帝国主義史』（全3巻）は，独占段階の日本資本主義分析として，きわめて質の高い論文からなる共同研究の書であり研究史に残るものであった。しかし，章別構成を見ると明らかなように，重化学工業，軽工業，農業などの産業別の章と財閥，労使関係などの経済主体別の章が並んでおり，これらすべての章は日本政府の直接統治する内地47府県の範囲を分析対象としており，植民地（外地）については植民地の章が1つ置かれ，そこですべて取り扱われるという構成をとっていた。もっとも資本輸出や対外経済関係（対外金融，貿易）には相当の紙幅が割かれており，世界資本主義との関連は十分意識されていたものと思われる。しかし，独占段階の日本資本主義とは，日本内地において展開した資本主義のことであり，当時の日本が植民地を有する帝国であったことに照らして考えると，日本帝国のなかの本国経済の研究であった。

　大石編『日本帝国主義史』（全3巻）よりも古い研究だが，帝国主義研究として重要なものとして1973～1975年に刊行された宇野弘蔵監修『講座帝国主義の研究』（全6巻）［宇野 1973-1975］がある。各巻のタイトルは「1 帝国主義論の形成」「2 世界経済」「3 アメリカ資本主義」「4 イギリス資本主義」「5 ドイツ・フランス資本主義」[1]「6 日本資本主義」となっていることに示されるように，やはり日本帝国主義＝日本資本主義なのである。山崎広明・柴垣和

夫・林建久による「6 日本資本主義」の「はしがき」では，

　　日本帝国主義の性格規定については，これまでにも多くの議論がかわさ
　　れてきたが，その経済構造を日本の帝国主義的対外進出と関連させつつ
　　解明したものは必ずしも多くないように思われる。そこで，本書で，わ
　　れわれは，日本帝国主義の経済構造の第一次大戦期から満洲事変期にか
　　けての推転の過程をあとづけることによって，満洲事変から日中戦争・
　　太平洋戦争へと連なる日本の対外軍事進出の経済的基礎を解明すること
　　にした。そしてそのさい，産業構造，国際収支，経済政策（財政）の三つ
　　を重点項目としてとり上げた[宇野 1973, 1]。

と，日本帝国主義の対外進出の経済的基礎を明らかにする，という課題が鮮
明にされていたことは注目すべきであろう。なお，ここで産業構造を重点項
目とする，という意味は，従来の宇野理論に基づく日本経済史研究を「資本
主義の段階規定に必要な限りでいわば例示的に綿工業や鉄鋼業をとり上げる
にとどまっており」と批判したうえで，「日本の資本主義化に規定的役割を
果たした産業部門を網羅した産業構造概観図によりながら基軸産業部門を抽
出し，それらの相互関連に留意しつつ……これら基軸部門における企業間の
競争構造と対外投資との関連の解明に力を注いだ。」[宇野 1973, 1]としてい
る。同書には各時期区分ごとに国民経済計算の方法により算出・作成された
産業構造概観図が掲載されていることが特徴であった。同書では，過剰資本
は見出されないにもかかわらず対外進出は盛んに行われたことを日本帝国主
義の特質と捉えているが，講座全体の対象時期が両大戦間期に設定されたた
め，日中戦争期・太平洋戦争期の分析を欠いたことは惜しまれる。この時代
には，未だ戦時経済期はブラックボックスのままであった。同書の日本帝国
主義について対外進出の経済的基礎を解明する，という問題意識はまったく
妥当なものであるし，基軸産業を抽出するというのも宇野理論に基づく正当
な分析方法であったが，帝国主義国＝日本本国の分析という点において，先
に紹介した『日本帝国主義史』と同じ範疇に属するものである。

　帝国主義研究がなぜ本国資本主義研究になるのか，について考慮しなけれ
ばならないのは，資料の問題であろう。日本資本主義を分析する際に用いら

れる官庁統計のほぼすべてが内地 47 府県の範囲を対象としたものである。たとえば『日本外国貿易年表』は，内地 47 府県に存在する税関のデータを集積した統計書だが，日本と植民地との貿易は税関を通らないがゆえに数値がまったく計上されない。官庁統計のダイジェスト版である『日本帝国統計年鑑』も帝国と冠した書名にもかかわらず，その大部分の統計は内地 47 府県を対象としたものである。理由は，日本政府の各省庁が管轄するのが 47 府県に限定されているため，統計もその範囲についてのみ作成されるからである。外地については朝鮮総督府，台湾総督府，樺太庁など別の統治主体が，まったく別個の官庁統計を作成しており，植民地研究者はそれらを用いて研究する，というように資料の分化がそのまま研究の分業につながっているように思われる。

　さて，社会主義崩壊後の学問状況のなかで，マルクス主義歴史学やマルクス経済学は大きな岐路に立たされた。従来の発展段階論は影をひそめ，言葉としても用いる者は少なくなった。帝国主義は独占段階の資本主義と定義されたために，発展段階論の終焉とともに帝国主義論も終焉を迎えることになる。あたかも日本本国のポツダム宣言受諾に呼応して満洲帝国が解散宣言を発表したごとくに，である。しかし，帝国主義論が問題にした事実は厳然として存在したので，帝国主義論に拠らない，帝国主義という用語を用いないことによって，帝国主義研究は現在に至るまで隆盛を極めるに至った。これが以下に見る帝国論である。

1.2　帝国論・帝国史

　帝国主義論の退場と入れ替わるように帝国論・帝国史研究が隆盛を極めている。これは帝国主義の言い換えではなく，別個の意味をもった概念である。木畑洋一は，

　　……帝国史という視角が最近重視されている状況には，はっきりとした
　　時代的背景として，現代の国際関係の大きな変動がある。まず，一九世
　　紀から二〇世紀，とりわけ二〇世紀の国際体制の基本単位となってきた
　　国民国家の限界と動揺が指摘され，それに代わる体制として帝国という

構造が改めて着目されるようになった。そのような動向に拍車をかけたのが、「冷戦」の終焉、ソ連の崩壊である。ソ連崩壊の様相は、畢竟ソ連体制もロシア帝国の延長ではなかったのかという見方を強めたし、「冷戦」終焉後の世界各地における民族紛争の頻発は、多様な民族・文化を包含した体制としての帝国の再評価を促していったのである。とりわけ、オスマン帝国やハプスブルク帝国への着目は著しい[木畑 2002, 64-65]。

帝国史の研究対象の例としてオスマン帝国、ハプスブルク帝国があげられているが、これらの帝国本国は資本主義の独占段階でもなければ国民国家でもなかった。レーニン帝国主義論がまったく研究対象にしなかったものが帝国として問題になっているのである。ソ連＝ロシア帝国についても同様である。このように時代的には古くは古代史にまで大きく遡り、下っては現代アメリカをも射程に入れ、また、体制は王朝、帝政、共和国、社会主義共和国など、およそ世界史上存在したすべての体制（政体）を含んでいるものが帝国である。

すでに山本有造により紹介されているマイケル・ドイルの帝国論は、このような時代を問わず、政体を問わない帝国概念を整理したものとして注目できる[山本 2003, 5]。ドイルによれば、帝国の定義は、

> 帝国とは、公式または非公式を問わず、ある国家が他の政治社会の政治的・実効的な主権を支配している関係である。それは、軍事力、政治的提携、経済的・社会的・文化的依存によって達成されるものである。帝国主義は、帝国を確立し維持するための過程または政策の一つにすぎない[2][Doyle 1986, 45]。

ドイルの見解で、注目すべき点は、これまでの帝国（帝国主義）研究を 3 つの系譜、すなわち本国中心理論（Metrocentric Theory）、系統理論（Systemic Theory）、周辺理論（Pericentric Theory）に分けて論じていることである。ホブソン、レーニン、そしてシュンペーターの帝国主義論は第一の本国中心理論に含まれている。ドイルは本国中心理論に対して否定的である。

シュンペーターが主張するように帝国主義は無目的な膨張性であるなら

ば，そして，帝国が具体的目的がないままに領土を征服することにより特徴づけられるのならば，我々はトートロジーに陥いることになる。同様に，帝国主義が資本主義の独占段階として定義づけられ，説明されるならば，我々は証明することがほぼ不可能な理論に引きずり込まれるだろう[Doyle 1986, 123]。

また，本国中心理論では，本国が有する帝国性を重視するあまり，帝国性を有さない時代，つまり帝国主義本国が存在しなかった前近代あるいは帝国主義本国が崩壊した後の現代における，歴史上実際に存在した帝国の経験という重要な側面を無視することになる，と批判する[Doyle 1986, 124]。これに対してドイルが比較的肯定的に見ていると思われるのは第三の周辺理論である。

周辺理論とは，何が周辺を他の政治社会から違うものにしたのかに着目することによって，帝国と他の国際関係のタイプとを区別するという考え方である。それは本国中心主義理論や系統理論に欠けていた，第二のアクターを提供している。なぜ本国同士間では制御可能な貿易を生み出すような国境を超える力が，他の地域では不安定と危機を生み出すのかを示すことによって，本国のパワーを説明することを助けるのである[Doyle 1986, 127]。

しかし，パワーの源泉はあくまでも本国にある。ドイルは，本国を分析する必要を否定しているわけではないので，周辺のありように注目しながら本国の分析も行う，という視角を想定しているように思われる。

ところで，ドイルの帝国論は，帝国の歴史的経験としてあげる事例が，古くはアテネ，スパルタ，ペルシア，ローマ帝国から新しくは近代のいわゆる帝国主義国まで及んでおり，いわば超時代的に帝国現象を見出している。しかし，歴史学的観点から見ると，20世紀の帝国のある問題を論じている時に古代ローマの事実で説明（論証）するということは，避けるべきであろう。そもそも19世紀から20世紀の，かつて帝国主義といわれた時代に，やはり独自の意味があると考えることはできないだろうか。すなわち，帝国の定義を「帝国とは，公式または非公式を問わず，ある国家が他の政治社会の政治

的・実効的な主権を支配している関係である」と広く押さえたうえで，19〜
20 世紀に生じた帝国を，特に重視することとは矛盾しないのではないか，
ということである。この点では木畑洋一は世界システム論を紹介した後に，

> 世界システム論に依拠するこのような議論が，幅広い視野の中で帝国主
> 義の問題を位置づけようとしている姿勢は共感を覚えるが，その上で筆
> 者は，一九世紀末からの「帝国主義の時代」は，やはり「特権化」され
> るべきであると考えており，帝国主義という概念もこの時期の世界体制
> を示す概念として用いるべきであると思っている［木畑 2002, 59］。

と指摘しているがまったく同感である。また，これに関連して，石井寛治が
「帝国主義研究と帝国研究の断絶」を問題視し，その両者を架橋する必要を
主張している［石井 2012, 3-4］が，これもまた首肯できることである。

　本書で用いる帝国とは，レーニン帝国主義論の概念（資本主義の独占段階）
ではなく，近年用いられている帝国論，とりわけドイルの定義を踏まえてい
るが，しかし，そのうえで 19 世紀末から第二次世界大戦終結までの時代を
「いわゆる帝国主義の時代」と呼び区別することにしたい。帝国主義論的視
角により行われた研究蓄積は膨大であり，これを古代から現代に至る「帝
国」のなかに解消・埋没させるわけにはいかないからである。

1.3　近年の「帝国日本」研究

　帝国主義論から帝国論・帝国史へと視角が転換してきたことに対応して，
日本近現代史分野においても「帝国日本」研究が活発化してきている。その
牽引役の一つとなってきたのは蘭信三による共同研究の数々であろう。蘭信
三編著『日本帝国をめぐる人口移動の国際社会学』［蘭 2008］は，帝国の形
成・拡大に伴って生じた人口移動および，敗戦・日本帝国崩壊によるそれま
でとは逆の方向への人口移動（引揚と送還）について，帝国内各地における実
態を大規模な共同研究により明らかにしたものである。同書では，内地から
外地（や勢力圏）への人口移動，帝国の中心地への外地（や勢力圏）からの人口
移動，外地（や勢力圏）から別の外地（や勢力圏）への人口移動を総合的に捉え
ており，これまで別個に研究されてきた日本人の満洲移民や戦時期朝鮮人強

8

制連行の歴史を，日本帝国をめぐる人流として全体的・総合的に分析することに成功している。

蘭信三は，これ以後も『中国残留日本人という経験――「満洲」と日本を問い続けて――』[蘭 2009]，『帝国崩壊とひとの再移動　引揚げ，送還，そして残留』[蘭 2011]，『帝国以後の人の移動――ポストコロニアリズムとグローバリズムの交錯点――』[蘭 2013]と日本帝国の人流に関する共同研究の成果を次々と発表している。これらの共同研究により，帝国全盛期の労働者の移動・戦時動員と帝国崩壊後の引揚および送還あるいは残留を一連の現象として，しかも日本帝国各地の実態に即して明らかにした。

近年，帝国日本に関しては引揚(引揚げ，引き揚げとさまざまな表記があるが，本章では基本的に引揚とする)研究が大きな進展を見ている分野として注目できる。増田弘編著『大日本帝国の崩壊と引揚・復員』[増田 2012]，島村恭則編『引揚者の戦後　叢書戦争が生みだす社会Ⅱ』[島村 2013]などの共同研究が生み出された。島村は，これ以前に戦後，朝鮮への帰還を意図して博多に集まった朝鮮人が帰還を断念して博多に集住していく過程を，聞き取りにより克明に描いた『〈生きる方法〉の民俗誌――朝鮮系住民集住地域の民俗学的研究――』[島村 2010]を発表しており，これは引揚(朝鮮人は送還・帰還)研究を戦後社会形成史に結びつける画期的な研究であった。また，玄武岩『コリアン・ネットワーク――メディア・移動の歴史と空間――』[玄 2013]は朝鮮への帰還とともに，同時に朝鮮半島から日本への密航も数多く見られ，これらの過程を通じて戦後在日朝鮮人社会が形成されることを克明に明らかにしている。戦後の人流において出身地への帰還と日本への再渡航のように同一人物の往復現象が見られることは，樺太と北海道においても同様であり，樺太から北海道への引揚・脱出を基本線としながらも樺太への再渡航や船舶の往復がなされていたのである[木村 2013]。

さて，以上のような帝国日本に関する人流の研究は，日本列島と大陸(朝鮮・満洲・中国)，樺太，台湾を双方向に移動する日本人・朝鮮人の動向を明らかにしてきた。従来の日本近現代史研究の地理的な分析範囲を格段に広げたという意味で画期的なことである。しかし，先述した帝国論・帝国史の

観点から見ると，帝国研究になっているのか，という点では，疑問を抱かざるをえない。つまり，国民国家日本の構成員たる日本人・在日朝鮮人が日本列島のみならず，大陸，台湾，樺太を舞台にさまざまな活動を展開していたことを重視し研究対象を大陸，台湾，樺太にまで拡大した，ということであり，あくまでも国民国家日本を研究しているのではないだろうか。もちろん，従来の日本近現代史研究が日本列島（すなわちポツダム宣言後の日本国）の範囲内に関心を限定していたことを考えると，大きな研究上の視野の拡大であり，まったく歓迎されるべきことには違いない。しかし，帝国論・帝国史という観点からすると，国民国家日本の研究対象を地理的に，日本国民が活動した範囲に拡大した，という段階にとどまっているのではないか，ということである。

　近年，盛んになった帝国日本研究の共通点は，登場する帝国はほぼ日本のみであり，かつ，日本国は常に帝国として登場していることである。したがって帝国日本（日本帝国）を「国民国家日本」と置き換えても成り立つ研究が多いように思われる。しかし，帝国論・帝国史の教えるところによれば，清も中華民国も中華人民共和国もロシアもソ連もアメリカ（戦後）も帝国である，ということである（場合によっては満洲国，朝鮮国も含むことも可能であろう）。日本帝国のみならず中華帝国，ロシア帝国，アメリカ帝国がすべて出合う場が北東アジアである。帝国日本研究が研究対象を地理的に拡大したことを受けて，その地域は，複数の帝国が出合う場所であることを認識したうえで，改めて帝国の時代（帝国主義の時代）を考えてみる必要があるのではないだろうか。

2　北東アジアと地域社会

2.1　北東アジアの定義

　近年，「北東アジア（東北アジア）」をタイトルに冠した著書，論文が多数見受けられるようになった。そのほとんどが現状分析に関するものであり，

表序-1 北東アジア地域の相対的地位（2008 年）

	人口	GDP （兆ドル）	GDP 対世界比 （％）	貿易額対世界比 （％）
北東アジア	15.1 億	10.7	17.7	18.3
EU	3.1 億	13.5	22.4	11.1
NAFTA	4.3 億	16.7	27.6	15.7
世界計	64 億	60.6	100.0	100.0

出所）Kent Calder/ Min Ye, *The Making of Northeast Asia*, Stanford University Pr. 2010, p. 5

歴史を扱ったものは非常に少ない。「北東アジア（東北アジア）」という地域名称は，戦前日本において使われることはまれであった[中見 2013, 267]。

　それでは，北東アジアはどのように定義されるのだろうか。ケント・カルダー，ミン・イエによる研究では，北東アジアの経済的な中心を上海とみなし，上海から航空機の直行便で 3 時間以内の範囲を「上海サークル」と名づけている。上海サークルに包摂される地域は北は中国・ハルビン，西は中国・西安，南は香港，東は日本・東京などである[Calder/Ye 2010, 4]。台湾，南北朝鮮，ロシア・ウラジオストクもすべて含まれている。これらの北東アジアを構成する国・地域（日本，中国，韓国，香港，台湾）の 2008 年における経済指標を他の地域と比較したものが「表序-1　北東アジア地域の相対的地位」である。

　北東アジアは EU および NAFTA（北米）と比べて人口と貿易額では上回る地位にある。GDP のみ両者を下回っているが，そもそも欧米が世界経済の主役であったことを考えれば，隔世の感がある。同書はあくまでも現状分析として北東アジアを描いているものだが，冒頭部分のフラッシュバックには誠に興味深い記述がある。

　　フラッシュバック　　一つのある旅行
　　連絡船は下関港の埠頭を午後 9 時に時間通りに出発した。夕食後，夜通しの航海で対馬海峡を横断して釜山に向かうのである。運賃は 3 円 55 銭だ。夜が明け始めた頃，朝鮮の地に到着し，釜山で軽く散歩をしてから観光客は汽車に乗って京城に向かった。そこでは，彼らは景福宮や南

山公園，植物園を見学した。京城で一泊して，午前，仁川にある古代中国の遺跡を見学した。その後，一行は夜行列車に乗り北に向かった。翌日の朝食時に平壌に到着したが，京城——平壌間の運賃は5円だった。彼らは午前中観光し，昼食を楽しみ，奉天行きの列車に乗ることになる。汽車が鴨緑江を渡ると安東である。乗客は時計の針を1時間進め，おざなりな中国税関を通過するのである。乗客は引き続き南満洲鉄道の奉天行き（もとの列車）に乗り込み，車内でオプションの西洋料理または日本料理を1円50銭で注文し，快適にゆっくりと夕食をとり，9時30分頃に奉天に到着する。翌日，彼らは馬車を雇い，市内見学ツアーに出かける。コースには奉天の旧市街（城内），新市街（附属地），満洲医科大学を含んでいる。

＊　　　　＊　　　　＊

これは1928年のことである。この観光客たちは日本，朝鮮，中国東北地方の特色あふれる場所を5日間で自由に旅行していた。宿泊費，鉄道および連絡船運賃を計算すると旅行費用はせいぜい50円——つまり当時の一般的な為替レートで12米ドル程度であった。政治的な問題の煩わしさはほとんどなかったのである[Calder/Ye 2010, xviii]

　現状分析的な研究において注目を集めている北東アジアは，戦前の「帝国主義の時代」には，自由に，しかも安い料金で快適に旅行ができる地域だったのである。たとえ，北東アジアという地域区分，地域名称がなかったとしても，現在の北東アジアに該当する地域が，「帝国主義の時代」にいかなる状況にあったのかを解明することは，現状分析的な研究に対しても寄与しうる作業であろう。本書は，「帝国主義の時代」における北東アジア各地域の具体的な姿を解明することを課題としている。

　ところで，「帝国主義の時代」には，北東アジア地域を指す言葉として，最もポピュラーだったと思われるのは極東（Far East）であろう。すなわち北東アジアは欧米列強（本国）から最も遠隔にある地域であった。言い換えると，欧米列強，とりわけイギリス，フランス，ドイツなどの影響力は最も稀薄だったいうことであり，逆に近隣の中国，ロシア帝国，日本帝国の影響力

は重なり合いながら，最も強かった地域でもある。日本の大陸支配を考えても，朝鮮を公式植民地（併合）とし，関東州および満鉄附属地を公式植民地（租借地）とし，満洲国を非公式植民地（傀儡政権）としたものの，華北から華中，華南へと中国本国の南に行くほど支配はより困難になった。その障壁は，イギリス，フランス，アメリカなど欧米列強の強固な権益であった。日中戦争により，日本軍は中国主要都市を占領したとはいえ，華北における傀儡政権・日本軍を通じた支配に対し，華中，華南のそれは質的にまったく異なるものとならざるをえなかった。本書で扱う北東アジアは，欧米列強から見た極東とほぼ同義であり，欧米列強のプレゼンスが相対的に小さい地域であり，その結果，当然のごとく日本帝国，中華帝国，ロシア帝国のプレゼンスは相対的に大きい地域であったのである。

2.2 「3つの帝国」の視点

19〜20世紀の北東アジアは，ロシア（ソ連），清（中国），日本という3つの帝国が勢力圏を交錯させていた世界でもまれな地域であった。これら3つの帝国の存在は，これまでのところ，日本北方史研究の前近代史を対象とする研究において最も自覚的に分析視角に生かされてきた。その例として山旦交易をあげることができよう。山旦交易とは「アムール川下流域のキジ湖周辺に住む人びと（主に現在のウリチ民族，日本側の記録に「サンタン人」と記される）が，サハリン南端のシラヌシまでやってきて，彼らが持参したワシの尾羽，中国渡来の絹織物，青玉（ガラス玉）等と，日本側が用意・集荷したキツネ，クロテン，テン等の毛皮を交換した商取引である」[東 2015, 67]と定義することができよう。山旦交易の直接の担い手は北方先住民族だが，彼らは清および日本の支配に服するかたちで，広範囲にわたる交易を支え，はるか遠方で製造された物産をもたらしていた。日本側から見ると，山旦交易による物産は，日本列島内の流通ともリンクしていたことが明らかである。山旦交易そのものは，近代には消滅するものではあるが，この分析視角を近現代の北東アジア全般に広げることができないか，というのが本書の問題意識である。

　中華帝国，ロシア帝国，日本帝国の三者が直接交錯する場は，満洲（中国東北地方）である。本書には，満洲をフィールドとした論考がいくつも収められているが，調べれば調べるほど各帝国の満洲におけるプレゼンスは複雑でわかりにくい。満鉄附属地の例をあげると，元来，ロシアが清から条約により獲得した権利に基づくこの制度は，日露戦争後は日本も同様に獲得することになる。しかし，本書収録の論文に示されるように，営口，安東についてはまったく別の論理・別の背景をもって日本側は土地を獲得している。その後，1920年代初めには，両市の土地は満鉄附属地に編入される。ようやく満鉄沿線都市に一般に見られる満鉄附属地の仲間入りをしたわけである。

　それまで，この不透明な日本側の土地取得に対して，欧米列強が，積極的に取り上げ批判することはなかった。また中国政府も，たびたび外交官ルートで土地を返還するように求めたが，日本側の頑なな態度の前にこれ以上の紛争化は避けようとする態度をとる。また，営口も安東もさほど大都市ではなく，日本人人口の増加も緩慢であった。そのため日本側が獲得していた市街地は，中国に返還されることは決してなかったが，しかしその地の主たる住民は日本人ではなく中国人であった。このように，満鉄附属地の歴史は，その権利の淵源となるロシア帝国と中華帝国との関係，それを引き継いだ中華帝国と日本帝国との関係，そして現地社会を構成するところの人口では圧倒的優勢な中国人＝中華帝国と人口では劣勢な日本人＝日本帝国との関係というように，3つの帝国の視角により，従来よりも多面的に帝国内各地を分析することが可能になるのである。

2.3　地域社会・地域経済研究の隆盛

　日本植民地研究においては，従来のように植民地権力対植民地民衆という対抗図式を単純に設定するのではなく，各植民地（勢力圏）の各地域に即した実証研究が行われるようになってきた。ここ10年ほどでは柳沢遊・木村健二編『戦時期アジアの日本経済団体』[柳沢・木村2004]，高綱博文編『戦時上海　1937〜45年』[高綱2005]，本庄比佐子編『日本の青島占領と山東の社会経済　1914-22年』[本庄2006]，坂本悠一・木村健二編『近代植民地都市釜

山』[坂本・木村 2007]，柳沢遊・木村健二・浅田進史編著『日本帝国勢力圏の東アジア都市経済』[柳沢・木村・浅田 2013]，松田利彦・陳姃湲編『地域社会から見る帝国日本と植民地　朝鮮・台湾・満洲』[松田・陳 2013]などが次々と発表された。

　以前，柳沢遊・木村健二編『戦時期アジアの日本経済団体』の書評において，次のようなことを述べたことがある。

　　第二に商工会議所会員・役員をめぐる日本人と現地人との関係について，とりわけ清津（朝鮮），台北（台湾）の事例が明らかにされ，日本植民地史研究にとって有益な成果をもたらしたといえよう。清津，台北商工会議所が民族問題を抱え込むのは，両者が移民社会の内部にできた組織ではなく，文字通り清津市経済，台北市経済をすべて含み込み，それを代表する組織だったからである。これに対して対照的なのが天津，上海であり，すでに指摘したように日本人居留民社会（なかには移民もいるが，たまたま転勤できた「会社派」の人々は移民したという意識すらないであろう。居留民社会は移民社会よりも流動性が高い）のなかにできた組織であり，居留民を代表するにすぎない。そして，奉天，大連はこれらの中間に位置するだろう。なぜならば，それぞれの市経済に日本人社会のしめる比重が相対的に大きく，なおかつ権力的にも日本人社会が優勢であるために，日本経済団体は奉天市経済・大連市経済をある程度代表していると思われるからである。本書のタイトルは『戦時下アジアの日本経済団体』だが前著は『近代アジアの日本人経済団体』であった。本書において「日本人」から「日本」に変えた理由について説明はなかったが，清津，台北のように会員構成において現地人が大部分をしめるにいたったものを「日本人経済団体」とよぶことはできないことから合点はいく。ただ天津，上海のように日本人経済団体であり続けたケースもあり，地域経済と日本人勢力とのバランス如何で多様な形態があることがわかった[白木沢 2006]。

　つまり，植民地（および勢力圏）の都市レベルを分析する場合，当然のごとくそこは複数民族地域であるわけだが，都市構造としてたとえば日本人と中

国人が地域的に分断されて居住しているのか，あるいは混在して生活している
のか，さらには地域経済が日本人経済と中国人経済とに峻別されるものなの
か，あるいは両民族を含む地域経済が成立していたのか，など基本的な説
明が必要になるだろう。おそらく，それは都市により，あるいは同じ都市で
も時期により異なるものだと考えられる。植民地（および勢力圏）の地域社会
を分析する際に，複数民族の問題を明確に意識しながら叙述する必要がある
だろう。

　上記の文献のなかで比較的新しい松田利彦・陳姃湲編『地域社会から見る
帝国日本と植民地　朝鮮・台湾・満洲』は，本書とテーマ設定，問題意識が
最も近い研究である。序において編者の一人松田利彦は，

　　植民地支配が「支配される側」にとってどのような意味を持ったのか
　　──この古くからの問いは，近年，「帝国史」研究の場からとりわけ多
　　く発せられている感がある。周知のように，「日本史」「台湾史」「朝鮮
　　史」が別々の学問領域として分節化され，「日本史」にとって植民地の
　　問題が外在的ないし周縁的な問題と見なされてきた研究傾向を克服すべ
　　く，一九九〇年代後半以降，帝国史研究が活発化した［松田・陳 2013, 3］。

　しかし，駒込武の文章を引用しながら帝国史研究には，「支配される側」
にとって帝国支配がいかなる意味をもっていたのかという問題を後景に退け
る傾向があると警鐘を鳴らし，同書は「支配政策の実施過程において，現地
の朝鮮人・台湾人あるいは在住日本人などからどのような抵抗／非協力／協
調などの反応が生じたのか，という局面に視点を下降させることを企図した
ものである」という[39]。

　松田の提言は，言い換えると，帝国史研究が盛んになったものの，植民地
本国の歴史たる日本史を地理的外延的に拡大しただけのものになっていない
か，必要なことは植民地の地域社会（現地）に視点を下降させ，支配される側
の問題を重視しつつ地域史を描くことではないか，ということなのだろう。
本書の問題意識とも重なる提言である。

　さらに「帝国」と「地域社会」という語の組み合わせを書名にしている先
輩格なので，この含意についての松田による説明も共有したいと思う。

　ここでいう「地域社会」とは，植民地支配の浸透あるいは近代世界の形成によって再編される自己完結的な生活圏，という程度の意味で用いている。もとより「地域」という概念は曖昧であり，従来はおもに地域研究（Area Studies）の領域で用いられてきた鍵概念であるが，ここでの「地域」はもちろんそのような大きな地政学的概念ではない。グローバル─リージョナル─ナショナル─ローカルという現代世界の四層構造からいえば，我々の扱うのはローカルのレベルということになる［松田・陳 2013, 5-6］。

　本書で用いている「地域社会」も松田の説明しているものとまったく同じである。すなわち「北東アジア地域」「極東地域」のような地域概念ではなく，営口，安東などのローカルのレベル（＝地方史）を意味して用いている。

3　本書の構成

　本書は，2011〜2014年度科学研究費補助金基盤研究B（一般）「北東アジアにおける帝国のプレゼンスと地域社会」（研究代表者：白木沢旭児）による研究成果をもとにしている。同科研はさらに，2006〜2009年度科学研究費基盤B（海外学術調査）「日中戦争下の中国東北農民と日本人「開拓団」との関係史，および残留帰国者の研究」（研究代表者：寺林伸明）の共同研究組織が前身となっている[3]。

第1部　帝国のプレゼンスの原初形態

　第1部には，のちに帝国の「勢力圏」あるいは「公式植民地」に組み込まれる地域について，それ以前の地域社会の状況を取り上げている。「第1章「トコンへ一件」再考──北蝦夷地ウショロ場所におけるアイヌ支配と日露関係──」（東俊佑）は，幕末の北蝦夷地（樺太）のウショロ場所を舞台として雇用されていたアイヌがロシア人のもとに北サハリンに連れ去られた事件を取り上げ，事件の真相と日露関係を考察したものである。ロシア人ジャチコフに連れ去られたアイヌは，そもそもロシア側と内通していたこと，その

後，再びウショロ場所に戻ってきたアイヌたちは日本（大野藩）の「撫育」（アイヌから漁獲物を収取し食糧・日用品を供給する）を望むと主張し，大野藩・幕府側は彼らを罰しなかったこと，などアイヌ支配をめぐる日露のせめぎ合いを描いた。そして，トコンヘ一件の真相は，日露両国支配のはざまにあるアイヌの主体的な行動であることを明らかにした。当該期のこのような先住民族支配の諸相を，本書では帝国のプレゼンスの原初形態と捉えている。

　「第2章　日露戦争期から辛亥革命期の奉天在地軍事勢力——張作霖・馬賊・陸軍士官学校留学生——」（及川琢英）は，張作霖と日本軍との最初の出会いの場となった特別任務班を日中双方の史料を駆使して分析したものである。日露戦争の主戦場となった満洲では，日露双方が馬賊を使おうとしていたが，日本軍は「支那通」軍人の貢献もあって多数の馬賊を組織することに成功した。張作霖は日露双方に協力し「二重スパイ」だったといわれるが，著者は日露両大国に挟まれ，駐屯地が戦場とされるなかで，自身の身を守る観点から判断して最善の行動をとっただけだと解釈する。日露戦後，日本が利用した馬賊は，日清間の外交交渉を経て清国官軍に編入される。日本側は満洲支配の先兵たる役割を期待したが，彼ら馬賊出身の軍閥は清国官軍内で出世し，日露間のどちらにも付かないという路線を歩むことになる。大清帝国の存在およびその軍事勢力の動向が，日露戦争の帰趨あるいは日本による満蒙支配の鍵を握っていたことが明らかにされた。

第2部　帝国と「勢力圏」

　第2部は，満洲など公式植民地ではないが日本帝国の勢力下に置かれた地域の問題を取り上げる。「第3章　植民都市・安東の地域経済史——2つの帝国のはざまで——」（白木沢旭児）は，中華帝国と日本帝国の2つの帝国により形成・建設された植民都市・安東の地域史を描いたものである。日露戦争中の軍政時に買収した広大な土地がその後居留民団管理地となり，新市街が建設される。中国人は当初，旧市街に居住していたが，新市街においても多数派となる。国際法上の根拠が薄弱だった居留民団管理地は1923年にようやく満鉄附属地に管理替された。1930年代から1940年代にかけては安東

工業の再編期であり，旧来の三大工業（製材・油房・柞蚕糸）が衰退する一方新興工業が続々登場した。大東港などの大規模プロジェクトは結果的に失敗したものの，中小規模の民族資本系工場は旧市街を舞台に重化学工業化傾向を示しつつ広がっていった。満洲国工業化は，日本側の開発政策とは別の次元で中国人の手により進行していたと評価している。

　「第4章　日中合弁企業：営口水道電気株式会社の経営展開」（秋山淳子）は，新たに利用可能となった今井榮量文書を駆使して営口地域で展開した同社の経営を分析したものである。著者は，日中合弁企業であることの条件として共同経営の意思に基づいて設立，資本額の分担拠出，両者が事業経営に関与，という3条件をあげている。これに照らして営口水電は日中合弁企業であった。また，日本人株主を満鉄系，本国系，現地系に区分してみると，現地系が一貫して役員に加わっていることを指摘し，株式所有の面では満鉄系企業とされる営口水電だが，公益事業体としての性格をもち現地系役員が中国人役員とともに重要な役割を果たしていた，と評価している。営口は安東と同じ居留民団管理地の歴史を有し，新市街と旧市街の分立という都市構造を有していた。営口水電には日本帝国と中華帝国の双方を架橋する役割があったのである。

　「第5章　1940年代初頭の奉天市における中国人工場の地域分布──『満洲国工場名簿』の分析を中心として──」（張暁紅）は，奉天における民族資本の分布および経営内容を日本資本と比較しながら，その特徴を明らかにするものである。これまでの『会社名簿』に依拠した分析では，会社形態をとらない個人事業が抜け落ちていたことに鑑み，職工5人以上工場を網羅する『工場名簿』を活用し，数では日本資本を圧倒する民族資本による工場の存在を明らかにした。たとえば成長著しい機械器具工業の民族資本は，中国人居住地域である旧市街に立地し，在来的あるいは近代的機械器具生産に従事するとともに，一部の工場は日系工場集中地域に進出していた。従来いわれてきた新市街（日本人居住区），旧市街（中国人居住区）の分断の側面のみならず地域間・資本間に「つながり」があったことも明らかにされている。

　「第6章　朝鮮人「満洲」移民体験者の語りの諸相についての一考察──ラ

イフヒストリー(生活史)法を用いて——」(朴仁哲)は，著者が 2006 年から取り組んできた 94 名にものぼる移民体験者へのインタビューのうち 3 名についてのインタビューを詳細に分析したものである。1 人目の PC 氏は，1927年に家族で吉林省長白に移住，戦争末期に関東軍に招集され，ソ連軍により武装解除されてクラスノヤルスクでの抑留を 3 年半経験して帰国後は教員，村長などを務めた。インタビューでは抑留体験および日本人との交流経験談が印象的である。2 人目の LD 氏は，1937 年に家族で営口安全農村に移住，終戦の年に営口の国民優級学校教員に赴任し，戦後は農業や商業，民族学校教員を務めた。創氏改名の裏話や故郷の話が興味深い。3 人目の ZR 氏は終戦の年に家族で鶏西に移住し戦後は農業技師として働いた。自身の小学校時代の記憶が鮮明で担任教師・国枝，教導主任趙にまつわるエピソードが興味深い。3 人の話から加害・被害の二元論を超える人間関係が浮かび上がってくるのである。

　「第 7 章　日中戦争までの日中関係を改善するための胡適の模索——胡適の日記を中心に——」(胡慧君)は，太平洋問題調査会(中国では「太平洋国交討論会」と呼ばれた)における胡適の活動と思想を分析したものである。胡適が出席した 1931 年上海会議，1933 年バンフ会議，1936 年ヨセミテ会議は満洲事変期であり，太平洋問題調査会でも日中代表が激しい応酬を繰り返していた。そこにおける胡適の態度は日中間の話し合いを徹底的に行うことを求め，見解が真っ向から対立する満洲国の存否については妥協案を模索すること，太平洋学会会員は，帰属国政府の立場ではなく，太平洋学会会員の立場で討論することを主張していた。「政府の寿命は短いが，我々学会の生命はどの政府よりもずっと長いはず」と語る胡適の態度は，日本人会員にも感銘を与えるものだった。

第 3 部　帝国と「公式植民地」

　第 3 部は，公式植民地である朝鮮，台湾，樺太を取り上げる。「第 8 章旧植民地在住日本人の記憶とその記録」(辻弘範)は，福岡市総合図書館・郷土・特別収蔵室に所蔵されている自伝資料から，旧植民地体験が語られてい

るものについて分析したものである。たとえば元山における中学校時代を記している。ケースでは，個性的な朝鮮人生徒の記憶があるものの，元山は日本人居住区と朝鮮人居住区がはっきり分かれていたことから交流がきわめて少ないことが指摘される。最後のノンキャリア警察官，面駐在所首席巡査であった稲葉豊作の体験は，終戦直後の農村社会の様子がわかり貴重なものである。著者は，先行研究において在朝日本人の態度とされる「自分たちの行動は立派だった」「無邪気に朝鮮時代をなつかしむ」「自己批判している」の3タイプを基準に分析した結果，第三者が「無邪気」だと安易に評すること，第三者が「自己批判」を当然のこととして求めること，について疑問を呈している。

「第9章　第二次朝鮮教育令施行期（1922〜1938年）における女子高等普通学校卒業生の進路選択について」（崔誠姫）は，女子高等普通学校（内地の高等女学校に相当）卒業生の進路選択を分析し，京城帝大や日本への留学，官公庁への就職等，さまざまな進路選択が可能であった男子に対し，女子生徒の多くは卒業後の進路において「家事」を選択したことを明らかにした。そして，「スーパーエリート」でありながらも家庭の主婦たることを求められたことは，単に性差により説明されるべきではなく，男性の学歴形成が行われていくなかで，彼らの学歴に見合った配偶者としての女性が求められたこと，朝鮮総督府が女子に対しては家庭において日本語や日本式生活文化を伝え，日本の臣民をつくり出す育児を行うことを期待したことが背景にあったとしている。

「第10章　植民地企業城下町の構築と変容——日本窒素肥料の事例——」（内藤隆夫）は，日本窒素（日窒）コンツェルンの朝鮮における本拠地・興南および永安，阿吾地を植民地企業城下町と位置づけ，形成と展開，そこに暮らし働く日本人・朝鮮人の具体的な姿を描いたものである。宿舎が日本人と朝鮮人でまったく異なるうえに，日本人宿舎は職階ごとに異なる規格となっていたこと，賃金と待遇において日本人・朝鮮人の差別が顕著だったこと，戦時中には朝鮮人労働者数が増加し，なおかつ産業報国隊，徴用という形式で朝鮮人労働者が動員されたこと，戦後，9月15日，朝鮮人労働組合からの

命令によって日本人は宿舎を追い出され，朝鮮人宿舎に収容されたことなど
を体験者の証言に依拠しながら生き生きと描写している。経済史研究におい
て日窒に関する研究は数多くなされてきたが，帝国による植民地支配を重視
しつつ開発の側面と民族差別の諸相を捉えるという方法は，「帝国の経済史」
としてまったく新しい試みである。

　「第11章　朝鮮北部残留日本人の活動と「脱出」・「公式引揚」──日本窒
素肥料の事例──」(内藤隆夫)は，前章を受けて，日本人従業員のソ連統治
下での様子と「脱出」「引揚」を分析するものである。日窒の日本人従業員
は，工場から追い出されたものの，まず嘱託(技術顧問)として「16人組」
と呼ばれる幹部が呼び戻され，次いで「人夫」として，かつて産業報国隊の
朝鮮人にやらせていた仕事を与えられ，さらに「指名就労者」として技術
者，事務職員，のちに一般工員が好待遇で雇用された。指名就労者は1946
年4月に2496名にも達していた。工場外では，満洲から鉄道で運ばれてき
た重工業機械設備を興南で船積みする際の荷役に多数の日本人が使役され
た。正式引揚が始まる前は脱出のみ行われたが，闇船によるものと，ソ連軍
による国内移動命令に従って南部へ越境という方法がとられた。ソ連軍は脱
出に対して黙認しているようであった。1946年12月からソ連とGHQ合意
の正式引揚が開始され，最後まで残されていた技術者も1948年7月に引揚
を果たした。

　「第12章　日本の植民地下における生漆「国産化」の展開過程」(湯山英
子)は，台湾を中心とする漆国産化の取り組みを分析したものである。機関
としては台湾総督府殖産局が仏領インドシナへ調査を行い，苗木や種子を台
湾にもたらした。台湾総督府中央研究所林業部や北海道帝国大学農学部附属
台湾演習林においても栽培試験が行われた。民間では斎藤漆店が台湾殖漆株
式会社を設立，安南漆の移植・造林を手がけた。日本植民地時代の台湾では
国産化は成功しなかったが，引き続き戦後も漆国産化への試みが受け継がれ
ていくのである。

　「第13章　日本領期の樺太における温泉開発と温泉をめぐる人びとの精神
誌」(池田貴夫)は，樺太における温泉開発，温泉施設の立地を網羅的に明ら

かにした論考である。樺太島民は温泉を探し求めたが，樺太の地勢は北海道以南とは異なり，発見されるのは鉱泉ばかりであった。湯治客や行楽客が集まったが，設備が貧弱で，一軒宿や浴場のみであった。島民の生活も安定し，金銭面の余裕も出てくると，登別などの大温泉郷がある北海道に行くことにより，温泉を体験できるようになった。そのためか日本内地がツーリズム全盛期を迎える 1930 年代末から 1940 年代に逆に樺太の著名な温泉は廃業してしまったのである。

　以上が本書の各章の紹介である。なお，本書収録の各章は，独立した個別論文として執筆されたものである。大きな問題意識や研究史について執筆者間の共通理解はあるものの，具体的な分析や叙述は執筆者個人の責任において行っているものである。また，本書全体を通して以下のことをお断りしておく。

1．引用された史料のなかに，現在では使われない語句，差別的な意味を含む語句が含まれる場合があるが，そのまま記している。
2．満洲の表記には「洲」の文字を用いることとする。
3．満洲国は，本来であれば「満洲国」と表記すべきものであるが，煩瑣になることを避けるために「　」を省略している。

　1）　ただし，第 5 巻は刊行されなかったようである。
　2）　ドイルの引用は原書から訳したので，[山本 2003] と異なるところがある。
　3）　その研究成果を寺林伸明・劉含発・白木沢旭児編『日中両国から見た「満洲開拓」──体験・記憶・証言──』御茶の水書房，2014 年として発表している。本書の姉妹編ともいえる文献なので参照されたい。

参 考 文 献
東 2015：東俊佑「アムール川下流域住民の交易活動に係る物質文化資料について──2014 年度ポゴロツコエ，ブラワー調査報告──」『北海道開拓記念館研究紀要』第 43 号
蘭 2008：蘭信三「序──日本帝国をめぐる人口移動の国際社会学をめざして──」（同編著『日本帝国をめぐる人口移動の国際社会学』不二出版）
蘭 2009：蘭信三編『中国残留日本人という経験──「満洲」と日本を問い続けて──』勉誠出版
蘭 2011：蘭信三編『帝国崩壊とひとの再移動　引揚げ，送還，そして残留』勉誠出版

蘭 2013：蘭信三編著『帝国以後の人の移動——ポストコロニアリズムとグローバリズムの交錯点——』勉誠出版

石井 2012：石井寛治『帝国主義日本の対外戦略』名古屋大学出版会

宇野 1973-1975：宇野弘蔵監修『講座帝国主義の研究　両大戦間期におけるその再編成』青木書店。各巻は降旗節雄・桜井毅・渡辺寛執筆『第1巻帝国主義論の形成』，加藤栄一・馬場宏二・渡辺寛・中山弘正執筆『第2巻世界経済』，鎌田正三・森杲・中村通義執筆『第3巻アメリカ資本主義』，森恒夫執筆『第4巻イギリス資本主義』，山崎広明・柴垣和夫・林健久執筆『第6巻日本資本主義』

大石 1985：大石嘉一郎編『日本帝国主義史1 第一次大戦期』東京大学出版会

大石 1987：大石嘉一郎編『日本帝国主義史2 世界大恐慌期』東京大学出版会

大石 1994：大石嘉一郎編『日本帝国主義史3 第二次大戦期』東京大学出版会

木畑 2002：木畑洋一「帝国主義と世界システム」（歴史学研究会編『現代歴史学の成果と課題　1980-2000 歴史学における方法的転回』青木書店）

木村 2013：木村由美「「脱出」という引揚げの一方法——樺太から北海道へ——」『北海道・東北史研究』第9号

坂本・木村 2007：坂本悠一・木村健二編『近代植民地都市釜山』桜井書店

島村 2010：島村恭則『〈生きる方法〉の民俗誌——朝鮮系住民集住地域の民俗学的研究——』関西学院大学出版会

島村 2013：島村恭則編『引揚者の戦後　叢書戦争が生みだす社会II』新曜社

白木沢 2006：白木沢旭児「書評：柳沢遊・木村健二編著『戦時下アジアの日本経済団体』」『東京研究』第6号

高綱 2005：高綱博文編『戦時上海　1937〜45年』研文出版

中見 2013：中見立夫『「満蒙問題」の歴史的構図』東京大学出版会

玄 2013：玄武岩『コリアン・ネットワーク——メディア・移動の歴史と空間——』北海道大学出版会

本庄 2006：本庄比佐子編『日本の青島占領と山東の社会経済　1914-22年』東洋文庫

増田 2012：増田弘編著『大日本帝国の崩壊と引揚・復員』慶應義塾大学出版会

松田・陳 2013：松田利彦・陳姃湲編『地域社会から見る帝国日本と植民地　朝鮮・台湾・満洲』思文閣出版

柳沢・木村 2004：柳沢遊・木村健二編『戦時期アジアの日本経済団体』日本経済評論社

柳沢・木村・浅田 2013：柳沢遊・木村健二・浅田進史編著『日本帝国勢力圏の東アジア都市経済』慶應義塾大学出版会

山本 2003：山本有造『帝国の研究——原理・類型・関係——』名古屋大学出版会

Calder/Ye 2010: Kent Calder/Min Ye, *The Making of Northeast Asia*, Stanford University Pr.

Doyle 1986: Doyle Michael, *Empires*, Cornell U. Pr., 1986

第1部　帝国のプレゼンスの原初形態

第1章 「トコンベ一件」再考
──北蝦夷地ウショロ場所におけるアイヌ支配と日露関係──

東　俊佑

は じ め に

　1862（文久2）年，サハリン島（北蝦夷地，樺太）[1] 西海岸のウショロ場所内ウエンルイサン村に住んでいたアイヌの青年・ハウトンマカ（トコンベ）[2] が，日本の番人・定吉から受けた暴力をきっかけとし，ロシア人のもとへ逃亡した。また，この翌年，ウショロ場所のアイヌ18名が，日本を見限り，ロシアへの服属を求めて居住村を退去した。両事件には，ハウトンマカが深く関わっていることから，この一連の動きを「トコンベ一件」と呼んでいる。

　事件の起こった1862〜1863年は，日本とロシアがサハリン島の領有をめぐり係争していた時である。サハリン島現地では，アイヌの支配や雇用をめぐり，両国の駐在員たちがたびたび折衝を重ねていた。そんなさなか起こった「トコンベ一件」は，単なるアイヌの逃亡事件ではなく，アイヌの帰属をめぐる日本・ロシアの国家間の争奪戦という側面を有している。なお，当時ウショロ場所を管轄していた箱館奉行所の記録（箱館奉行所文書）は，ハウトンマカの逃亡を「出奔」，アイヌ18名のウショロ場所退去をロシア人による「強奪」（誘拐）と表記する。これは，日本側の政治的立場を色濃く反映した表現である。

　事件の舞台となったウショロとは，サハリン島西海岸北緯48度50分付近に位置し，戦前期樺太日本領時代には鵜城と呼ばれ，戦後はロシア名・オルロヴォOрловоとなっている。ウショロ場所とは，ライチシカ村より北の地

図1-1　アムール川下流域・サハリン島地図

域であり，ウエンルイサン村，フレヲチ村など 7 つの村から構成されるが，ライチシカ村を除く 6 ヶ村がオルロヴォの近辺十数 km 以内の海岸に点在する（図 1-1 参照）。1862（文久 2）年のアイヌ人別帳によると，ウショロ場所の家数は 23 軒で，179 名が居住している[3]。

　ウショロ場所は，越前大野藩が幕末期にアイヌの「撫育」[4]や漁場の経営，警衛を担った地域でもある。1855（安政 2）年，江戸幕府は蝦夷地を直轄領とし（第二次蝦夷地直轄），政務全般を取り仕切る箱館奉行を置いた。ロシアのサハリン島進出に危機感を抱く箱館奉行は，北蝦夷地の実効支配強化のため，アイヌの「撫育」や漁場開発などの実施を政策課題としていた。藩財政立て直しのため蝦夷地進出を画策する大野藩の思惑と箱館奉行のそれが合致し，大野藩はウショロ場所進出を試み，1860（万延元）年，幕府はウショロを大野藩の「領分同様」の地とした。以後，大野藩は，1869（明治 2）年に引き揚げるまで，ウショロ場所アイヌの「撫育」と領内の警衛等を担わされた［東 2007］。

　サハリン島南部へのロシア人進出は，1854（嘉永 7）年クシュンコタンへの約 60 名の上陸・滞留に始まり，1857（安政 4）年クシュンナイ・ナヨロへの38 名，翌 1858 年クシュンナイへの 22 名の滞留と続く。1854（安政元）年 12月 19 日締結の日露通好条約により，サハリン島は「日本国と魯西亜国との間ニおゐて，界を分たす，是迄仕来之通たるへし」と明記された。両国の条文解釈の齟齬から，日本もロシアもサハリン島南部への進出を推し進め，結果として，アイヌ支配をめぐる談判が現地駐在員たちの間で繰り返された。1859（安政 6）年，幕府は，ロシアの東シベリア総督ムラヴィヨフと国境画定交渉を行ったが，双方の主張は折り合わず，サハリン島分界の決着は先送りとなった。しかし，この時日本側は，サハリン島が日本とロシアの「双方雑居」の地であることを受諾し，サハリン島におけるロシア人の北緯 50 度線以南への南下や居住も承認した。これ以降，ロシア人のサハリン島南部への移住や徘徊は顕著となる。「トコンヘ一件」が起こったウショロは，ロシア側が石炭採掘を行っていたシルトッタンナイに近く，日露が対峙する最前線であった［秋月 1994］。

　「トコンベ一件」は，これまでの研究において，さまざまな角度から取り上げられてきた。大野藩のウショロ場所経営について初めて体系的に論じた高島正氏は，「トコンベ事件」をロシア人によるアイヌへの「横暴」「誘拐」の事例として取り上げる[高島1912]。北海道史や外交史は，アイヌを「強奪」したロシア人の暴行・虐待の事例として，この事件を取り上げる[太田1970][北海道1970]。こうしたロシア人を一方的に非難する評価に対して，菊池勇夫氏は，日本人番人のアイヌへの暴力をはじめとする事件発生の背景や事件の過程を検討し，トコンベたち18名のアイヌが大野藩のウショロ経営や，幕府のアイヌ支配を忌避して逃亡した事実を明らかにした[菊池1989]。また，檜皮瑞樹氏は，「トコンベ出奔事件」が幕府のアイヌ支配の正当性を揺るがす問題となり，幕府のアイヌへの対応が厳罰から懐柔へと変化する過程を分析している[檜皮2006]。

　なかでも菊池氏の見解は，1980年代以降盛んになった蝦夷地場所請負制下のアイヌ社会研究の文脈のなかで，「トコンベ一件」を解釈することに特徴がある。すなわち，番人や稼方によるアイヌの酷使，虐待，強姦といった非道行為が，近世後期の蝦夷地・アイヌ社会では広く見られたことから，トコンベの逃亡も，こうした「非道の社会性」から発生したとする理解である。事件の起こった場所が日露対峙の最前線であったために，「トコンベ一件」は，日露の対外関係の問題としての性格も帯びることになるが，基本はアイヌと和人（日本人）の関係性の問題であったとの理解である。

　菊池氏や檜皮氏の研究で明らかになったトコンベの逃亡やアイヌ18名のウショロ退去という行動は，日本のアイヌ支配に対する否定であった。それは，日露の国家の思惑が渦巻くウショロにおいて，自由意思に基づき行動を起こしたアイヌの主体性を明らかにしたものであった。しかし，その主体性とは，番人の非道行為が前提としてあり，それを忌避しての逃亡や退去行動である。それは，受動的な主体性とでもいうべきものであり，いわゆる権力への抵抗である。言い換えれば，彼らは日本人の暴力や支配から逃れるため，仕方なくウショロから逃亡・退去したということである。

　筆者が本章で論じるのは，トコンベたちの自発的・自律的な行動としての

逃亡・退去行動である。本章では，菊池・檜皮氏の研究成果を前提として，「トコンヘ一件」の前後の動向をも視野に入れながら，トコンベや18名のアイヌ，さらにはウショロのアイヌの行動を追うことで，この事件を再考してみたい。

ところで，本書『北東アジアにおける帝国と地域社会』は，近代日本における「帝国」のプレゼンスをテーマとしている。本章は，ウショロ場所アイヌへの「撫育」の実施や大野藩士のウショロ駐留を，近代日本の植民地における同化政策や日本軍の軍事的プレゼンスと関係づけることを意図したものではない。「トコンヘ一件」が起こった時期は1860年代であり，事件の舞台となった地域は，江戸幕府が「化外の地」「異域」と位置づけた蝦夷地よりさらに遠方にある北蝦夷地（サハリン島）である。そもそも江戸幕府や松前藩が，蝦夷地の日本領化・松前藩領化やアイヌの同化政策を自発的に推し進めた形跡はない。蝦夷地直轄やアイヌの和風化政策は，対ロシア問題（ロシアの南下政策への対応）に触発されるかたちで実施したものである。その意味で，江戸幕府が採用した「鎖国」（海禁政策）［荒野 1988］は，帝国主義と対立するものといえる。しかし，ロシアによるシベリア進出やアムール川下流域・サハリン島における民族政策は，帝国主義の典型と捉えられる。そのように考えると，「トコンヘ一件」を，帝国主義と非帝国主義の摩擦と解釈することも可能である。本章では，その点も視野に入れながら論じてみたい。

1 「トコンヘ一件」のあらまし

先行研究では，「蝦夷地御用留」（幕府側史料／藪内於兎太郎筆記）や「魯細亜人邪智骨布応接取調書」（大野藩側史料／早川弥五左衛門作）等を出典として，「トコンヘ一件」を検討している［菊池 1989］［檜皮 2006］。しかし，先行研究で未使用（あるいは未検討）の史料はほかにもあるので，それらを含めて事件全体を総合的に検証する必要がある。

関係史料から，「トコンヘ一件」やウショロ場所等に係る事項を抜粋して作成した年表を章末に掲載した（表 1-1）。事件の経過の詳細は，1862（文久

2)年1月から1866(慶応2)年1月までを見れば概ね把握できるので，本章ではあまり詳細に事件の経過を説明しないが，いくつかの画期に分けて事件の経過を整理すると，次のようになる。

〈第一段階　ハウトンマカの逃亡〉

　（1）ハウトンマカ逃亡　1862(文久2)年1月

　（2）シルトッタンナイ交渉①ウショロ場所番人とジャチコフの交渉　1862(文久2)年1月

　（3）シルトッタンナイ交渉②福永鉞之輔とジャチコフの交渉　1862(文久2)年3月

　（4）クシュンナイ交渉①成瀬潤八郎とエサコフの交渉　1862(文久2)年4月4日

　（5）シルトッタンナイ交渉③高橋峰三郎とジャチコフの交渉　1862(文久2)年4月20〜21日

　（6）クシュンナイ交渉②清水平三郎とエサコフの交渉　1862(文久2)年5月5日

　（7）クシュンナイ交渉③山梨佐輔とエサコフの交渉　1862(文久2)年5月25日

　（8）箱館交渉：糟屋筑後守とゴシケヴィチの交渉　1862(文久2)年6月

　（9）クシュンナイ交渉④山梨佐輔とエサコフの交渉　1862(文久2)年11月8日

〈第二段階　トコンベを含むウショロアイヌ18名の退去〉

　（10）トコンベの帰村と逮捕　1863(文久3)年1月

　（11）トコンベの「強奪」　1863(文久3)年3月

　（12）クシュンナイ交渉⑤山梨佐輔・藪内於兎太郎とジャチコフの交渉　1863(文久3)年3月

　（13）ウショロ交渉①早川弥五左衛門とジャチコフの交渉　1863(文久3)年3月14〜15日

　（14）ウショロ交渉②早川弥五左衛門とジャチコフの交渉　1863(文久3)年3月19日

　(15) ホクヌと 3 人の妻の拒絶　1863（文久 3）年 3 月 20 日

　(16) ウショロアイヌ 18 名の退去　1863（文久 3）年 3 月 20 日

　(17) クシュンナイ交渉⑥山梨佐輔・藪内於兎太郎とエサコフの交渉　1863
　　　（文久 3）年 4 月 11 日

　(18)「奇特土人」と 3 人の妻への手当・褒美　1863（文久 3）年 4 月

　(19) ウショロ交渉③高橋峰三郎とジャチコフの交渉　1863（文久 3）年 10 月
〈第三段階　ヲフツセリの帰村〉

　(20) ヲフツセリの帰村　1865（慶応元）年閏 5 月

　(21) ウショロ交渉④水谷栄三とジャチコフの交渉　1866（慶応 2）年 1 月

　上記の (1)〜(21) のなかで，ハウトンマカ（トコンベ）やその父ヲフツセリ
の行動に直接関わるものは，(1)，(10)，(11)，(16)，(20) である。(15)，
(18) はウショロ場所の彼ら以外のアイヌに係るものである。その他は，箱館
奉行所役人や大野藩士とロシア人の交渉である[5]。以下，順を追って事件の
真相を探ることとする。第 2 節は第一段階以前，第 3 節が第一段階，第 4 節
が第二段階，第 5 節が第三段階に相当する。

2　ロシア人によるアイヌの借用
——日露「雑居」下におけるサハリン島現地の対応——

　1859（安政 6）年のムラヴィヨフ交渉による日本のサハリン島「双方雑居」
の承認は，サハリン島の北緯 50 度線以南へのロシア人による小屋建設や石
炭採掘，アイヌの雇用等を増長させることとなった。しかし，箱館奉行から
サハリン島現地駐在員たちに対し，ロシア人への対応策は具体的に指示され
てはいなかった[6]。

　1861（文久元）年 6 月，大野藩士早川弥五左衛門は，ナヤシより北 1 里の
「シリトッタナイホ」への頭目 1 名，下官 1 名，働方体の者 30 名，女 2 名，
小児 2 名の計 36 名のロシア人渡来と小屋建設を報告し，また彼らの石炭採
掘の目論見を指摘する[7]。これを受け，箱館奉行村垣淡路守は，同月付で，
ウショロより約 21 里北シルトッタンナイへの前年秋頃よりのロシア人移住

の可能性を上申する[8]。

　その年の8月15日，シルトッタンナイ滞在ロシア人首長ジャチコフほか約10名のロシア人がウショロへ渡来し，17日にウショロ出役足軽高橋秀次郎と応接を行う。ジャチコフは，アイヌ4名の借用，およびクシュンナイへの書状送付（もしくは，それが叶わないならアイヌ1名の借用）を高橋に願い出たが，高橋はこれを拒否する。するとジャチコフは，ナヤシ川での漁業のため，アイヌ10名を連れていくと高橋を恫喝する。しかし，高橋は，江戸や箱館での決定（ムラヴィヨフ交渉の結果）について，当地への指図がないことを理由にアイヌの借用を拒否する[9]。この高橋とジャチコフの口論から見えるのは，アイヌの雇用をめぐる日露の対立である。

　箱館のロシア領事ゴシケヴィチは，サハリン島においてロシア人が「諸用事」を行うため「価」を出してアイヌを雇うことや，アイヌに「物語る」ことまでも，「日本役人」に拒絶されたことについて，このような「悪俗」は「條約を背く之至也」と，箱館奉行へ書翰を送って訴えている。この書翰は1862（文久2）年6月3日にロシア語通詞志賀浦太郎により翻訳されている[10]。書翰の事案は，内容から鑑みて，「日本役人」高橋とロシア人ジャチコフの前年8月17日の応接を指していると考えられる。

　このゴシケヴィチの抗議に対して，箱館奉行糟屋筑後守は，6月12日付返翰のなかで，アイヌは旧来より日本の「撫育」を受けて生活している「我属民」である一方，日本の「撫育」を受けていない者のロシア側による「雇役」は「勝手次第」であることを述べ，「堺を分たす是迄仕来の通とある條約に率由する処」であると反論する。また，サハリン島現地駐在員の対応は，「役人自己の取計」ではなく，「前の奉行」よりの指示であることを付け加える。そして，日本の「撫育」を受けているアイヌのロシアによる雇用は，「條約の主意に違ふ」ことなので，行き違いのないようロシア側現地駐在員へ指示することを申し入れる[11]。

　この箱館奉行からの返翰に対し，翌日ゴシケヴィチは，再び書翰を箱館奉行へ送っている。ゴシケヴィチは，土地がどこにも属さないのであれば，「人民」も誰にも属さないこと，またアイヌは日本の「武器」のために日本

へ従っているにすぎず，自由にすべきであることを主張する[12]。

これに対し，箱館奉行糟屋は，6月27日付の書翰で，再び反論する。サハリン島南方のアイヌは，数十年前より今日に至るまで日本に帰属し，給与を得て生活している「我版図中」の者たちなので，プチャーチンとの条約で「是迄仕来の通」とある以上は「論をまたす然り」であるが，近年ロシア人の新規渡来・居留により，北緯50度をもってロシアと日本の境界を定めるよう交渉を進めている最中であるから，しばらくは「仕来」を守るべきであり，新規の望みに応じることは難しいと主張する[13]。

日本側は，1859（安政6）年のムラヴィヨフ交渉で，サハリン島における「双方雑居」を了承したが，なお日露通好条約第二条の解釈をめぐる日露の見解の相違が存在した［秋月1994］。その一つが，アイヌの雇用についてであった。日本側に断ればアイヌの雇用が可能だと解釈するロシア側と，「雑居」とアイヌの雇用は別問題と解釈する日本側の主張は，平行線をたどる。これは，人民は土地に帰属すると認識する帝国主義的なロシアと，アイヌは日本型華夷秩序のなかの“夷狄”であると認識する日本（幕藩制国家）［荒野1988］の，思想の相違から派生しているものといえる。

箱館で奉行と領事が反駁している最中，現地ウショロでは，トコンベの逃亡事件が発生し，日本の駐在員たちとジャチコフの間で激しい応酬が行われる。1862（文久2）年1月，ウショロから逃亡したトコンベを連れ戻すため，シルトッタンナイのジャチコフのもとへ派遣された番人藤作・重吉は，2月4日のジャチコフとの交渉で，彼から1通の書翰を受け取り，それをウショロへもち帰る。この書翰は箱館へ送られ，6月2日にロシア語通詞志賀浦太郎により翻訳された。このジャチコフの書翰には，「ハウトマク」が日本人「貞吉」に打擲され「守護」を願い出たことを記すとともに，「アイノの内にて望むもの有らは，石炭を掘る為め雇ひ充る様，東シビリ之奉行ゟ兼而命達を受在る故，ハウトマウスゟ之右願を断る事予能はす」とある[14]。ジャチコフは，アイヌを勧誘し，石炭採掘の作業のために彼らを雇用するよう，東シベリア総督より指令を受けていた。アイヌ語の堪能なジャチコフにとって，アイヌを勧誘することは容易いことであった[15]。

3 ハウトンマカの選択

　1862（文久2）年1月にハウトンマカがシルトッタンナイのロシア人のもと
へ駆け込んだ直接の原因は，大野藩の雇番人定吉から暴力を振るわれたから
であった［菊池1989］。アイヌ個人の逃亡事件から，その翌年の日本・ロシア
によるアイヌ争奪戦への展開が，江戸幕府のアイヌ支配の揺らぎと再編成を
誘発したとみる見解もある［檜皮2006］。先行研究では，ハウトンマカ逃亡の
原因について，番人の暴力，すなわち和人との関係を強調し，それ以外の原
因を矮小化して扱う傾向がある。以下，事件を再検討してみることとする。

　1月18日のハウトンマカ行方不明の後，大野藩士福永鉞之輔は，番人定
吉に対し取り調べを行った。定吉は，ハウトンマカが酒樽に手をつけたこ
と，指示した「焚木出し」を行わず「土人家」で「臥居」っていた「横着至
極」により，杖でハウトンマカの足を叩いたところ，行方不明になったと述
べる[16]。しかし，ハウトンマカ逃亡時クシュンナイにいたウショロ詰出役足
軽高橋峰三郎が3月にウショロへ戻り，12日に番人定吉に尋問すると，定
吉の新たな非が発覚する。定吉は，前年冬，ハウトンマカとシカマンテの2
人が飯米に手をつけていたのを見つけ，それを問い詰めると，2人から黙認
を懇願されたので，「ハウヂ」を一つずつ取り上げたと述べる。これに対し
高橋は，アイヌからの物の接収に関し，定吉を厳しく叱責する。定吉は，ハ
ウトンマカへの暴力，物の接収を認めるが，そのような行為に及んだのは，
ハウトンマカの盗みや労働拒否が原因であることを主張する[17]。

　高橋の定吉への尋問に先立ち，福永は，ハウトンマカ逃亡の顛末を報告す
る役所への届書を2月付で作成している。そこには，ハウトンマカについ
て，「去月十八日昼頃ゟ居不申候得共，元来足早ニ而，彼是奔走致し，度々
隠れ居候者ニ御座候間，定而右等之儀与心得，其侭差置候所，翌日ニ相成候
とも帰り不申候ニ付」とある[18]。ハウトンマカは，元より「足早」であり，
「奔走」し，「度々隠れ居」る者であると，福永は認識している。こうした記
述は，福永が，定吉を含む番人から入手した情報に基づくものである[19]。

　3 月 14 日，福永は，シルトッタンナイでのハウトンマカ返還交渉のため，ウショロを出発する。これはクシュンナイよりウショロへ戻った高橋の指示によるものと推測される。16 日，ジャチコフと交渉を行った福永は，ハウトンマカの処遇について「尤右之者召使居候定吉与申者は，取逃候罪ニ依而咎等も申付候得共，トコンヘ義は召連帰候共，教諭者可致候得共，決而罪ニ行候義は無之候間，聊無懸念可被渡候」と発言する[20]。ハウトンマカを逃亡させた罪により定吉は処罰するが，ハウトンマカは罪にはしないが「教諭」を行うとある。この福永の発言からわかることは，定吉の罪はハウトンマカを逃亡させたことであり，ハウトンマカへの暴力ではないこと。またハウトンマカには，本来逃亡の罪があるということである。このような福永の発言は，ハウトンマカにも非があるという気持ちから出たものであるといえる。

　福永の交渉は失敗に終わり，今度は 4 月 20 日〜21 日に高橋がジャチコフと交渉を行った。高橋は，クシュンナイ滞在ロシア人首長エサコフから入手したジャチコフ宛の書翰を持参し，交渉に臨んだ。高橋は，ハウトンマカ逃亡の原因について，「トコンヘ悪者与申儀ニは無之，其節召使候番人定吉与申者，猥ニ折檻等致，無理成使方致候義者埒（不欠カ）之儀ニ付，其者江は夫々咎等申付置候得共，定吉申口ニ而は，トコンヘ義茂致方不宜候得共，兎角侘苦ニ而事実不分明，殊ニ彼は愚昧之土人之義ニ候間，召連帰り候而も此方へは聊飛咎は不申付候間，速ニ被相渡候様致度候」と主張する[21]。高橋は，定吉に落ち度があったことを認め，ハウトンマカの返還をジャチコフに主張する。また，ハウトンマカにも落ち度があったと主張する定吉の主張を引き合いに出し，定吉の言い分は「侘苦ニ而事実不分明」と主張を退け，ハウトンマカは「愚昧之土人」なので，戻ってきても処罰はしないと述べる。高橋は，定吉のハウトンマカへの暴力を認めるが，ハウトンマカにも「致方不宜」の問題行動があり，さらに逃亡罪もあるとの気持ちがあるから，このような発言をしているといえる。

　福永，高橋のそれぞれの交渉での主張には，ある共通点がある。それは，ハウトンマカ逃亡の原因について，定吉の主張を全面的に否定して定吉の非

を強調しないこと，およびハウトンマカの非を否定しないことである。定吉はたしかにハウトンマカから物を取り上げ，暴力を振るい，逃亡の原因をつくった[22]。しかし，ハウトンマカが酒や食料に手をつけ盗みを働いたこと，およびサボり癖があることを明確に否定するわけではない。福永も高橋も，定吉の言い分を明確には否定せず，ハウトンマカも「悪者」である可能性をどこかで信じている。もしくは意図的にハウトンマカを「悪者」に仕立てあげている。福永も高橋も，ジャチコフとの交渉の場において，ハウトンマカの落ち度を匂わせる発言をするのは，ハウトンマカと定吉のどちらにも問題があると判断しているからであろう。

　前節で紹介したジャチコフの書翰（6月2日箱館にて翻訳）には，ハウトンマカのシルトッタンナイへの駆け込み理由について，「ウスソロ村のアイノ人ハウトマクを日本人貞吉打擲し，且其以前右ハウトマクの父イキリマウスを日本役人エシドキ打擲せし上，其者所持之銀の鍔壱〔則アイノ語にてイコロ也〕，刀壱，鍋釜弐ツ，糸織の着物壱ツ其役人取上し故，右ハウトマク予方へ来り」とある[23]。これによれば，ハウトンマカがロシア人に保護を求めたのは，自分への暴力だけでなく，父イキリマウシへの日本役人による暴力，および物を奪われたことにある。もちろん，これは，ハウトンマカのジャチコフへの訴えに基づくものなので，ハウトンマカの虚言である可能性もある。

　前節において，ジャチコフが，東シベリア総督より指令を受けて，アイヌを勧誘して石炭採掘作業に充てるよう指令されていたことを紹介した。ハウトンマカは，定吉から暴力を受け，なぜロシア人のもとへ駆け込むという道を選択したのであろうか。

　3月13日，大野藩士の福永鉞之輔と北野宗兵衛は，ハウトンマカの父イキリマウシを呼び出し，ハウトンマカについて尋ねている。イキリマウシは，息子ハウトンマカがシルトッタンナイのロシア人のもとへ行ったことについて尋ねられると，涙を流しながら，「土人之身分として致方も無之，御上様之御取斗之事斗待居候事ニ御座候」と答える。また，「魯夷ニ而雇ひ致候も，且又当所ニ而雇稼致候も同事ニ候哉」とハウトンマカが主張していた

と答える[24]。このことからわかることは，ハウトンマカが自らの境遇に不満を抱いていたこと，「御上様」の「御取斗」に期待していたこと，またロシアの「雇稼」も日本の「雇稼」も同じであると考えていたことである。

　ハウトンマカは，ロシアでも「雇稼」ができることを事前に知っていた。また，ハウトンマカに対し，ロシア人から直接勧誘があった可能性もある。番人定吉の暴力に遭遇し，ウショロ場所の親方吉田儀兵衛の無対応ぶりに絶望し[25]，ハウトンマカは，かねてから選択肢の一つとして考えていたロシアでの「雇稼」という道に舵を切った。これがハウトンマカ逃亡の真相と考えられる。

4　ヲフツセリとロシア人の内通

　1862（文久2）年11月8日，クシュンナイ詰定役出役山梨佐輔は，同地滞在ロシア人首長エサコフに対し，シルトッタンナイ滞在ロシア人（ジャチコフ）への直接説得を要求した[26]。これを受け，翌1863（文久3）年1月15日，エサコフは，足軽無足見習角田弥七郎とともにクシュンナイを出発する[27]。すると，翌16日，クシュンナイからウショロへ向かう途中のライチシカにて，トコンベの父ヲフツセリ（イキリマウシ）[28]が現れる。ヲフツセリは，サンタン人から入手した情報——トコンベはシルトッタンナイ不在，ジャチコフとともにニコラエフスク，あるいはサンタン地の方へ連行——をエサコフ・角田一行へ伝え，一行はクシュンナイへ引き返す[29]。ところが，1月21日，ウショロの「土人家」でトコンベが発見され，翌22日ウショロ出役足軽高橋峰三郎はトコンベを逮捕し，彼をクシュンナイへ連行する[30]。

　3月9日，ロシア人13名が，チラホツナイ村乙名見習モクチヤランケ宅へ鉄炮を携えて押し入り，病気療養中のトコンベを連れ去る[31]。翌10日から12日にかけ，クシュンナイ詰定役出役藪内於兎太郎たちは，エサコフ，ジャチコフと交渉するが，ジャチコフはトコンベを引き渡さず，ジャチコフたちロシア人とトコンベの8名は，ウショロへ出発する。ウショロでは，14〜15日，大野藩士早川弥五左衛門がジャチコフと交渉するが，トコンベ

の引き渡しは叶わず交渉は終了する。そんななか，18日，ウショロ場所の惣小使ヲンバヲトエから早川のもとへ，ヲフツセリ，チセキシュイ，ホクヌ3名とその家族が，残らずロシア人に従ってウショロを退去する予定であるという密告がある[32]。その夜早川は，内密に調べたところ，ロシア人に従う予定の3名の「家内妻」たちが，それを望んでいないことが発覚する[33]。

　翌19日，早川はジャチコフとの応接後，「役土人」一同を呼び出し，ロシア側へ「好て往くものハ不差拒候間，勝手ニ同行可致旨許容ニ付」と，ジャチコフへの同行希望者は容認するとの趣旨の演説を行う[34]。

　この演説の翌20日，ジャチコフに従う予定のホクヌが，同行拒絶の意思を示し，ロシア人からの脅迫，ヲフツセリよりの強い勧誘があったことを早川に述べる[35]。また，ヌイシクマ（トコンベ妻），マウシビルマ（トコンベの弟コタントカの妻），シウタトンケマ（チセキシュイ妻）の3名の「家内妻」も，ロシア人への同行拒絶の意思を示す。たとえばヌイシクマは，夫トコンベに見捨てられたこと，故郷を離れたくないことを理由に同行を拒絶する。また，ヲフツセリ，トコンベの2名から強い勧誘があったことも述べる[36]。またマウシビルマは，まだ若年（13〜14歳）であり，両親を捨てることを本人が望まず，また両親も彼女のロシア行きを望まず，ヲフツセリが強く両親を説得してもこれを両親が許さなかったことが理由であった[37]。

　20日夜，ヲフツセリ家内5名，チセキシュイ家内6名，ホクヌ家内7名の計3家族18名（トコンベを含む）が，ジャチコフに従ってウショロを退去する。ホクヌ家はロシア人への同行を選択し，3名の「家内妻」は同行を拒否したのである。

　以上が，1863（文久3）年3月のアイヌ18名のウショロ退去の経過である。従来の研究では，この18名のアイヌは，大野藩のウショロ場所経営，幕府のアイヌ支配を忌避してロシア側へ逃亡したと解釈される[菊池1989]。18名退去後の同年4月には，早川や北蝦夷地詰役たちにより，事実関係を報告する文書が作成され，5月3日には箱館へ書類一式が到着する[38]。一方，北蝦夷地詰役たちは，これ以上のウショロアイヌの離反を防ぐため，ホクヌや「家内妻」の説得にあたった「奇特土人」や「家内妻」に対し，過分

の手当を支給し，ウショロアイヌの懐柔を図っている[39]。北蝦夷地詰役作成の文書は，アイヌ18名の退去を一貫して「魯夷」(ロシア人)によるアイヌの「強奪」と表記する。しかし真相は，18名のアイヌ(少なくともヲフツセリとトコンベは)が自らの意思と判断でロシアへの服属を望み，ウショロを退去したのである。

　トコンベとその父ヲフツセリは，大野藩のウショロ場所経営，幕府のアイヌ支配に対し，心底から不満，あるいは憎悪を抱いてロシア服属の道を選択したのであろうか。従来の研究は，ジャチコフが「トコンベを通してロシア側へのアイヌの取り込みを図ろう」として，トコンベのウショロ帰郷を許可したが，「運悪く日本側に逮捕され」，やがて「トコンベ奪取という実力行使に出た」と推測する[菊池1989]。前節・前々節で検討したことを考慮しても，このことは事実であろう。しかし，「トコンベの父がホクヌに同行を勧めていることなどを考えると，トコンベを逮捕し病気狂乱に追込んだ日本側に対する憎悪がトコンベ側に募っていたといえよう」という評価[菊池1989]は，少し慎重に検証してみる必要がある。

　まず，不可解なのは，1月16日のヲフツセリのライチシカでの行動である。ヲフツセリの情報(トコンベのシルトッタンナイ不在情報)により，エサコフ・角田一行はクシュンナイへ引き返す。しかし，その数日後，トコンベはウショロで発見され逮捕される。結果的に，ヲフツセリの発言は，誤った情報であったことになる。ヲフツセリは，トコンベ不在情報をサンタン人から入手している。サンタン人は前年の1862年10月と12月にウショロに出現している。このうち12月に渡来したサンタン人ヨントクは，雪中につき帰国困難となり，越年を高橋に願い出た者である。また，ヨントクは，ジャチコフよりの伝言(ヨントクの越年願と日本とサンタン人の交易についての意見)を預かり，高橋に伝えている[40]。サンタン人は，ウショロのアイヌとは私的に接触する関係である[東2010]。したがって，ヲフツセリとサンタン人ヨントク，ジャチコフが裏でつながっていた可能性は十分にある。

　また，1月22日のトコンベ逮捕のきっかけは，前日の高橋のもとへのトコンベ帰還を知らせる届けであった。届け出た主体はアイヌなのか，日本の

番人なのか不明である。トコンベは 22 日，高橋のもとへ出頭し，「当地詰合」や「両親兄弟共」への面会をジャチコフに願い出て，彼の許可を受け戻ったことを高橋に述べる。しかし，ジャチコフの 2～3 日後のウショロ渡来が判明すると，高橋はトコンベの再逃亡を防ぐため「腰縄」[41]（別の史料では「手鎖」）で彼をクシュンナイへ連行する[42]。「腰縄」は，高橋がトコンベを要注意人物と認識していたことのあらわれである。

　3 月 19 日の早川の演説後のホクヌの行動，「家内妻」の同行拒否は，自らの意思だったのか，それとも大野藩や幕府など日本側の威圧を恐れてのものだったのか。いずれにせよ，彼らの行動の背景には，ウショロ場所の「役土人」や「家内妻」たちの両親たちの強力な説得工作があったのは明らかである。トコンベやヲフツセリたち以外のウショロ場所アイヌは，彼らと距離を置いていて，日本側には協力的である。

　事件後の 4 月，早川が北蝦夷地詰役へ提出した報告書では，早川がアイヌ 18 名をロシア側に引き渡した理由を，アイヌの強引な束縛によるロシア側との紛争回避と説明する[43]。しかし，早川は，ヲフツセリたちアイヌ 3 家族のロシア人への同行は，彼らの望みであることを把握したうえで，「魯夷」と「約定」のうえ同行する者を無理に引き留める意見から，「許容之上」ロシア側へ引き渡す意見へ考えを改め，3 月 19 日に演説を行う[44]。早川は，ヲフツセリたちとロシア人の内通を把握していたので，ロシア側へのヲフツセリたちの同行を黙認したのである。

　3 月 9 日にトコンベがジャチコフたちに奪還されてから，20 日夜にヲフツセリたち 18 名のアイヌがウショロ場所を退去するまでの過程は，きわめて敏速である。したがって，ヲフツセリは，9 日のトコンベ奪還前からジャチコフと内通していたと考えられる。ヲフツセリたち家族は，1860（万延元）年にフレヲチ村よりウエンルイサン村へ引っ越してきた者たちである[45]。また，ポロコタン村にはハウトンマカの叔父ヲンクチがいて，父親ヲフツセリの出身地でもあった[46]。ホクヌの妻は，「スメレンクル人」[47]でポロコタン村に住むキイチと親戚である[48]。

　1863（文久 3）年 5 月，箱館奉行小出大和守は，18 名のアイヌのウショロ場

所退去に関して，幕閣へ報告書を作成している。そこには，「今般被連行候
土人共之内ヲフツセリ義者，性来奸曲無頼之ものニ而，是迚も兎角争論等を
好ミ，近隣土人共ニも被差憚，追々交りも狭ク相成候より，ウショロ場所立
退候念慮を生し，魯人江附属之義，内々相約し候哉ニ而，外弐軒之もの者ヲ
フツセリ親戚ニ付，種々申勧み，強而同行いたし候趣ニ者，彼ものとも立去
候者，却而外土人共相悦ひ居候哉ニも相聞へ候故，彼に信従候もの有之次第
ニも無之」とある[49]。ヲフツセリは「奸曲無頼」の者で，ウショロ場所内で
も他のアイヌから疎外されていたこと，また，3月20日に退去した18名の
アイヌは，すべてヲフツセリの家族と親戚であり，ヲフツセリがロシア人と
内通していたことを小出は幕閣へ報告している。

　以上の状況証拠から察すると，ヲフツセリは，はじめからジャチコフと内
通し，トコンベと共謀して親戚のアイヌたちを勧誘していた可能性がある。
ヲフツセリ家は，ポロコタン村からウショロへ来た移住者であり，そもそも
ウショロ場所のアイヌたちから快く思われていなかった。「役土人」や「家
内妻」の両親たちの日本側への協力は，そう考えるとよく理解できる。

5　「強奪土人」の帰村

　1863(文久3)年10月，ジャチコフは，3月20日にウショロを退去したチ
セキシュイやサンタン人など計8名でウショロ場所内のウシトマナイホへ渡
来し，チセキシュイの妻ウタトンケマの引き渡しを要求した。しかし高橋は
これを拒否している[50]。

　それから1年半後の1865(元治2)年閏5月28日，ヲフツセリ，妻ラント
キマ，二男ヲツキニ，三男モンチユーカンの4名がウショロ場所へ戻り，再
び日本の「撫育」を望む。大野藩士松尾友三は彼らを取り調べると，ヲフツ
セリは2年前にウショロを退去した理由について，ロシア人ジャチコフから
「厳威」を振るわれ，「理不尽ニ連行」れたと主張する。また，息子トコンベ
の「親子之情」に引かれ仕方なく退去したことも付け加える。そして，ロシ
アでは「撫育」が受けられず食料に困ったので，妻子が帰村を望んだこと，

自分たちはもともとロシアへの好意がないこと，トコンベを改心させるため帰村が遅れたこと，ジャチコフの許可を得て帰村に至ったことも述べる[51]。

　この松尾の届けを受けたウショロ詰定役無足見習水谷栄三は，「チヤチコヲフ所業不安心ニ存」と，ヲフツセリがジャチコフの行為に対して危機感を抱いたことを，彼らの帰村理由に付け加え，また彼らが日本の「国恩」を悟り，「撫育」の再開を希望して帰村に至ったことを，上役への報告書のなかで強調している[52]。

　ただし，水谷は，ヲフツセリたちの帰村に対して，二つの相異なる見解を抱いている。一つは帰村を肯定的に捉える見解，もう一つは帰村に疑惑を抱く見解である。前者の例として，水谷は次のように述べている[53]。

　　御国法を背き彼地江永々滞在，渇命ニも至り候而帰路，今更彼是苦情歎願仕候儀ニ付，伺之上厳敷御咎可有御座哉之処，内密今般帰着者仕候もの之，何様御所置有之候哉抔与深く懸念仕候趣，①既ニ先年トコンヘ一ト度久春内迄相戻り候節も，余り厳重之所置仕候を，魯人方ニ而者右等を首与して申立候事からも有之，却而御不為之様成行候而者奉恐入候間，此度者先年魯人強奪ニ及ひ候与者乍申，家族共会得為仕，是迄帰村遅延及ひ候義を厳敷叱り，此後之二念毛頭無之哉之実性再応吟味詰，別紙之通口書其外元之如，旧来土井家ニ而手厚く撫育仕，専ら日業為相励，別段御咎罰等無之候方，②其身を始外土人共迄も追々御恩恵之厚きを伝響及ひ，自分帰路相望候様成行可申哉ニ奉存，

　水谷は，ヲフツセリたちは「国法」に背いた者なので，本来は処罰が必要であることを述べたうえで，彼らへの手厚い「撫育」の必要性を訴える。その理由について，①以前のトコンベ逮捕時のような，ヲフツセリたちへの厳罰の執行は，ロシア側に，日本側の処置不手際の論拠を与えること，②ヲフツセリたちへの寛大な処遇は，ロシア側服属の残り14名のアイヌのウショロへの帰村を促進させる効果があること，の2点をあげる。ヲフツセリたちの日本への帰村と「撫育」の再開希望は，幕府にとっては，18名のウショロ退去＝アイヌの離反という不名誉を挽回し，アイヌ支配の正当性，ならびにサハリン島の日露境界画定交渉における重要な論拠を回復する絶好の機会

であった。

　一方，水谷は，ヲフツセリたちの帰村に対する疑惑も主張する[54]。

　　一昨亥年魯人チヤチコーフ強奪仕候土人之内，ヲフツセリ家族四人魯人
　　承知之上帰場仕候ニ相違も無之儀ニ者候得共，右チヤチコーフ元来無法
　　之者ニ而，シルトツタンナ井滞在之地より当ウシヨロ迚年々数度往復
　　仕，其時々我意ニ募，土人共厳威を以手なつけ候義而已心掛居候趣ニ御
　　座候，就而者前書ヲフツセリ帰場之儀，彼承知之上与者乍申，便宜を以
　　渡来仕候ハ、，必定暴論ニ渉り，土人を驚他為致候儀与愚察仕，其節ニ
　　至り候ハ、，和を以彼を腹し，土人共江者前以教諭仕置候ハ、，いさ事
　　件ニも及申間敷哉，

ここで述べているのは，ジャチコフがヲフツセリを通じて他のアイヌを手
懐けるために，故意に彼らを帰村させたとみる見解である。ヲフツセリたち
は，ジャチコフとの交渉の末，「勝手次第」となって帰村したと述べてい
る[55]。この供述に水谷は疑いを抱いている。ウショロのアイヌが，2年前の
ように再び日本の支配を離反し，ロシアの支配を望むという事態が起こるこ
とに，水谷は危機感をもったといえる。

　この水谷の報告を受けた調役並葛山慊輔は，「元来愚昧之もの共，却而此
度厳重御咎被　仰付候而者，外土人共帰路望居候折柄妨ニも相成可申哉」
と，厳罰によって，ロシア側にいるアイヌの帰村の道を閉ざしてしまうこと
を危惧し，「此程立戻候者儀者，極小御憐愍之御沙汰御座候様仕度」と，ヲ
フツセリたちへの厳罰の回避を上申している[56]。

　結果的に，ヲフツセリたちは罪を許され，ウショロ再居住も承認され，再
び日本の「撫育」を受けることになった。水谷は葛山宛の上申書のなかで，
「昨日より勝手次第働方為致候而，家族共久々ニ而古郷江立帰り，如旧来撫
育有之候故，感涙を流し悦ひ安堵仕候趣ニ御座候」と，ヲフツセリたちは，
故郷での生活の再開，日本の「撫育」の享受により，感激のあまり涙を流し
て喜び安堵していると述べる[57]。

　水谷によるヲフツセリ帰村の懐疑的な見解は，1863（文久3）年3月のアイ
ヌ18名のウショロ退去時のヲフツセリの行動を，ジャチコフとの内通とみ

なす北蝦夷地詰役の認識を暗示するものである。ヲフツセリは，ロシア人の手先となって，他のアイヌの離反を煽動する存在だと危険視されている。

　ヲフツセリたちの帰村から2年後の1867（慶応3）年6月，ウショロ場所のアイヌが会所での雇用労働をすべて拒否するというボイコット事件が発生する。大野藩士松尾友三は，最初，ロシア人によるアイヌ煽動の可能性を疑ったが，「役土人」たちへの聴き取りを進めると，このボイコット事件は，吉田儀兵衛たち番人のウショロアイヌに対する日常的な悪口，叱責，暴力，脅迫，監視といった非道行為に端を発していることが明らかとなる[58]。「トコンへ一件」では，大挙して日本側に協力したウショロのアイヌたちも，度重なる番人たちの非道行為に対し，最終的にNOを突きつけたのである。このボイコット事件の責任をとらされるかたちで，吉田は厳罰のうえ解雇された。ウショロのアイヌたちは，日本の支配などに屈して自律性を失うことなく，強力な意思と行動力を保持していた。

まとめにかえて

　以上，「トコンへ一件」の経過を，その前後の動向を踏まえて検証してみた。従来の研究では，トコンべやヲフツセリたちは，番人の横暴な振る舞いから逃れ，日本の「撫育」から抜け出すため，ロシアの支配を望んだと解釈される。そして，このような日本側の非道行為は，「非道の社会性」の問題として理解されてきた。言い換えれば，場所請負制的な環境下における和人のアイヌに対する酷使，虐待，強姦等といった，アイヌと和人の支配―被支配の社会構造的な問題から発生したという解釈である。ただし，事件の舞台となった場所が日本とロシアが領有を争うサハリン島の，しかも両勢力が直接対峙する地域であったがゆえに，トコンべのロシアへの逃亡が可能となり，さらにはアイヌの雇用をめぐる両国間の外交問題として扱われた。トコンべたちは，自分たちにより都合の良いロシア側への服属を選択することができた。簡単にまとめると，これが従来の「トコンへ一件」に対する解釈であり，場所請負制下のアイヌ社会を象徴する事件として扱われてきた。

　しかし，本章で検証した結果，トコンベやヲフツセリは，はじめからロシア人と内通し，ロシアを好意的に捉えていて，それに番人の非道行為が積み重なることで，ロシア側への服属を選択したことが明らかとなった。したがって，「トコンヘ一件」を，和人の暴力を忌避してのアイヌの逃避行動，あるいはアイヌと和人の関係性（社会構造）の問題として理解するだけでは不十分である。番人の暴力という劣悪な環境下におけるアイヌの主体的意思（逃亡や退去を選択する意思）を汲み取るだけでも不十分である。また，日露「雑居」体制のなかで国家の論理に翻弄されるアイヌという評価で片づけられるものでもない。トコンベやヲフツセリは，自分たちの境遇を正確に捉え，日本とロシアの思惑を手玉にとって，逆に利用している節さえある。だからといって，番人定吉による暴力の影響を些少とするわけではない。そうした暴力に屈せず自律するアイヌの姿を，この「トコンヘ一件」のなかに見出すことができる。

　ウショロ番人のアイヌに対する取り扱いは，全般的に非道であったが，ロシア側の支配を望まないアイヌも，ウショロには多数存在した。ロシア側の勧誘に靡かないアイヌも多数いた。トコンベやヲフツセリの逃亡の情報を日本の役人へ密告したり，日本側に積極的に協力したアイヌもいた。ウショロのアイヌたちは，トコンベたちにしても，それ以外の人たちにしても，みなそれぞれの思惑で行動し，より自分たちに利益のある道を選択している。場所請負制下の蝦夷地のアイヌ社会で見られたような非道行為を前提として，「トコンヘ一件」の解釈にそれをそのまま適用して事件を理解するのは困難である。

　「トコンヘ一件」における日本とロシアのアイヌ雇用をめぐる対峙は，ロシア帝国と帝国になりきれていない日本の争いであったといえる。この事件は，元をたどればサハリン島領有問題に端を発したものであり，その根底には両国の民族政策のあり方や，領土に対する考え方の違いが内在していた。ロシアや日本のサハリン島進出がなければ，大野藩のウショロ場所経営は行われず，番人のアイヌへの暴力も起きず，「トコンヘ一件」も起こらなかったからである。ウショロのアイヌにとってみれば，日本とロシアという対外

的脅威にさらされた時，自分たちの身を守る手段として，両国の扞格をうま
く利用したにすぎないのである。

1)　日本人はサハリン島のことを「カラト」「カラフト」「唐太」などと呼んでいた
　　が，江戸幕府は 1809（文化 6）年に「北蝦夷地」と改称した。
2)　トコンベの元の名はハウトンマカであり，1863（文久 3）年の史料ではトコンベと
　　改名されている。このことは，大野藩が作成したウショロ場所アイヌの人別帳「ラ
　　イチシカ村ゟフレヲチ迄土人々々改帳」（『織田町史』資料編中巻，織田町，1996 年所
　　収）や，『土人ハウトンマ一件留』（函館市中央図書館所蔵／箱館奉行所文書 5024）など
　　からわかる。本章では，1862（文久 2）年以前をハウトンマカ，1863 年以後をトコンベ
　　と表記することとする。
3)　早見鵜一良『北蝦夷地用』（北海道大学附属図書館所蔵，旧記 314）。
4)　「撫育」とは，現代では“かわいがり大事に育てること”の意であるが，箱館奉行所
　　文書等に見られる「撫育」とは，アイヌがロシア人に靡かないように，手厚く手当
　　（酒・タバコなどの物品を支給）を行ったり，守るべきことを法令で読み聞かせる等管
　　理・指導を徹底する，というニュアンスの用語である。
5)　福永鉞之輔・早川弥五左衛門は大野藩士，成瀬潤八郎・清水平三郎・山梨佐輔・
　　藪内於兎太郎はクシュンナイ詰の箱館奉行所所属駐在員，高橋峰三郎・水谷栄三はウ
　　ショロ詰の箱館奉行所所属駐在員，糟屋筑後守は箱館奉行である。また，ジャチコフ
　　はシルットッタンナイ滞在ロシア人首長，エサコフはクシュンナイ滞在ロシア人首長，
　　ゴシケヴィチは箱館のロシア領事である。なお，高橋峰三郎は 1862（文久 2）年 2 月に
　　改名する前は高橋秀次郎と名乗っていた（『蝦夷地御用留』（国立国会図書館所蔵，請求
　　番号 158-56）のうち『北仕出御用留』四の第 34 文書）。
6)　北蝦夷地詰定役の小田井蔵太は，1860（万延元）年 5 月付の箱館奉行への伺書で，
　　「去秋於江府御対話」（ムラヴィヨフ交渉）による「雑居」を見据え，ロシア人への対応
　　の仕方について，「仕法」をつくる必要性を訴えている。また，今後想定されるロシ
　　ア人に係る事案について細かく指摘している。そのなかには，アイヌの雇用について
　　ロシア側が申し出てきた場合も含まれている（「北蝦夷地御所置之儀ニ付廉書ヲ以奉伺
　　候書付」『御用留』（北海道立文書館所蔵／箱館奉行所文書 54）の第 31 文書[No. 43]）。
7)　「土井能登守家来差出候書付」（「唐太分界並警衛一件　七」（通信全覧編集委員会編
　　『続通信全覧　類輯之部一五』〈続通信全覧 31〉（雄松堂出版，1986 年）））。
8)　「北蝦夷地之内土井能登守へ引渡置候場所内へ魯人移住罷在候義ニ付申上候書付」
　　同上「唐太分界並警衛一件　七」。
9)　「八月十七日巳ノ中刻頃西浦ウショロ於仮出役所足軽高橋秀次郎渡来之魯夷ジヤチ
　　コフ与及応接候対話書」『諸件伺済』（北海道立文書館所蔵／箱館奉行所文書 66）の第
　　15 文書。
10)　「唐太分界並警衛一件　八」（前掲注 7『続通信全覧』所収）。

11)　同上。

12)　同上。

13)　同上。

14)　同上。

15)　ジャチコフは，1853（嘉永6）年から翌年にかけクシュンコタンに滞在し，日本の越年番人やアイヌからアイヌ語を習っている［ブッセ2003］。日本側の史料には「キチ」の名で知られており，日本とロシアが交渉を行う際のロシア側のアイヌ語通訳を務めている［東2005a, 2005b］。

16)　「ハウトンマカ儀欠落いたし候ニ付右召使居候定吉呼出し右始末相尋候手続書覚」（前掲注2『土人ハウトンマ一件留』）の第3文書。

17)　「土井能登守雇番人定吉与申者土人召使居欠落為致候始末相尋申候手続書之覚」（前掲注2『土人ハウトンマ一件留』の第5文書）。なお前掲注5『北地仕出御用留』四の第56文書には，「シカマンテ」は「シマカンテ」，「ハウヂ」は「耳盥」とある。

18)　「出奔者之儀ニ付御届申上候書付」（前掲注5『北地仕出御用留』四の第61文書）。

19)　北野宗兵衛家文書「ハウトンマカ一條記」（『織田町史』資料編中巻，織田町，1996年）。

20)　前掲注9『諸件伺済』の第16文書。

21)　前掲注9『諸件伺済』の第18文書。

22)　前掲注19「ハウトンマカ一條記」によると，定吉は，日頃から大声を出したり暴力を振るっていたので，他の場所への入れ替えが検討されているほど問題のある人物であったことがわかる。

23)　前掲注10。

24)　前掲注19。

25)　前掲注19。「定吉参り又々大呵之上打擲いたし候ニ付，其座を逃去り当所江参りウシトマナイ番家親方へ挨拶いたし候処，直様親方申候は昨日ウッシユ村へ参り又候今日罷来り候は如何ニ候哉言訳も不申内早々右番家へ可参旨申付候」とある。吉田儀兵衛については「此吉田儀兵衛与申者，東蝦夷地辺ニ番人相勤候者ニ而，漁業筋巧者ニ付，土井家ニ而召抱，名字為名乗，漁業其外土人遣廻し方ニ至迄，取扱世話致居候ものニ御座候」とある（前掲注5『北地仕出御用留』四の第56文書）。

26)　『仕出御用留』（北海道立文書館所蔵／箱館奉行所文書69）の第27文書。

27)　同上『仕出御用留』の第37文書。

28)　「魯西亜人邪智骨布応接取調書」（『大野市史』藩政資料編二，大野市，1984年，809頁）には，「ヲフツセリ事イキリマウシ」とある。

29)　前掲注26『仕出御用留』の第37文書。サンタン人とは，アムール川下流域キジ湖周辺に住んでいた人びと（現在のウリチ民族につながる人びと）のことである。

30)　前掲注26『仕出御用留』の第37文書。

31)　前掲注5『蝦夷地御用留』のうち『応接』の第8文書。

32)　前掲注28，801頁。

33)　前掲注28，804頁。

34)　前掲注28，806頁。

35)　前掲注28，807頁。

36)　前掲注28，811頁。「既ニ昨年当所出奔之砌妻を捨置，加之土人番人は不及申御役人方迄呼迎ニ御越有之候而も不帰来，一ヶ年余過而帰り来リ，今又強て連行んといへとも，右様不心得之夫を夫といたす事敢て不好，且出生之在所を捨，見知も無之遠所江行事ハ猶更不好之，其旨過日より数度申断候得共，ヲフツセリ・トコンベ両人強而同行を勧ニ付」とある。

37)　前掲注28，812頁。

38)　前掲注26『仕出御用留』の第42文書。

39)　前掲注5『蝦夷地御用留』のうち『北蝦夷地仕出』の第41文書，前掲注26『仕出御用留』の第49文書，『北地仕出御用留』(函館市中央図書館所蔵／箱館奉行所文書5026)の第11～15文書。

40)　前掲注26『仕出御用留』の第26文書。ヨントクによれば，ジャチコフは，ウショロからの帰国を命じられたサンタン人が食料欠乏で帰国困難なこと，およびトンナイでの交易を拒否され追い返されたことを不憫に思い，日本側に伝言を申し入れたとのことである。

41)　別の史料では「手鎖」「手錠」とある。

42)　前掲注26『仕出御用留』の第37文書。

43)　前掲注26『仕出御用留』の第42文書。「厳重之差押方仕候者，容易ニ差止相成候へ共，自然不容易事之端を開キ可申ニ付，一先つ御伺申上候之上ニ而取戻方可有之差扣，彼之意ニ任セ差遣置候」とある。

44)　前掲注28，804頁に「又考ルニ既ニ魯夷与約定同行ニ決候もの只今差止候共，其儘当所ニ罷在候而ハ何様之御仕置可有之哉，実ニ恐怖して逃亡するは必定也，逃亡しても魯夷の手に入，許容之上遣候共同敷魯夷之手ニ附候儀ニ可有之，然ハ公然と差免候之方却て一時之権ニ可有之愚存相決」とある。

45)　前掲注3のウショロ場所アイヌの人別帳部分に「申年フレヲチ村ゟ当所へ引越候ニ付，酉年改ル」とある。

46)　前掲注19の314頁には，「ホロコタン村々叔ヲンクチ罷居殊ニ父親達之出斗りの村ニ有之候」とある。

47)　スメレンクルは，サハリン島西海岸に住むニヴフを指す呼称である。

48)　『北蝦夷地仕出之部御用留』(北海道立文書館所蔵／箱館奉行所文書42)の第30文書。

49)　「北蝦夷奥地滞在魯西亜人ウショロ場所土人共を引連立去候義ニ付申上候書付」『御用留』(北海道立文書館所蔵／箱館奉行所文書68)の第76文書。

50)　前掲注9『諸件伺済』の第20文書。

51)　「覚」『仕出御用留』(北海道立文書館所蔵／箱館奉行所文書81)の第36文書。『魯夷御用留』(函館市中央図書館所蔵／箱館奉行所文書5042)の第6文書。

52）「北蝦夷奥地滞在魯西亜人強奪仕候ウショロ場所土人之内ヲフツセリ家内四人立帰
　　り候儀ニ付申上候書付」同上『仕出御用留』の第 36 文書。『魯夷御用留』の第 4 文書。
53）　同上。
54）「魯西亜人強奪仕候土人帰場仕候儀ニ付申上候書付」前掲注 51『仕出御用留』の
　　第 36 文書。『魯夷御用留』の第 5 文書。
55）　前掲注 51。
56）「北蝦夷奥地滞在魯西亜人強奪仕候ウショロ場所土人之内ヲフツセリ家内四人立帰
　　り候儀ニ付相伺候書付」前掲注 51『仕出御用留』の第 27 文書。『魯夷御用留』の第 3
　　文書。
57）　前掲注 51『魯夷御用留』の第 2 文書。
58）　前掲注 51『魯夷御用留』の第 34〜36 文書。

参 考 文 献

秋月 1994：秋月俊幸『日露関係とサハリン島——幕末明治初年の領土問題——』筑摩
　　書房
東 2005a：東俊佑「嘉永年間におけるカラフトをめぐる動向」『18 世紀以降の北海道と
　　サハリン州・黒竜江省・アルバータ州における諸民族と文化——北方文化共同研究事
　　業研究報告——』北海道開拓記念館
東 2005b：東俊佑「幕末カラフトにおける蝦夷通詞と幕府の蝦夷地政策」『北海道・東
　　北史研究』第 2 号
東 2007：東俊佑「幕末期北蝦夷地における大野藩のウショロ場所経営」『北海道開拓記
　　念館研究紀要』第 35 号
東 2010：東俊佑「幕末のサンタン交易について」『北方の資源をめぐる先住者と移住者
　　の近現代史——北方文化共同研究報告——』北海道開拓記念館
荒野 1988：荒野泰典『近世日本と東アジア』東京大学出版会
太田 1970：太田三郎『日露樺太外交戦』興文社
菊池 1989：菊池勇夫「幕末日露関係のなかの樺太アイヌ——『出奔土人』トコンベ一
　　件——」『日本歴史』第 497 号。のち『北方史のなかの近世日本』（校倉書房，1991
　　年）に所収。
高島 1912：高島正『福井県人樺太経営史』高島文庫
檜皮 2006：檜皮瑞樹「幕末期樺太におけるアイヌ支配の揺らぎと再編成——トコンベ
　　出奔事件をめぐって——」『史観』第 155 冊
ブッセ 2003：ニコライ・ブッセ著／秋月俊幸訳『サハリン島占領日記 1853-54——ロシ
　　ア人の見た日本人とアイヌ——』平凡社，東洋文庫 715
北海道 1970：『新北海道史』第二巻通説一

表 1-1　「トコンヘ一件」関係年表（1860～1866 年）

月	日	記　　事	出　　典
1860（万延元）年			
10	15	ウショロ出役足軽高橋秀次郎，ウショロ「見物」のため渡来のクシュンナイ滞在ロシア人たちと応接。2 日間逗留予定とのことにつき，サンタン人が風待ちとして逗留する「土人明家」の使用を勧め，「土人住居」への逗留は迷惑であることを通告。	諸件伺済 12
10	18	ウショロ出役足軽高橋秀次郎，クシュンナイ滞在ロシア人エラシモハシリウチセフーニンと応接。ロシア人 5 名のウショロ渡来，およびロシア人 2 日以上逗留につき，早々の退去を通告。	諸件伺済 12
10	21	ウショロ出役足軽高橋秀次郎，ウショロ滞留ロシア人と応接。ロシア人，食料欠乏につき販売を願う。	諸件伺済 13
12		クシュンナイ詰定役成瀬潤八郎，ロシア人と応接。ロシア人によるウショロ領ポロコタン以南ナヤシへの小屋建設を確認。	北地仕出御用留③3
1861（文久元）年			
6		大野藩士早川弥五左衛門，ウショロより 21 里北（ナヤシより北 1 里）のシルトッタンナイへのロシア人移住を報告（前年秋末頃より移住と推察）。同月，箱館奉行村垣淡路守，このことを上申。	唐太分界並警衛一件⑦
8	15	ウショロ出役足軽高橋秀次郎，小船にて渡来のロシア人ジャチコフ，バチカロフと応接。ジャチコフはシルトッタンナイ滞在，他の者はクシュンナイ越年予定との情報を入手。	諸件伺済 14
8	17	ウショロ出役足軽高橋秀次郎，シルトッタンナイ滞在ロシア人首長ジャチコフと応接。ジャチコフは，ウショロのアイヌ 4 名の借用，およびクシュンナイへの書状の送付を願い出るが，高橋は拒否。また，ジャチコフは，ナヤシ川での漁業のためシルトッタンナイへアイヌ 10 名を連行すると脅すが，高橋は，江戸や箱館での決定（ムラヴィヨフ交渉の結果）についての当地への指図がないことを理由にアイヌの雇用を拒否。	北地仕出御用留④23／55，諸件伺済 15
8	21	クシュンナイ詰定役成瀬潤八郎ほか，ロシア人首長エサコフと応接。ロシア側のウショロ場所ヲタソ石炭山，ヲタクルマナイへの十字杭建立につき抗議。	北地仕出御用留 18
9	21	クシュンナイ詰定役成瀬潤八郎ほか，ロシア人首長エサコフと応接。十字杭建立につき抗議。	北地仕出御用留④16
10	11	クシュンナイ詰定役成瀬潤八郎ほか，ロシア人首長エサコフと応接。十字杭建立につき抗議。	北地仕出御用留④18
10	22	クシュンナイ詰定役成瀬潤八郎ほか，ロシア人首長エサコフと応接。ロシア側がヲタソ石炭山，ヲタクルマナイに建立した十字杭の撤去を通告。	北地仕出御用留④19
10	23	クシュンナイ滞在ロシア人首長エサコフ，鶏，豚肉贈答につき，答礼として白米 5 升，清酒 2 升を贈答。	北地仕出御用留④21
11	25	北蝦夷地詰城六郎・村上次郎太郎，北蝦夷地境界の件につき組頭衆・蝦夷地掛へ書状を送付。ロシア領事との掛合により北蝦夷地「雑居」となった件について，今後の現地での対応について指図を仰ぐ。書状は翌年 3 月 12 日に箱館へ到来。	北地仕出御用留④22
12		北蝦夷地詰村上次郎太郎・城六郎，ウショロ場所の増員について上申書を送付。ウショロより 20 里奥地のシルトッタンナイへの前申年よりのロシア人滞在，小屋建設，石炭採掘を報告。	北地仕出御用留④23

月	日	記　　　　　事	出　　典
12	13	クシュンナイ詰定役成瀬潤八郎ほか，ロシア人首長エサコフと応接。境界談判中につき，新たな十字杭・家作などしないようロシア側に通告。	北地仕出御用留④24
旧冬		ウショロ場所雇番人定吉，飯米運搬の際，トコンベとシマカンテの2人が飯米に手を付けていたことを発見。2人に尋問したところ，黙認を懇願され，耳盥を受け取る。	土人ハウトンマ一件留5，北地仕出御用留④56

1862（文久2)年

月	日	記　　　　　事	出　　典
1	8	クシュンナイ詰定役成瀬潤八郎ほか，ロシア人首長エサコフと応接。日本正月につき酒宴を実施。	北地仕出御用留④42
1	16	夜，ホントケシ番家にて酒宴を実施。ウエンルイサン村のハウトンマカ，酒宴の手伝いをし，その夜はそこに止宿。	ハウトンマカ一條記
1	17	朝，ハウトンマカ，ウシトマナイホ番家よりウッシユへ酒受け取りのため派遣。清酒3升を2斗樽に入れてもち帰る。	ハウトンマカ一條記，土人ハウトンマ一件留5，北地仕出御用留④56
1	18	朝，雇番人定吉，酒が少なくなっているのを見て，ハウトンマカを大声で罵り，棒にて打擲。ハウトンマカ，その場を逃げ去り，ウシトマナイホ番家の親方（吉田儀兵衛）へ訴えるが，親方は無視。	ハウトンマカ一條記
1	18	ウショロ場所雇番人定吉，ハウトンマカに薪の伐り出しを指示。昼，定吉，ハウトンマカが命令に従わず小屋に隠れていたので，杖でハウトンマカの足を叩く。夕方，ハウトンマカの姿が見えないことに気づく（会所の方へ行ったと思い放置）。	北地仕出御用留④56／62，土人ハウトンマ一件留3
1	18	ウショロ場所ウエンルイサン村「平土人」ハウトンマカ，ウッシユ村から出奔し，行方不明となる。	北地仕出御用留④55
1	20	フレヲチ村「土人」サ子タツタリ，浜辺で雪上についた足跡を発見。	ハウトンマカ一條記，北地仕出御用留④61
1	20	大野藩士福永鋖之輔，番人定吉を尋問。	北地仕出御用留④62
1	21	大野藩士福永鋖之輔，出奔したハウトンマカ探索のため，番人，「役土人」を派遣。	北地仕出御用留④55
1	21	ウショロ場所番人文吉，「役土人」センクラ，「平土人」ニセウンランケの3人，ハウトンマカ探索のためウショロを出立。	ハウトンマカ一條記，土人ハウトンマ一件留6
1	24	ウショロ場所番人文吉ほか，ハウトンマカの足跡をたどってシルトッタンナイのロシア人小屋の前へ行く。ロシア人首長ジャチコフと談判を行う。ハウトンマカにも会う。文吉はロシア人小屋で一泊。	北地仕出御用留④59，土人ハウトンマ一件留1／4／6
1	25	ウショロ場所番人文吉ほか，前日に引き続き談判を行う。	土人ハウトンマ一件留6
1	26	ウショロ場所番人文吉ほか，シルトッタンナイを出発。	北地仕出御用留④60，土人ハウトンマ一件留6
1	28	ウショロ場所番人文吉ほか，ウショロ帰着。	北地仕出御用留④60，土人ハウトンマ一件留6
1	29	大野藩士福永鋖之輔，番人文吉がシルトッタンナイでハウトンマカの件で交渉を行った顛末を報告。	土人ハウトンマ一件留1，北地仕出御用留④59
1	31	大野藩士福永鋖之輔，ウショロ場所番人藤作，重吉をシルトッタンナイへ派遣。	土人ハウトンマ一件留7

月	日	記　　　事	出　　典
2	4	ウショロ場所番人藤作，重吉，シルトッタンナイにてロシア人首長ジャチコフとハウトンマカ引き渡しについて交渉。ジャチコフから横文字書面を渡される。藤吉，重吉はロシア人小屋で止宿。	北地仕出御用留④55，土人ハウトンマ一件留 2／7
2	10	大野藩士福永鉞之輔，番人藤作，重吉のロシア人との交渉の顛末を覚書に記す。	北地仕出御用留④62
2	22	大野藩士北野宗兵衛，ハウトンマカ逃亡について高橋峰三郎宛の書状を作成。24 日に高橋のもとへ送る。	ハウトンマカ一條記
2		大野藩士福永鉞之輔，ハウトンマカ逃亡について届書を作成。	北地仕出御用留④61
3	1	ジャチコフが 1 月に渡した横文字書面が，大野藩家来よりクシュンナイへ提出される。	北地仕出御用留④55
3	4	夜 5 時頃，ウショロ領ウエンルイサン村「平土人」ニセウツケヲランケの小屋ヘクシュンナイ滞在ロシア人 5 名が止宿。	北地仕出御用留④63，諸件伺済 17
3	5	前日にアイヌ小屋へ止宿したロシア人のうち雑夫 1 名，仮会所にて福永鉞之輔と応接（通弁として吉田儀兵衛同席）。食料と小船の貸与を要求されたので応じる。	北地仕出御用留④63，諸件伺済 17
3	7	ウショロ出役足軽高橋峰三郎，クシュンナイからウショロへの帰途，ライチシカにて番人文吉に対し，1 月にシルトッタンナイでハウトンマカの件で談判を行ったことを尋問。	北地仕出御用留④60，土人ハウトンマ一件留 4
3	8	ウショロ出役足軽高橋峰三郎，ウショロに到着。	ハウトンマカ一條記
3	12	ウショロ出役足軽高橋峰三郎，番人定吉に対し，ハウトンマカ逃亡の経緯について尋問。	北地仕出御用留④56，土人ハウトンマ一件留 5
3	13	大野藩士福永鉞之輔，北野宗兵衛，ハウトンマカの父イキリマウシを呼び出し，ハウトンマカについて尋問。	ハウトンマカ一條記
3	14	大野藩士福永鉞之輔，ロシア人首長ジャチコフと交渉するためウショロを出発。	北地仕出御用留④55
3	16	大野藩士福永鉞之輔，ロシア人首長ジャチコフとハウトンマカ引き渡しについて交渉。福永は，番人定吉に非がありハウトンマカは無罪であること，日本が「撫育」しているアイヌは日本所属であること，ハウトンマカの父が心配していることなどを訴えるが，駆け込んできた者を受け入れるのは当然との理由でロシア側に拒否される。	北地仕出御用留④57／65，諸件伺済 16
4	4	クシュンナイ詰定役成瀬潤八郎ほか，ロシア人首長エサコフと応接。ジャチコフがハウトンマカ引き渡しに応じないことについて交渉。エサコフからジャチコフ宛の横文字書面（ハウトンマカの引き渡しについて記されている）を受け取る。	北地仕出御用留④55／67
4	12	ウショロ出役足軽高橋峰三郎，ジャチコフ宛横文字書面を持参しクシュンナイを出立。	北地仕出御用留④55
4	20	ウショロ出役足軽高橋峰三郎，シルトッタンナイにてロシア人首長ジャチコフと応接。	北地仕出御用留④55
4	20	ウショロ出役足軽高橋峰三郎，大野藩士山藤直次郎，シルトッタンナイへ向かう途中，破船したロシア船から流れナヨシ付近に漂着した釘，縄などを回収。	応接 12／14

月	日	記　　　事	出　　典
4	21	ウショロ出役足軽高橋峰三郎、大野藩士山藤直次郎、シルトッタンナイにてロシア人首長ジャチコフと交渉。高橋は、エサコフのジャチコフ宛書面を根拠にハウトンマカの返還を要求するが、ムラヴィヨフ交渉の際のアイヌの雇用についての対応をめぐり両者折り合わず、交渉は平行線のまま終わる。	北地仕出御用留④63，諸件伺済18
4	24	ウショロ出役足軽高橋峰三郎、ウショロ帰着。	北地仕出御用留④58
5	5	クシュンナイ詰定役清水平三郎ほか、ロシア人首長エサコフと応接。ジャチコフがハウトンマカを返さないことに抗議。エサコフ、自らシルトッタンナイへ赴いてハウトンマカを返還させることを約束。	北地仕出御用留④68
5	25	クシュンナイ詰定役出役山梨佐輔ほか、ロシア人首長エサコフと応接。ハウトンマカの件でエサコフがシルトッタンナイに赴く日取りについて打診。	北地仕出御用留④64
5		トンナイ詰調役村上次郎太郎、城六郎、ハウトンマカ一件につき、現地で交渉しても進展がないので、箱館のロシア領事と交渉してほしいとの上申書を送る。	北地仕出御用留④55
6	2	2月4日（新暦2月23日）にシルトッタンナイロシア人首長ジャチコフが日本の番人に渡した書翰が箱館で訳される。書翰には、定吉がハウトマク（トコンベ）を打擲したこと、ハウトマクの父イキリマウシが日本役人エシドキに打擲され、宝物等を取り上げられ、ハウトマクはロシア人に守護するよう願い出たことが記されている。	唐太分界並警衛一件⑧
6	3	ロシアの箱館領事ゴシケヴィチ、サハリン島において日本の小役人（ウショロ出役足軽高橋峰三郎）がロシア人（シルトッタンナイ滞在首長ジャチコフ）に対しアイヌの雇用の申し入れを拒否した件について、箱館奉行に対し書翰をもって抗議。	唐太分界並警衛一件⑧
6	3	クシュンナイ詰定役出役山梨佐輔ほか、ロシア人首長エサコフと応接。クシュンナイ川での漁妨害につき、ロシア側が日本側へ抗議。	北地仕出御用留④66
6	5	クシュンナイ詰定役出役山梨佐輔ほか、6月3日の件につき、再度談判。	北地仕出御用留④66
6	12	箱館奉行糟屋筑後守、6月3日（新暦6月17日）付のロシア領事ゴシケヴィチ書翰に対し返翰。アイヌは旧来より日本の「撫育」を受けている「我属民」であり、「日本人民」と同様であること、サハリン島現地の役人の対応は、前の奉行より命を下していることなどを主張。	唐太分界並警衛一件⑧
6	13	ロシア領事ゴシケヴィチ、箱館奉行糟屋筑後守の返翰に対し再返翰。サハリン島のアイヌは、日本の武器のために従ったのだから、自由にすべきとの内容。	唐太分界並警衛一件⑧
6	27	箱館奉行糟屋筑後守、ロシア領事ゴシケヴィチへ書翰。境界については現在交渉中なので、仕来りのままとし、新規の望みには応じることができないことを主張。	唐太分界並警衛一件⑧
8	15	クシュンナイ詰定役出役山梨佐輔ほか、クシュンナイ沖にアメリカ船停泊につき、ロシア人首長エサコフ、およびアメリカキャプテンウラス以下4名と応接。	北地仕出御用留④82
閏8	9	クシュンナイ詰定役出役山梨佐輔ほか、ロシア人首長エサコフと応接。飼っていた豚が日本の犬に食い殺されたことについて、ロシア側が日本側に抗議。	北地仕出御用留④89
10	7	5時頃、サンタン人がフレヲチ村あたりに渡来。	御用留25

月	日	記　　事	出　　典
10	8	前日，サンタン人渡来の旨が会所よりウショロ出役足軽高橋峰三郎のもとへ届けられる。	御用留 25
10	9	ウショロ出役足軽高橋峰三郎，ウッシユの番家へサンタン人を呼び出し尋問。サンタン交易荷物をアイヌの空き家に隠していたことが発覚。	仕出御用留 25
10	10	ウショロ出役足軽高橋峰三郎，サンタン人小使ヌンタほかを呼び出し尋問。前年，サンタン人たちがウショロで越年していたことが発覚し，詫び状を提出させる。また，前日隠そうとしていた交易荷物は，高橋が預かることとなる。	仕出御用留 25
11	8	クシュンナイ詰定役山梨佐輔ほか，ロシア人首長エサコフと応接。ハウトンマカの引き渡しについて交渉。山梨は，エサコフに対し，シルトッタンナイへ直接行って現地のロシア人を説得してほしいと要求。エサコフは，重立った者を一人派遣するので書面を出してほしいと要求。	仕出御用留 27
12	21	サンタン人ヨントク，ウショロへ到着。	仕出御用留 26
12	22	ウショロ出役足軽高橋峰三郎，前日到着のサンタン人を尋問。雪中につき帰国困難のためイシトリで越年させることとする。	仕出御用留 26
		この年，番人定吉，国許へ送還し，処罰する。	応接 1
1863（文久3）年			
1	15	クシュンナイ詰足軽無足見習角田弥七郎，シルトッタンナイでトコンベ引き渡し交渉を行うため，ロシア人首長エサコフとともにクシュンナイを出発。	仕出御用留 37
1	16	クシュンナイ詰足軽無足見習角田弥七郎，ロシア人首長エサコフ，ライチシカにてトコンベの父ヲフツセリと出会う。トコンベはシルトッタンナイにはおらず，ジャチコフとともにサンタン地の方へ行ったとのサンタン人から聞いた情報を入手し，ヲフツセリとともにクシュンナイへ戻る。	仕出御用留 37
1	21	逃亡したトコンベがウショロ領内の「土人家」へ来ていると，ウショロ出役足軽高橋峰三郎の元へ届け出がある。	仕出御用留 37
1	22	ウショロ出役足軽高橋峰三郎，トコンベを呼び出し尋問。両親兄弟親類への面会をロシア人首長ジャチコフに願い出て，認められ戻ってきたこと，ジャチコフが2～3日のうち談判のためウショロへ渡来することがわかり，トコンベを逮捕し，クシュンナイへ連行する。	仕出御用留 37
3	9	ロシア人13人，チラホツナイ村乙名見習モクチヤランケ小屋へ鉄炮を携えて押し入り，病気療養中のトコンベを連れ去る。	応接 8／11
3	10	クシュンナイ詰定役出役藪内於兎太郎ほか，クシュンナイ滞在ロシア人首長エサコフ，シルトッタンナイ首長ジャチコフとクシュンナイで応接。トコンベ「強奪」につき談判。ロシア側は素知らぬ顔で埒が明かず。	応接 1／8／11
3	11	クシュンナイ詰定役出役山梨佐輔，藪内於兎太郎ほか，前日に引き続きクシュンナイ滞在ロシア人首長エサコフ，シルトッタンナイ首長ジャチコフとクシュンナイで応接。トコンベの件につき談判。	応接 2，仕出御用留 45
3	12	クシュンナイ詰定役出役山梨佐輔，藪内於兎太郎ほか，前日に引き続きクシュンナイ滞在ロシア人首長エサコフ，シルトッタンナイ首長ジャチコフとクシュンナイで応接。トコンベの件につき談判。	応接 3

月	日	記　　　　事	出　　　典
3	14	ロシア人ジャチコフほか7名とトコンベ，ウエンルイサン村へ着岸し，ペケンシラリ方へ止宿。	応接14，魯細亜人邪智骨布応接取調書
3	14	大野藩士早川弥五左衛門，ロシア人首長ジャチコフと応接。明日，再び応接を行うことを約束。	魯細亜人邪智骨布応接取調書
3	15	大野藩士早川弥五左衛門，ロシア人首長ジャチコフほか1名と応接。応接後，早川はクシュンナイへ書簡を送る。	魯細亜人邪智骨布応接取調書
3	18	ヲフツセリ，チセキシュイ，ホクヌ3人の家族が残らずロシア人に同行することが，惣小使ヲンバヲトエより大野藩士早川弥五左衛門のもとへ知らされる。その後，ロシア人首長ジャチコフが早川を訪問し応接。応接後，夜に内密に調べたところ，ロシア人に同行予定の家族の3人の妻たちがそれを望んでいないことが発覚。	魯細亜人邪智骨布応接取調書
3	18	クシュンナイ詰定役出役藪内於兎五郎，大野藩士早川弥五左衛門に対し，アイヌの「介抱」・「撫育」を手厚くし，手荒な扱いをしないよう書状を送る。	応接13
3	19	大野藩士早川弥五左衛門，ロシア人首長ジャチコフと応接。応接後，早川は「役土人」を一同呼び出し，ロシア人を好む者は付き従うことを拒まないと演説を行う。	魯細亜人邪智骨布応接取調書
3	20	朝，ホクヌが早川のもとを訪問し，ロシア人への同行を拒絶する態度を示す。また，ヌイシクマ（トコンベ妻），マウシビルマ（トコンベの弟コタントカの妻），シウタトンケマ（チセキシュイ妻）もロシア人への同行拒絶の意思を示す。5つ時過ぎ，早川のもとへジャチコフが訪れ応接。前日の応接の内容を書面にしたものをアイヌ語に訳して確認しあう。ホクヌと3人の妻たちが同行しないことを早川がジャチコフに伝えると，ジャチコフは直接会って説得すると主張。応接後，ヌイシクマ，マウシビルマが会所へ駆け込む。この件で，早川とジャチコフは再び応接。ジャチコフはヌイシクマ，マウシビルマとの会談を要求してきたため，「役土人」同席のうえ会談するが，2人は同行を拒絶。シウタトンケマは山奥へ逃亡。	魯細亜人邪智骨布応接取調書
3	20	夜，ウショロのアイヌヲフツセリ，チセキシュイ，ホクヌ3名の家族とトコンベの18人，ロシア人ジャチコフとともにウショロを立ち去る。	仕出御用留42，北地仕出御用留B1，魯細亜人邪智骨布応接取調書
4	6	大野藩士早川弥五左衛門，ウショロ出役足軽高橋峰三郎を通じて，ウショロを退去した18名のアイヌの名前，居住村などを記した書上を提出。	仕出御用留42
4	11	クシュンナイ詰定役出役山梨佐輔，藪内於兎太郎ほか，クシュンナイ滞在ロシア人首長エサコフと応接。ウショロのアイヌを大勢連れていく件について談判。	応接4
4	18	クシュンナイ詰定役出役山梨佐輔，藪内於兎太郎ほか，クシュンナイ滞在ロシア人首長エサコフ，医師スイレンケンと応接。江戸で起こった日本とイギリスの騒動についてロシア側が情報収集に訪れる。	応接5
4	20	クシュンナイ詰定役出役山梨佐輔，藪内於兎太郎ほか，クシュンナイ滞在ロシア人首長エサコフと応接。以前飼っていた豚が日本の犬に食い殺され，食料欠乏につき，牛を貰い受けたいとのロシア側の申し出を日本側は拒否。	応接6

月	日	記　　　　　事	出　　典
4		大野藩士早川弥五左衛門，ウショロアイヌ18名がロシア人に「連行」された件について，「厳重之差押方」により「差止」ることはできるが，「不容易事之端」を開くことにもなりかねないので，指図を仰ぐ。	北地仕出御用留 B6
4		大野藩士早川弥五左衛門，クシュンナイ取締所に対し，ウショロアイヌ18名がロシア人に「連行」された件に関して，ウショロアイヌ一同を呼び出し調べたところ，ロシア人に従う者はいなかったが，さらに「連行」される可能性もあるので，対応の仕方について伺いを立てる。	仕出御用留 42，北地仕出御用留 B7
4		クシュンナイ詰定役山梨佐輔，藪内於兎太郎，ウショロアイヌ18名がロシア人に「連行」された件について上申書を提出。	仕出御用留 42，北地仕出御用留 B2
4		トンナイ詰調役村上次郎太郎，ウショロアイヌ18名がロシア人に「連行」された件について，急速な指図を上申。	北地仕出御用留 B8
4		トンナイ詰調役村上次郎太郎，ウショロアイヌ18名がロシア人に「連行」された件について，以後は一人も渡さないようにすべきではあるが，手荒な扱いはしないようクシュンナイ詰役へ指示。	北地仕出御用留 B9
4		ウショロ場所ヲタフニ村惣小使ヲンバヲトエ，土産取シツヘイチウ，「奇特土人」につき，脇乙名，乙名へ取り立てられ，台盃1組，陣羽織1つを手当として与えられる。また，トコンベたちに従わずウショロに残ったシウタトンケマたち3人の妻は褒美金を与えられる。	北蝦夷地仕出 41，仕出御用留 49，北地仕出御用留 B11／12／13／14／15
5	3	ウショロアイヌ18名がロシア人に「連行」された件についての書類一式(北蝦夷地詰調役村上次郎太郎差出)が箱館へ到来。	仕出御用留 42
5		箱館奉行小出秀実，ウショロアイヌ18名がロシア人に「連行」された件について幕閣へ上申。	御用留 76
6	16	ウショロ出役足軽高橋峰三郎，クシュンナイ滞在ロシア人首長メンチュクほかと応接。メンチュクはドゥエへ書状を持参する途中。高橋は，メンチュクヘウシマナイホ村の漁番家を止宿所として貸す。	諸件伺済 19
9		ウショロ出役足軽高橋峰三郎，ロシア人との応接などで「御用立」が格別に良いので足軽小頭に任命される。	御用留 36
10	5	シルトッタンナイ滞在ロシア人首長ジャチコフと雑夫1人およびサンタン人4人，この春にウショロを退去したアイヌ2名を伴い，計8名でウショロへ渡来し，出役足軽小頭高橋峰三郎と応接。	北蝦夷地仕出 55，諸件伺済 20
10	6	ウショロ出役足軽小頭高橋峰三郎，ロシア人ジャチコフと応接。ジャチコフは，チセキシユイ妻シウタトンケマの引き渡しを要求するが高橋は拒否。応接後，高橋は3人の妻たちがジャチコフたちに連れ去られないよう呼び寄せるが，シウタトンケマの姿が見えない。そのうち再びジャチコフが現れ，高橋と応接。シウタトンケマの件について話し合う。	諸件伺済 20
10	7	ウショロ出役足軽小頭高橋峰三郎，ロシア人ジャチコフと応接。ジャチコフは，ニコラエフスクとクシュンナイ往復の際の飛脚への食料提供を日本側へ打診するが，高橋は回答を保留。	諸件伺済 20
1864(元治元)年			
1		ウショロ出役足軽小頭高橋峰三郎，ポロコタンのアイヌがロシア人に随従しないよう取り扱うことをクシュンナイ詰役へ上申。	函府御用留 58

月	日	記　　　　事	出　　　典
1		クシュンナイ詰定役立石元三郎，清水浩吉郎，ウショロ出役小頭高橋峰三郎からの上申を受け，ポロコタン居住のアイヌ（ライライ，老母，妻子など）がウショロの親族へ面会のため渡来すること，機嫌伺いのため高橋のもとへ訪れウショロで越年することなどを報告し，ポロコタンのアイヌへの「撫育」を提案。	函府御用留 58
4	9	クシュンナイ詰定役鈴木金吾，清水浩吉郎ほか，ロシア人ジャチコフと応接。前年ウショロを退去したアイヌ 18 名のうち 6 名がウショロ帰村を望んでいる件について交渉。ロシア側は日本への帰村を望む者は一人もいないと主張。	諸件伺済 21
4	23	大野藩士鶴見代次郎，ウショロ場所以北のヲッチシのスメレンクル人などに対し「撫育手当」を行い，ウショロに在住のうえ漁業に従事させることを記した伺書を北蝦夷地詰役へ提出。同月箱館奉行の決裁がおり，このことが認められる。	函府御用留 59
4	23	大野藩士鶴見代次郎，トンナイでの交易品を持ち帰るサンタン人とのウショロでの取引を願い出る。翌月，箱館奉行所内では不認可の方向で上申されるが，「上座」で「沙汰」することとなる。	函府御用留 62
1865（慶応元）年			
閏5	26	2 年前ウショロを退去しロシア人のもとにいたヲフツセリたち 4 人，首長ジャチコフに帰村を願い出たのが認められ，ナヤシを出船。	魯夷御用留 4
閏5	28	2 年前ウショロを退去したアイヌ 18 名のうち，ヲフツセリほか 3 名がウショロへ帰村。親類のキリホクシランケ方に在宅。	魯夷御用留 1／8／9
閏5	28	大野藩士松尾友三，ヲフツセリなど 4 名のウショロ帰村を御用所へ報告。	魯夷御用留 2／8／9
閏5	28	ウショロ詰定役無足見習水谷栄三，ヲフツセリたち 4 名とウショロ場所の「役土人」を仮御用所へ呼び出し吟味を行う。	魯夷御用留 4
閏5	29	大野藩士松尾友三，ヲフツセリたち 4 名とウショロ場所の「役土人」からの吟味申口，および「役土人」たちのウショロ役人宛の詫び状を御用所に提出。	仕出御用留 B36，魯夷御用留 6／7
閏5	30	ウショロ詰定役無足見習水谷栄三，2 年前にウショロを退去したアイヌのうち 4 名のウショロ帰村をクシュンナイ詰定役岡田丈之助，斎藤弥八郎へ報告。	魯夷御用留 1
閏5	31	ウショロ詰定役無足見習水谷栄三，ヲフツセリなど 4 名のウショロ帰村，「役土人」一同の宥免願により前日より「勝手次第」となったことなどを調役並葛山惣輔へ報告。	魯夷御用留 2
閏5		ウショロ詰定役無足見習水谷栄三，ヲフツセリたち 4 名に対し，国法違反（日本の「撫育」を嫌いロシアへ服属したこと）の処罰を宥免し，寛大な処置を行うことを上申。	仕出御用留 B36，魯夷御用留 4
閏5		ウショロ詰定役無足見習水谷栄三，ウショロの「役土人」への賞賜について上申。	仕出御用留 B36，魯夷御用留 5
6		葛山惣輔，水谷栄三の上申を勘弁し，ヲフツセリたちの国法違反の罪を宥免する旨を上申（9 月 28 日箱館到来）。	仕出御用留 B27，魯夷御用留 3

月	日	記　　　　事	出　　　典
1866（慶応 2）年			
1	4	シルトッタンナイ滞在ロシア人ジャチコフ，ウショロへ渡来。大野藩士から仮取締所へ届けがある。ジャチコフは運動のため渡来したといい，「土人家」への止宿を要求するが拒否し，会所前の茅屋へ止宿させる。	魯夷御用留 10
1	6	ウショロ詰定役無足見習水谷栄三ほか，シルトッタンナイ滞在ロシア人ジャチコフと仮取締所で応接。ヲフツセリたち以外の残りのアイヌの引き渡しを要求するが，ジャチコフは拒否。	魯夷御用留 10／11

　注）出典欄の史料名直後の①②③……は，巻数もしくは冊番号。史料名の後の算用数字は文
　　　書番号を示す。
出所）諸件伺済：北海道立文書館所蔵／箱館奉行所文書 66
　　　北地仕出御用留：国立国会図書館所蔵／『蝦夷地御用留』（藪内於兎太郎筆記）
　　　唐太分界並警衛一件：続通信全覧
　　　土人ハウトンマ一件留：函館市中央図書館所蔵／箱館奉行所文書 5024
　　　ハウトンマカ一條記：『織田町史』
　　　応接：国立国会図書館所蔵／『蝦夷地御用留』（藪内於兎太郎筆記）
　　　御用留：北海道立文書館所蔵／箱館奉行所文書 68
　　　仕出御用留：北海道立文書館所蔵／箱館奉行所文書 69
　　　魯細亜人邪智骨布応接取調書：『大野町史』
　　　北地仕出御用留 B：函館市中央図書館所蔵／箱館奉行所文書 5026
　　　北蝦夷地仕出：国立国会図書館所蔵／『蝦夷地御用留』（藪内於兎太郎筆記）
　　　函府御用留：北海道立文書館所蔵／箱館奉行所文書 72
　　　魯夷御用留：函館市中央図書館所蔵／箱館奉行所文書 5042
　　　仕出御用留 B：北海道立文書館所蔵／箱館奉行所文書 81

第2章　日露戦争期から辛亥革命期の奉天在地軍事勢力
――張作霖・馬賊・陸軍士官学校留学生――

及川琢英

はじめに

　袁世凱の死後，中国ではいわゆる「軍閥」の時代となり，東三省では1916年に奉天督軍兼省長となった張作霖率いる奉天派が1920年頃までに支配を確立させた。日本は満蒙権益拡大のための協力者として張作霖を支援した。張作霖と日本の関係がクローズアップされるのは一般的に，張作霖の東三省支配確立以降であるが，両者の関係は日露戦時にまで遡ることができる。

　日露戦争では清が中立を宣言するなか，日露両軍が諜報や補給のために馬賊など在地勢力を利用しようとした。日本軍は奉天周辺の馬賊を大陸浪人らに操縦させて特別任務班を設置しており，張作霖のみならず，多くの馬賊たちが同任務班に関わったことが注目される[1]。同馬賊には，馮徳麟（麟閣），張海鵬，于芷山，馬占山，巴布扎布などがおり，日露戦後に清国官軍に編入され，巴布扎布以外は辛亥革命後，帰国した奉天出身[2]の日本陸軍士官学校（以下，陸士）留学生（8期生中心）とともに張作霖が主導的な地位を確立する奉天軍に集結した。さらに張海鵬，于芷山，馬占山は多くの陸士留学8期生とともに満洲国軍にも関係していく[3]。

　清末から満洲国期までを視野に入れた奉天在地勢力分析の重要さについては，江夏由樹が先駆的に指摘しており，遼陽の有力者袁金鎧（のち満洲国参議）や張榕（中国同盟会員）ら撫順の有力者張家について分析し，張榕の従兄張煥相（のち満洲国司法部大臣）ら数人の陸士留学8・9期生についても言及

している[江夏 1988, 1989]。筆者は軍事史，特に満洲国軍の観点から任務班関係者，陸士留学8期生，日本人軍事顧問をあわせて着目することによって，日露戦争期から満洲国期までを連続的に捉えることができるものと考えている[4]。そこで本章では奉天軍や満洲国軍への展望を視野に入れつつ，それらの起点として重要となる日露戦争期から辛亥革命期の張作霖や任務班関係者，陸士留学生の動向について考察したい。

　日露戦争史の観点から任務班に言及しているのが，谷壽夫の研究である[谷 1966]。同研究は任務班の組織や行動の概要について明らかにしているが，その後に利用可能となった史料や清国側の史料を用いることによって，より詳細に分析していくことが可能となっている。また任務班の解散およびその後の動向に関してはほとんど関心が向けられていない[5]。

　中国史の観点から「馬賊上がりの与しやすい日本の傀儡」といったイメージを覆す張作霖の実像を提示しているのが澁谷由里の研究である[澁谷 2004]。本章が対象とする時期の張作霖に関しては，馬賊から官軍への帰順では細心の注意を払い，帰順後には投入された討伐戦で正面作戦を避け，副業や予算の架空請求によって勢力の維持・拡大に努めるなど，部隊運営の才や周到さによって一大地方軍へと台頭したことを指摘している。任務班についても言及があり，日本側の史料で語られる日露両軍のスパイとして働いたことが発覚した張作霖が満洲軍参謀田中義一らによって一命を助けられたために日本に頭が上がらなくなったという，傀儡説の根拠となっているエピソード[6]について，作為を感じ，事実であると断言できないとして幾分否定的な見解を示している。その見解自体は同意できるが，任務班に関する分析は十分ではなく，張作霖と日本軍の最初の接点について明らかにするためにも任務班の活動の実態を明らかにすることが必要である。

　また任務班で活動した馮徳麟の官軍編入について，澁谷は日本軍による「精一杯の論功行賞」とのみ述べているが，清と交渉し，馮徳麟の編入を認めさせた日本側の意図はそのような消極的なものではなく，またその後の過程を見ても十分なものとはいえない。結果的に馮徳麟は張作霖と同様，官軍内の生存競争を生き延び，奉天軍において張作霖に次ぐ地位に就くようにな

る。奉天督軍となる張作霖のもとへは日本陸軍から軍事顧問の派遣が認められるが，実はその特権の起源は馮徳麟の官軍編入に伴う日本人監督官の招聘にあった。それゆえに馮徳麟の官軍編入とその後の動向について明らかにすることは重要な意義を有する[7]。

　陸軍「支那通」[8]（以下，括弧略）研究の観点から任務班に言及しているのが，戸部良一の研究である［戸部 1999］。戸部は明治期の支那通に関して，日露戦争で青木宣純が清国公使館附武官として対露諜報活動に従事，特別任務班を組織し，多くの支那通を率いて活動したこと，多くの中国軍人が日本の軍学校へ留学し，辛亥革命やその後の時代に大きな役割を演じるなかで，支那通も留学時の人脈を利用し活動していったこと，大陸浪人・川島浪速による清朝支援のための謀略工作に支那通が関与したことなどを指摘している。

　同研究によって，当該期の支那通の動向の体系的な枠組みが提示されたといえよう。しかし任務班に関しては組織および活動の概要に言及しているのみで，任務班が有した歴史的意義，青木ら支那通が任務班に関わった意義については論じる余地がある。また日本の軍学校に留学した中国軍人と支那通の関係について言及があるが，奉天出身の留学生の動向や同留学生と支那通の関係は明らかではない。注目すべきは，日露戦争で駐屯した日本軍が奉天の子弟の陸士留学斡旋（8 期生となる）に関与していることである。それゆえに馮徳麟の官軍編入とあわせ，支那通による日本軍の影響力を高める一連の施策という観点からも陸士留学生の動向について分析していくことが重要となる。

　以上を踏まえ，本章では，第一に日露戦時，張作霖や馬賊勢力は日本軍の特別任務班とどのように関わったのか，第二に日露戦後，特別任務班に関わった馬賊・馮徳麟らはどのように清国官軍に編入され，軍内で張作霖とともにいかに昇進していったか，第三に辛亥革命で張作霖，馮徳麟はどのように行動し，また奉天出身の陸士留学生はどのような状況にあったかを考察することを通じて，日本・ロシア・大清帝国の利害が錯綜する当該期東三省の軍事情勢の一端を明らかにする。

1　張作霖・馬賊と日露戦時特別任務班

　清末の東三省では不安定な社会情勢のもとで官軍の兵力不足および警察制度の未整備によって，馬賊による掠奪が横行した[9]。そこで各地の有力者は「団練」（「保険隊」）と呼ばれる民兵を組織し，馬賊の来襲に備えた。ただし馬賊と団練の区分は必ずしも明確ではなく，ある地域では団練として防衛を請け負う一方で，それ以外の地域では馬賊として掠奪を働くこともあった。張作霖や馮徳麟はそのような集団の出身であった[澁谷 2004, 209-210]。

　張作霖は 1875 年営口近郊の海城県で生まれた。1894 年には営口に駐屯していた馬玉昆の部隊に加わり，日清戦争に参加している。その後，馬賊となり，満洲国国務総理となる張景恵や張作相，湯玉麟と知り合って自身の勢力に組み込んだ。1900 年東三省にロシアが侵攻してくるが，張作霖は当初ロシアに与した馬賊・金寿山による帰順の誘いを断ったため，金およびロシア兵より襲撃を受けている。同じ頃，于芷山の勢力もロシア兵の攻撃を受けて壊滅しており，于は遼河流域の大馬賊・杜立山の下に身を寄せた。張作霖は 1902 年自身の勢力が当局に公認されることを企図して官軍編入を願い出，新民府[10] 巡防遊撃馬隊営帯（隊長）として兵力 485 名を率いるようになった。帮帯（副長）は張景恵であった[澁谷 2004, 79]。

　一方，馮徳麟も 1866 年海城県の生まれで，17 歳で馬賊となった。張作霖と交流をもつようになり，馮もまた日清戦争に参戦し日本軍の妨害活動に従事したと見られる。馮は 1900 年遼陽両岸 16 局総巡長に任じられたが，ロシアに対する妨害活動を行ってロシアに逮捕・拘置させられている。釈放された馮は 1902 年には再び官職に就いたが，すぐに辞職し馬賊へと戻った。その頃，加わった配下には張海鵬がいた[王 1992, 3-4, 185][遼寧省地方志編纂委員會弁公室 1999, 20]。

　ロシアは 1903 年 4 月第 2 期撤兵期限が迫るにあたって，鴨緑江方面のロシア兵に代えて馬賊を招集し，勢力を維持しようとした。ロシア軍は遼陽および奉天などで 2000〜3000 名を募兵し鴨緑江方面に派遣しようとしたが，

馬賊たちが依然として掠奪行為を続けるため，清国地方官の取り締まりにあい，計画がとん挫する。馬賊の使用が有効ではないと判断したロシアは馬賊を解放するが，給料は未払いのうえ，武器も没収したために馬賊との関係が悪化した。また民間においても，馬賊を招集・庇護しようとしたロシアに対し，反感が強まっていった。民心が離反するのを感知したロシア軍は同年10月奉天を再占領し，団練の解散，馬賊討伐を実施したために両者の関係は決定的に決裂した。そのような状況のなかで日露戦争が起こったため，馬賊，団練は日本に加勢することとなったのである。

　日本軍においても日露開戦以前から戦場となることが予想される満洲での諜報破壊活動の準備を進めていた。中心となったのは参謀本部第2部長・福島安正であった[11]。福島は1893年から1894年にかけての「シベリア単騎横断」の際に満蒙視察を行ったほか，清国出張や同公使館附武官など清国勤務経験が豊富な人材であった。福島は田中義一に命じて，馬賊を利用し諜報破壊活動にあたる特別任務班について準備を進めた。1903年10，11月頃に提出された福島の意見書では，日露開戦の際，在地勢力を利用して「特種の飛動軍を組織」すること，「有力なる土人を以て其長とし，五隊に一名の我将校を附し，其行動に関しては神出鬼没彼等の自由に任せ，或は鉄道を破り橋梁を毀ち哨所を襲ひ倉庫を焼き，或は兵站，線路を脅威する」ことを主張している[12]。

　参謀本部次長・児玉源太郎は福島の案を正式に認可し，福島の薦めによって青木宣純を北京公使館附武官に任じ，任務班の統括を命じた。青木は清国差遣や同公使館附武官勤務のほか，袁世凱（直隷総督・北洋大臣）よりかつて軍事顧問として指名を受けるなど袁の信頼が厚く，清の協力を取りつけうる人物であった。青木の補佐は佐藤安之助（のち太平洋問題調査会に参加。本書第7章参照）が務めた。日露開戦後には，児玉は満洲軍総参謀長，福島，田中は同参謀，佐藤は同司令部附となった。

　日本軍の対露陸戦作戦計画のうち第一期は，まず韓国より鴨緑江右岸に進出して敵を牽制し，その機に乗じて遼東半島に上陸，旅順要塞を監視あるいは攻略し，その後，各軍が呼応して遼陽を占領する。第二期は遼陽以北形勝

の地で兵力を整え，さらに進撃するというものであった[13]。任務班[14] には当初，日本軍の遼東半島上陸を支援するため，ロシア軍の戦線後方で破壊活動を行い，ロシア軍の注意，兵力を分散させる役割が求められた。

1904年2月，青木のもとで組織された遼西方面の任務班は北京特別任務班(「満洲馬隊」「蒙古馬隊」とも)と呼ばれた。第1期の北京特別任務班は4班から構成されている。各班は現役将校からなる班長と，大陸浪人(陸軍通訳として採用)などからなる班員で構成された。班員は清国での教師や留学，探検の経験者など中国語や中国の地理等に精通した者が選ばれた。人選には北京警務学堂の学長をしていた川島浪速も関わっており，同学堂の関係者も班員に含まれている[15]。

日本軍の第1軍主力は3月末，平壌南方に上陸し，第2軍は5月5日に遼東半島に上陸するが，それらに呼応するように任務班は4月3日の攻撃決行を計画し，北京を出発する。第1班は2月20日，北京を出発し，張家口を経て，29日，カラチン王府に到着する。そこからさらに北上し，烏丹城北方で二手に分かれ，伊藤柳太郎(歩兵大尉)班はハイラルへ，横川省三(清国探検経験者)班はチチハルへ向かう。4月，伊藤班はハイラルに到着するが，鉄橋の破壊はできず，鉄道の爆破を試み，ロシア側に捕えられた森田兼蔵を除いて5月末北京に帰還した。一方横川班はロシア側に発見され，全滅している。

第2班は津久居平吉(歩兵大尉・留学)，楢崎一良(北洋軍官学堂)，大重仁之助(北京警務学堂)などからなり，2月末，錦州を経て長春北方の農安まで進出したが，前進を断念して錦州方面へ引き返し，馬賊と連絡しつつ敵状調査，鉄道爆破任務にあたった。

第3班は井戸川辰三(歩兵大尉)，松岡勝彦(日本語教師)，奈良崎八郎(記者・通訳)，河崎武などからなり，3月8日，北京を出発し，長春南方の東遼河一帯で鉄道爆破を試みた後，巴布扎布を中心とするモンゴル馬隊千余名を糾合して「欽命正義軍」とし，奉天北西の彰武県に根拠地を置いた。同軍には馬占山も参加している[16]。巴布扎布はのちに川島浪速と連携してモンゴル独立運動を展開し，息子の甘珠爾扎布(カンジュルジャブ)(1903年生)，正珠爾扎布(ジョンジュルジャブ)(1906年

生）は陸士に留学し，満洲国軍のモンゴル族部隊の中核となっていく人物である。

　第4班は橋口勇馬（歩兵少佐），石丸忠實（歩兵大尉・留学），鎌田彌助（北洋警務学堂）などからなり，3月9日，北京を出発して熱河に入り，200名の馬隊を募兵し，4月，奉天北方での爆破を試みている。

　戦況は日本側の計画通りに進み，1904年5月1日，第1軍は鴨緑江を渡って九連城，安東を占領，次に遼陽が攻撃目標となった。任務班の活動は日本人のみによる破壊活動任務で多くの犠牲者を出したこともあり，馬賊操縦による諜報活動・破壊活動に重点が置かれていった。5月7日，福島らは遼東方面にも特別任務班を組織することを決定し，歩兵少佐花田仲之助の統率のもと，「満洲義軍」が編成された。花田は1897年から1899年にかけてウラジオストクで諜報活動に従事した経験があり，1899年には予備役編入となっていた。1904年5月時点での班員は花田を含め予備役軍人12名のほか，陸軍通訳として採用された者9名，計21名であり，その後の参加者としては36名が確認できる。同軍設立には玄洋社・頭山満の働きかけがあり，班員には玄洋社社員が多く参加しているほか，荒尾精（歩兵中尉）が対清貿易に従事する人材の養成を目的として上海に設立した日清貿易研究所や中国語塾・善隣書院の出身者などが加わっている[17]。

　満洲義軍は遼陽東方の城廠を目標とし，6月，城廠南方の寛甸一帯の馬賊・馬連瑞を帰順させて部隊を編成し，7月22日，城廠を占領した。同軍はそこから「日本軍ノ右翼ヲ警戒シ懐仁，老城方面ニ対シテ敵ノ側背ヲ脅威シ其後方物件ヲ破壊シ兼テ敵情ノ捜索」に任じていった[18]。

　一方，北京特別任務班は遼陽攻撃を前にして，青木大佐が錦州で直接指揮を執ることとなり，部隊が再編された。第2期の北京特別任務班は橋口少佐，鎌田彌助，大重仁之助，古庄友佑，辺見勇彦（作新社[19]）らの第1班，井戸川少佐，松岡勝彦，若林龍雄らの第2班，楢崎一良らの単独行動者などからなった。

　第1班橋口少佐のもとで，「馬賊隊招集の参謀長」の任務を与えられた辺見勇彦は，5，6月頃，北京から錦州に入って100kmほど北上し，六家子を

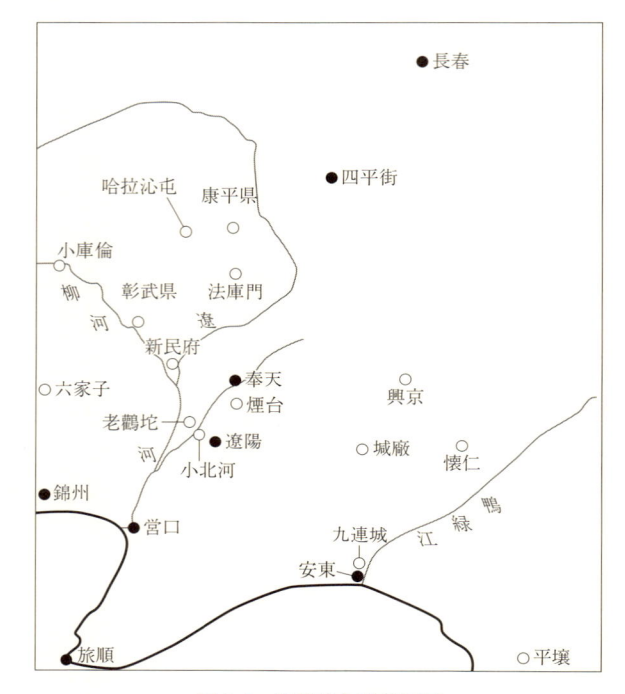

図 2-1　日露戦争関係略図

注）地名については，松井史料『分捕後調製 満洲図（1/20 万）』
明治 38 年，C13110417100，『明治三十七〜三十八戦役 後備
歩兵第三十六連隊第二大隊戦史』明治 39 年，C13110583900，
『支那派遣軍態勢要図』昭和 20 年 6 月〜8 月頃，C13031908600
を参考にした。

根拠地とする馬賊・孫と合流した[20]。軍用金および武器を密送し，訓練のう
え，8 月，六家子から東へ約 100 km，ロシア軍が偵察や物資輸送の根拠地
として使用していた新民府付近の軍橋破壊作戦を実施した。しかし作戦はう
まくいかず，同馬隊は解散となってしまう。橋口少佐は 8 月 1 日付の「意見
書」において，馬賊を「俠気ヲ有スル豪骨肌ノモノ」と考えるのは見当違い
で，「利慾心」で動き，「行動地区ニ於テ掠奪ヲ謀ル」彼らに「巨額ノ資銀ヲ
投シ使用スルノ価値ナシ」とまで述べている。しかしその一方で，「銀餉軍
器ヲ要セス我一片ノ護照ヲ得テ動カントスル希望者」がいるとして，田義本

の名をあげている[21]。9月4日，日本軍が遼陽を占領すると，辺見は田の操縦を命じられ，営口から遼河を100 kmほど遡り，田の住居地・田家坨子に入った。そしてそこから東に約10 kmの田の根拠地・老鸛坨で田は挙兵している。遼陽占領後，日本軍の最左翼の兵站地が小北河に置かれたが，老鸛坨はそこから北西約8 kmの位置にあった。

　また同じ頃，老鸛坨より北北西約15 kmの大邦牛，卞力馬，阿司牛一帯で，大重仁之助，古庄友佑の操縦のもと，ロシア軍の討伐を受けて遼陽付近から遼河の西へ敗走させられていた馮徳麟，杜立山，金寿山が「東亜義勇軍」として挙兵した[22]。日本は日露開戦前から間諜として日本軍人「王小辮子」，津久居平吉を潜入させており，王は馮徳麟，張作霖と義兄弟の盟約を結び，金寿山との関係も良好であったという[23]。11月，馮らは奉天北西約80 kmの姜家屯や同約30 kmの陶家屯に進出した[24]。

　すなわち，田や馮らは遼陽占領後，奉天への攻撃段階において，日本軍の左翼前方において諜報，哨戒活動を行うことによって日本軍を支援したのである。

　馬賊の利用は，清が中立地帯として宣言していた遼河以西[25]における隠密行動を可能とした点で大きな効果を発揮した。第2班井戸川少佐下の巴布扎布を中心とする欽命正義軍は内モンゴルの小庫倫—彰武県—新民府間の警戒線を担いつつ，根拠地とした彰武県からロシア軍戦線の右側背に脅威を与えて，日本軍の作戦を支援した。特に1905年1月には永沼挺進騎兵隊と共同動作を執ることを命じられ，同軍は永沼隊を教導しながら，内モンゴルを迂回して吉林省境近くのロシア軍の背後に出，そこから南下し，長春の南2 kmにある新開河鉄橋付近にて鉄道電線を破壊し，永沼隊の鉄道爆破を支援した。これは日露戦争において日本軍が行った最北端の軍事行動であり，これによって日露講和において長春以南の東清鉄道割譲を主張できることとなった[26]。

　奉天攻撃を前にして日本が諜報活動の拠点としたのが奉天から北西約50 km，遼河西岸すぐという格好の位置にある新民府であった。新民府には張作霖が駐屯していたために日本と張作霖の接触が生まれ，ここに両者の長

きにわたる関係が始まる。

　たしかに張作霖は日露両軍に協力していたことが確認できる。1905 年 1 月，日本は牛荘西方，老観坨で交戦したロシア軍部隊に清兵が混在していたことを発見しており，「右官兵ハ新民屯営官張作霖ノ部下ニシテ其数約二百ナリシ由ニ有之且ツ張ハ先頃迄ハ青木大佐ノ許ニ出入シタル「アリシモ近頃ハ露軍ニ買収セラレ遼西地方ニ於ケル馬賊ノ剿伐ト称シテ我軍ノ雇使スル馬賊ヲ襲撃スル「有之」と報告されている[27]。ロシア軍が中立地帯とされた遼河西岸のルートを利用して営口奪還を図った際，同ルート上の新民府に駐屯していた張はロシア側に協力したものと見られる。しかしその一方で張は 2 月上旬，諜報活動の拠点を求めていた参謀本部派遣諜報班の土井を匿うことを約束し，3 月，奉天会戦直前には部下を東亜義勇軍本営に出頭させ，嚮導役を務めること，傷病兵を清国赤十字病院に収容することを申し出て日本側に協力している[28]。同月，日本軍が奉天に続いて新民府を占領し，軍政担当のため井戸川少佐が派遣されると，張は協力の姿勢を一層強めていったと考えられる。日本側からすればロシア軍にも協力していた張が日本軍に感服して協力するようになったものと映り，先の助命エピソードが生まれたのではないだろうか。しかし，張にとっては日露両大国に挟まれ，駐屯地が戦場とされるなかで，自身の身を守るために最善の行動をとったのであって[29]，日本に感服したわけではないであろう。いくら日本側が張を日本の従属勢力とみなそうとも，その後も張は情勢いかんによって日本への対応を変えていくのである。

　新民府占領以降，日本軍は任務班を新民府からさらに北に進めていった。田義本の馬隊は康平県の偵察や同県から約 30 km 北にある遼陽窩棚の占領作戦を実施した。しかしその際，田の部下が掠奪事件を起こしたために処罰すると，田らはそれに抗議して逃亡した。そこで同年 5 月辺見は新たに哈拉沁屯に駐屯していた馮徳麟の監督官に任命されている。

　以上のような日本軍の馬賊利用に関しては清国政府の協力があった。1904 年 4 月内田康哉駐清公使は，清国外務部翻訳局長・陶大均がかつて，「奉天附近ニ住スル其親戚ノ一人ニシテ同地方ノ馬賊ニ対シ重大ナル勢力ヲ有スル

者アルニ付同人ヲ利用シ以テ其国家ニ報効シ同時ニ日本ニ対シテ好意ヲ表彰センコトヲ望ム」と内田に告げたことがあり，同月またその話題に触れてきたと本国に報告している。また5月には盛京将軍・増祺が日本の「秘密教唆」による「杜立山及馮麟閣ノ下ニ集マル馬賊」2000人を解散させようとしたが，内田の抗議もあり，外務部は同将軍に対して干渉しないよう訓令している。7月にはロシアが日本軍の馬賊使用に関して清に抗議してきたが，清は「日本軍カ馬賊ヲ使用スルカ如キハ清国政府ニ於テ何等聞込ミタルコトナシ」とロシア側に回答し，また日本側にはロシアの抗議の手前上，形式的に日本に抗議の公文を送るが，「予テ成立シ居ル黙諾暗助ニ何等影響ヲ及ボサシムル趣旨ニハ毛頭無之旨」を伝えてきた。日本側も「馬賊ヲ使用シタルコトハ断然無之旨」を形式的に回答しており，日清の「共犯関係」が成立していた。ただし1905年2月から3月にかけて日本軍があからさまに新民府付近で軍事行動を行い，さらに新民府に軍務署[30]を設置するようになると，清は中立侵犯であるとして日本に抗議している。それに対して日本はロシア軍の行動によってすでに中立は破たんしていると反論した[31]。

　日本軍は馬賊利用を総括し現地住民に好影響を与えたとしている。1904年10月遼陽における橋崎一良の報告では，「土人ハ異口同音ニ杜立山ノ戦捷ヲ嬉コビ露兵ヲ恨メリ」[32]としており，陸軍省『明治三十七八年戦役　満洲軍政史』においても，「土人ハ馮麟閣，杜立山ノ率ユル東亜忠義軍ト露国騎兵ト開戦シタルノ報告以来敵騎ノ行動ニ付絶エス報告ニ来リシモ其報告或ハ要領ヲ得ス或ハ重複ニ亘ルモノ多カリシモ之カ為便利ヲ得タルコト多ク加之我兵ノ敵騎ニ追迫セラレ困難シアルモノヲ庇護シ軍政署ニ送致スル者尠カラス」(第6巻, 1917年, 939頁)とし，満洲義軍についても「城廠ニ入リテ以来ハ常ニ親密ナル情好ヲ地方官民ニ保チ各地ノ団練ト気脈ヲ通シ投降セル馬賊ヲ操縦シテ或ハ敵情ヲ探索セシメ或ハ敵兵ヲ奇襲セシメタルカ彼等亦深ク義軍ヲ信頼シ……」(第1巻, 1916年, 541頁)と評価している。

　その一方で前述の橋口少佐による「意見書」では，「威海衛ニ於ケル英国雇兵ノ如ク多少ノ訓練ヲ与ヘンニハ相応ノ成績ヲ見ルニ至ル」余地はあるものの[33]，現状では「作戦力ハ無能ナリ」と馬賊利用の限界を指摘しており，

いくつかの対策を提案していた。その第一策として，「召募馬賊ノ各班ニ中堅タル可キ日本兵ヲ混入スル事」，「中堅タル日本兵ノ兵力ハ少クモ各班馬賊ノ三分一ニ相当スルニアラサレバ効力ヲ呈スル┐困難ナラン」と述べている。中堅幹部に多くの日本人を投入することによって軍を統制するという，満洲国軍の統制において実践されていく発想がすでにあらわれている点で注目される。

2　張作霖の昇進と馬賊の清国官軍編入・日本人監督官の招聘

1905 年 5 月 28 日，大山巌総司令官，児玉，福島ら満洲軍首脳は，盛京将軍・趙爾巽[34]と会談を行い，任務班で用いた馮徳麟や杜立山などを清国官兵として収容することを要請した[35]。日本側の意図は，満洲義軍を率いた花田仲之助による同年 7 月の上申に明らかである[36]。花田は清国の従来の巡捕隊組織を変更して満洲義軍を主幹もしくは一部として新編することを主張し，「若シ戦後満洲ノ一部ヲ占領スルコト若ハ其若干ヲ若干年間担保等ノ名儀ノ下ニ監視スルコトトナラハ勢ヒ多数ノ日本兵員ヲ用フル能ハサルヨリ支那人ヲ教育シ日本兵監督ノ下ニ属スル支那兵ヨリナル軍隊ヲ養成セサルヘカラサルコトト信ス　其際目下ノ義勇兵卒ヲ継続教育シ恰モ英国ノ印度兵ヲ養成スルカ如クセハ一ハ以テ日本兵ノ不足ヲ補ヒ一ハ以テ暗熟セル土地ニ用フルノ大利ヲ得ン」と述べている。日本軍の影響力が残る部隊を清国官兵のなかに置き，将来的に植民地軍隊として利用することを構想しているのである。のちに実際に満洲国軍が独立国の名義のもと，関東軍の統制下に設置され，任務班で活動した張海鵬や于芷山などを利用することとなる。この花田の構想は，その時点では満洲国軍への展望が見えていたわけではないだろうが，同軍につながっていく萌芽的な構想となっている点で注目される[37]。花田は現実問題として，日露戦争によって拡散した「馬賊並土人ノ携帯セル武器ヲ治安維持上押収スル」点からも馬賊の官軍化が必要となることをあげている。

趙は 6 月 4 日軍機処宛書簡で「(引用者注—馮らの部隊を)収容しても性質上，馴致し難く，また中立を害する恐れがある。討伐すれば日本との関係を

悪化させる」と述べ，明確な態度を決めかねていた。交渉は続けられ，清側は部隊を解散させ，日露和平後に再収容することを提案したが，日本側は難色を示した。日本側はもし馮を登用せず，馮の行き場がなくなれば，惨禍が生じるとして馮の登用を強く主張した[38]。

　なお馮と杜の関係は，杜が「一種ノ野心ト慾心トニ駆ラレ財物ノ却奪ヲ行ヒ又馮ノ名義ヲ仮冒シテ種々ノ不正行為ヲ敢テセシニ因リ」悪化していった。杜は劉二堡からさらに西の吊水窩子へ移動し，遼陽知州に取り入って，遼西警局隊正巡長となった。副巡長は田義本の実弟・田玉達であり，杜は田家坨子に戻って約50騎の馬隊を擁していた田義本との関係を強めたことがわかる。杜は約250騎，田玉達は老観坨で約150騎を率いており，杜らは遼陽知州から給与は受けず，根拠地付近の村落から軍費を徴収していた[39]。そのような状況で日本側は，先に馮を収容することによって，杜を抑える「以毒攻毒之用」を説いた[40]。

　交渉の結果，東亜義勇軍で活動した馮徳麟，満洲義軍で活動した馬連瑞が清国官軍に編入され，あわせてそれぞれの監督官であった辺見勇彦，堀米代三郎らも招聘されることとなった[41]。日露戦後，日露両国は3回にわたって協約を締結し，ハルビンと吉林のほぼ中間で分界線（1912年7月には内モンゴルの東西分界も設定）を引いて勢力範囲を定めて協調関係を形成していった。日本の勢力圏に入った南満洲ではさまざまな分野で日本人顧問・教習が招聘されており，辺見らの招聘もそれに対応している[42]。また日本側の働きかけがあったかどうかは不明であるが，井戸川のもと欽命正義軍で活動した巴布扎布も官職を得て，彰武県巡警局長に就いている[43]。こうして任務班において内モンゴル，遼西，遼東方面で活動していた馬賊がそれぞれ清国官軍（巡警）へと編入されていったのである。

　官軍へ編入された馬賊出身者の動向に関しては，次の3点を指摘できる。第一に，馮徳麟は張作霖とともに昇進競争を勝ち抜き，確固たる地位を築いていったことである。馮は1905年9月，哈拉沁屯から従来の勢力地である遼陽から約15km西の劉二堡一帯に復帰を許され，遼西麟字軍馬歩五営統領となった。部下の張海鵬，汲金純は管帯となっている[44]。同年奉天馬隊・

歩隊の再編によって張作霖は右路統領となり，湯玉麟は第1営，張景恵は第2営，張作相は第3営管帯に就任した。兵力は当初は5営，1907年に2営増加され，約3500名となった［遼寧省地方志編纂委員會弁公室主編1999, 20］。一方，馮徳麟は新安軍統帯となり，錦州北方へ移駐した。馮は張作霖と同様に匪賊討伐作戦に起用されており，任務を老獪にこなしつつ自身の地位を固めていったと考えられる[45]。同年杜立山は馮ではなく，張作霖によって捕縛されている[46]。杜の部下であった于芷山は幸いにも捕縛を逃れ，張作霖麾下の闞朝璽（満洲事変時の奉天地方維持委員会副委員長）の部下となった［王1992, 185］。

　1908年東三省総督徐世昌は，奉天の旧来の兵力をそれまでの46営から45営に削減し，奉天巡防隊として再編した。5路（中・前・左・右・後）に分けられ，兵力は中・左・右路は各2254名，前路は2134名，後路は1894名，計1万794名となった。張は前路統領，馮は左路統領となっている［遼寧省地方志編纂委員會弁公室主編1999, 20-23］。後路統領はのちに奉天派に属する呉俊陞であり，馬占山は1907年馬賊討伐の功績を挙げて官軍に編入され，呉の配下となっていた[47]。

　一方，馬連瑞が参加した満洲義軍は1905年12月，興京において満洲東辺新建軍新勝営として再編され，馬が管帯となったが，1906年10月，同営が左路巡防隊所属となって以降，馬は再び馬賊に戻ったものと見られる[48]。

　第二に，日本と馬連瑞との関係は途切れるものの，馮徳麟との関係は継続していったことである。馬連瑞が管帯となった満洲東辺新建軍新勝営では歩兵大尉堀米代三郎，歩兵少尉神吉常吉，騎兵特務曹長新田徳兵衛，歩兵曹長黒木甚一郎が顧問として残留した。同営はのち遊撃歩隊新勝営と改称され，日本式訓練を続けたが，1906年2月には新田，5月には神吉が内地帰還となり，10月には同営は左路巡防隊所属となって寛甸県へと移駐となる。黒木は移駐とともに帰還し，堀米は奉天営務処顧問に転じて1909年には内地に帰還し，結局，満洲義軍関係者と日本軍人との関係は途切れている[49]。

　一方，馮の顧問であった辺見勇彦は1908年4月に辞職しているが，同じく任務班にいた楢崎一良が馮の食客を続け，1912年巡防隊が機関銃を購入

すると，馮の機関銃隊の教官となっている[50]。

　第三に，日本側の強い要請で官軍に編入させ，顧問を派遣していても，日本側が情報を完全に取ったり，自由に操縦できるわけではなかったことである。たとえば1906年5月，前述のように馮の新安軍は錦州北方へ宿営地を移しているが，その際，辺見が「馮部隊ノ移動ニ関シテ趙将軍及ビ張錫鑾ノ営務処ヨリ小官ニ対シ何等ノ通報ナカリシ」[51]と述べているように，日本側にはまったく知らされなかった。清側は関東総督府が置かれていた遼陽から距離を取り，馮への日本の影響力を抑えようとしたものと考えられる。それでいて前述のように馮の部隊が機関銃を購入した際には楢崎を教官とするなど関係を維持している。すなわち顧問派遣は影響力を行使しえたが，万能ではなく，清および馮は状況によっては顧問を利用するなど巧妙に距離感を保っていたのである。

3　辛亥革命と張作霖・馮徳麟・陸軍士官学校留学生

　清が日本から軍事顧問を招聘した一方で，日本においても軍学校に清国留学生を受け入れていった。1895年三国干渉後，清ではロシアと連合して日本に対抗しようとする機運が高まったが，1897年ロシアが旅順大連を領有する頃になると，両江総督劉坤一，湖広総督張之洞ら重臣は日本への対抗意識を改めるようになった。その機を捉えて日本はイギリスとともに清との提携を進め，日本への留学生送り出しを説いた[容2000]。日本側の意図は，駐清公使・矢野文雄が，「我国ノ感化ヲ受ケタル新人材ヲ老帝国内ニ散布スルハ後来我勢力ヲ東亜大陸ニ樹植スルノ長計ナルベシ」，「日本ノ兵制ヲ模倣スルノミナラズ軍用器械等ヲモ我ニ仰グニ至ルベク士官其他ノ人物ヲ聘用スルニモ日本ニ求ムルベク清国軍事ノ多分ハ日本化セラルヽコト疑ヲ容レズ」と述べているところに明らかである。留学生受け入れは，清への顧問派遣と連動する日本の影響力強化策の一環であった[52]。

　陸軍では任務班に関与する福島，青木らが陸士清国留学生受け入れを推進していった。川上操六参謀本部次長（のち参謀総長）によって，1897年12月

表2-1　陸軍士官学校清国留学生（1900〜1910年）

	直隷	江蘇	浙江	奉天	満洲	京旗	広東	陝西	甘粛	四川	雲南	貴州	湖北	江西	湖南	安徽	山東	河南	山西	福建	計
1期	9	4	4				2					1	11		6	3					40
2期	1	1					2						19							2	25
3期	15	15	16	1			2			5			2	1	4	17	10	6		1	95
4期	3	8	13				4			1			36		8	3		1	2	4	83
5期	2	3	6		1		1			3	1		20		10	1				2	50
6期	22	9	6	2		1	21	3		9	15		14	5	13	5	6	2	7	3	143
7期	10	9	3	1		2		3	1	4		2	1		7	6	1	1	1	3	55
8期	3	2		25		1		2		4	2		2		9	2		1			53
9期	14			1				2		1			1	6	2	2	4	4			37
計	79	51	48	30	1	4	32	10	1	27	18	3	106	12	59	39	21	15	10	15	581

注）1　重複の可能性を考慮し，出典153頁以降の表記載者は含めていない。
　　2　8期生于国翰の出身は「鉄嶺」とあるが，奉天に含めた。
　　3　修業期間は1期1900.12〜1901.11，2期1901.12〜1902.11，3期1903.12〜1904.11，4期1906.12〜1908.5，5期1907.7〜1908.11，6期1907.12〜1908.11，7期1908.11〜1910.5，8期1909.12〜1911.5，9期1910.12〜1911.11。
出所）郭栄生校補『日本陸軍士官学校中華民国留学生名簿』文海出版社，1975年

　宇都宮太郎が劉坤一，張之洞のもとに派遣され，1898年1月には成城学校に留学生部（のち振武学校[53]へ改編）が設置され，福島が清国学生管理委員長となった［佐藤2011, 21］。福島は1899年4月ロシアの南下に対する危機意識が高まるなかで，再び劉および張のもとに派遣されている。福島は劉に対して「近頃貴総督より派せられたる学生は，已に皆日英の語言に通じ，科学の素養あるを以て，其進歩は更に快速ならんと確信す。是皆貴我同文同種に因るものにして，弊国三十年の文明は，貴国之を十五年にして成就するに難からず」と称賛している。一方，劉も「独り遊歴者留学生のみならず，軍事の教官は勿論，機器鉱山其他諸般の事業に要する教師技師等は，必ず貴国より招聘せんと欲す」と応答しており，清側でも留学生派遣と顧問受け入れを結びつけて認識していたことがわかる。また劉の腹心・陶森甲から「満洲に強兵を練成する方法如何」と問われた際，福島はその方法の一つとして「遊歴者，学生を派して人材を作」ることをあげている。5月福島は成都の井戸川大尉より報告を受け，四川総督が日本に派遣した文武官に同行し帰国している。福島は1906年参謀本部次長就任以降も引き続き，宇都宮とともに清国留学生事業に力を入れた[54]。

　陸士清国留学生数については，表2-1の通りである。1900年入学の1期

表2-2　主要1～7期生

期	姓名	出身	辛亥革命時	期	姓名	出身	辛亥革命時
1	蒋雁行	直隷	江北都督	4	蒋作賓	浙江	陸軍部軍衛司司令長・九江都督府参謀長
	王廷楨	直隷	禁衛軍統領		李書城	湖北	軍咨府課員・戦時総司令部参謀長
	張紹曾	直隷	第20鎮統制	5	姜登選	直隷	四川陸軍小学堂総弁
	鉄良	湖北	江寧将軍				
	呉禄貞	湖北	第6鎮統制	6	張鳳翽	陝西	秦隴復漢大都督
2	良弼	直隷	軍咨府軍咨使		韓麟春	奉天	陸軍講武堂教務長？
	藍天蔚	湖北	第2混成協統・関外革命軍大都督		孫伝芳	山東	北洋陸軍近畿第2鎮歩隊第5標教官
3	盧金山	直隷	拱衛軍（馮国璋）中路統領		尹昌衡	四川	四川陸軍小学堂総弁・同都督府軍政部長
	潘矩楹	山東	第20鎮統制		閻錫山	山西	第43混成協第86標統・山西都督
	張樹元	山東	第10協統		程潜	湖南	四川第47鎮参謀官・湘軍都督府参謀長
	王汝勤	直隷	河南督軍公署参謀長		李烈鈞	江西	九江都督府参謀長
	蒋百里	浙江	奉天督練公所軍事参議生・北伐軍参謀総長		李根源	雲南	雲南軍都督府参議院長兼軍政部総長
	許崇智	広東	第20協統・閩軍総司令		唐継堯	雲南	雲南軍都督府軍政部次長兼参謀部次長
	蔡鍔	湖南	第39鎮第37協統・雲南軍都督	7	徐樹錚	江蘇	段祺瑞第1軍総参計
	呉光新	江蘇	第2軍参議官		朱熙	湖南	江蘇新軍第23協統
	姚鴻法	江蘇	山西督練公所総参議		陳複初	湖南	湘軍第49標統
					楊藎誠	貴州	貴州陸軍小学堂総弁代理・貴州都督

注）太字は革命呼応者・同調者。
出所）前掲『日本陸軍士官学校中華民国留学生名簿』，徐友春主編『民国人物大辞典』増補版，
河北人民出版社，2007年，陶菊隠『蒋百里伝』中華書局，1985年，姜克夫『民国軍事史』
第1巻，重慶出版集団・重慶出版社，2009年，劉国銘主編『中国国民党百年人物全書』団
結出版社，2005年，中国社会科学院近代史研究所『民国人物伝』第10巻，中華書局，2000
年，外務省記録『清国革命叛乱ニ関スル海外雑報／関東都督府報告ノ部』第1巻，
B03050655300，同第4巻，B03050659900

生から10年入学の9期生（辛亥革命のため中退）まで全9期にわたっている。出身別に見ると，湖北が最も多く，直隷，湖南，江蘇と続いている。1907年清は留学生約200名の陸士受け入れを打診している。それに対し，日本陸軍は定員は50名であるとして断ろうとしたが，寺内陸相が渡満した際，北京公使館附武官の青木が「本件ノ為特ニ来満シ懇請」したこともあり，必要な設備を整え，清側の要求を受け入れることとなった[55]。結局同年には5，6期を合わせて193名の留学生を受け入れている。

同年，清は全国に西洋にならった新式陸軍（新軍）36鎮を設置することを決定した。各省に督練公所，武備学堂などを設置し，新軍の建設を進めた[姜2009,13-20]。留学生は帰国すると，各地で新軍の指揮・教育に携った（表2-2参照）[56]。奉天周辺に駐屯していた新軍には第3鎮第5協（昌図），第20鎮（奉天・新民府など・兵力1万8422），陸軍第2混成協（奉天・兵力5109）

があった[遼寧省地方志編纂委員會弁公室 1999, 25-27]。1 期生張紹曾は第 20 鎮統制，2 期生藍天蔚は陸軍第 2 混成協統領となり，3 期生蒋百里は奉天で督練公所総参議に任じられ，新軍の訓練にあたった。1911 年 10 月武昌蜂起が起こると，特に南方出身者は革命に呼応していった（蔡鍔ら雲南における蜂起については[石島 2004]）。ほとんどの省が独立を宣言するなか，奉天でも藍天蔚，張紹曾が第 6 鎮（駐北京）統制・呉禄貞と結び，独立を画策した。しかし危機を察知した東三省総督・趙爾巽は張作霖に奉天省城の警備にあたらせ，独立の動きを封じていった。奉天には前節に見たような馬賊出身の張作霖や馮徳麟などの旧軍があり，張作霖らは新軍を自身の勢力拡大の障害とみなし，敵視していたのである[黎・孫 1978, 180]。張作霖は中路統領の職を兼任し 15 営の部隊を率いることになり，兵力は倍増し，五千余名となった[遼寧省地方志編纂委員會弁公室主編 1999, 38]。張作霖は任務班で活動したものの，官軍での活路を見つけられず，藍や日本の浪人と結んで革命の潮流に乗ろうとしていた金寿山を籠絡している。張作霖の推薦により，金は中路第一営管帯となり，さらに中路幇統に昇進した[57]。

　11 月張紹曾は長江一帯の宣撫大臣への転任を命じられて兵権を失い，呉禄貞は内閣総理大臣となった袁世凱の手によって暗殺された。藍天蔚は離奉を余儀なくされ，張榕は翌年 1 月 23 日に趙爾巽および張作霖の謀略によって暗殺された[58]。馮徳麟もまた遼東半島に再上陸した藍天蔚の部隊を攻撃し，のちに同部隊を接収している[59]。

　日本陸軍は辛亥革命前，政変が起こって日本が軍事行動を行うような場合には，日本留学を経験した清国将校を利用するという対清策を策定していたが[60]，奉天ではむしろ旧軍が優勢となった。それでもすでに見てきたように日本は旧軍ともパイプがあり，対応は可能であった。袁世凱が清帝の退位容認へと動き，清朝崩壊が濃厚となると，張作霖は日本への接近を試みた。落合謙太郎奉天総領事下の深澤書記生と会談した張作霖は，「北人トシテ南人ノ共和ニ従ヒ彼等ノ制ヲ受ケンカ如キハ死ストモ肯スル能ハス寧ロ日本ニ従フノ優レルニ如カス特別大ナル利権ヲ有スル日本トシテモ斯ク主ナキニ至ル東三省ノ人民ヲ其儘ニ差措ク如キハ当然ノ事ニアラス」，外モンゴルを独立

させたロシアに対抗して「日本カ南満洲ノ利権ヲ持スルハ当然」で「主ナキニ至リ思フ所ニ就クヘキ自分及馮其他カ心ヲ決シテ起ツ以上他ノ者ニ於テ如何トモスル能ハサルヘキニ付我意ノ在ル所ヲ総領事ヨリ日本ニ伝達セラレタシ」と，日本の出兵を促し，自身は傀儡となることを容認するような発言をしている。また張作霖はその意を「福島中将へ通スル」ため，于冲漢（満洲事変時の奉天地方維持委員会副委員長）[61] を落合のもとへ派遣したとも述べている。日露戦争以来の福島参謀次長との関係を利用しようとしたのである。

　しかし福島は内田康哉外務大臣に対して「何等ノ措置ヲモ採リ兼ヌル」と述べ，張作霖らを積極的に利用しようとはしなかった。内田外相も 2 月初旬落合に対して，張作霖や趙爾巽とは「何等我ヲ『コムミット』セサル方法ニ依リ消息ヲ通スル（ニ）止メ余リ深入スルコトナキ様」指示した。日本政府は列強と協同して北清・中清地方へは出兵を実施したが，南満洲出兵はロシアの承認を得たものの，列強の警戒や議会での予算審議の困難さなどから実現できなかったのである。一方，福島は宇都宮参謀本部第二部長が川島浪速と協力して進める粛親王擁立・挙兵計画には了承を与えていた。張作霖も川島と呼応する姿勢を見せており，任務班参加の河崎武が粛親王と張作霖，町野武馬大尉（のち奉天督軍顧問）が川島と張作霖の間をつないでいた。しかしこの計画は 2 月 20 日閣議で中止が命じられ，結局，張作霖は袁世凱の説得を受け，共和制を受け入れていった［櫻井 2009, 65-75, 100-103][62]。

　1912 年 3 月袁世凱が臨時大総統に就任し全国軍制が統一された。趙爾巽は奉天都督に移行し，勢力拡大が追認されるかたちで 9 月前路および中路巡防隊は第 27 師（駐奉天）に，左路巡防隊は第 28 師（駐北鎮）に改編され，それぞれ張作霖，馮徳麟が師長に就任した。兵力はそれぞれ約 7000 名であった。呉俊陞は後路統領兼騎兵第 2 旅長に就いている。第 27 師長張作霖のもと，闞朝璽は同師参謀，張景恵は第 53 旅歩兵第 105 団長，于芷山は同団第 2 営第 6 連排長，孫烈臣は第 54 旅長，湯玉麟は騎兵第 27 団長，張作相は砲兵第 27 団長となった。また第 28 師長馮徳麟のもと，張海鵬は第 55 旅長，汲金純は第 56 旅長となった［遼寧省地方志編纂委員會弁公室主編 1999, 38][63]。張作霖および馮徳麟はともに奉天省における枢要な軍事力を占めることとなったので

ある。

　同年8月には，巴布扎布が外モンゴルに成立したボグド・ハーン政権による内モンゴルに対する合流の呼びかけに呼応し，彰武県から逃走し挙兵した。すぐに馮徳麟の第28師が鎮圧に出動したが，やがて巴布扎布軍は内外モンゴルの境界にとどまるようになり，火種は残った。ここでは任務班関係者同士の戦闘となっているが，日本は両陣営に人員を送り込んでいったことが注目される。第28師には元陸軍砲兵中尉・渡瀬二郎が教習として派遣されており，顧問派遣が維持された[64]。一方，再起を期す巴布扎布軍には川島浪速が支援し，馬賊操縦に長けた若林龍雄，河崎武，松本菊熊，津久居平吉など任務班関係者が多く参加していった[烏蘭塔娜 2008][65]。

　なお奉天においては藍天蔚ら陸士留学生が旧軍の張作霖らによって敗走させられたが，留学生人脈が断絶したわけではなかった。注目されるのは奉天から25名も派遣されている8期生の存在である。これは日露戦争で駐屯した満洲軍が「清国官憲ニ向ヒ清国文武学生ノ我カ邦ニ留学スルハ清国教育上最モ有利ナルコトヲ当初ヨリ勧告誘引」した成果であった[66]。満洲軍参謀であった福島や任務班を率いていた青木らが勧誘に深く関与したと考えられる。たとえば村長の息子であった張煥相は撫順県営盤村新屯に駐屯した鮫島重雄第11師団長によって見出され，陸士留学を斡旋されている。8期生は1905年末に日本語の講習を終え，まず振武学校で学び，その後連隊で教育を受けた。1909年12月には陸士へ入学が許され，1年半学び，1911年5月に卒業している[王 1992, 73-75][67]。

　帰国した8・9期生にも革命参加者はいたが，奉天出身者が奉天で革命に従事し弾圧された事実は確認できない（表2-3参照）。奉天出身者の半数ほどは帰国後，奉天で任官しており，なかでも楊宇霆が奉天で主導的な地位を確立する張作霖の信頼を得ていったことが注目される。張作霖は楊の部隊の軍紀の厳正さを高く評価し，楊を27師参謀処長に抜擢した[68]。張作霖は旧軍出身でありながら，新式教育を受けた者を活用していく開明さがあったのである[69]。陸士留学生への信頼は次第に高まっていったものと考えられ，楊を中心に同期生の人脈を利用して奉天出身者の集結が図られた。黒龍江省で任

表2-3　主要8〜9期生

期	姓名	出身	奉天軍	満洲国	主な経歴
8	戢翼翹	湖北	○		1911 革命参加・15 護国軍第2旅長・22 東三省陸軍整理処科長
	張修敬	江蘇			1911 革命参加・16 湖南護国軍参謀・26 国民革命軍第6軍参謀長
	丁超	奉天	○	○	1911 東三省軍械廠課員・18 奉軍総司令部兵站処長・38 通化省長
	吉興	奉天	○	○	1911 第20鎮見習士官・17 第27師参謀長・32 吉林省警備司令官
	楊宇霆	奉天	○		1911 第3鎮見習排長・13 ？第27師砲兵隊隊長・16 第27師参謀処長
	張子貞	雲南			1911 雲南講武堂教官　？雲南将軍参謀長
	孔繁霨	山東			1911 山西軍政府参謀次長・28 山東省政府委員
	方鼎英	湖南			1911 保定軍校教官　革命参加・21 湘軍第1師参謀長・30 軍事参議院参議
	張煥相	奉天	○	○	1912 奉天都督府参謀・25 東省特別行政区長官・37 満洲国司法部大臣
	熙洽	奉天	○	○	1912 黒龍江都督府参謀・15 東三省講堂教育長・32 吉林省長
	王樹常	奉天	○		1912 北京政府参謀本部課員　？第27師参謀長
	張厚琬	湖北	○		1912 北京陸大教務長・22 東三省巡閲使参謀長・34 河北省政府委員
	陳嘉祐	湖南			1912 湖南砲兵団長・26 国民革命軍第2軍教導師長
	邢士廉	奉天	○	○	1913 黒龍江軍官養成所教練官・20 第19混成旅参謀長・42 満洲国治安部大臣
	于珍	奉天	○		1914 奉天陸軍補習学堂監督　？奉天督軍署参謀　？奉軍駐津司令部参謀処長
	于国翰	奉天	○		1914 奉天第27師参謀・28 北京政府軍事部次長・32 鴨緑江採木公司董事長
	李盛唐	奉天	○		1915 ？黒龍江将軍副官・24 ？第21旅騎兵第7団長・35 満洲国軍政部次長
	劉徳権	奉天	○		1917 黒龍江第2混成旅長・32 黒龍江省警務庁長
	應振復	奉天	○	○	？北京政府参謀本部課員・18 東三省講武堂教官・39 第5軍管区司令官
	王静修	奉天	○		？東北講武堂黒龍江分校教育長・32 満洲国軍政部次長
	路孝忧	陝西			？陝西督軍参謀長・29 江西省政府委員
9	宋鶴庚	湖南			1911 革命参加・23 湘軍第1軍長・29 湖南省政府委員
	伍毓瑞	江西			1911 革命参加・24 桂軍第2軍長・27 江西省政府委員
	臧式毅	奉天	○	○	1911 革命参加(南京戦)　？孫烈臣部隊連長・19 黒龍江督軍署参謀・31 奉天省長
	王茲棟	奉天	○		1921 西北籌辺使兵需庁長・25 東三省陸軍整理処総務処長・34 安東省長
	王金鈺	山東			？第18師参謀長・27 安国軍第1方面軍団参議・30 安徽省政府主席

出所）前掲『日本陸軍士官学校中華民国留学生名簿』，前掲『民国人物大辞典　増訂版』，『東北人物大辞典』第2巻上下，遼寧古籍出版社，1996 年，外務省情報部編『現代中華民国満洲帝国人名鑑　昭和12 年版』東亜同文会業務部，1937 年，王国玉「偽満奸雄録」『長春文史資料』1992 年第2 輯，外務省記録『各国内政関係雑纂　支那ノ部　満州』第3 巻，B03050177300，同第5 巻，B03050179700，同第8 巻，B03050183300，張克江主編『鉄嶺市志・人物志』科学普及出版社，1999 年，中央檔案館編『偽満洲国的統治与内幕』中華書局，2000 年，潘喜廷「楊宇霆」『遼寧文史資料』第15 輯，1986 年6 月，園田一亀『東三省の現勢』遠東事情研究会，1924 年

官した者は張作霖の勢力拡大によって配下に入り，北京政府に任官した者なども奉天に戻っている[70]。8・9 期生の他省出身者は国民政府の要職についていく一方で，奉天出身者は奉天軍で張海鵬や于芷山ら任務班関係者以上に重用されて要職を歴任し，楊が処刑されるなど不遇な張学良期を経て，満洲国に参加することとなる[及川 2016a]。満洲国では概して張海鵬らが先に軍司令官など軍の要職に就くが，彼らの退場後，陸士留学生が要職を占めている

［及川 2016b］。

お わ り に

　本章では日露戦争期から辛亥革命期の張作霖，馮徳麟ら特別任務班関係者，陸士留学生の動向について考察した。日露戦争では清が中立を宣言するなか，張作霖や馬賊ら奉天在地軍事勢力は諜報などのために日露両軍の争奪の対象となった。ロシアの馬賊利用策の失敗，清政府の裏面からの協力もあり，日本軍は福島安正や青木宣純らが主導して特別任務班を組織し，在地勢力を巧みに利用することに成功した。清は遼河以西を中立地域としたが，日露両軍の侵入を受けることとなった。遼河西岸すぐの位置にあった新民府に巡防遊撃馬隊営帯として駐屯していたのが張作霖であった。日本軍は新民府に諜報活動の拠点を築こうとし，張作霖との接点が生じたが，張作霖を利用しようとしたのはロシア軍も同様であった。張作霖は駐屯地が戦場とされるなかで日露両軍に協力したが，自身の身を守るために最善の行動をとったといえよう。張作霖にとって日本は決して感服の対象とはなりえず，日本との関係は情勢いかんによって変化しうるドライな関係であり続けるのである。

　日露戦後，日露間ではハルビンと吉林のほぼ中間で分界線を引いてそれぞれの勢力範囲を定め，協調関係を形成した。日本の勢力圏に入った南満洲ではさまざまな分野で多くの日本人顧問・教習が招聘された。日本は満洲独立のような有事に日本の影響力が残る部隊を利用することを見越して任務班で利用した馬賊の清国官軍編入，また馬賊操縦にあたった日本人監督官もあわせて顧問として招聘することを清側に認めさせた。結果的に馮徳麟（配下に張海鵬がいた），馬連瑞，巴布扎布が官職を得ている。その後，馬連瑞は馬賊に戻るが，馮徳麟は張作霖とともに清国軍内の昇進競争を勝ち抜いていった。馮徳麟のもとへは顧問派遣が継続され，日本が完全に統制しえたわけではなかったが，日本の影響力は維持されていった。また于芷山，馬占山も別のかたちで官軍に編入されており，のち奉天軍の軍官として昇進していくこととなる。

　清が日本から顧問を招聘した一方で，日本においても清からの留学生を受け入れていった。留学生受け入れはロシアに対抗するため日本と清の提携を強化する一策であり，日本陸軍では任務班に関係した福島や青木らが，日本の影響力強化策の一環として推進した。陸士留学生は1900年入学の1期生から1910年入学の9期生まで全9期にわたり，清全土から派遣されている。陸士留学1〜7期生は帰国すると，各地で新軍の指揮・教育に携り，奉天でも1期生張紹曾や2期生藍天蔚の部隊などが駐屯した。一方，馬賊出身で旧軍に属する張作霖や馮徳麟らは陸士留学生を自身の勢力拡大の障害とみなした。日本側からすれば，新旧双方にパイプを有しており，勢力争いでどちらが勝利しようとも，どちらにも対応できる備えがあったのである。

　辛亥革命が起こると，各地の多くの陸士留学生は革命に呼応した。奉天でも張紹曾や藍天蔚が革命派と結び，独立を画策したが，張作霖や馮徳麟らによって弾圧された。臨時大総統となる袁世凱が清帝の退位容認へと動き，清朝崩壊が濃厚となると，共和制を認めない張作霖は日本，特に福島への接近を試み，自ら傀儡となるような発言をして日本軍の南満洲出兵を促そうとした。日本政府はロシアから南満洲出兵の承認を得たものの，他の列強の警戒や議会での予算審議の困難さなどから実現できず，福島らは張作霖を利用するには至らなかった。福島らは川島浪速と協力して粛親王挙兵計画を進めたが，結局中止となり，張作霖は袁世凱の説得で共和制を受け入れた。勢力拡大が追認されるかたちで，張作霖は第27師長，馮徳麟は第28師長に就任し奉天における枢要な軍事力を占めるようになった。日本から第28師への顧問派遣が維持されるとともに，モンゴル独立運動に従事し内外モンゴルの境界にとどまった巴布扎布軍へも川島の支援のもと，任務班で馬賊操縦にあたった者が多く参加し，関係は継続した。張作霖が袁世凱と日本との間にあって立ち回り，日本が張作霖の利用と川島が進める謀略工作という選択肢を見定めつつ袁世凱に対処しようとするという構図は，袁の死まで継続したのである。

　日露戦争で駐屯した日本軍が留学を斡旋した奉天出身の陸士留学8期生は，1911年5月に卒業となり，帰国するが，奉天で革命に従事して弾圧さ

れることはなかった。奉天出身8期生の約半数は奉天で任官しており，楊宇
霆が張作霖の信頼を得たことにより，次第に留学生への信頼は高まっていっ
た。やがて張作霖が主導する奉天軍には8期生を中心に奉天出身陸士留学生
が他省からも集結することとなる。日本側からすると，任務班関係者，巴布
扎布軍関係者，陸士留学生とのちに満洲国軍に関係する3つの人脈が維持さ
れていったのである。

1）　ただし後述のように張作霖は1902年にいち早く馬賊から清国官軍に編入されてお
り，清の中立の建前上，公式に任務班と関係したわけではなかった。

2）　厳密には奉天は出発地あるいは官費発給地であって，出生地が奉天以外の者も含
まれる。

3）　張海鵬は熱河省警備司令官，于芷山は奉天省警備司令官，馬占山は一時的である
が軍政部総長に任じられた。以下，特に断らない限り，中国軍人等の経歴は[徐
2007]による。

4）　1910年代奉天派の東三省支配確立期については別稿を予定。1920年代から満洲事
変期・満洲国軍創設については[及川2016a]，1930年代の満洲国軍発展期については
[及川2016b]，1940年代の国兵法施行期については[及川2014]参照。張海鵬の経歴
や満洲国軍参加者との関係が任務班にまで遡れること自体は，[傳1999][于2005]に
指摘があるが，任務班の活動およびその後の動向に関しては考察の余地がある。

5）　[谷1966]を乗り越えることを意図した，[長南2015]でも任務班の活動に関して新
史料をもとに言及されているが，活動の詳細や官軍編入については研究の余地は残さ
れている。

6）　[戸部1999, 69]でも同エピソードを紹介している。

7）　第一次大戦期，軍事顧問派遣がどのように馮徳麟のもとから奉天督軍張作霖のも
とへ推移していったかについては，別稿に譲りたい。

8）　陸軍「支那通」とは，「中国情報の収集と分析をあつかういくつかのポストを歴任
して中国スペシャリストの道を歩んだ」軍人である。そのようなポストとしては，参
謀本部支那課，公使館付武官および補佐官，駐在武官，特務機関，軍事顧問があげら
れる。[戸部1999, 11-16]。

9）　以下は特に断らない限り，「満洲内馬賊及団練ト露人トノ関係」小山史料『満洲内
馬賊関係綴』明治37年，JACAR（アジア歴史資料センター）ref：C13110445200（以
下，JACAR史料はレファレンスコードのみを記す），白雲荘主人『張作霖』中央公
論社，1990年（原著1928年刊）による。

10）　新民屯は府に昇格し新民府となったが，日本ではしばらく新民屯の名称を使い続
けた。

11）　以下，特に断らない限り，任務班の活動については[島貫1980]第14章，対支功

労者伝記編纂会編『対支回顧録』上巻，対支功労者伝記編纂会，1936 年，407〜413 頁，青木宣純「日露戦役ニ於ケル特別任務ノ由来」住谷悌史資料『「作業用」綴──戦時国防資源需給状態調査──』附録第 1，C13120930800，日本軍人の経歴については，［秦 2005］による。陸軍は征韓論や征台論の高まりを受けて清国に将校を派遣し，1874 年に参謀局を設置，組織的な中国情報収集を開始した［戸部 1999, 20］。福島ら情報将校の活用に川上操六が果たした主導的な役割については，［佐藤 2011］第 1 章参照。

12)　尚友倶楽部児玉源太郎関係文書編集委員会編『児玉源太郎関係文書』同成社，2015 年，368 頁。本史料はすでに［長南 2015, 685-686］で言及されている。

13)　参謀本部『明治卅七八年日露戦史』第 1 巻，偕行社，1912 年，66 頁。

14)　本章で任務班という場合，基本的に遼西および遼東方面に展開した任務班を指す。任務班としてはほかに，土井市之進による参謀本部特派諜報班，芝罘駐在武官・守田利遠による芝罘特別任務班があった。

15)　前掲注 11『対支回顧録』上巻，407〜408 頁，松岡勝彦『満蒙血の先駆者』熊本海外協会，1937 年，附録，参謀本部『大日記』自明治 39 年 9 月至 43 年 12 月，C07082511700，「日本学生の支那遊学」「蒙古旅行」「横川省三氏の葬儀」「無限の憾」『東京朝日新聞』明治 35 年 5 月 29 日，12 月 15 日，明治 37 年 5 月 10 日，7 月 3 日付，『満密大日記』明治 37 年 2 月，C03020045700，陸軍省『清国事件書類編冊』明治 35 年 4 月，C08010260500，同 5 月，C08010263800。なお本書第 4 章に登場する営口水電取締役・関甲子郎も任務班への参加は不明であるが，通訳として日露戦争に従軍した経験を有する。『満洲紳士録』満蒙資料協会，1937 年，1458〜1459 頁。

16)　前掲注 15『満蒙血の先駆者』83〜84 頁，林義秀「建国当初に於ける黒龍江省の回顧　巻一」自昭和 6 年 10 月下旬至昭和 7 年 4 月上旬，小林龍夫ほか編『現代史資料』11，みすず書房，1965 年，645 頁，黒竜会編『東亜先覚志士記伝』上巻，黒竜会出版部，1935 年，808〜809 頁。

17)　同上『東亜先覚志士記伝』上巻，817〜822 頁，前掲注 11『対支回顧録』上巻，420〜421 頁，中村久四郎『現代日本に於ける支那学研究の実状』外務省文化事業部，1929 年，107〜108 頁，『官報』明治 35 年 1 月 20 日，大本営陸軍副官『大日記』明治 37 年自 2 月至 5 月，C09122001300，C09122008000。日清貿易研究所については，［戸部 1999, 28］，［佐藤 2011］第 7 章参照。川上操六は同研究所を資金面で支え，設立業務支援のために小山秋作少尉（のち奉天軍政官）を派遣した。

18)　「明治三八年上半期満州義軍行動大要及松花江上流遠征隊行動詳報」大本営陸軍参謀『謀臨書類綴』明治 38 年 1 月起，C06040398400。

19)　札幌農学校出身の宮地利雄と早稲田大学留学生の戢翼翬らが革命派支援のために上海に設立した出版社。辺見勇彦『辺見勇彦馬賊奮闘史』先進社，1931 年，34〜35 頁。なお戢翼翬の従弟が陸士留学 8 期生の戢翼翹である。郭廷以ほか『戢翼翹先生訪問記録』中央研究院近代史研究所，1985 年，3 頁。

20)　以下，辺見の行動については，同上『辺見勇彦馬賊奮闘史』115〜425 頁による。

21) 「意見書」橋口勇馬少佐より青木宣純大佐宛，明治 37 年 8 月 1 日，前掲注 9 『満洲内馬賊関係綴』C13110445100。

22) 「奉天督轅営務処給増祺呈」光緒 30 年 9 月 7 日（1904 年 10 月 15 日）遼寧省檔案館編『日俄戦争檔案史料』遼寧古籍出版社，1995 年，68～69 頁，「俄駐奉武廓米薩爾為請剿除馮麟閣杜立山等給増祺之照会」(1904 年 6 月 7 日～28 日)遼寧省檔案館編『奉系軍閥檔案史料彙編』1，古籍出版社・地平綫出版社，1990 年，236～237 頁，前掲注 19 『辺見勇彦馬賊奮闘史』208～209 頁。

23) 寧武「清末東三省緑林各帮之産生，分化及其結局」『文史資料選輯』第 6 輯，2000 年合訂版。本回想は，寧が日清戦争以来自らの見聞をまとめた内容の一部である。

24) 「増韞致増祺，廷傑電」光緒 30 年 10 月 2 日（1904 年 11 月 8 日），「金義成給増祺稟」同 10 月 10 日（1904 年 11 月 16 日）前掲注 22 『日俄戦争檔案史料』69～71 頁。

25) 清は 1904 年 2 月 12 日局外中立を宣言し，遼河以西，各省および内外モンゴルへの両軍の侵入を禁じた。「使日楊樞致日外部日俄開戦中国当厳守中立照会」光緒 29 年 12 月 28 日（1904 年 2 月 13 日）王彦威纂輯・王亮編『清季外交史料』第 3 冊，書目文献出版社，1987 年，2852 頁。清の中立政策については[楊 2014]を参照。

26) 陸軍省『明治三十七八年戦役 満洲軍政史』第 1 巻，1916 年，445～446 頁，前掲注 15 『満蒙血の先駆者』83～84 頁。東清鉄道附属地ではなかった広大な土地が日本軍の買収によって獲得され，満鉄附属地に組み込まれた安東および営口については，それぞれ本書第 3 章および第 4 章，奉天の鉄道附属地の継承・発展については第 5 章参照。

27) 「清国官兵露国兵ニ混入シタル件ニ付外務部ト往復ノ件」松井慶四郎駐清臨時代理公使より小村寿太郎外務大臣宛，明治 38 年 1 月 31 日，外務省記録『日露戦役ノ際帝国軍隊ノ行動ニ対スル誣妄雑件』B07090617000。張自身は関与を否定している。「張作霖為日人誣称其部俄向導請開去管帯之職以慎中立事給増祺稟」光緒 30 年 12 月 28 日（1905 年 2 月 2 日）前掲注 22 『日俄戦争檔案史料』206～207 頁。

28) 前掲注 11 『対支回顧録』上巻，403 頁，隈元常矩『興亜記』春光堂，1942 年，285 頁。

29) 張作霖は前年 12 月，営口を目指すロシア軍によって部下を襲撃され，銃器を破壊されるという脅迫を受けていた。同上『興亜記』280 頁。

30) 1904 年 5 月の安東を嚆矢とし，占領地 20 ヶ所に「軍政署」が設置されたが，新民府のみは清側への配慮から占領の際に用いる「軍政署」の名称は避けられた。なお井戸川は新民府に日本人を教官とする警務学堂や日本留学を奨励するための普通学堂の設立を計画したが，結局，計画はとん挫している[加藤 2008, 187]，[大山 1970, 56, 63-64]。

31) 「奉天地方ノ馬賊使用ニ関シ陶大均ト内話ノ件」内田康哉駐清公使より小村寿太郎外務大臣宛，明治 37 年 4 月 23 日，「馬賊解散ニ関スル盛京将軍ノ請訓並右ニ対スル外務部ノ訓令報告ノ件」同，5 月 20 日，「日本軍ノ馬賊煽動ニ付露国公使ヨリ外務部ニ交渉ノ件」同，7 月 5 日，「日本軍ノ馬賊煽動ニ関シ清国側ヨリノ照会並右ニ対ス

ル回答要旨ノ件」同，7月9日，「日本武官カ遼西ニ馬賊ヲ招募シタリトノ件ニ関シ外務部ト往復ノ件」同，7月18日，「中立地域ノ交戦ニ関シ清国政府ト往復ノ件」同，38年3月4日，「新民屯ニ於ケル軍務署設立ニ関シ外務部ト往復ノ件」同，同年4月11日，外務省『日本外交文書』第37巻第38巻別冊日露戦争1，日本国際連合協会，1958年，803，815〜816，826〜827，829〜832，923〜924，941〜942頁。

32）　「報告　楢崎通訳」明治37年10月29日，小山史料『明治三十七・十〜十一　日露戦役情報資料（人員調）』C13110445600。

33）　任務班には，威海衛駐屯英国守備隊で日本語および柔術教授の勤務経験がある大津吉之助が参加しており（前掲注15『大日記』自明治39年9月至明治43年12月），橋口の認識に影響を与えた可能性がある。

34）　奉天占領後，盛京将軍は日本の意向に沿うかたちでロシアと関係の深い増祺から趙爾巽へと変わった［川島2004，88］。

35）　「趙爾巽致軍機処函稿」光緒31年5月2日（1905年6月4日），中国第一歴史檔案館編『清代檔案史料叢編』第13輯，中華書局，1990年，395〜396頁。

36）　前掲注26『明治三十七八年戦役　満洲軍政史』第1巻，541〜547頁。

37）　実際，花田は満洲国軍に編入される靖安遊撃隊創設に関わった［井竿2013，25］。

38）　前掲注35「趙爾巽致軍機処函稿」，「趙爾巽致那桐及外務部軍機処電稿」光緒31年5月7日（1905年6月9日），前掲注35『清代檔案史料叢編』第13輯，396〜397頁。

39）　「奉政報告第百六十三号」小山秋作奉天軍政委員より落合豊三郎関東総督府参謀長宛，明治39年1月23日，小山史料『奉天軍政署報告綴』明治38年11月，C13010131100。

40）　「趙爾巽致軍機処及外務部函稿」光緒31年5月9日（1905年6月11日），前掲注35『清代檔案史料叢編』第13輯，398頁。

41）　「馬連瑞馮麟閣ノ部隊ニ関スル報告」小山奉天軍政官より落合関東総督府参謀長宛，明治39年3月2日，奉天軍政署小山史料『明治三八，十一　報告綴』C13010133100。「堀米歩兵大尉清国応聘ノ件」陸軍省『肆大日記』明治39年1月，C07072071200。日本側は「馮馬ノ諸人久シク我将校ノ馴養ヲ受ケ我将校ノ訓戒ニ服シ改過自新ノ念ヲ萌セルヲ以テ其馴致熟シテ良兵ト為ルマテ其親愛畏敬セル日本人ヲシテ監督慰撫ノ任ニ当ラシムルハ得策ナラズヤ」と述べ，日本人監督官の招聘を要求していた。

42）　「中国政府傭聘日本人人名表（一九〇三〜一九一二）」南里知樹編『近代日中関係史料　第Ⅱ集』龍溪書舎，1976年。

43）　前掲注15『満蒙血の先駆者』92〜93頁。巴布扎布は部下150名とともに巡警となった。「電報」在四平街宮内英熊少佐より参謀総長宛，大正元年11月23日，外務省記録『蒙古情報』第2巻，B03050664800。宮内は日露戦時，永沼隊の一員であった。寺田金蔵・小野謙一編『第八師団戦史』北辰社，1906年，110〜115頁。

44）　「馮徳麟呈麟字軍員弁什兵及馬色槍械清冊」光緒31年，前掲注35『清代檔案史料

叢編』第13輯，411頁。

45)　「徐世昌唐紹儀為已飛札張作霖馮徳麟等部進山捜剿淘克淘給洮南府札」光緒34年3月20日(1908年4月20日)，前掲注22『奉系軍閥檔案史料彙編』1，389〜90頁。

46)　「東三省総督徐世昌等奏遼西杜立山田玉本各股相継剿除折」光緒33年7月2日(1907年8月10日)中国第一歴史檔案館・北京師範大学歴史系『辛亥革命前十年間民変檔案史料』上冊，中華書局，1985年，105〜106頁。杜とあわせて「田玉本」も討伐されたとされているが，田義本，田玉達のどちらか，あるいは両者を指すのかは不明。

47)　「支那人名鑑増補訂正資料提出ノ件」在チチハル領事清水八百一より幣原喜重郎外務大臣宛，昭和2年3月26日，外務省記録『各国ニ於ケル有力者ノ経歴調査関係一件　中華民国ノ部』B02031640800。

48)　山名正二『満洲義軍』月刊満洲社東京出版部，1942年，596〜606頁，「諜報ノ件報告」星野金吾関東都督府参謀長より石井菊次郎外務次官宛，明治44年11月9日，外務省記録『清国革命叛乱ニ関スル海外雑報／関東都督府報告ノ部』第1巻，B03050654900。

49)　前掲注48『満州義軍』596〜608頁。

50)　前掲注19『辺見勇彦馬賊奮闘史』465頁，「受第一七八九号」守房太郎少佐より参謀次長宛，明治45年5月9日，外務省記録『清国革命動乱後ノ状況ニ関スル各省及府県庁報告雑纂／陸軍省及参謀本部ノ部』第3巻，B03050686000，「受第一九四三号」佐藤安之助中佐より参謀総長宛，明治45年7月2日，同，B03050686500。

51)　「報告」江崙波(辺見勇彦)より小山軍政官宛，明治39年5月15日，小山史料『奉天軍政署，奉政報告等綴』明治39年，C13010185900。

52)　「清国留学生ノ教育引受ノ義ニ関シ啓文往復写相添申進ノ件」矢野文雄より西徳二郎外相宛，明治31年5月14日，外務省記録『在本邦清国留学生関係雑纂／陸軍学生之部』第1巻，B12081617000。留学生受け入れの提案は日本の福建省鉄道施設権要求に対する清側の感情を和らげる方便でもあった。矢野の提案の顛末については[川崎2009][李2000]参照。

53)　1908年7月時点で予備教育機関である振武学校卒業後連隊で教育を受けた者499名，連隊から陸士に入学し卒業した者229名，退学した者二百余名。中国社会科学院近代史研究所中華民国史組編『清末新軍編練沿革』中華書局，1978年，342頁。蒋介石は1908年振武学校に入学し，その後連隊で教育を受けたが，武昌蜂起が勃発し陸士に進まずに帰国している。

54)　福島安正著・太田阿山編『福島将軍遺績』東亜協会，1941年，258〜266頁，清国学生管理委員長「観兵式拝観の件」陸軍省『弐大日記』明治36年12月，C06083895900，宇都宮太郎関係資料研究会編『日本陸軍とアジア政策　陸軍大将宇都宮太郎日記1』岩波書店，2007年，274，502頁。

55)　「送甲第一四六三号」寺内正毅陸軍大臣より林董外務大臣宛，明治40年8月1日，外務省記録『在本邦清国留学生関係雑纂(陸軍学生之部)』第3巻，

B12081618300。

56）　新軍の指揮系統の序列は上から，鎮―協―標となっている。長官の名称は順に「統制」「統領」「統帯」である。おおよそ師―旅―団に相当する。

57）　劉徳権「辛亥革命発動時張作霖進入奉天」『吉林文史資料選輯』第 4 輯，1983 年10 月，43〜44 頁，「金寿山昇進ニ関スル件」落合謙太郎奉天総領事より内田外相宛，明治 45 年 1 月 11 日，外務省記録『各国内政関係雑纂　支那ノ部・満州』第 2 巻，B03050176000。劉は陸士留学 8 期生。

58）　王益知「辛亥革命与張作霖」『吉林文史資料選輯』第 4 輯，1983 年 10 月，58 頁。王は張学良政権下に『瀋陽新民晩報』を創刊した一人。

59）　「関九五」星野関東都督府参謀長より福島参謀次長宛，明治 45 年 2 月 15 日，「受一七八五号」在奉天佐藤中佐より長谷川好道参謀総長宛，同年 5 月 8 日，外務省記録『清国革命動乱後ノ状況ニ関スル各省及府県庁報告雑纂／陸軍省及参謀本部ノ部』第1 巻，同第 3 巻，B03050682900，B03050686000。辛亥革命については，［澁谷 2004，96-107］も参照。馮が張作霖とともに弾圧側に回ったことについては，すでに［江夏1989，343］で言及されている。呉俊陞も弾圧側に回っている［孫 2000，253-254］。

60）　「対清策案」明治 43 年 12 月，山本四郎編『寺内正毅関係文書　首相以前』京都女子大学，1984 年，601 頁。

61）　于も日露戦時，日本に協力し特別任務に従事した経歴を有する。外務省政務局『現代支那人名鑑』大正元年，B02130264500。

62）　外務省『日本外交文書』第 44 巻第 45 巻別冊清国事変（辛亥革命），日本国際連合協会，1961 年，305-306，313，320-321，325-326，333-334，351 頁。

63）　「第二十八師将校ノ大部分ハ馮ノ乾児ニシテ東亜義勇軍（馬賊団）以来ノ者少カラス」とされている。関東都督府陸軍部「東三省支那軍隊ノ調査」大正 6 年 6 月 28日，『自大正三年至大正九年　大正戦役　戦時書類　巻一六八』C10128397000。

64）　外務省政務局『支那傭聘本邦人名表』大正 2 年 12 月現在，B02130228200。

65）　前掲注 15『満蒙血の先駆者』92〜97 頁，藤原超然『信濃健児』高日本社，1939年，404〜411 頁。松本は北京特別任務班の本部に勤務した。

66）　陸軍省『明治三十七八年戦役　満洲軍政史』第 7 巻，1915 年，213〜214 頁。

67）　軍事課「清国，韓国陸軍学生士官学校ヘ入校ノ件」明治 42 年 11 月 29 日，陸軍省『弐大日記』明治 42 年 11 月，C06084800500。

68）　楊茂元「回憶先父楊宇霆将軍」『遼寧文史資料』第 25 輯，1988 年，37 頁。著者は楊宇霆の子。

69）　前掲注 57「辛亥革命発動時張作霖進入奉天」45〜46 頁。張榕の従兄の張煥相は，趙爾巽や張作霖を警戒し再渡日したが，1912 年 11 月奉天都督が張錫鑾に替わると帰国し同都督府参謀に任官した。張作霖の督軍就任後も鮑貴卿（のちの黒龍江督軍）の取り成しがあり，重用されていく［王 1992，75-76］。

70）　楊宇霆は湖北出身で奉天将軍から官費を受けて留学した戢翼翹に対しても，「留日の三十五人の学生は貴殿を除き，皆奉天に戻っている」として勧誘している。前掲注

19『戢翼翹先生訪問記録』4〜5，35頁。また6期生韓麟春も1922年陸軍部次長辞任後，楊の推薦で東三省兵工庁督弁に就任している［武・蘇 2000, 266-267］。9期生臧式毅，王茲棟も8期生と同様な経歴をたどった。

参 考 文 献

①日本語文献

井竿 2013：井竿富雄「花田仲之助の報徳会運動──山口県を中心に──」『山口県立大学学術情報』第6号

石島 2004：石島紀之『雲南と近代中国──“周辺”の視点から──』青木書店

烏蘭塔娜 2008：烏蘭塔娜「ボグド・ハーン政権成立時の東部内モンゴル人の動向：バボージャヴを例として」『東北アジア研究』第12号

江夏 1988：江夏由樹「旧奉天省遼陽の郷団指導者 袁金鎧について」『一橋論叢』第100巻第6号

江夏 1989：江夏由樹「旧奉天省撫順の有力者張家について」『一橋論叢』第102号第6号

及川 2014：及川琢英「満洲国軍と国兵法」『歴史学研究』第921号

及川 2016a：及川琢英「「満洲国軍」創設と「満系」軍官および日系軍事顧問の出自・背景」『史学雑誌』第125巻第9号

及川 2016b：及川琢英「「満洲国軍」の発展と軍事顧問・日系軍官の「満系」統制」『北大史学』第56号

大山 1970：大山梓「日露戦争と新民占領」『政経論叢』第38巻第3号

加藤 2008：加藤聖文「日露戦争と帝国の成立」(東アジア近代史学会編『日露戦争と東アジア世界』ゆまに書房)

川崎 2009：川崎真美「駐清公使矢野文雄の提案とそのゆくえ──清末における留日学生派遣の契機──」大里浩秋・孫安石編著『留学生派遣から見た近代日中関係史』御茶の水書房

川島 2004：川島真「日露戦争と中国の中立問題」『軍事史学』第40巻第2・3号

櫻井 2009：櫻井良樹『辛亥革命と日本政治の変動』岩波書店

佐藤 2011：佐藤守男『情報戦争と参謀本部──日露戦争と辛亥革命──』芙蓉書房

澁谷 2004：澁谷由里『馬賊で見る「満洲」』講談社(講談社選書メチエ)

島貫 1980：島貫重節『戦略・日露戦争』原書房

谷 1966：谷壽夫『機密日露戦史』原書房

長南 2015：長南政義『新史料による日露戦争陸戦史』並木書房

戸部 1999：戸部良一『日本陸軍と中国』講談社(講談社選書メチエ)

秦 2005：秦郁彦編『日本陸海軍総合事典』第2版，東京大学出版会

容 2000：容應萸「清末留日学生派遣政策の成立」(衛藤瀋吉編『共生から敵対へ』東方書店)

楊 2014：楊国棟「日露戦争における清国の中立政策の成立過程」『人文学報』第490号

李 2000：李廷江「19 世紀末中国における日本人顧問」（前掲『共生から敵対へ』）

②中国語文献

傳 1999：傳大中『偽満洲国軍簡史』吉林文史出版社

姜 2009：姜克夫『民国軍事史』第 1 巻，重慶出版集団・重慶出版社

遼寧省地方志編纂委員會弁公室 1999：遼寧省地方志編纂委員會弁公室主編『遼寧省志・軍事志』遼寧科学技術出版社

黎・孫 1978：黎光・孫継武「張作霖」（中国社会科学院近代史研究所『民国人物伝』第 1 巻，中華書局）

孫 2000：孫徳昌「呉俊陞」（『民国人物伝』第 10 巻）

陶 1985：陶菊隠『蒋百里伝』中華書局

徐 2007：徐友春主編『民国人物大辞典』増訂版，河北人民出版社

王 1992：王国玉「偽満奸雄録」『長春文史資料』1992 年第 2 輯

武・蘇 2000：武育文・蘇燕「韓麟春」（『民国人物伝』第 10 巻）

于 2005：于涇「有関産生東北偽軍的幾個歴史問題」『議政』2005 年第 5 期
http://ccszx.changchun.gov.cn/yz/2005/2005dwq/201207/t20120716_902520.htm
（2016 年 9 月 2 日閲覧）

〔付記〕本章は公益財団法人高梨学術奨励基金および JSPS 科研費　JP16K16897 の助成による研究成果の一部である。

第 2 部　帝国と「勢力圏」

第3章　植民都市・安東の地域経済史
——2つの帝国のはざまで——

白木沢旭児

は　じ　め　に

　中国と朝鮮(現在は朝鮮民主主義人民共和国)との国境に位置する中国側の都市・安東(現在の丹東市)は，きわめて特異な歴史を有する都市である。その特異性は，安東が中華帝国および日本帝国の双方から強い影響を受けつつ都市形成を遂げたという歴史に起因している。したがって，安東の歴史を繙くことは，中華帝国・日本帝国双方のプレゼンスを実証するための格好の事例となるのである。本章は，植民都市・安東の歴史を通じて北東アジアの帝国と地域社会を考察するものである。

　安東では，製材業，油房業，柞蚕糸業が三大工業として発達を遂げていた。製材業は中国・朝鮮両国にまたがる広大な鴨緑江森林資源を背景にもつことが発展の要因であり，安東に設立された鴨緑江採木公司について塚瀬進が分析を行い[塚瀬1990]，鴨緑江沿岸地帯および東辺道の林業に関して永井リサが研究している[永井2005a, 2005b]。鴨緑江上流で伐採された木材は筏とされて川を下る「流筏」が特徴であったが，戦時期に鴨緑江上流に水豊ダムが建設されると流筏が困難となった。この過程を広瀬貞三が明らかにしている[広瀬1998]。安東地方の特産である柞蚕糸については田中隆一が満洲国期の統制を中心に明らかにしている[田中2014]。

　これらの産業史のなかでも，塚瀬進は鴨緑江森林資源を独占的に確保しようとした日本側の意図が，在来の経済機構に強固な基盤を有していた料桟

(木材問屋)の抵抗により修正と妥協を強いられたことを明らかにし,「日本による中国における経済支配破綻の原因は,これまで日本帝国主義の脆弱性に多く求められていたが,中国在来経済機構の強靱性という要因からも分析していくことが必要である」という提言を行っている[塚瀬1990]。また,田中隆一も,満洲国政府が行った柞蚕製糸業統制について,現地側・商人側・農民側の反対論が噴出し,対抗する動きが広がっていく過程を克明に実証していた[田中2014]。本章においても中国在来経済機構や中国人側の動向については重視していきたい。

　三大工業にとって替わり戦時期に新設された新興工業の一つに人造繊維紡績(ステープル・ファイバー生産)があった。その典型である東洋人繊安東工場を事例とした研究として潘志仁のものがある[潘2002]。潘は戦後も留用されて工場に残った日本人技術者の作成したノート等を分析し,科学的管理法の導入過程を明らかにした。また,満洲国期に入社していた労働者8名へのインタビューを行い,「安東工場の製品と現在の製品を比較したら,残念ながら安東工場の品質がまだ良い方だと言わざるをえません」という重要な証言を得ている。また,安東を舞台とした満洲国の巨大国家プロジェクトである大東港建設について越沢明が計画と実施過程を克明に明らかにしている[越沢1986,1993]。

　このように,安東は,これまで各産業史などで断片的に触れられ,一定の研究蓄積を有している。本章は,安東を都市史・地域史として正面から取り上げ,植民都市・安東の特異な形成過程を明らかにし,日本帝国が主導する地域経済と中華帝国が形成する地域経済の両側面を解明することを目的としている。また,満洲国期における三大工業の衰退および新たな工業発展の要因について分析し,日本帝国および中華帝国という2つの帝国という視点から安東地域経済史を描くものである。

1　植民都市・安東

1.1　植民都市・安東の誕生

　安東の地に人びとが住み始めたのは，そう古くはないようである。同治年間（1862～1874 年）の頃，山東省において大飢饉が発生し，山東からの避難民がこの地に来住して集落が形成されたという。当時，鴨緑江に面したこの集落は「沙河鎮」と称された。1874 年に清国政府は奉天の劉氏をこの地に派遣して「土匪」を征討させ，清朝支配下に組み入れた。1875 年には沙河鎮の北西の鳳凰城に道台衙門を設置し各所に県署（安東県，寛甸県，通化県等）を置いた。当初，安東県衙は沙河鎮よりも鴨緑江下流に位置する大東溝に設けられたが，1876 年，沙河鎮に移された。これが，のちの安東の旧市街（支那街）の原型をなす[1]。

　日清戦争時には日本軍がこの地を占領し民政庁を設置，長官には小村寿太郎，のちに福島安正が就任した。だが，翌年の講和に伴い撤兵した。義和団事件後のロシア軍進駐に際しては，1903 年に安東に進駐したロシア軍は，鴨緑江流域の豊富な森林資源に着目し，木材の伐採に着手していた。

　日露戦争が勃発すると 1904 年 5 月 1 日，日本軍第二師団が安東県に入り，安東は軍の兵站輸送基地として位置づけられ，鴨緑江対岸（朝鮮側）の龍岩浦から回漕された物資が陸揚げされた。のちに旧市街（支那街）と呼ばれる区域には，日本の軍政署が開設され日本による軍政が施行されたのである。また，安東には鉄道大隊が駐屯し，安東—奉天間の軍用軽便鉄道敷設に着手した。鉄道大隊のうち三個中隊は 7 月 12 日上陸すると安東県鉄一浦から北に向かって軽便軌条を敷設し，翌年 12 月 3 日には安奉—奉天間が竣工して同月 15 日から列車運行を開始したのである。この軽便鉄道は軌条幅 2 フィート 6 インチ（76.2 cm）であり小型機関車が牽引するもので，安奉鉄道と称した。

　兵站基地となった安東では一般人の渡来および定住も認められたため，1904 年 10 月には邦人人口は約 1300 人にも達していた。日本軍は，旧市街

にある後潮溝街の一区画に日本人の家屋建築を許可し，この地域は大和町と命名された。日露戦中は，鴨緑江から陸揚げする貨物の運搬，馬車代，苦力賃金，現地調弁費等1ヶ月で約120万円という大金がこの地域に撒布され，後にもないような好景気を現出していた。

　内地からの一般人の来住により，旧市街の大和町だけではたちまち住宅の不足をきたすこととなった。そこで，軍政官大原武慶歩兵少佐は，旧市街の南西方向の六道溝方面の広大な土地を買収し，新たな日本人居住地とするべく，当時の安東知県高欽に対して交渉を重ねていった。そして，次の軍政官齋藤季治郎歩兵中佐は1905年8月から土地の買収・収用に着手した。その結果，同年9月19日に予定地全部の買収を完了した。結果として軍用鉄道用地の名目で買収した土地は319万8998坪となり，うち，169万3046坪を軍政署用地と定め，残余150万5951坪を鉄道用地として鉄道監部の管理に移したのである[2]。

　これらの地域は新市街と呼ばれ，市街設計委員会により日本人の居住を目的とした都市計画に基づいた街路建設が進められた。市街設計委員会は齊藤中佐を委員長として審議を重ね，鉄道線路の北側を第一期，南側を第二期の建設とすることとし，詳細な街路計画を策定した[3]。1906年2月，軍政官高山公通歩兵中佐のもとで，市街地建設計画は完成し，街路は縦を14，横を10に区画し整然とした「純日本市街」とされた。旧市街につくられた大和町も新市街に移されることになった[4]。

　一般に満鉄附属地は，ロシアの権益である中東鉄道附属地を条約により引き継いだことに起源を有している。しかし，中東鉄道沿線ではなく，中東鉄道附属地がまったく存在しなかった安東では，日本軍による買収によって広大な土地が獲得され新市街と称されたのである。このような事例は，この安東と本書第4章で取り上げられる営口の2都市のみである。なお，1906年10月1日から，軍政の撤廃に伴いこれら新市街の行政の大部分を日本帝国安東領事館（1906年5月開設）に移管した。1907年4月1日，南満洲鉄道株式会社が設立されると，安奉鉄道は満鉄線に組み込まれ安奉線の鉄道用地は満鉄附属地となり，新市街の大部分は安東領事館の指導下，居留民団の管理

となった。

1.2　安奉線改築工事と鴨緑江架橋

　日露戦争後，安東の景気は一気に沈滞に向かい，人口も減少し，1907年末に6038人だった日本人人口は1908年末には4423人に減少した。男女別には女性が微減であったのに対し，男性は4042人から2546人へと激減している[5]。そこに新たな起爆剤となったのが安奉線改築工事と鴨緑江鉄橋架橋工事である。

　安奉鉄道は，ポーツマス講和会議では日露協議の対象とはならず，戦後処理の一環として日清間でその取り扱いが協議された。日清満洲善後条約（1905年12月22日）により，清は日本による安奉鉄道の改良と経営を認め，日本の租借期間は最大で18年とされた。しかし，改良工事は清国側の了解が得られないまま懸案となっていた[井上1990, 130-131]。日本政府は欧亜交通の要となるべき安奉線は，京義線（朝鮮鉄道）および奉天以北の満鉄本線との直通運転が必要であり，国際標準たる標準軌（4フィート8.5インチ＝143.5cm）へ改築することおよびトンネル化と橋梁による曲線路線の直線化が必要であることを主張し，工事に着手することを清国に通告した。その結果，ようやく中国側からの合意を得て，1909年9月に着工となったのである[6]。

　安奉線改築工事は橋梁数205，トンネル数24を数える大工事となった。労働者は1日平均1万5000人，多い時には3万人を超えたという。鴨緑江鉄橋架橋工事も朝鮮鉄道が担当して同時に行われ，1911年11月1日に改良された新安奉線が開通した[天野2009, 30-31]。安東駅は安奉軽便鉄道の時代には旧市街に近い位置にあったが，鴨緑江架橋により，図3-1に示した位置に移転した[7]。

　鴨緑江鉄橋架橋工事も一大プロジェクトであった。架橋した新義州―安東間の鴨緑江は，川幅は約3000フィート（914.4m）あり，洪水時には4マイル（6.4km）にも達し，附近は「茫漠タル泥海ト化ス」とされた。深さは朝鮮側では浅く，中国側では深いといわれ，その最深箇所は中央部で平時満潮時

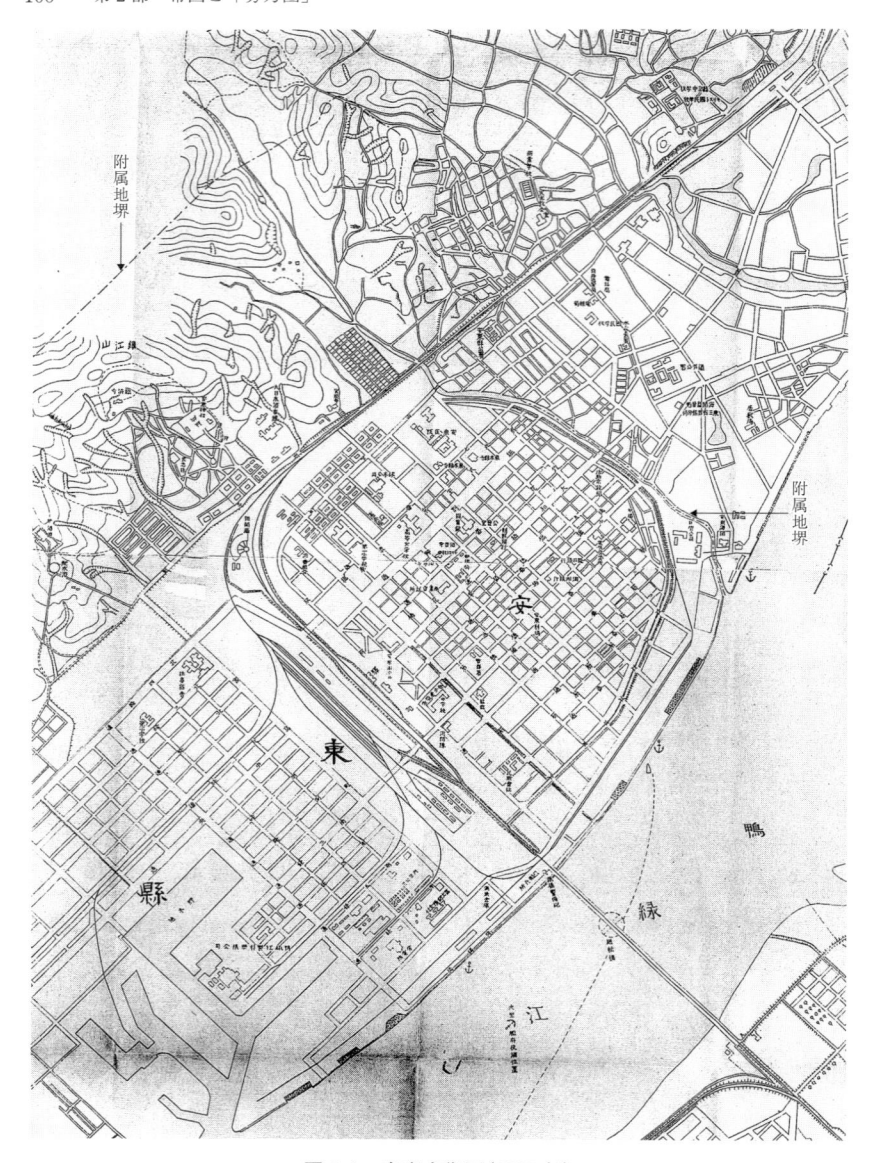

図 3-1　安東市街図(1927 年)

出所)南満州鉄道株式会社興業部商工課編『南満洲主要都市と其背後地　第一輯第一巻　安東
に於ける商工業の現勢』1927 年

42～43 フィート（12.8～13.1 m）である。河口から約 45 km ほど遡ったところに位置するにもかかわらず，干満の差は 12 フィート（3.6 m）もあるという。また，「其ノ流速ノ強大ナル恰モ内地河川ノ洪水時ニ於ケルカ如シ」とされるが，その一方で冬季には結氷し，その期間は 12 月初旬から翌年 3 月末までとされている[8]。

　このような過酷な条件下で鉄橋の架橋工事が日本初のケーソン工法を用いて行われた。臨時軍用鉄道部では，洪水時も勘案した鉄橋長を 3230 フィート（984.5 m）と算定した[9]。工事は 1909 年 8 月 1 日，準備工事に着手し，10 月 8 日から橋脚工事のための潜水函（ケーソン）を沈下させ，12 月 13 日には第 1 号から第 6 号の橋脚基礎工事を竣工している。その後冬季には工事を中断し，1910 年 4 月，解氷を待って橋脚石積工事に着手，第 7 号，第 8 号橋脚の潜水函沈下を行っている[10]。7 月，8 月は雨期のため再び工事を中断し，8 月末から第 9～第 12 号橋脚基礎工事に着手，11 月に竣工した。1911 年 3 月末からは南岸（朝鮮側）から鉄桁組み立て工事を行い，5 月末には橋脚石積はすべて完成した。鉄桁も 10 月末には 200 フィート 6 連および 300 フィート 5 連をすべて組み立て完了し，列車の試運転を行っている[11]（「扉写真　鴨緑江橋梁（試運転）」）。鴨緑江鉄橋は，鉄道用鉄橋であるとともに，鴨緑江の水運も維持しなければならなかった。そのため開閉式橋梁とされ，開展時には大型船舶の航行も可能となるように設計されている。

1.3　居留民団による新市街の管理

　新市街は先述のように軍政期に計画的に建設された。図 3-1 に示したように，鴨緑江架橋後，朝鮮からつながった鉄道は鎮江山麓に向かって直進し，山麓から北進し奉天に向かう。その直線部分の中央部に安東駅を設置した。鉄道の北側（北東側）の奥に旧市街（支那街）がある。鉄道と旧市街との間の空間に新市街を建設した。また，鉄道の南側（南西側）は六道溝と呼ばれる地域であり，これも「第二次ノ市街地拡張余地」として新市街に組み込まれていく。街路計画は，まず安東駅と旧市街を結ぶ直線を大和通（大和橋通）と名づけ中央幹線と位置づけた。この大和通に平行する直線道路を市場通，堀割通

と名づけこれらを縦の幹線と位置づけている。これらの縦の幹線と直交する，鎮江山麓と鴨緑江岸を結ぶ直線道路を堀川筋，京橋筋，此花橋筋と名づけ，これらを横の幹線と位置づけている。この縦の幹線と横の幹線とをもって「矩形式街路網ヲ構成シタ」[12]のである。

　鉄道が新市街を南北に分断しているが，この連絡ルートとしては縦の幹線のうち江岸通，四番通，堀割通について鉄道を越えて延長させ，「鉄道線路ニ依ル市街分割ノ不便ヲ避ケルコトニ努メタ」のである。こうして建設された安東の新市街は「当時ノ満洲ニ於テロシアノ手ニナル旅大ト哈爾浜ヲ除イテハ斬新ナ出来上リテアツテ日本ノ技能と国力ヲ以テ建設サレタ市街ノ先駆ヲ為スト謂フ点テ歴史的ニ意味ノ深長ナモノテアル」と高く評価されているのである。

　なお，街路名の由来だが，横の幹線は堀川筋，京橋筋，此花橋筋という名称が与えられた。大阪市内では淀川に直交する道路に「御堂筋」「堺筋」などの名称が与えられているので大阪市に類似している。また，鉄道に直交する（鴨緑江に平行する）街路は市場通，堀割通などの日本の都市によく見られる名称となっている。ちなみに大阪市では淀川に平行する道路に「本町通」「長堀通」などの名称が与えられている。このように，新市街の北側部分は大阪市に類似した道路名の付け方がなされたと見てよいだろう。

　これに対して鉄道以南は新市街でもさらに開発が新しい部分であり，鉄道に直交する（鴨緑江に平行する）街路は北から順に北四条通，北三条通，北二条通，北一条通，中央通，南一条通，南二条通，南三条通，南四条通，南五条通，南六条通と南北に分けて数字の「条」が付けられ，これは札幌市と同一である。もっとも札幌市の場合には中心が中央通ではなく大通となる点のみ異なっている。このように，日本内地都市の地名および都市計画を真似たかたちで「純日本市街」が形成されたのである。

　また，軍政期に着手され，安東を象徴する存在となったものに鎮江山公園がある。図3-1の上方，附属地堺が山中を通っているが，この附属地内の山が日本人僧侶細野南岳によって「鎮江山」（鴨緑江を鎮護する山の意）と命名され，日本から運ばれた桜が移植された。日本軍による土地買収が山地をも

含んでいたために日本式公園が広大な山に実現し，満洲国期には桜の名所として「満洲八景」の第1位に選ばれている[高 2012]。

　すでに，軍政期において組織されていた市政準備委員会は軍政署の閉鎖（遼東兵站監部安東県支部に改組）に伴い解散した。その後，岡部三郎安東領事が領事館令第二号安東居留民仮規則に基づき行政委員7名，予備行政委員3名を指名し居留民行政委員会を組織し，自治機関として居留地経営にあたらせた。居留民行政委員会は，執務場所を五番通5丁目に設置し安東居留民行政委員会役所と称した[13]。

　1906年10月，軍政が撤廃されると，関東都督府経理部長と岡部領事との間に取極書が交わされ，軍が買収して管理していた土地 319万 8998 坪のうち陸軍専用地以外の土地の管理を領事に委任し，領事は，これらの土地および建物を安東居留民行政委員会に貸し下げできることが確認された。こうして貸し下げ可能とされたのは，土地では市街地 19万 2348 坪，農工用地その他 114万 52 坪，建物としては安東小学校，安東病院，駆黴院，隔離所，勧商場，市場，排水機関工場，市場貸長屋などであった。1907年8月時点において安東居留民行政委員会が貸し下げられ行政委員会所管となっていた土地は，市街地 12万 9944 坪，農工業用地 52万 4323 坪であり，さらに貸し下げ未済地も農工業用地で 46万 6380 坪あった[14]。このようにして，軍管理地は，狭義の陸軍専用地，鉄道用地，そして行政委員会管理地に分けられたのである。

　1907年8月1日，外務省告示第18号をもって，安東に民団設立が認められた。9月1日，領事は10名の民団法実施委員を任命し，委員の互選により議長に中野初太郎が選出された[15]。ところで，居留民団が領事指導のもとに外国の広大な市街地を管理するという状態は，法的根拠に乏しい慣行であった。この問題は，歴代の安東領事および外務省を悩ませた難問となっていた。たとえば，木部守一安東領事は 1910年2月4日，「明治四十二年館令第十号官有財産貸下規則中追加ノ件」として貸下料および使用料未納に対して安東居留民団行政委員会は国税の徴収に関する規定に遵拠してこれを処分することができることとした旨を通告してきた。これに対する本省作成の文

書は以下のような根本的批判を加えたのである。

　　　…其貸下ニ関シ単ニ領事ノ有スル命令権ノミニ基キ右第八条第一項ノ如
　　　ク「……国税ノ徴収ニ関スル規定ニ遵拠シテ之ヲ処分スヘキ」旨ヲ規定
　　　スルカ如キハ法制上ノ慣行ニ鑑ミ到底許容スヘカラサル所ナリ。……右
　　　官有土地ハ軍政施行時代ヨリノ行<ruby>懸<rt>いきがかり</rt></ruby>上単ニ陸軍省ノ所轄ニ属スルニ過
　　　キスシテ未タ官有地トシテ正式ニ登記ノ手続ヲ了セサルモノナルヲ以テ
　　　右規則ハ適用セラレサルモノナリ[16]。

　すなわち館令という方式により国税未納処分に類する処分を行うことは
「到底許容スヘカラサル」ことであり，当該官有土地は「軍政施行時代ヨリ
ノ行懸上」陸軍の所轄となったもので官有地として正式に登記していない，
というのである。

　また，居留民団からは道路が整然と区画され美しい街並になったものの下
水道が完備されておらず，早急に整備してほしい旨の請願が出され，木部領
事は本省にこれを依頼している[17]。そのなかで居留民団は，下水道整備の費
用の支弁方法として「専管居留地ノ経営ノ例ニ依リ政府ノ施設ヲ請フ事」ま
たは「南満洲鉄道株式会社ニ依頼シ全般ノ工事ヲ同社ニ於テ施設シ其費用ハ
民団ヨリ漸次償還スル事」を要望していた[18]。これに対して小村外相は専管
居留地と同じく政府が支出するということについては「法律上論議ノ余地ナ
ク」ときっぱり拒否している。すなわち居留民団側は，安東は日本帝国の
「専管居留地」だという自己認識だったが，それはまったく事実ではなかっ
たのである。さらにまた，満鉄に資金援助を依頼することについては「新市
街ハ政府ノ都合上満鉄用地トシテ引渡サヾリシ点ニ顧ミ之亦タ詮議難相成候
ニ付」と無理であるとの回答であった[19]。その後，木部領事は本省に対し，
居留民団行政委員会では満鉄の資金援助を得るために新市街を満鉄附属地に
編入すること要求するという結論に達したと伝えてきたのである[20]。一方，
居留民団行政委員会議長中野初太郎は，満鉄に内々に打診したところ，附属
地編入と道路・下水の整備を了承したとのことを中野自ら上京し外務省に報
告している[21]。

　本書第4章において明らかにしているように，日露戦争時に軍が買収した

土地が官有地として存続していたのは安東と営口である。これらの官有地を居留民団管理から満鉄附属地へ移管するというプランが具体的なものとして浮上するのは1919年頃のようである。8月12日付電報で入江正太郎安東領事は「満鉄中川理事ヨリ聞知スル処ニヨレハ陸軍省側ニ於テハ既ニ当地並ニ営口ニ於ケル陸軍買収地ヲ満鉄ヘ移管スルコトニ内定シ居リ目下外務省ト協議中ニシテ其協議纏リ次第満鉄ノ所管ニ帰スルコト、ナル由」と書いている[22]。安東居留民団行政委員会は，1921年5月14日，満鉄移管に際して決議書を外務省にあげてきた。その内容は「一，満鉄附属地行政ト居留民団トヲ此機会ニ於テ併合統一シ外務省監督ノ下ニ自治団体ヲ組織スルコト，二，土地ハ何レノ所管ニ属スルヲ問ハス其ノ管理経営ヲ自治団体ニ委任スルコト，三，土地ニ関スル居留民ノ既得権ヲ侵害セサルコト，四，若シ直チニ第一，第二項ノ希望ヲ実現シ得サル事情アリトセハ其ノ実現ヲ見ル時機迄現在ノ儘自治制ヲ存続スルコト」[23] というものであり，満鉄移管をあたかも形式上のことと捉え，実質的には，居留民団による自治が継続することを想定している。

この時の安東，営口両市民の満鉄移管に対する態度を関東軍憲兵司令官が外務省に報告している。大連に商圏を奪われて久しい営口では，官有地を経営するための居留民にかかる経済的負担の大きさが問題視されており，満鉄附属地として満鉄に移管することは市民のなかでも広範な合意を得ていた。これに対して安東では先述の決議は「民団行政委員ノ殆ント全部カ土地所有者ナルカ故ニシテ全市民ノ希望ニアラサルハ勿論寧ロ反対者ノ多数ナルハ疑フヘカラサル事実」[24] であると見ていた。

なお，後年まとめられた『満鉄附属地経営沿革全史各論之部安東管内』では，安東の居留地についてワシントン会議で問題となったことから満鉄附属地にした，という説明がなされている[25]。しかし，事実として満鉄移管論は領事や居留民団によって明治期から提唱されており，ワシントン会議が契機となったかどうかについて，現時点では保留としておきたい。むしろ，居留民団の反対論（自治継続を条件）を抑えるためにもち出された口実であったのかもしれないが，実証は今後の課題としたい。

　ともあれ，ワシントン会議後の 1923 年 10 月 1 日，居留民団経営による市街地約 40 万坪と陸軍所管地約 12 万坪が満鉄に移管され満鉄附属地となった。その結果，他に類例を見ない巨大な附属地が成立した。その面積は 383万 4053 坪(12.67 km^2)であった。現代日本で見るならば千代田区(11.64 km^2)，文京区(11.31 km^2)より大きく豊島区(13.01 km^2)より小さい，という規模になる。他の満鉄附属地とは沿革を異にするうえ，格段に面積が大きいのである。なお，居留民団は，官有地経営という大きな役割を終え，解散した。いわゆる新市街の行政は，他の満鉄附属地と同じように行われたものと推測する。

2　2 つの帝国──商人の世界──

2.1　新市街と旧市街の人口

　新市街の形成過程は，以上のようなことであった。ところで，新市街＝日本人街と見ることは妥当だろうか。民族別人口構成がわかるので，「表 3-1安東の新・旧市街別人口」を作成した。これによると，まず新市街ができて間もない 1912 年において，日本人は 6245 人，次いで中国人が 4776 人となっている。日本人は新市街人口の過半を占めていた。ところが，1918 年には中国人が 1 万 2427 人，次いで日本人が 7290 人となり，中国人が新市街人口の過半を占めるに至った。さらに 1924 年にはこの傾向は進み，日本人は新市街人口の 25.7％にとどまっている。この間に朝鮮人人口も増大し1924 年には新市街人口の 11.2％を占めるに至っている。1912 年から 1924 年の伸びを比べると新市街人口は 3.8 倍化，中国人は 5.7 倍化，朝鮮人は 20.1倍化したのに対し，日本人は 1.8 倍化したにすぎなかったのである。新市街は決して「日本人街」ではない，ということを確認しておきたい。

　なお，旧市街については，人口データが得られず，1924 年に総人口 7 万123 人，うち中国人が 6 万 9910 人であり日本人は 1912 年から 1924 年にかけて減少し続けたことがわかる。おそらく当初は旧市街に住んでいた日本人

表 3-1　安東の新・旧市街別人口

（単位：人）

	新市街					旧市街				
	日本人	朝鮮人	中国人	外国人	計	日本人	朝鮮人	中国人	外国人	計
1912 年	6,245	241	4,776	3	11,265	211	67	—	—	—
1918 年	7,290	1,663	12,427	13	21,393	184	59	—	—	—
1924 年	11,100	4,843	27,205	10	43,158	120	62	69,910	31	70,123

出所）図 3-1 に同じ

表 3-2　新市街の国籍・職業別戸数（1924 年）

	日本人	朝鮮人	中国人	外国人	計
農業	35	26	134	—	195
水産業	4	—	2	—	6
鉱業	8	—	38	—	46
工業	775	309	1,576	—	2,660
商業	496	194	2,252	1	2,943
交通業	685	23	781	1	1,490
計	2,003	552	4,783	2	7,340

出所）図 3-1 に同じ

　も新市街に移転したのであろう。また，図 3-1 では，新市街の面積が旧市街の面積よりも大きいことがわかるが，人口は旧市街のほうが多かったのである。

　次に 1924 年時点における民族別・職業別戸数を「表 3-2　新市街の国籍・職業別戸数」により検討しよう。日本人は，職業別には工業が最多で775 戸，次いで交通業 685 戸，商業 496 戸となっている。朝鮮人は，工業，商業，農業の順である。これに対し中国人は，商業，工業，交通業の順となっている。別の見方をすれば，新市街の商業戸数 2943 戸のうち 76.5％が中国人であり，これに次いで 16.9％が日本人であった。また，新市街の工業戸数 2660 戸のうち 59.2％が中国人であり，これに次いで 29.1％が日本人であった。商業・工業・交通業すべてについて，中国人が過半を占め，日本人はいずれの職業についても中国人を下回り，新市街合計の過半を占めること

もなかったのである。このように日本が建設した新市街には安東在住の日本人が集中したものの，新市街における主たる住民という視点から見ると，中国人がマジョリティであったのである。

2.2　商工業者の地理的分布

旧市街と新市街からなる安東は，日本人商業会議所およびその後身にあたる安東商工公会が，定期的に商工人名録を編纂している。本章では1938年12月末現在の安東商工業者の地理的分布を考察することにしたい。まず，『安東商工案内（康徳六年版）』は次のような編集方針であった。

　　一，本書ハ安東案内及ビ商工名簿ノ二部ヨリ成リ康徳五年十二月末現在ニ於ケル市内各機関，団体，商工業者等ヲ網羅シ，日常商取引ノ指針トセリ

　　一，商工名録採録ノ商工業者ハ安東税捐局ノ営業税（法人ニアリテハ法人営業税）ニ基ヅキ二十円以上ノ納税者ヲ主トシ大体税額順ニ配列セリ[26]

「表3-3　大分類の日・華比較表」によると，日本人商工業者（略して日商）は899人であった。なお日商には朝鮮人商工業者を含んでいる。また，中国人商工業者（略して華商）は1718人であり，合わせて2617人となる。日商，華商それぞれの業種大分類は，共通するものもあれば，異なるものもある。そこで，表3-3では，その両者の関係がわかるような表のレイアウトとした。これによれば，多くの業種において日商，華商ともに共通することがわかる。しかし，日商のみにある業種として「鉄砲，火薬」「染料」「満人向雑貨」「貿易」「請負業」「電気供給」「瓦斯供給」「造船業」，このほか保険・取引所・問屋などがあげられる。近代的な工業および近代資本主義経済に密接に関わる業種が多いように思われる。反対に，華商のみにある業種として「皮革業」「爆竹」「製香」「製縄」「妓館」などが見られる。

　日商のなかで多い業種を順に列挙すると，①飲食料品，②請負業，③料理飲食店業，④織物，被服材料，⑤機械，金属製品，⑥和洋雑貨，身廻品，⑦交通運輸業，⑧建築材料，⑨特産品麻袋，同じく⑨娯楽品（同数）という順で

表 3-3　大分類の日・華比較表

日商			華商		
分類番号	大分類	軒数	分類番号	大分類	軒数
1	飲食料品	106	1	飲食料品	378
2	特産品麻袋	29	2	特産物	17
3	織物，被服材料	52	3	織物，被服材料	201
4	洗濯，京染	10	4	洗濯，染色	23
5	和洋雑貨，身廻品	42	5	諸雑貨	285
6	時計，貴金属，装身具	6	6	時計，貴金属	18
7	家具，家庭用品	22	7	家具，家庭用品	50
8	機械，金属製品	45	8	機械器具，五金品	45
9	建築材料	30	9	建築材料	13
10	木材	27	10	木材	32
11	燃料，油類	16	11	燃料	24
12	銃砲，火薬	3			
13	薬品，医療器械	14	12	医薬品	37
14	染料	2			
15	自動車，自転車	11	23	自転車	18
16	事務用品，文具	20	13	書籍，文具紙類	16
17	娯楽品	29			
18	写真業，写真機	10	25	写真	7
19	印刷，印判	8	21	印刷刻字	11
20	煙草	7	24	煙草	2
21	肥料	5	20	肥料	1
22	満人向雑貨	9			
23	貿易	11			
24	請負業	76			
25	電気供給	1			
26	瓦斯供給	1			
27	交通運輸業	39	14	交通，運輸業	25
28	造船業	1			
29	倉庫業	1			
30	保険業及保険代理業	24			
31	問屋業，代理業	28			
32	仲立業，周旋業	6			
33	取引所代行会社及取引人	13			
34	市場経営	1			
35	金融業	20	15	金融業	114
36	不動産経営	9	17	山貸業	20
37	鉱・農・牧・林業	10			
38	旅館業	23	18	飲食，宿屋	121
39	下宿業	19			
40	物品貸付業	6			
41	湯屋業	5	19	湯屋，理髪業	52
42	理髪業	14			
43	娯楽場業	11	28	娯楽場	3
44	興業場業	3			
45	料理飲食店業	74			
			16	皮革業	73
			22	爆竹	1
			26	製香	2
			27	製縄	12
			29	妓館	117
	計	899		計	1,718

注）採録されているのは 1938 年 12 月末現在の営業税（法人は法人営業税）20 円以上納付者。
出所）安東商工公会編『安東商工案内（康徳六年版）』1939 年

表 3-4　日商の地理的分布

新市街		旧市街	
住所	軒数	住所	軒数
市場通	220	興隆街	6
四番通	139	前聚宝街	6
大和橋通	113	財神廟街	4
五番通	86	後聚宝街	3
三番通	68	沙河鎮	3
公設市場	31	公安街	2
六番通	29	三道鎮	2
二番通	26	三道浪	2
江岸通	24	下六道溝	2
南三条通	20	中富街	2
一番通	19	通江街	2
中央通	13	粮市街	2
堀割南通・南堀割通	13	六道溝	2
駅前…	12	沿江街	1
南一条通	10	官電街	1
南二条通	7	九道溝永宝街	1
北一条通	5	興東後街	1
北四条通	4	菜市街	1
山下町	3	新柳街	1
七番通	2	中興鎮	1
堀割北通	2	鎮安路	1
南四条通	2	天后宮街	1
安東駅構内	1	桃源	1
北七条通	1	小計	49
北二条通	1	不明	1
西山手町	1		
八番通	1		
堀割通	1		
南五条通	1		
南七条通	1		
下川端町	1		
小計	857	合計	907

注)採録されているのは1938年12月末現在の営業税(法人は
　　法人営業税)20円以上納付者。
出所)表3-3に同じ

あった。これに対して華商のなかで多い業種は，①飲食料品，②諸雑貨，③織物，被服材料，④飲食，宿屋，⑤妓館，⑥金融業，⑦皮革業，⑧湯屋，理髪業，⑨家具，家庭用品，⑩機械器具，五金品という順であった。業種名（大分類項目）が異なるため厳密な比較はできないが，上位 10 業種を比べると，日商では請負業，交通運輸業が上位に入っていること，華商では妓館，皮革業，湯屋，理髪業が上位に入っていることが特徴であろう。

　次に日商，華商の住所（営業場所）を検討する。「表 3-4　日商の地理的分布」によると，日商は新市街に 857 軒，旧市街には 49 軒立地している。圧倒的多数の日商は新市街にて営業していたのである。新市街の住所について詳細に見ると，最多は市場通，これに次いで四番通，大和橋通，五番通，三番通という順となっている。これらは新市街でも鉄道以北の先に開発がなされた地域である。鉄道以南の新しい新市街には南三条通，南一条通，南二条通，北一条通，北四条通の順に立地軒数が多いが，鉄道以北に比べるとひときわ小さい数字である。鉄道以南の日商をすべて数えても 52 軒にとどまっており，これは旧市街に立地した日商の 49 軒とあまり変わらない数である。日商は，そのほとんどが新市街の鉄道以北地域に立地していたのである。

　続いて華商の住所（営業場所）を「表 3-5　華商の地理的分布」により検討しよう。まず新市街に立地した華商は 300 軒，旧市街に立地した華商は 1161 軒であった。日本人が新市街に集中したことに比べると，必ずしも旧市街に集中せず，新市街にも進出していると評価できよう。ただし，新市街の住所を詳細に見ると，上川端町，下川端町の 2 ヶ所だけで 183 軒（61.0％）を占めており，これ以外の新市街各所にはわずかの数しか立地していない。上川端町，下川端町は新市街のなかでも旧市街との隣接地点にあり華商が増えたものと推察する。なお，新市街の住所には鉄道以南の地名が皆無であるので，新市街でも開発の古い鉄道以北に限られていることがわかる。旧市街のほうでは，前聚宝街，興隆街，県前街，新安街，財神廟街，中富街，天后宮街，公安街，広済街，七道街の順に多く立地しており，これらが安東の繁華街であったといえるだろう。

表 3-5　華商の地理的分布

新市街		旧市街			
住所	軒数	住所	軒数	住所	軒数
上川端町	98	前聚宝街	185	中宝街	8
下川端町	85	興隆街	88	山東街	8
三番通	28	県前街	80	永安前街	8
市場通	25	新安街	58	新民街	7
五番通	22	財神廟街	58	新市胡同	7
七番通	18	中富街	54	新市街	7
一番通	14	天后宮街	42	柴草市街	7
中央通	6	公安街	41	興隆前街	7
江岸通	3	広済街	40	長興街	6
九番通	1	七道溝	37	崇健中街	6
小計	300	三道鎮	31	新興街	6
		後聚宝街	29	興東前街	6
		下六道溝	24	沿江街	6
		菜市街	24	鎮山路	5
		鎮安路	23	公安東街	5
		興東街	23	北七道溝	5
		朝鳳街	23	永安街	5
		官電街	21	青龍街	5
		金湯街	20	九道溝	4
		興東後街	20	永安後街	4
		新柳街	18	永安中街	3
		中興鎮	14	中興街	3
		九江街	12	四面楼街	3
		通江街	11	魚市街	3
		下六道	11	安楽胡同	3
		新豊街	10	その他	27
		小計			1,161

不明	1
合計	1,462

注）採録されているのは 1938 年 12 月末現在の営業税（法人は法人営業税）
　　20 円以上納付者。
出所）表 3-3 に同じ

2.3 安東商業会議所

安東における商業の発達を検討する際，日本人および中国人の結成した経済団体について検討することが有益であろう。日本人商人（工業家も含む）は，日本内地の制度にならって商業会議所設立に向かった[27]。1907 年 11 月 5 日，領事館令第二十号として安東商業会議所規則が公布され，ただちに 8 名の創立委員が選出された。翌 1908 年 5 月 9 日，第 1 回創立委員会を開催，中野初太郎を委員長とし，定款作成，領事による認可を終えた。選挙権をもつ有権者は 5 月末現在で民団営業課金 22 等（月額 1 円 60 銭）以上の者 153 名であった。6 月 15 日，商業会議所議員選挙を行い 15 名の議員を選出，7 月 2 日に第 1 回総会を開催するに至っている。1928 年 9 月 27 日の定期総会において，日本内地が商工会議所法に基づき商工会議所に改称していることに鑑み，満洲においては根拠法はないものの大連，奉天，長春の先例にならい安東商工会議所と改称している。

商業会議所の事業については，日本内地とほぼ変わらないものと思われるが，後述する中国人による商会との比較をするため，ここに掲げておこう。安東商業会議所規則には「1　商工業ノ発達ヲ図ルニ必要ナル方案ヲ調査スルコト，2　商工業ニ関スル規則ノ制定改廃施行ニ関シ意見ヲ行政庁ニ開申シ及ヒ商工業ノ利害ニ関スル意見ヲ表示スルコト，3　商工業ノ事項ニ関シ行政庁ノ諮問ニ応スルコト，4　商工業ノ状況及ヒ統計ヲ調査発表スルコト，5　官庁ノ命令又ハ商工業者ノ委嘱ニヨリ商工業ニ関スル事項ヲ調査シ又ハ商品ノ産地価格ヲ証明スルコト，6　官庁ノ命ニ依リ商工業ニ関スル鑑定又ハ参考人ヲ推薦スルコト，7　関係人ノ請求ニヨリ商工業ニ関スル紛議ヲ仲裁スルコト，8　領事館ノ許可ヲ受ケ商工業ニ関スル官造物ヲ設立シ又ハ管理シ，其ノ他商業ノ発達ヲ図ルニ必要ナル施設ヲ為スコト」[28] が掲げられている。「官庁」は「命令」する立場であり，商業会議所はあくまでも民間団体として権力に服することが当然のごとく想定されている。後述するが 1938 年 2 月には安東商工会議所と安東総商会が合併して安東商工公会となる。合併前（1937 年 4 月時点）の安東商工会議所の会員数は 226 名であっ

た。表 3-3 によると日本人商工業者は 1938 年 12 月末時点で 899 名であったので，日本人商工業者の上層を会員としていたことが推測できる。

2.4　安東総商会

中国各都市では商工業者による自治的団体として商会が設立された。研究史上，商会という用語が最も多く用いられるので，本文中も普通名詞としては商会の語を用いるが，安東における商会の具体的な名称は時期により変化している[29]。安東においては，光緒年間の初め，中国人商人による安東公議会が結成されたが，1906（光緒 32）年 4 月，これを解散し，代わって安東商務総会が設立された。その後，1915 年，安東総商会に改称，1930 年には安東市商会に改称し，1933 年に再び安東総商会に改められている。安東商工会議所との合併前（1937 年 4 月）の会員数は 2264 名であった。これは，表 3-3 による 1938 年 12 月末時点の中国人商工業者数 1718 名を上回っている。日本人商工会議所が，商工業者の上層を組織するものであったのに対し，中国人商会は全階層的に中国人商工業者を組織していたものと推測できる。

商会の機能・役割については，中国主要都市に関する研究がいくつかなされている［大野 2004, 2005, 2006］［金子 1997］［張 2014］［張 2016］［陳 2016］。安東における商会を取り扱ったものは管見の限りないので，詳細を述べることにしたい。満洲国実業部臨時産業調査局が満洲国内主要都市における商会を調査し報告書にまとめている。これによると安東市商会の事業は次のようなものであった。

　　一　平民工芸廠の管理
　　二　各市の経営，管理
　　三　日満懇親学校
　　四　破産及逃走商工者の清算及新開業者の紹介加入
　　五　休業商工業者の預金保管
　　六　夜店の経営
　　七　度量衡検定及検査

八　株の引受及株利息の代収

九　争議調停及協議事項

一〇　各処寄付

一一　安東医院

一二　屠獣場

一三　死人保管所

一四　天后宮

一五　元宝山公園

一六　各学校関係(商業学校，林科中学校)

一七　各種税票及収入印紙の代理販売

一八　鎮平銀の鑑定料

一九　碼頭費

二〇　報税所

二一　附属地商人との連絡

二二　商工業の状況調査及各種統計の作成

二三　官庁金融機関[30]

　これらを一瞥すると，まず日本における商業会議所(商工会議所)に該当する事業も並んでいる。「一　平民工芸廠の管理」は安東総商会と安東県公署が設立主体となって工芸技術教育の伝習所を開設しているというもので生徒(工人)は毎年80名，安東総商会からの支出した補助金は年に2700円にのぼっている。

　しかし，「二　各市の経営，管理」，「五　休業商工業者の預金保管」，「一八　鎮平銀の鑑定料」(鎮平銀は安東地方で使用される銀貨で，柞蚕糸，大豆，豆油，木材などいわゆる「三大工業」の建値は鎮平銀建てであった。古くから企業資本も鎮平銀をもって計算しているといわれる)[31]，「一九　碼頭費」(鴨緑江鉄橋開閉可能な頃，帆舩の埠頭繋留手数料)，「二〇　報税所」(煩雑な税関手続きを一般商工業者のためすべて代弁するもの。輸出入統計も作成する)，「二一　附属地商人との連絡」(城内各市場での取引を認め，其の代償として公益費を徴収する)などの機能は，日本では，商業会議所ではな

く，市当局，国の出先機関など公的機関（行政機関）が行うことであろう。中国における商会は，日本における商業会議所の機能に加えて行政機関の役割をもあわせもっていた。上記のなかにも「一一　安東医院」，「一二　屠獣場」，「一三　死人保管所」など医療・衛生行政に属する事項が含まれている。死人保管所の経営についてはこの所有および経営主体が安東総商会であり，たとえば1934（康徳元）年度の総収入は国幣2168元10銭，総支出は国幣740円56銭であったとされている。また「一四　天后宮」は，宗教施設とも見るべきもので同年の経費はボーイ給料，燃料，焼香費，文房具その他合わせて国幣1046円04銭であった[32]。また，「一五　元宝山公園」は，鴨緑江採木公司理事長・程進元が中国人有力者に呼びかけて資金を用意し開設した公園であり，日本人が開設した鎮江山公園に対抗するかたちで，中国人側（市当局等）によって整備・拡充が進められていた[高2012]。

　そして，日本の商業会議所あるいは同業組合などの同業者団体との最も大きな相違点は，中国の商会が税を評定・徴収したり，行政機関に直接融資したりしたことであろう。満洲国期においても「商会は最近迄営業税率の決定権を有し税を代収して居つた。現在税捐局の営業税率は商会が以前決定したるものを改定せず其の儘使用しつゝあるものである」[33]と指摘されているように，行政機関（税務）の代行という重要な機能を有していた[34]。また，行政機関に対する融資という点は県公署は防水用金，東辺道調査団旅費，各警察隊経費，埠頭修築費，行政費，小洋安東市公債券回収，整理費及水災救済費等の名義にて「強制的に商会に対し借金を行ひ」その額は20万318円にものぼっており[35]，県財政にとって商会からの借金は不可欠のものとなっていたことが推測できる。さらには，行政側の借金は，機関としてのそれに加えて行政官個人としてのそれが存在し「県長を始め警察庁長，法院長，何々局長，何々課長なる者が個人的に借款し現在では殆んど行方を暗まし，借逃の状態である」[36]と評されていたほどであった。このことは，中国における地方行政機関の組織的脆弱さと商会の組織的強靱さを示すものであろう。また，商会は武装しており「最近迄武器を所有し警察と協力して市内治安維持に努めて居た」とされ，その武器は「小銃三百十一個，弾丸六万四百六十

個, ピストル七個, 弾丸五百九十一個」であった[37]。

　なお, 安東居留民団が経営していた新市街にも中国人商工業者が多数存在していたことは2.2で見た通りであるが, 彼らは独自に結束し1915年12月8日, 安東公議会を結成した。居留民団経営地が満鉄附属地に編入された後の1925年, 安東附属地商務会と改称, 満鉄が制定していた附属地商務会通則に準拠して存立の認可を得ている。会員数は1935年末現在で1128名に達している[38]。2.2の分析によると, 新市街に存在した中国人商人は300名であったから, 安東附属地商務会は中国人商人を全階層的・悉皆的に組織(商工人名録登載者以下の階層も含めて)したものと推測できる。なお, 安東附属地商務会の会員は安東総商会の会員を兼ねていたものと思われる。

2.5　安東商工公会

　1937年12月1日に公布された満洲国商工公会法に基づき, 各都市の商工会議所と商会は統合し, 商工公会として再出発した。これは同年4月1日において満洲国における日本の治外法権を撤廃したことに関連する法整備であった。安東においては, 12月4日, 安東商工会議所は安東市域内に存在した中国人商会である安東総商会, 中興鎮商務会, 三道浪頭商務会と合併を決議, 翌1938年2月23日付で4者の合併契約書が取り交わされている[39]。なお, 商会の名称は資料により違う場合があるが, 本文中では中興鎮商務会, 三道浪頭商務会としておく。

　安東商工公会の会員数は1938年末には2264名, 1940年末には3600名, そして1942年2月1日現在には4603名に達している。この間に個人会員は2163名から4436名に2.05倍化している。先に見たように, 会員構成は合併時に商工会議所226名(1937年4月)に対して総商会2264名(1937年4月)と総商会が商工会議所の約10倍の規模であった。個人会員が2273名増えているのは, 組織率がきわめて低かった日本人商人を全階層的に加入させたのではないかと推測する。戦時期の商工公会の膨張ぶりについては, 後日改めて検討したい。

　なお, 役員は会長1名, 副会長2名, 常務理事2名, 理事8名, 参事37

名，事務局員 48 名を置いていた[40]。

　1939 年 12 月末における役員は以下の通りである。

会長	瀬之口藤太郎	安東昼夜無尽株式会社
副会長	孔憲銘	豊裕同油房
副会長	阿部卓爾	無限製材株式会社
副会長	范先和	東辺実業銀行
常務理事	新田忠平	
常務理事	呂震	
理事	奥田員夫	安東省公署殖産科長
理事	永山正文	安東市公署実業科長
理事	奥田種彦	安東金融組合理事
理事	荘景軒	安東運送業合弁組合代表
理事	姚儒丞	安東銀市代表
理事	彭竹坡	安東銀市代表
理事	福田菊次郎	福田商店
理事	鹽見圭造	富屋洋行[41]

　会務を取り仕切った常務理事・新田忠平は「日本の商工会議所は名実共に商工業者の機関であつて其の機能も商工業の発達を主眼としそれが研究調査に重点を置いたのであるが満洲に於ける商務会は商工業の発達を計ることは第二義的とし寧ろ商工業者の自治機関としての行政的活動の方が主となつて居た」[42]と両者の違いを的確に説明しているが，これほど性格を異にする 2 つの組織が統合された場合，新組織の性格はどのようなものになるであろうか。上記の役員構成では副会長こそ日本人 1 名，中国人 2 名であるが，常務理事は日本人 1 名，中国人 1 名，理事は日本人 5 名，中国人 3 名と日本人が圧倒していた。もっとも理事のうち 2 名は県と市の吏員（日本人）なので民間人理事は 6 名となり日中 3 名ずつということなのだろう。

　商工公会の事業を 1939 年度（1〜12 月）について紹介しよう[43]。まず第一に，全満商工公会第 1 回総会に招集され（常務理事の呂震が出席）満洲国経済部からの諮問事項（イ，小売業許可制度ニ対スル商工公会ノ意見如何，ロ，

同業組合法制定ニ関スル商工公会ノ意見如何，ハ，統制経済下ニ於ケル商工公会ノ意見如何）をもち帰っている。統制経済を行う場合には，主管省（日本内地では商工省）が関係業界団体代表を集めて協議を重ねることが常だが，満洲国における商工公会はこのような役割をもたされていたのであろう。第二に同業者組合の設立指導である。この年は1月18日に安東玻璃燈組合創立総会を開催したのを皮切りに毎月組合創立が相次ぎ，12月7日の第二次安東家具製造販売組合創立総会まで25の同業者組合を設立させている。すでに設立されている同業者組合も役員会，総会は商工公会を会場として使っている。第三に当局への請願・交渉である。この年は「朝鮮米輸出制限ニ関シ電請」「鉄橋下流五道溝並ニ満鉄下浜付近浚渫ニ関シ御願ノ件」「道路改修ニ関シ請願ノ件」があった。道路改修は旧市街の朝鳳街から天后宮を結ぶ道路にかかる鉄道橋の高さが低いために，多数の柞蚕製糸業者がトラック貨物積載に困難を感じているので，道路掘り下げを求めている。第四に委託事務として同業者組合の事務を代行している。具体的には安東材木商組合，安東柞蚕輸出商組合，安東綿糸布商組合である。

　このほか，日本の商工会議所と同様の商工業上の紛争調停・仲裁，商工業に関する取引照会（日本および満洲国各地業者からの買入希望，売込希望の一覧），原産地証明の認定などの事業がある。また，総商会から安東日満懇親学校（学堂とも表記）経営を受け継ぎ，総商会所有の自動車を商工公会として購入し公用車としている。事業報告書は頁の上段を中文，下段を日文として書かれており，事業内容も中国人商工業者（総商会側）に関するものも多数見られる。商工公会は，組織原則は日本の商工会議所に類似していたが，構成員は日中双方の商工業者を含んで，総商会の事業をも継承するものであったと思われる。

3　2つの帝国——工業発展の諸相——

3.1　工業発展の概観

　安東は，1907 年に開港場となり，外国貿易が本格的に行われるようにな
る。それに伴い，各種工業も成長を遂げてきた。なかでも満洲特産品たる大
豆を用いる油房業，鴨緑江の広大な森林資源を用いる製材業，そして安東地
方の特産品たる柞蚕製糸業などが顕著に発達し，安東の三大工業を形成する
に至る。満洲事変後，満洲国期には三大工業が停滞または衰退傾向を示すの
と対照的に新たな工業が勃興してきた。綿織物業，ゴム工業，清酒醸造業，
機械工業，人造繊維工業などである。

　1930 年代における安東工業の発展過程を工場の動向から検証することに
したい。満洲国期には，日本内地と同様の調査方法により『工場名簿』およ
びこれに基づく統計書として『工場統計表』が編纂された。これらを用いる
ことにより，ある程度の精度での工業発達の分析が可能になっている。「表
3-6　業種別工場数（1932 年末現在，1940 年末現在）」は『工場名簿』のなか
から安東市所在の工場を抜き出し，データベース化したものの集計表である。

　表 3-6 の一番下の合計欄を見ると，1932 年末工場数は 379，1940 年末工
場数は 681 であり，302 増えている。1932 年末に対する 1940 年末の比率（倍
率）は 179.7％ となる。すなわち工場数は約 1.8 倍化したことになる。しか
し，このような評価は工場の動態把握としてはきわめて不十分である。そこ
で，表 3-6 では「工場交替率」という概念を用いている。

　　　工場交替率 ＝ ｛1933 年以降設立工場数＋（1932 年末工場数－1940 年時点
　　　　　の「1932 年以前設立工場数」）｝／1932 年末現在工場数

　式の「1933 年以降設立工場数」は 1940 年工場名簿により判明する新設工
場である。式の（1932 年末工場数－1940 年時点の「1932 年以前設立工場
数」）は 1932 年工場名簿に掲載されている工場数から 1940 年時点で生き残っ
ている工場数を引いた差である。これらの工場は，1932 年工場名簿には掲
載されているが 1940 年工場名簿には掲載されていないので，この間に消滅

したものと考えられる。すなわち工場交替率とは，1932年から1940年にかけて新設工場数と廃業工場数を足し算し，これを分子として1932年末工場数で除した比率である。1932〜1940年の間にどれだけ工場が入れ替わったか（新設と廃業があったか）を示すわけである[44]。

表3-6によれば，1932〜1940年の安東における工場交替率は159.4％であった。同じ資料および計算方法により奉天，新京の工場交替率を計算したところ，奉天は218.2％，新京は229.4％であった[45]。安東は，1930年代に工場数が増加し，交替率も100を超えたが，同時期の満洲国他都市に比べると，その成長ぶりは緩慢であった。安東について業種別に交替率の高い順に並べると，紡織（218.4％），窯業（182.6％），機械器具（181.8％），製材及木製品（138.1％）の順になっている。反対に交替率が小さい業種は印刷及製本（60.0％），金属（66.7％），食料品（75.8％）の順となっており，いわば成長業種と停滞業種が鮮明にあらわれているといえよう。ちなみに業種別の倍率（増加率）は，交替率の高かった紡織（197.3％），窯業（152.2％），機械器具（227.3％），製材及木製品（257.1％）と窯業を除き，平均値以上を示している。このように奉天，新京ほどではないにしても，安東においても1930年代は工業発展の時代だったのである。

次に1941年末現在の工場名簿に基づくデータベースを検討することにしたい。現在，知られている『満洲国工場名簿』中，最も遅い（新しい）時期の調査は1941年末の『工場名簿』[46]であり，「表3-7 類別工場数・職工数」に結果をまとめた。表3-7の合計欄を見ると，工場数は民族資本系，日系合わせて673であった。これは表3-6の1940年末工場数が681であったので，若干減ったことになる。業種別に1940年末と1941年末とを比べると紡織290→277，金属25→27，機械器具50→73，窯業35→13，化学52→48，食料品67→61，製材及木製品54→62，印刷及製本18→19，雑（其他）90→93と変化しており，金属，機械器具，製材及木製品，印刷及製本，雑（其他）で増加を示していた。これは重化学工業化の歩みが1941年に至るもまだ続いていることを示している。表3-7には業種別に職工数データも示してある。職工数の多い業種は①紡織，②化学，③製材及木工業，④機械器具，⑤食料

表 3-6　業種別工場数(1932 年末現在，1940 年末現在)

産業大分類	産業中分類	1932 年末 工場数	1940 年末 工場数	うち 1933 年 以降設立	うち 1932 年 以前設立	1932 年末 工場数(%)	1940 年末 工場数(%)	1932 年末→ 1940 年末 交替率(%)
紡織工業	柞蚕糸製糸業	47	82	73	9	12.4	12.0	236.2
	紡績業	1	—	—	—	0.3	—	—
	綿織物業	—	71	40	31	—	10.4	—
	絹織物業	—	46	42	4	—	6.8	—
	織物業	46	—	—	—	12.1	—	—
	莫大小製造業	21	63	54	9	5.5	9.3	314.3
	糸布染色精練漂白加工業	26	21	17	4	6.9	3.1	150.0
	其他ノ紡織業	6	7	6	1	1.6	1.0	183.3
	小計	147	290	232	58	38.8	42.6	218.4
金属工業	銑鉄鋳物業	3	10	6	4	0.8	1.5	166.7
	ボルト,ナット,ワッシャ及リベット製造業	—	2	0	2	—	0.3	—
	蹄鉄業	—	4	1	3	—	0.6	—
	其他鋳物以外ノ金属製品製造業	12	9	3	6	3.2	1.3	75.0
	小計	15	25	10	15	4.0	3.7	66.7
機械器具 製造業	普通機械器具製造業	—	39	26	13	—	5.7	—
	車輌製造業	3	8	6	2	0.8	1.2	233.3
	造船業(船具製造業)	1	1	0	1	0.3	0.1	0.0
	工作機械器具製造業	2	—	—	—	0.5	—	—
	蒸気缶製造業	1	—	—	—	0.3	—	—
	電池製造業	1	—	—	—	0.3	—	—
	農業用機械器具製造業	5	—	—	—	1.3	—	—
	其他機械器具製造業	9	2	2	0	2.4	0.3	122.2
	小計	22	50	34	16	5.8	7.3	181.8
窯業	陶磁器製造業	3	6	3	3	0.8	0.9	100.0
	硝子及硝子製品製造業	5	2	0	2	1.3	0.3	60.0
	普通煉瓦製造業	11	20	18	2	2.9	2.9	245.5
	セメント製品製造業	4	7	6	1	1.1	1.0	225.0
	小計	23	35	27	8	6.1	5.1	182.6
化学工業	石鹸製造業	1	2	2	0	0.3	0.3	300.0
	蝋燭製造業	6	5	4	1	1.6	0.7	150.0
	火薬類製造業	1	1	1	0	0.3	0.1	200.0
	動物油脂製造業	2	—	—	—	0.5	—	—
	大豆油製造業	20	17	5	12	5.3	2.5	65.0
	大豆油以外ノ植物油製造業	—	5	3	2	—	0.7	—
	製紙業	2	8	6	2	0.5	1.2	300.0
	製革業	11	1	1	0	2.9	0.1	109.1
	ゴム製品製造業	—	11	8	3	—	1.6	—
	塗料及顔料製造業	1	—	—	—	0.3	—	—
	其ノ他ノ化学工業	—	2	1	1	—	0.3	—
	小計	44	52	31	21	11.6	7.6	122.7

産業大分類	産業中分類	1932 年末 工場数	1940 年末 工場数	うち 1933 年 以降設立	うち 1932 年 以前設立	1932 年末 工場数(%)	1940 年末 工場数(%)	1932 年末→ 1940 年末 交替率(%)
食料品工業	日本酒醸造業	—	6	0	6	—	0.9	—
	支那酒製造業	—	12	6	6	—	1.8	—
	醸造業	7	—	—	—	1.8	—	—
	味噌醤油酢醸造業	3	5	2	3	0.8	0.7	66.7
	清涼飲料製造業	1	2	1	1	0.3	0.3	100.0
	製氷業	—	1	1	—	—	0.1	—
	製粉業	—	4	4	0	—	0.6	—
	澱粉製造業	—	1	1	0	—	0.1	—
	製菓業	5	9	4	5	1.3	1.3	80.0
	精穀業	17	21	6	15	4.5	3.1	47.1
	其他ノ食料品工業	—	6	5	1	—	0.9	—
	小計	33	67	30	37	8.7	9.8	75.8
製材及 木製品工業	製材業	16	6	6	0	4.2	0.9	137.5
	木製品製造業	5	48	25	23	1.3	7.0	140.0
	小計	21	54	31	23	5.5	7.9	138.1
印刷及製本業	印刷及製本業	10	18	7	11	2.6	2.6	60.0
雑工業	皮革製品製造業	40	8	2	6	10.6	1.2	90.0
	裁縫業	—	25	16	9	—	3.7	—
	燐寸製造業	6	5	2	3	1.6	0.7	83.3
	煙草製造業	—	2	2	0	—	0.3	—
	紙製品製造業	—	5	2	3	—	0.7	—
	帽子製造業	4	2	1	1	1.1	0.3	100.0
	毛筆製造業	—	2	1	1	—	0.3	—
	履物類製造業	—	16	10	6	—	2.3	—
	線香製造業	—	3	2	1	—	0.4	—
	石工品製造業	2	—	—	—	0.5	—	—
	洋傘製造業	4	—	—	—	1.1	—	—
	籠製造業	8	—	—	—	2.1	—	—
	其他ノ雑工業	—	22	13	9	—	3.2	—
	小計	64	90	51	39	16.9	13.2	120.3
合計		379	681	453	228	100.0	100.0	159.4

注)交替率= |1933 年以降設立工場数 + (1932 年末工場数 − 1932 年以前設立工場数)| ／1932
年末現在工場数。すなわち新設工場数と廃業工場数を足したものを 1932 年末現在工場数
で除した値である。
出所)関東長官官房調査課編『全満工場名簿』1933 年刊，1932 年末現在
満洲国経済部工務司編『康徳七年末現在満洲国工場名簿』1941 年刊

表 3-7　類別工場数・職工数

大分類	小分類	工場数			職工数
		中国系	日系	計	
金属工業	銑鉄鋳物業	11	1	12	398
	蹄鉄	1		1	3
	金属板製品製造業	4	1	5	31
	其他ノ金属製品製造業	6	3	9	72
	小計	22	5	27	504
機械器具工業	蒸汽缶製造業	1		1	6
	原動機製造業		1	1	32
	工作機械製造業	7	1	8	152
	工具製造業	1	1	2	14
	農業用機械器具製造業	10		10	58
	自動車製造業	1	5	6	109
	其他車輌製造業	4	1	5	110
	其他ノ船舶製造業		1	1	17
	其他ノ機械器具製造業	30	9	39	585
	小計	54	19	73	1,083
化学工業	塗料顔料製造業	1	1	2	13
	石鹸及化粧品製造業	1		1	4
	蠟燭製造業	3		3	35
	火薬製造業		1	1	42
	マッチ製造業	1		1	191
	大豆油及大豆粕製造業	12	1	13	335
	大豆油以外植物油及絞粕製造業		1	1	35
	動物油脂及絞り粕製造業	1		1	53
	製紙業	4	3	7	1,038
	製革業	1		1	38
	ゴム及ゴム製品製造業	3	9	12	1,615
	線香製造業	3		3	60
	其他ノ化学工業		2	2	59
	小計	30	18	48	3,518
窯業及土石工業	硝子及硝子製品製造業		2	2	52
	普通煉瓦製造業	2	2	4	80
	セメント製品製造業	2	5	7	163
	小計	4	9	13	295
紡織工業	柞蚕紡績業	45	3	48	2,060
	綿織物業	62		62	2,270
	柞蚕織物業	55		55	2,345
	和紡織物業		1	1	127
	其他ノ織物業	2		2	65
	莫大小製造業	48	19	67	1,253
	糸布染色精練漂白加工業	18	2	20	407
	製綿業	3		3	38
	撚糸業	8		8	102
	其他ノ紡織工業	11		11	737
	小計	252	25	277	9,404

大分類	小分類	工場数			職工数
		中国系	日系	計	
製材及木製品工業	製材業	9	1	10	655
	木製品製造業	41	11	52	1,069
	小計	50	12	62	1,724
食料品工業	精穀業	9	9	18	394
	製粉業	2		2	8
	澱粉製造業	2	1	3	57
	味噌醤油酢醸造業	3	2	5	42
	日本酒醸造業		6	6	104
	支那酒醸造業	7	3	10	121
	清涼飲料水製造業	1	2	3	90
	製菓業	7	2	9	99
	粉條製造業	5		5	29
	小計	36	25	61	944
印刷及製本業	印刷製本業	13	6	19	528
	小計	13	6	19	528
其他ノ工業	皮革製品製造業	3	2	5	30
	裁縫業	18	8	26	254
	煙草製造業	1		1	129
	紙製品製造業	5	1	6	83
	莖稈製品製造業		2	2	21
	帽子製造業	2		2	14
	毛筆製造業	1		1	8
	履物類製造業	24		24	350
	其他ノ雑工業	26		26	265
	小計	80	13	93	1,154
合計		541	132	673	19,154

出所）満洲国経済部工務司編『満洲国工場名簿　康徳八年末現在』1943 年

表 3-8　工場の地理的分布（1941 年）

〈旧市街〉　　　　　　　　　　　　　　　　　　　　　　　　〈新市街〉

住所	工場数			住所	工場数			住所	工場数		
	中国系	日系	計		中国系	日系	計		中国系	日系	計
朝旭街	1		1	七道街	6	5	11	一番通		5	5
朝鳳街	4		4	七道溝	1	1	2	二番通		8	8
朝日街	1		1	七道清南二区		1	1	三番通	1	7	8
安東街	4		4	柴草市街	2		2	五番通	3	4	7
永安街	11		11	聚宝街	39		39	七番通	3	1	4
永安後街	1		1	新安街	16		16	市場通	3	11	14
永安中街	1	1	2	新安胡同	2		2	中央通	2	13	15
永安西街		2	2	新興街	1		1	堀割北通		1	1
永隆街	6		6	新市街	5		5	堀割通	3	3	6
官憲街		1	1	晋宝街	10		10	堀割南通		1	1
官電街	23		23	仁忠街	1		1	三丁目		1	1
九江街	7	1	8	新豊街	4		4	下川端町	2		2
九道街	12		12	新民街	3		3	北一条通		2	2
九道溝街	2		2	新柳街	6		6	北二条通	1	1	2
興東街	23	2	25	崇建中街	1		1	東一条通		1	1
興東後街	4		4	崇建前街	1		1	江岸通		3	3
経山街	22	5	27	崇興街	1		1	上川端町	1		1
巨宝街	1		1	前聚宝街	14		14	新市街合計	19	62	81
金湯街	3		3	大橘街	1		1				
警察街	1		1	太平街	16		16				
県前街	33		33	中経路		1	1				
五緯路		1	1	中興街	2		2				
公安街	26	3	29	中富街	10		10				
公安後街	1		1	中蚨胡同	1		1				
公安東街	2		2	中宝街	4		4				
広済街	8		8	長興街	5		5				
興隆街	32	4	36	鑲安路	3		3				
興隆前街	3		3	珍珠街	4	2	6				
後聚宝街	1		1	通江街	8		8				
五柳前街	1		1	通卿街	1		1				
蔡家街	4		4	天后宮街	31		31				
財神廟街	10	2	12	同新街	1		1				
三道街	2		2	八道街	12	1	13				
山東街	5		5	八道江	1		1				
自新街	1		1	福興胡同		1	1				
				宝山街	4		4				
				旧市街合計	473	34	507				

出所）表 3-7 に同じ

品，⑥印刷及製本，⑦金属という順であった。職工数合計は 1 万 9154 人に ものぼっており，工業都市・安東に変貌しつつあることがうかがえるのである。

　第 2 節で，1938 年末現在における商工業者の地理的分布を分析したので，ここでは 1941 年末現在における工場の地理的分布を分析することにしたい。『満洲国工場名簿』により「表 3-8　工場の地理的分布（1941 年）」を作成した。個々の工場データの住所をもとに工場数を数え上げたものなので住所の記載がない工場は含まれず，合計は表 3-7 と一致していない。民族資本系工場 492，日系工場 96，計 588 である。まず，民族資本系・日系を問わずに新市街・旧市街の別を見ると，旧市街が圧倒的に多く 507，新市街は 81 にすぎなかった。表 3-4，表 3-5 によると『商工人名録』に掲載された商工業者は日商・華商合わせて旧市街 1210，新市街 1157 であった。商人・商店が多くを占める商工業者が旧市街・新市街に均衡して分布していたのに対し，工場は圧倒的に旧市街に多く分布していたのである。

　それぞれの民族別分布を見ると，旧市街では民族資本系が 93.3％と圧倒しており，新市街では日系が多くなり 76.5％を占めていた。すなわち，日系工場は新市街に立地し，民族資本系工場は旧市街に立地するという傾向は工場においても見られるのである。旧市街の工場が多い町は①聚宝街，②興隆街，③県前街，④天后宮街，⑤公安街という順となっており，表 3-5 の華商の多く分布している町と重なるものが多い。

3.2　三 大 工 業

製 材 業

　「表 3-9　三大工業の生産高」に製材工場数と製材高（数量），製材価額（金額）を掲げてある。工場数は 20 前後で推移していたが，1936 年に 1 になる。これは，1929 年頃から資材難，銀高，朝鮮材の進出等により鴨緑江沿岸の森林に依拠した安東製材業が行き詰まり，その打開策として 19 の市内製材工場を一丸とした新会社設立へと向かい，1935 年 12 月，鴨緑江製材合同株式会社が設立，統計では製材業者は 1 となったのである。ただし，合同

表 3-9　三大工業の生産高

年	製材業				油房業			柞蚕糸業		
	工場数	製材高 尺締	製材価額 円	流送到着数 連	工場数	豆粕 枚	豆油 支斤	工場数	柞蚕糸 箱	挽手 斤
1909	—	—	—	1,442,914	—	—	—	—	—	—
1910	—	—	—	854,702	—	—	—	—	—	—
1911	—	—	—	984,604	—	—	—	—	—	—
1912	—	—	—	856,285	15	1,432,010	6,494,250	—	—	—
1913	—	—	—	558,725	14	1,157,630	5,555,690	—	—	—
1914	—	—	—	1,724,182	13	1,100,500	4,962,250	—	—	—
1915	—	—	—	1,062,766	12	1,352,400	6,869,000	—	—	—
1916	—	—	—	1,665,421	15	1,526,500	7,662,500	—	—	—
1917	15	938,279	—	1,713,911	15	3,141,400	15,707,150	—	—	—
1918	19	1,098,980	—	2,644,634	24	3,545,430	17,272,500	—	—	—
1919	23	805,140	—	2,401,602	24	3,075,900	14,784,350	—	—	—
1920	30	1,420,088	—	2,301,781	21	3,211,307	16,698,800	—	—	—
1921	28	499,165	—	3,966,099	25	5,028,932	25,590,802	—	—	—
1922	28	732,022	6,412,581	3,240,112	25	5,028,151	26,650,056	—	10,454	—
1923	24	587,515	7,247,338	2,163,978	26	5,716,000	27,436,800	—	—	—
1924	22	380,674	5,163,150	1,959,993	26	5,245,500	25,936,165	—	6,258	—
1925	21	304,249	3,249,998	2,191,563	26	3,818,685	19,093,300	—	—	—
1926	21	506,783	5,727,111	1,470,147	26	5,446,275	27,231,375	—	—	—
1927	22	419,882	6,002,671	2,109,784	25	6,018,935	29,592,873	32	3,695	275,444
1928	25	434,550	—	1,163,704	26	4,114,080	20,597,395	22	5,015	485,161
1929	22	371,371	3,416,605	1,264,190	23	3,943,680	18,744,850	38	5,299	387,900
1930	21	220,669	2,007,298	886,818	20	4,042,500	19,943,500	38	6,350	490,000
1931	19	241,595	1,644,734	2,005,574	21	5,219,397	26,096,985	42	8,408	545,064
1932	21	330,716	2,579,592	1,564,509	20	4,545,213	22,926,065	35	4,199	294,384
1933	20	568,599	6,002,563	1,607,551	21	3,817,256	32,590,523	43	7,239	557,223
1934	19	699,502	7,915,820	1,786,833	21	4,042,179	20,210,895	47	5,643	408,435
1935	19	648,028	7,947,866	1,398,187	20	2,480,865	12,148,584	40	5,513	446,858
1936	1	346,692	3,825,554	—	21	1,528,367	7,691,835	47	4,436	394,758
1937		—	—	—	20	1,209,878	6,049,390	—	—	—
1938		—	—	—	—	1,240,921	8,285,651	—	4,161	416,399
1939		—	—	—	—	1,159,459	8,009,507	—	1,487	174,122
1940		—	—	—	—	172,011	11,517,022	—	1,178	184,980

出所）（満鉄）地方部残務整理委員会編纂係編『満鉄附属地経営沿革全史　各論之部　安東管内』
　　　刊行年不明
　　　南満州鉄道株式会社興業部商工課編『南満洲主要都市と其背後地　第一輯第一巻　安東
　　　に於ける商工業の現勢』1927 年
　　　『安東経済月報』第 2 号，1938 年
　　　安東商工公会編『安東産業経済概観』1942 年

の背景には，鴨緑江沿岸（東辺道）地域の治安の悪化，「匪賊の跋扈」があり，鴨緑江合同製材は，「此ノ統制ノ下ニ其ノ資本ヲ携ヘテ北満ニ進出シタノデアルカ，此レハ安東ニ限ツテ考ヘレバトリモナホサス当地製材界ノ後退ヲ示スモノデアル。」[47]　と評されている。

　表3-9の製材高を見ると1920年代初頭までの，すなわち第一次世界大戦期の高い水準を回復することはなかったが，1930年を底に1931年以降連続的な増加傾向に転じ，1934年，1935年には60万尺締を超えている。これについては「事変後奥地方面ノ土建界ノ活況ニ依リ入註カ激増シ，不況ヲ切抜ケ一時業態ハ旺盛ヲ見タ」[48]　とされている。

　鴨緑江上流に水豊ダムが建設されると，安東名物の上流からの木材の流筏が困難になる。もっとも安東経済界のリーダー瀬之口藤太郎の戦後の回想によれば，1933年8月の全満商工会議所総会の場で安東商工会議所会頭であった瀬之口は鴨緑江水力発電所建設案を提案し，全会一致で決議されている。流筏と競合する水力発電構想を早い時期から主張していたのである。これは北朝鮮において日本窒素が推進していた電源開発に刺激されて，同様の開発を鴨緑江右岸である満洲国側においても行おうとする意図であった[49]。

　鴨緑江水力発電所株式会社の当初の計画ではダムに筏の通路を設けて，ダム建設と流筏を両立させるつもりであったが，実際には筏がばらばらになるなどうまくいかず，最終的にダムを通り越す流筏は断念された[広瀬1998]。満洲国鉄道総局は「将来低廉ナル電力ヲ利用シ鉄道ノ敷設ト相俟チ上流ニ於テ製材ノ上輸送サルルコトハ自然ノ成行ナルヘク」[50]　と開き直っているが，流筏の杜絶は安東の製材業を衰退させたのである。

油　房　業

　大豆を用いた大豆粕製造，大豆油製造の油房業は，安東に限らず満洲全域に広範囲に見られる満洲を代表する工業である。安東は，鴨緑江水運を活用した農村物資の集散地なので大豆が集まり（「川物大豆」），安東において油房業が盛んになったのである。表3-9によると，第一次世界大戦期以降，工場数が格段に増え，豆粕，豆油ともに生産量が増加している。日露戦後に豆粕の対日輸出が始まり，第一次世界大戦期にはますます需要が拡大し，外国輸

出が盛んになったという[51]。その後も順調に発展を続けており，表中の最高記録は，豆粕は 1931 年であり，豆油は 1933 年であった。1930 年代には「満洲事変勃発に依り各地共匪害に禍され安東も原料大豆の出廻に一大支障を来し加之安東の背後地東辺道一帯の天災等も重つて，其の収穫高減少し，為に当地油房筋も原料難に追はれ勝ちとなり従つて相場高による売行不振と硫安肥料進出によつて痛手を蒙り不振の度を増して来た」[52] と説明されており，奥地農村からの原料調達の困難に加えて化学肥料の普及により需要が減退したことが 1930 年代後半の斯業衰退の要因であった。

柞 蚕 糸 業

　そもそも柞蚕糸とは，ヤママユガ科の大型のガが作る繭を用いた糸であり光沢があり絹糸に似ている。肩掛類の材料として使われ織物を絹紬という[53]。なぜ，安東地方の特産品となったのだろうか。「安東に於ける柞蚕の飼育は多くは清朝の光緒以後の発達に属し山東方面からの移民の増加に従つて漸次飼育者も増加し遂に今日の如き隆盛を見るに至つた」[54] という。しかし，山間僻地で作られる柞蚕糸は，大繍糸と呼ばれる太い粗製品で，品質も一定しなかった。そこで 1904 年頃より道台錢鑅が産業奨励の目的をもって安東元宝山の山麓に七襄糸廠を作り，小繍糸の製造を行っていた[55]。

　安東市内の柞蚕製糸工場は，すべて旧市街にあるが，新市街には，副産物として生産される屑糸を用いた「大挽手」および「二挽手」を原料として紡績糸を製造する富士紡績株式会社安東工場が設立された。もともとは 1918 年 8 月設立の安藤洋行満洲絹毛紡織場を前身としている。これがその後の企業合併により 1922 年，富士紡績株式会社と合併し，富士瓦斯紡績株式会社安東工場となったのである。表 3-9 では 1920 年代後半以降の数値しかわからないが，工場数は増加傾向にあり，柞蚕糸は 1931 年をピークに，挽手は 1933 年をピークに生産が増大しており，1930 年代末までは一定の水準を保って推移していたのである。

3.3　新　興　工　業

ゴ ム 工 業

新興工業として，まずゴム工業があげられる。満洲国の関税改正(引き上げ)により日本・朝鮮から製造業者が満洲に進出したことが契機である。製品は短靴，馬車タイヤ，型物類などであった[56]。嚆矢は1927年，朝鮮・平壌にてゴム工業に従事していた朝鮮人が安東に移り元興膠皮工廠を創業したが，経営者の交代を余儀なくされ，その後工場も閉鎖したという[57]。満洲事変後には安東のゴム工業界も好景気となり，朝鮮人の朱という人物は元興膠皮工廠を買収すると平壌からゴム工場従業員を招致し工場を復活させ，1932年8月に共栄社ゴム工廠と改称した。同年，満洲ゴム工廠，1933年には南満ゴム工廠，永昌ゴム工廠，太陽ゴム工廠，満蒙ゴム工廠，山川ゴム工廠，1934年には永安ゴム工廠，1935年には東亜ゴム工廠が設立され発展を遂げた。1937年頃の年産額は60〜70万円，販路は満洲国全域にわたっていたという。1934年末の満洲国第二次関税改正によりゴム靴，地下足袋等ゴム製品の輸入関税が引き下げられ，安価な平壌製品の進出を招き，斯業はやや衰退の傾向を示している[58]。工場数は，1932年ゼロ，1940年11，1941年12(民族資本系3，日系9)であり，1941年の従業員数は1615人に達している[59]。

綿 織 物 業

綿織物業は1915年頃から家内工業として行われていた[60]。その後は「安東より奉天，新京，哈爾浜，牡丹江等にまで商圏が拡がり棉業安東の名声は夙に全満を風靡していた」[61]と評されている。満洲事変後は中国から満洲に入る労働者数が増加したことにより，下級綿布の需要が激増したという。安東における工場数も一躍55軒に増加した[62]。その後は1940年に71軒，1941年においても62軒(民族資本系62，日系0)が存在しており，従業員数は2270人に達している[63]。

鉄 工 業

鉄工業では1940年5月6日，市内在住の鉄工業者，暖房業者を一丸とする鉄工暖房同業組合を結成している。組合員は中国系33名，日系13名，計

44名であり，その従業員数は723名（中国系674名，日系49名）を数えていた[64]。安東の鉄工業は，この時期には「目下の所は原材料の関係で大体建設工事に付帯する各器具の修理営繕等が主体」[65]という状況であり，1940年の同組合および鋳物組合が配給した銑鉄，普通鋼材，線材その他が159トンであったのに対し，翌1941年には254.1トンへと急増している[66]。金属工業および機械器具製造業の工場数は1932年37，1940年75，1941年100と順調に増加していた。1941年では100工場のうち民族資本系76，日系が24であり，従業員数は1587人に達した[67]。

　鉄工業のような重化学工業が1940年代に成長していること，さらにはその工場主の75〜76%，従業員の93.2%が中国人であったことは注目すべきことである。ところで1930年代末から安東の後背地では東辺道開発という巨大プロジェクトが行われようとしていた。安東における工業化との関係を考察するために，一瞥しておきたい。

3.4　大東港構想と日系大企業の安東進出

　東辺道開発全体については，安東との距離を考えると安東地域経済そのものとして取り上げることは適切ではないだろう。ただし，安東が東辺道開発の南の玄関口として建設工事資材の供給や労働者の供給において拠点となっていたことは間違いない。たとえば1939年頃の様子として，安東市における労働者数約3万人，奥地方面開拓により安東市内から奥地への移住者は1万2141名[68]とされているように，東辺道開発は，安東地域経済の活況に寄与していた。

　また，東辺道開発の一環として打ち出された大東港建設は安東を舞台として行われたものである。大東港とは，安東よりも鴨緑江下流に位置する大東溝（厳密には趙氏溝）に巨大港湾を建設するというものであり，1938年8月，満洲国政府において決定され，同年11月，安東にて開催された関東軍，満洲国政府，満鉄，朝鮮総督府等の会合において最終的な決定を見た，とされている。そのなかで大東港築港予定地は1946年度完成を目指すこと，大東港は最干潮時においても3000トン級船舶3隻が繋留可能の水深・

広さを有すること，冬季約1ヶ月間の流氷はあるが船の航行に支障はなく不凍港であること，が確認されている[69]。

翌1939年4月には日本内地の新聞でも大東港築港計画が報じられた。位置は安東から下流35kmの地点であり，大東港と命名すること，延長4km，呑吐能力200万トンの岸壁を1947年に竣工すること，岸壁は4000トン級船舶が接岸可能であること，江岸通に2500万m²の工場地帯を設けること，などを決めている[70]。同年6月1日には大東港建設局官制が公布され，大東港建設局が安東に設置された[71]。大東港建設局仮事務所は旧市街・財神廟街の旧安東総商会の建物内に置かれた[72]。

大東港築港計画の具体的な結末については越沢明が明らかにしている。すなわち用地買収はほぼ完了し，民用地の分譲は予定面積を超える申込みがあり，大東港および工業地帯はきわめて人気が高かった。水豊ダムから安東への送電は1942年5月に開始され，安東から三道浪頭までの鉄道も開通した［越沢1986］。しかし大東港そのものは「工事は，大幅に遅れ，42年8月に埠頭の基礎工事を終了した後，停止状態に陥り，45年3月段階に至っても……荷役能力5万トン程度の港湾施設の完成をみただけで，開港に至ることなく満洲国の終焉を迎えた」［風間2008, 100］のであった。つまり，大東港そのものは，まったく完成しなかったわけである[73]。

ただし，安東地域経済の観点から見るならば，大東港築港の過程で安東地域経済への何らかの影響があったのか否かが問題となる。その点では，一つだけ指摘できるのは，大東港を見込んで工場誘致がなされ，いくつかの日系大企業の工場新設があったことである。1938年の年末には東洋紡績株式会社が五道溝に工場敷地を決定したこと，東洋棉花株式会社は安東に工場敷地を選定中であること，日東紡績株式会社は安東進出計画があり専務が安東を視察したこと，などが報じられている[74]。重工業では，満洲軽金属株式会社がアルミニウム工場を三道浪頭に新設予定で敷地約50万坪を確保し，着工していること，満洲自動車株式会社はアルミニウム工場に南接する安子山麓に工場敷地200万坪，社宅敷地100万坪を確保したと報じられている[75]。

東洋紡績の安東進出は，本章冒頭の潘志仁論文の紹介のなかで触れたよう

に，1938年に建設工事が始まり，1941年から操業を開始した東洋人繊安東工場として実現している。また，満洲軽金属安東工場は，安東軽金属株式会社として1944年4月に設立され，安東市街から南に8kmの地点，東洋紡績（東洋人繊）工場の南側に面積およそ2.2km^{2}の工場敷地を確保し，終戦時にはアルミナ工場が完成に近い段階となっていた[76]。1940年代に日系大企業の安東進出が進んだことは確かである。

おわりに

　安東は19世紀に中華帝国がいわゆる旧市街を形成し，日本帝国がいわゆる新市街を建設することにより成立した植民都市である。旧市街と新市街は，まったく性格の異なる都市として成長を遂げていくことになる。また，民族別人口構成を見ると，旧市街はもちろんのこと，新市街においても中国人が最多を占めマジョリティであった。しかし，商工業者の営業場所について検討したところ，日本人は新市街にほとんどが集中しており，中国人も事業の場所は旧市街を選んでいる。ただし，中国人が新市街において事業を行うケースは日本人が旧市街で事業を行うケースよりははるかに多かった。また，工場の分布を調べたところ，やはり日系工場は新市街に，民族資本系工場は旧市街に立地するという傾向は見られた。このように2つの帝国により形成された植民都市・安東は，基本的には分断された都市構造を有しながらも相互に浸透する部分も見られたのである。

　外国に巨大な新市街を居留民団管理のもとに維持することは，法的根拠も薄弱なものであった。外務省は十分そのことを認識しており，専管居留地ではないことも明言していたが，中国からの返還要求に対しては，鉄道附属地であるとの見解を主張し，返還要求を拒否し続けていたのである。ワシントン会議後にようやく満鉄附属地への編入が実現し，居留民団は解散した。このことは，本国による法の支配とは別個の植民地における法秩序が存在し，居留民は赴任した領事を現地（植民地）の法秩序に巻き込みながら，権益の保持を図っていたことを示しているように思われる。満洲国建国以前の「満蒙

の権益」というのは，このようなものだったのではないだろうか。

　満洲国建国は，日本帝国が中華帝国を圧倒するという結果をもたらしたが，同時に満洲国の「主権国家」としてのふるまい（例として関税政策）は，安東の産業にさまざまな影響を与えることになる。安東の三大工業のなかでも，とりわけ製材・木材工業は，水豊ダムによる影響を強く受けることになる。他の柞蚕糸業，油房業も衰退あるいは停滞の段階に至っており，安東地域経済は重大な岐路に立たされていたといえるだろう。そこに登場したのが東辺道開発・大東港築港計画であった。これらはいずれも事業の途中で（しかも計画の初期段階で）満洲国崩壊を迎えたので，いずれも「失敗した」という評価が正しいだろう。しかし，安東地域経済という視点から見ると，1930年代から新興工業がいくつも生まれ，工場数が増大し続けたこと，1940年前後には主として中国人を主体とする重化学工業化の進展が見られたこと，そして「満洲国末期」には日系大企業による工場建設が開始されたことは経済発展を促進したものと評価できる。換言すれば，1930年代以降の安東の工業化は，中華帝国・中国人によるものを主とし，日本帝国・日本人によるものを従としながら着実に進展していたのである。安東地域経済は，三大工業の衰退を埋め，それを克服しつつあったと評価できるのではないだろうか。

1）　（満鉄）地方部残務整理委員会編纂係編『満鉄附属地経営沿革全史各論之部安東管内』（第一章概説第二節沿革），刊行年不明。以下の日露戦争前後の都市建設に関する記述はこの資料による。
2）　安東居留民団法実施十周年記念会編『安東居留民団十年史』1919年，12頁。
3）　同上，13頁。
4）　前掲注1（第一章概説第二節沿革）。
5）　同上。
6）　南満洲鉄道株式会社工務課編『南満洲鉄道安奉線紀要』1913年，62〜63頁。
7）　同上，125頁。
8）　朝鮮総督府鉄道局編『鴨緑江橋梁工事概況』刊行年不明，1〜2頁。
9）　同上，5頁。
10）　同上，9〜10頁。
11）　同上，10〜11頁。

12)　前掲注 1(第三章土木建設第一節市街計画)。以下の街路計画に関する記述はこの資料による。

13)　前掲注 2，22〜23，26 頁。

14)　同上，35〜36 頁。

15)　同上，39 頁。

16)　JACAR(アジア歴史資料センター)Ref. B07090739900　在安東領事木部守一「明治四十二年館令第十号官有財産貸下規則中追加ノ件」1910 年 2 月 4 日，外務省記録『自明治四十二年十月至大正二年四月安東施政関係雑纂』第一巻(外務省外交史料館)。

17)　JACAR(アジア歴史資料センター)Ref. B07090739900　在安東領事木部守一→外務大臣小村寿太郎「安東新市街道路下水施設ニ関スル件」1910 年 7 月 18 日，外務省記録『自明治四十二年十月至大正二年四月安東施政関係雑纂』第一巻(外務省外交史料館)。

18)　JACAR(アジア歴史資料センター)Ref. B07090739900　安東居留民団行政委員会議長荻野重吉→在安東日本領事木部守一「請願書」1910 年 7 月 18 日，外務省記録『自明治四十二年十月至大正二年四月安東施政関係雑纂』第一巻(外務省外交史料館)。

19)　JACAR(アジア歴史資料センター)Ref. B07090739900　小村大臣→安東木部領事「安東新市街道路下水施設ニ関スル件」明治 43 年 8 月 24 日，外務省記録『自明治四十二年十月至大正二年四月安東施政関係雑纂』第一巻(外務省外交史料館)。

20)　JACAR(アジア歴史資料センター)Ref. B07090739900　在安東領事木部守一→外務大臣内田康哉「安東新市街経営問題其他ニ関シ帰朝稟請ノ件」1911 年 11 月 18 日，外務省記録『自明治四十二年十月至大正二年四月安東施政関係雑纂』第一巻(外務省外交史料館)。

21)　JACAR(アジア歴史資料センター)Ref. B07090739900　石井菊次郎外務次官→岡市之助陸軍次官電報，1912 年 3 月 4 日，外務省記録『自明治四十二年十月至大正二年四月安東施政関係雑纂』第一巻(外務省外交史料館)。

22)　JACAR(アジア歴史資料センター)Ref. B07090740800　在安東領事入江正太郎→外務大臣内田康哉「官有財産保管転換ニ関スル件」1920 年 8 月 12 日，外務省記録『自大正二年五月安東施政関係雑纂』第二巻(外務省外交史料館)。

23)　JACAR(アジア歴史資料センター)Ref. B07090740800　安東居留民団行政委員会議長代理大津峻→在安東領事入江正太郎「居留民会決議書進達ノ件」1921 年 5 月 14 日，外務省記録『自大正二年五月　安東施政関係雑纂』第二巻(外務省外交史料館)。

24)　JACAR(アジア歴史資料センター)Ref. B07090740800　憲兵司令官→外務次官「安東並営口専管居留地ノ満鉄ニ移管問題ニ関スル件」1921 年 5 月 25 日，外務省記録『自大正二年五月　安東施政関係雑纂』第二巻(外務省外交史料館)。

25)　前掲注 1(第一章概説第二節沿革)。

26)　安東商工公会『安東商工案内(康徳六年版)』1939 年。

27)　以下の記述は JACAR(アジア歴史資料センター)Ref. B08061539100　在安東領事瀧山靖次郎→在満洲国特命全権大使植田謙吉「安東商工公会設立準備状況ニ関スル

件」1938 年 3 月 15 日，外務省記録『在外邦人商業（商工）会議所関係雑件』第四巻
（外務省外交史料館）。

28)　前掲注 1（第七章産業第四節商業）。

29)　同上。以下の安東における商会の沿革に関する記述はこの資料による。

30)　実業部臨時産業調査局『安東省に於ける商会——満洲に於ける商会（増補）続篇
——』1937 年，68〜101 頁。

31)　『満洲日報』1934 年 9 月 21 日（神戸大学新聞文庫）。

32)　前掲注 30，13〜14 頁。

33)　同上，12 頁。

34)　中国において商会が営業税をはじめとする税徴収を代行していたことにより，行
政が徴税能力をもてなかったことについて［金子 2014］参照。

35)　前掲注 30，3 頁。なお，「中略」部分では換算方法が借り手である県公署に著しく
有利であることが述べられている。

36)　同上，9，11 頁。

37)　同上，11 頁。

38)　前掲注 1（第七章産業第四節商業）。

39)　JACAR（アジア歴史資料センター）Ref. B08061539100　在安東領事瀧山靖次郎→
在満洲国特命全権大使植田謙吉「安東商工公会設立準備状況ニ関スル件」1938 年 3
月 15 日，外務省記録『在外邦人商業（商工）会議所関係雑件』第四巻（外務省外交史料
館）。

40)　安東商工公会『安東産業経済概観』1942 年，44〜45 頁。

41)　安東商工公会『康徳六年度（自康徳六年一月至康徳六年十二月）安東商工公会事業
報告書』1940 年，12〜13 頁。

42)　新田忠平（安東商工公会常務理事）「商工公会の設立に際して」『安東経済月報』第
2 号，1938 年 5 月。

43)　以下の 1939 年度に関する記述は前掲注 41 による。

44)　紡織工業を例にすると，1932 年末に 147 の工場が存在し，これらのうち 1940 年
末には 58 の工場が生存していた。その間に 232 の工場が新設され，1940 年末現在に
は 290 の工場が存在していた，ということになる。そうであるならば，1932 年末か
ら 1940 年末にかけて紡織工場は 147 から 290 に増えた，とみる見方は，正確ではな
いということになろう。実際には，1932 年末に 147 あったものが 1940 年末までに 89
はつぶれて，58 が生存し，その間に 232 が新設されたので結果として 290 の工場が
存在しているのである。仮に 1932 年末に 100 の工場があり，1940 年末までに 100 す
べてが廃業し，その間に 100 の工場が新設されたとすると，1940 年末の工場数は 100
である。工場数のみを比較すると 1932 年の 100 から 1940 年の 100 になっているの
で，その業種は「停滞」「現状維持」のように見えるが，実際にはすべて入れ替わっ
たわけで，交替率を上述の計算式で算出すると 200％となる。まったく廃業もなく新
設もない場合は交替率は 0％となる。また，すべて廃業し，かつ新設工場数が 1932

　　年末工場数を上回っている場合には，交替率は200％を超えていく。もっともこれは
　　すべて理論上のことであり，実際には1932年工場名簿に掲載されていなかった工場
　　が1940年工場名簿には掲載されるケース，すなわち1940年工場名簿のほうが調査の
　　精度が上がっているために，交替率はやや過大になっている。工場交替率の詳細につ
　　いては[白木沢2010]を参照されたい。

45)　[白木沢2010]において，新京，奉天についても『工場名簿』に基づく工場数統計
　　を作成し，一応の分析を行っている。

46)　吉林省社会科学院満鉄資料館所蔵のものを用いた。日本国内の所蔵は確認できて
　　おらず，『旧外地「工場名簿」集成』(不二出版)にも収録されていない。

47)　前掲注1(第八章産業第三節工業)。

48)　同上。

49)　瀬之口藤太郎「瀬之口翁夜話」『ありなれ』第3号，1958年。瀬之口は「今朝鮮
　　では，海抜三千尺のフセン湖とチョウセン湖に，二大ダムが建設されて，野口の大企
　　業が運転している。まことによい見本である」と記していた。

50)　鉄道総局営業局水運課編『鴨緑江水運事業ニ就テ』1938年，102頁。

51)　「油房」(調査及資料)『安東経済月報』第2号，1938年5月。

52)　同上。

53)　柞蚕糸を原料とする織物である絹紬は，第一次世界大戦後の日本においては福井
　　県，石川県などの絹織物産地に広がったため，安東地方柞蚕糸の対日輸出が増加して
　　いた[福井県1996, 165-166]。

54)　「柞蚕」(調査及資料)『安東経済月報』第2号，1938年5月。

55)　前掲注1(第八章産業第三節工業)。

56)　前掲注40, 89頁。

57)　前掲注1(第八章産業第三節工業)。

58)　同上。

59)　関東長官官房調査課編『全満工場名簿』1933年，満洲国経済部工務司編『康徳七
　　年末現在満洲国工場名簿』1941年，満洲国経済部工務司編『康徳八年末現在満洲国
　　工場名簿』1943年による。

60)　「棉布」(調査及資料)『安東経済月報』第2号，1938年5月。

61)　安東商工公会編『安東経済概観』1942年，91頁。

62)　前掲注60。

63)　関東長官官房調査課編『全満工場名簿』1933年，満洲国経済部工務司編『康徳七
　　年末現在満洲国工場名簿』1941年，満洲国経済部工務司編『康徳八年末現在満洲国
　　工場名簿』1943年による。

64)　前掲注61, 101〜102頁。

65)　同上，101〜102頁。

66)　同上，102頁。

67)　関東長官官房調査課編『全満工場名簿』1933年，満洲国経済部工務司編『康徳七

　　年末現在満洲国工場名簿』1941 年，満洲国経済部工務司編『康徳八年末現在満洲国
　　工場名簿』1943 年による。

68)　『安東経済月報』第 13 号，1939 年 4 月。

69)　前掲注 61，155〜156 頁。

70)　『中外商業新報』1939 年 4 月 12 日「八年，九千万円投じ　安東に大築港計画　重
　　工業地帯の建設へ」。

71)　「大東港建設計画概要」『安東経済月報』第 14 号，1939 年 5 月。

72)　新田忠平「大東港を語る」『安東経済月報』第 18 号，1939 年 9 月。

73)　1986 年刊行の越沢論文には「高速道路，鉄道，築港，宅地造成などの事業は中断
　　されたまま今日に至っている」[越沢 1986]とされていた。しかし，その後，1992 年に
　　は丹東東港経済開発区が設定され大東港(その後名称を丹東港に変更)，丹東・大連間
　　高速道路などが完成している(日本貿易振興機構(ジェトロ)大連事務所『丹東市概況』
　　2014 年，[李 2000])。

74)　『安東経済月報』第 9 号，1938 年 12 月。

75)　『安東経済月報』第 15 号，1939 年 6 月。

76)　安東軽金属回想録刊行会編『安東軽金属回想録』1978 年。

参 考 文 献

天野 2009：天野博之『満鉄を知るための十二章──歴史と組織・活動──』吉川弘文
　　館

井上 1990：井上勇一『鉄道ゲージが変えた現代史──列車は国家権力を乗せて走る──』
　　中央公論社(中公新書)

大野 2004：大野太幹「満鉄附属地商務会の活動──開原と長春を例として──」『アジ
　　ア経済』第 45 巻第 10 号

大野 2005：大野太幹「満鉄附属地居住華商に対する中国側税捐課税問題」『中国研究月
　　報』第 691 号

大野 2006：大野太幹「満鉄附属地華商と沿線都市中国商人──開原，長春，奉天各地
　　の状況について──」『アジア経済』第 47 巻第 6 号

風間 2008：風間秀人「満洲国期における満鉄の港湾」(岡部牧夫編『南満洲鉄道会社の
　　研究』日本経済評論社)

金子 1997：金子肇「1930 年代の中国における同業団体と同業規制──上海の工商同業
　　公会を素材として──」『社会経済史学』第 63 巻第 1 号

金子 2014：金子肇「人民共和国初期の工商業税民主評議と同業団体──上海の工商同
　　業公会を対象に──」『史學研究』第 284 号

高 2012：高媛「帝国の風景──満洲における桜の名所「鎮江山公園」の誕生──」
　　『Journal of global media studies』(駒澤大学グローバル・メディア・スタディーズ学
　　部)第 11 号

越沢 1986：越沢明「大東港の計画と建設(1937〜1945 年)──満州における未完の大規

　模プロジェクト──」『第6回日本土木史研究発表会論文集』

越沢 1993：越沢明「台湾・満州・中国の都市計画」（大江志乃夫他編『岩波講座近代日
　本と植民地3　植民地化と産業化』岩波書店）

白木沢 2010：白木沢旭児「満洲国工業の発達と資本主義」（『科学研究費補助金基盤研究
　（C）研究成果報告書日中戦争と長期建設（2007年度～2009年度）』

田中 2014：田中隆一「「満洲国」下柞蚕工業政策と合作社──奉天・安東を中心に──」
　『アジア太平洋討究』第22号

張 2014：張集歓「1930年代商人組織と政府間関係に関する一考察──商整会期広州市
　商会の活動及び商庫証発行を中心に──」『北大史学』第54号

張 2016：張集歓「1930-1940年代中国華南地域における商人組織の研究」（博士論文・北
　海道大学）http://hdl.handle.net/2115/61554

陳 2016：陳来幸『近代中国の総商会制度──繫がる華人の世界──』京都大学学術出
　版会

塚瀬 1990：塚瀬進「日中合弁鴨緑江採木公司の分析──中国東北地域における日本資
　本による林業支配──」『アジア経済』第31巻第10号

永井 2005a：永井リサ「東辺道鉄道開通に伴う沿線都市の発展──中国東北各地の木材
　市場を中心に──」『財団法人福岡アジア都市研究所若手研究者研究活動助成報告書』

永井 2005b：永井リサ「鴨緑江目把の暴動──中国東北から見た占領地軍政──」（日露
　戦争研究会編『日露戦争研究の新視点』成文社）

潘 2002：潘志仁「「満洲国」における科学的管理法の移転──東洋人繊安東工場の事例
　を中心に──」『関西大学商学論集』第47巻第4・5号合併号

広瀬 1998：広瀬貞三「植民地朝鮮における水豊発電所建設と流筏問題」『新潟国際情報
　大学情報文化学部紀要〔人文科学編〕』第1号

福井県 1996：福井県『福井県史　通史編6　近現代2』

李 2000：李燦雨「北東アジア経済協力における中国丹東市の役割と展望」『ERINA
　REPORT』（公益財団法人環日本海経済研究所）Vol. 37

第4章　日中合弁企業：
　　　営口水道電気株式会社の経営展開

秋山淳子

は じ め に

　営口水道電気株式会社(以下，営口水電)は，1906(明治39)年11月に設立され，開港地である都市営口で水道・電話・電力・都市内交通という地域インフラを提供した「公企業」である。資本金は200万円(当初払込額50万円)，株式4万株として日中両国で募集し，日本人株主250人(2万7560株)・中国人96人(1万2440株)の出資により設立された。こうした性格から，しばしば同社は「日中合弁企業の嚆矢」[1] とも評される。そして1911(明治44)年以降，南満洲鉄道株式会社(以下，満鉄)が日本人株式の大半を取得した結果，単独で過半数を占めたため資本系列としては「満鉄系」に位置づけられてきた。

　また同社の事業は，水道・電力(電燈)・電話・運輸の4項目であったが，1930年代以降，満洲で相次いだ事業合同の対象となり，分離(譲渡)が続いた。まず，電力事業は1934(昭和9)年12月の満洲電業株式会社設立により譲渡，電話事業も翌1935年6月の満洲電信電話株式会社(満洲電電)設立のため分離された。さらに運輸(自動車)事業が，1939年10月の奉南交通株式会社設立により事業統合・譲渡となり，最終的には水道事業のみを残し終戦を迎える。そのため社名も1936年に営口水道交通株式会社，1939年に営口水道株式会社と改称を重ねた。

　こうした経緯から，従来の営口水電に関しては，満洲全域における開業の

早さや経営(資本)規模から，各事業分野の(満鉄系)主要事業者の一つと認識され個別的に言及されるが，むしろ 1930 年代以降本格化する企業合同の前史としての位置づけが強く，経営総体を包括的に取り扱った研究はなされていない[2]。同様に政策史的観点からも，各種事業合同政策における「被合併企業」としての位置づけが多く，また日中合弁企業研究としても同社の特質を検討したものは管見の限り見つけることができない[3]。

　そこで本章では，営口水電の「日中合弁」という特質に着目しつつ，その主体的経営の展開過程を検討する。同社は「日中合弁企業の嚆矢」として営口の地域インフラを提供したが，その活動は日本の帝国主義的拡張とそれへの反発と重なりつつ展開し，しばしば日中間で事業展開や経営陣・出資者構成をめぐり調整を必要とした。それは日本の帝国主義的大陸進出の一翼を担うとともに，営口の都市機能を支える公益事業体でもあった同社の役割に起因し，そうした企業内の日中関係を軸に同社の事業展開を検討することで，両国の対抗と協同が混在する当該期満洲における日中合弁企業の実態と特徴を明らかにしたい。

1　都市営口の概要

1.1　営口開港と旧市街の形成

　はじめに，都市としての営口を概観しておく。営口は遼河の河口から20 km 上流に位置し，1858 年に天津条約により満洲で最初の開港地となり貿易港として大きく発展を遂げた。これと並行して，ロシアおよび日本の軍政施行，東清鉄道(のちに満鉄へ移譲)の支線開設と鉄道附属地開発によって，営口は開港地としての旧市街，鉄道附属地である新市街・牛家屯からなる構造をもつようになる。

　天津条約で当初開港地として指定されたのは牛荘であった。しかし同地はさらに 50 km 上流の地点で，当時すでに河泥の堆積により商業の中心は下流の田荘台，さらに営口へ移りつつあったため，英国領事館は営口に設置さ

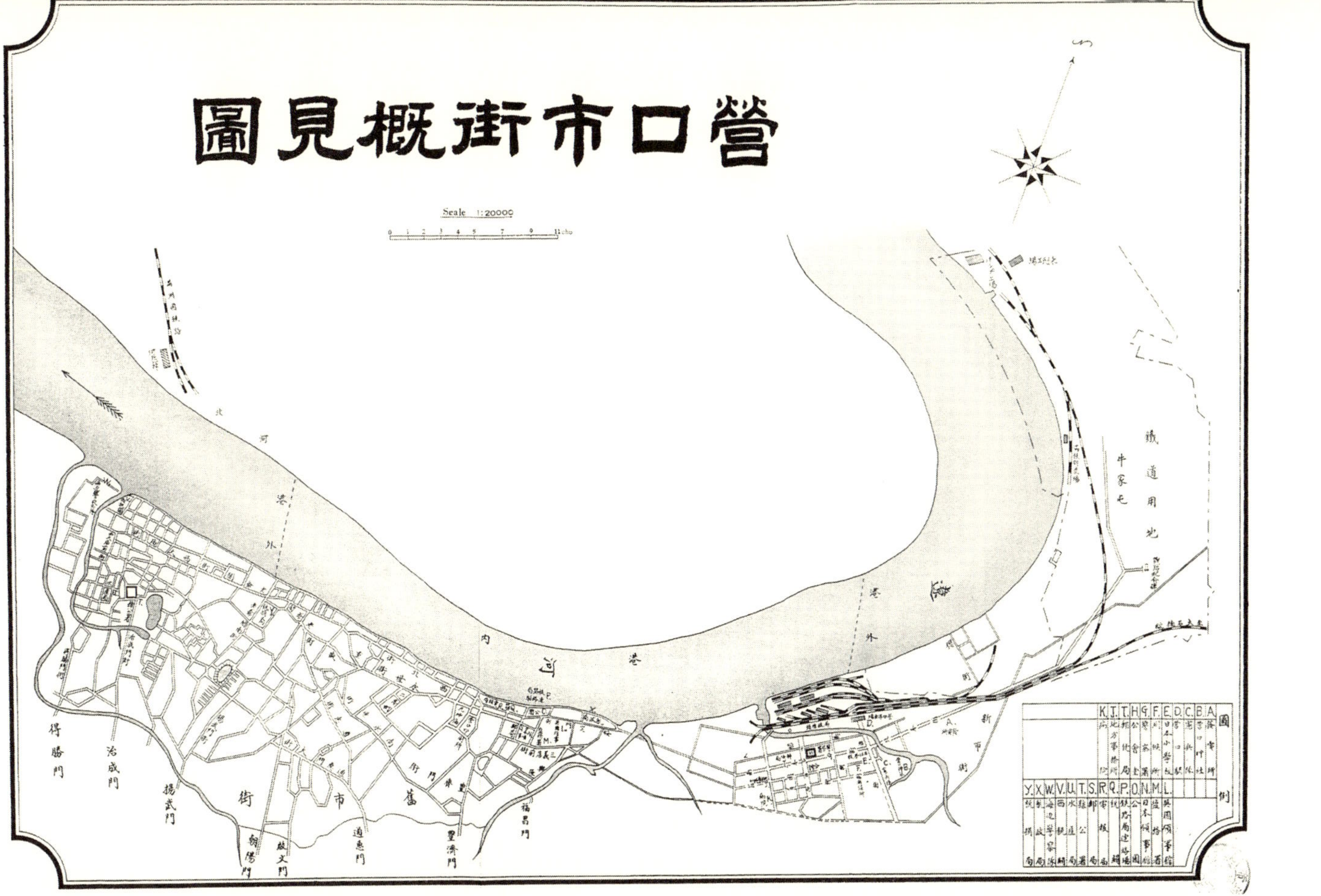

營口市街概見圖

Scale 1:20000

図 4-1　営口市街図

出所)満州帝国地方事情大系刊行会編『奉天省営口県事情』1937 年

れた。領事館所在地を決定した初代領事メドウスは，この経緯について牛荘はすでに船舶の進入が難しく「国内商業都市トシテノ勢力ナク，商業上ノ活気アルコトロハ見エ」ない状況で，周辺を調査したうえで「河ニ入リテ最近キ最初ノ町ナル営子（営口ハ営子，没営口等ト称サレタリ）ハ必然外国貿易ノ中心地ニテ当地コソ該地域ニ於ケル英国領事館ノ所在地ナラサルヘカラストノ結論ニ達シタリ」と本国政府へ報告している[4]。これを受け 1861 年に英国領事館が設置され，引き続き欧米諸国の商館が周辺に進出して居留地を形成し，清国側も地方行政機構や海関を設置，埠頭を整備したため，この地区を中心に商業地が構築された。こうして河口に最も近い西部に旧市街（西営口）が成立し，都市としての基礎が形成された。

　開港後の貿易は当初外国商館が中心であったが，「山東商人ガ特産ノ大豆ヲ利用シ油坊ヲ興シ，豆油ノ搾取ヲ開始スルモノガアリ又広東商人デ綿糸綿布雑貨ヲ輸入シテ，豆油豆粕を輸出スル者ガ年々増加シ，他方金融機関トシテ銀炉ノ発生ヲ見ルト共ニ，遼河ノ水運ハ奥地トノ関係ヲ緊密ニスルに至」った結果，次第にその実権は中国人商人の手に移っていった。なお，日本の営口進出は領事館が 1876（明治 9）年に開設されたが，当初居留民はごく少数であった。その後，日露戦争に際して 1904 年 7 月から日本軍政下に入り，さらに後述するような新市街の開発によって急激に増加を遂げることになる。

1.2　鉄道附属地――新市街と牛家屯――

　一方，営口の東部地区は，ロシア・日本によって東清鉄道および満鉄の鉄道附属地として開発が進められた。ロシアは 1895 年に東清鉄道敷設権を獲得すると，1898 年に哈爾濱―大連間へも拡大し，その建設資材の陸揚げ・運搬のため営口支線（大石橋より分岐）を並行して建設した（1899 年開通）。この鉄道駅設置により，附属地として開発された地区が牛家屯である。営口駅設置当時，すでに開港によって旧市街が形成されていたが，ロシアは「殊更上流ノ牛家屯ニ鉄道ヲ敷設シテ此ノ地ノ発展ヲ策シ旧市街ノ繁栄ヲ奪」おうとしたといわれる。さらに 1900 年の義和団事件に際してロシアは営口を

軍事占領し，市街全体に軍政を敷いた。

　しかし，日露戦争により 1904（明治 37）年 7 月に日本軍が営口を占領するに至り，営口市街はロシアに代わって日本の軍政下に入る。日本軍政署は旧市街の西税関を接収して行政経費に充てるとともに，旧市街と牛家屯の中間に位置する地域（青堆手および十間房付近）の土地 19 万坪余りを取得（永租）して，新市街の開発に着手した。また，牛家屯の駅と西営口旧市街との間を結ぶ幹線道路を建設するとともに，市街に接する河岸の護岸工事を行うなど積極的な土木事業を展開した。そして翌 1905 年 11 月に軍政が撤廃されると営口は清国へ還付されたが，新市街はこれとは別にひとまず鉄道附属地へ編入され，日本の関東都督府の管轄下に置かれた。その後 1907 年に牛荘居留民団が設置されると，新市街は鉄道附属地から除外されて官有財産管理委員会（当該地区の経営を行うために設置された組織）の管理下に置かれた後，居留民団へ経営および財産が引き継がれている。

　そもそも東清鉄道の営口支線は，1898 年に露清間で締結した支線建設契約により本線建設の便宜のため敷設されたものであり，本線竣工後は清国からの要請があり次第，撤去するとしていた。同様に鉄道附属地も支線建設契約から 8 ヶ年の期限付きで用地買収したもので，本来ならば支線の撤去と同時に清国へ返還される性格のものであった。しかし日本がロシアから鉄道権益を譲渡された段階で，依然として営口支線も存在していたため，日本は清国にこの支線部分の権益継承も主張した。そして 8 ヶ年の期限の到来後も撤去に応じず，さらに駅を牛家屯から新市街へ移設することを含め，日清間で交渉を行った[5]。その結果，1909 年 9 月に「満洲五案件に関する協約」が締結され，清国が営口支線を満鉄支線と承認するとともに新市街への延長も同意し，日本は満鉄による支線経営の根拠を獲得したのである。これを受け同年中に営口駅は牛家屯から新市街へと移転した。

　その後，新市街の行政を担当していた居留民団が日本人人口増加による学校経費負担の問題などから経営困難に陥ったため，1923（大正 12）年に民団を廃止し，再び新市街を鉄道附属地へ編入，満鉄の管轄下に移行した。同時に旧市街に居住する日本人も属人的に満鉄の行政管轄へと取り込み，これら

を包括した公費区(地方区)が設定された。そして牛家屯も従来の大石橋地方事務所の管轄から切り離し、新設の営口地方区とあわせ、いわゆる「営口附属地」が形成されたのである。新市街経営を継承した満鉄は道路改良や街区整理、教育施設の拡充など公共施設の拡充を行い、同地域が日本人居留地として発展していった。その一方、駅移転後の牛家屯では市街発展の核が新市街へ移り、鉄道用地が石炭貯蔵場に転用されるほかは煉瓦・製材・タルク工場等が立地するのみで、残余の大部分を農地として貸付ける状況になっていった。

2 営口水電の特徴と事業展開

2.1 事業体の基本的性格

本節では、営口水電の基本的性格と事業展開の概要を整理する。はじめに同社の事業体としての基本的性格を、設立過程から明らかにしたい。

日露戦争に際し日本軍が営口に軍政を敷くと、複数の日本人が「電灯・馬車鉄道・水道・遼河輪漕等諸事業」を対象として起業を計画し始めた[6]。営口水電設立の基礎もその一つで、1905(明治38)年3月に林昌雄が外務大臣小村寿太郎に出願した事業計画である[7]。その請願書によれば、林は鹿児島県出身で、1882(明治15)年に渡清後、各地の港湾で「専ラ実業ニ従事」していたとし、その間欧米人の居留地開発の状況を観察し、次のような認識に至った。まず欧米人は、各地で「道路ヲ開修シ以テ交通及商業取引ノ利便ヲ開キ家屋ヲ築造シ給水排水及点火等ノ設備ヲ為シ以テ其生活状態ニ遺憾」なく努め、居留地に「第二ノ故郷」をつくり、こうした公共事業投資から鉄道や鉱山など内陸地域の「利源開発」に成功している。一方、日本人は大きく遅れをとっており、状況改善のためには満洲の主要貿易港で日本とも関係が深いながら欧米人の進出が本格化していない営口を「対清事業上の立脚地」とする必要を訴え、「水道瓦斯電燈及電気鉄道ノ四事業」、とりわけ水道事業を急務と考え出願に至ったと説明した。出願には「賛成者 総代」として営

口水電の初代社長となる岩下清周[8] が署名しており，これが同社の起点に位置づけられる。請願を受理した小村は，営口領事に宛て軍政署との許可協議を指示しつつ，「該権利ヲ永久確実ノモノトナスカ為メニハ清国人ト合同ノ事業トナス」ことが適当であろうと述べ，近日現地入りする林から詳細を聞いたうえで処置するよう文書を送っている。その後，領事経由で営口の軍政署へ出願がなされ，5月に林は水道事業の経営許可を獲得する[9]。この軍政署出願において，林と岩下のほか営口有力商人の葉亮卿が出願者に加わる重要な変更が行われ，外務省の意向を容れた中国側との「合同事業」の性格が備わったと考えられる。

　営口での営業許可を受け，岩下は会社設立に向け日本国内財界に働きかけ，渋沢栄一や馬越恭平，中野武営，益田太郎ら35名の賛同を取りつけ，あわせて葉亮卿ほか，潘玉田，李序園，趙水如ら営口有力商人の賛同を得た[10]。そして営口での実地調査を終えると，1906年8月に天春又三郎[11] を派遣，創業事務を開始した。さらに，9月には天春名義で電車事業（営口―牛家屯）・電燈事業の経営許可を取得した。この電車事業も，遠藤藤次郎から経営許可を「協商の上」譲渡されたものである[12]。また電燈事業は営口電気株式会社から継承したもので，同社は「日支両国人の発起に係り」1905年12月に資本金15万円で創立されたが，直後に資金難に陥り「頓□の儘推移」していたものを「其後幾多の紆余曲折を経て」移譲されている[13]。

　そして1906年11月15日，日本側関係者（日本在住の中国人商人を含む）により東京で営口水電の創立総会が開かれた。同社は日中両国民が出資し（公称資本金200万円），各代表者が役員となる「合弁企業」として，日本商法に遵拠し東京で会社登記，設立となった。さらに同月末の営口軍政撤去に伴い，軍政署から電話事業を払い下げられ12月から経営を開始した。

　このように営口水電の設立は，地域インフラ事業を統合して大規模化し，かつ中国人との「合同事業」として経営の安定化を企図したものだった。従前の日系事業は規模の点でも脆弱であり，その安定化は大陸への進出基盤を固めたい日本にとって政治・経済両面で重要だった。また当該期の中国人社会でも公共インフラ整備は不十分な状況が続いており，日本との合弁形式に

よる起業も賛同を得られるものであった。営口水電はそうした地域ニーズと日本の中国政策を結びつける役割を期待され，複数の公益事業を複合的に経営する合弁形式で設立された企業であった。こうして同社のⅠ：営口地域公益事業体，Ⅱ：複合的事業経営，Ⅲ：日中合弁形式という特徴が形成されたのである。

2.2　営口水電の事業展開

経営展開の概要

そこで特徴Ⅰ・Ⅱに着目し，同社の事業展開をあとづけ，経営上の特徴を確認したい。水道・電話・電燈（電力）・運輸という4部門の複合的経営は，営口地域の拠点化による日本の政治・経済的進出を目的としつつも，現地社会の社会資本整備を促進し，地域の主要企業としても安定的地位を獲得していった。しかし1920年代以降，日本が次第に満洲進出を本格化すると，より広域での活動を指向する体制に変化し，特に「満洲国」成立以降は各種事業合同政策が推し進められた。その結果，営口水電の複合的事業経営はむしろ整理の対象とされ，新規設立企業への相次ぐ事業譲渡となって経営に多大な影響を与えている。

同社の事業部門別収入額を示したものが図4-2（1907～1911年が図4-2(1)，1911～1943年が図4-2(2)）である。ここからは，収入ベースでの主要事業の変遷と，事業合同が与えた収入構造への影響がわかる。当初は，営口水電の設立経緯を反映し，既存の電話と主軸の水道の収入比率が高いが，1910年代後半以降，電燈（電力）事業が急速に伸張し経営規模も急拡大していった。しかし1934年の満洲電業の設立で収入の過半を占めた当該事業が譲渡され，収入総計も大幅に減額している。そして翌1935年には，満洲電電の設立に伴って電話事業が譲渡され，社名も営口水道交通株式会社へ変更するに至った。こうしたなか収入の拡大を支えた事業が，自動車事業を中心に展開した運輸部門である。「満洲国」成立を見た同社では，将来の電力・通信事業の合同政策の展開を見越し，新規事業として1932年から自動車運輸に着手していた。その後，当該事業収入額は着実に増加していったが，

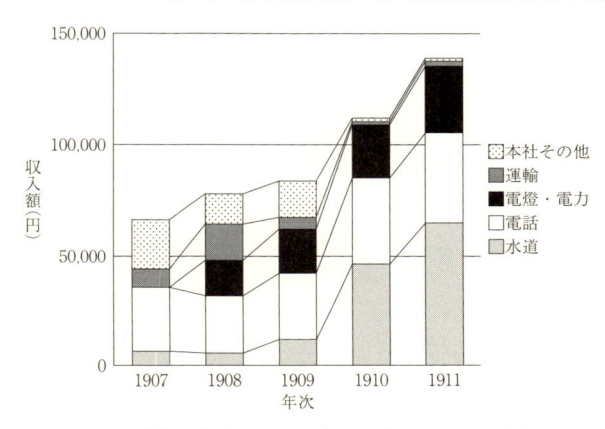

図 4-2(1)　　事業部門別の収入額（1907〜1911 年）

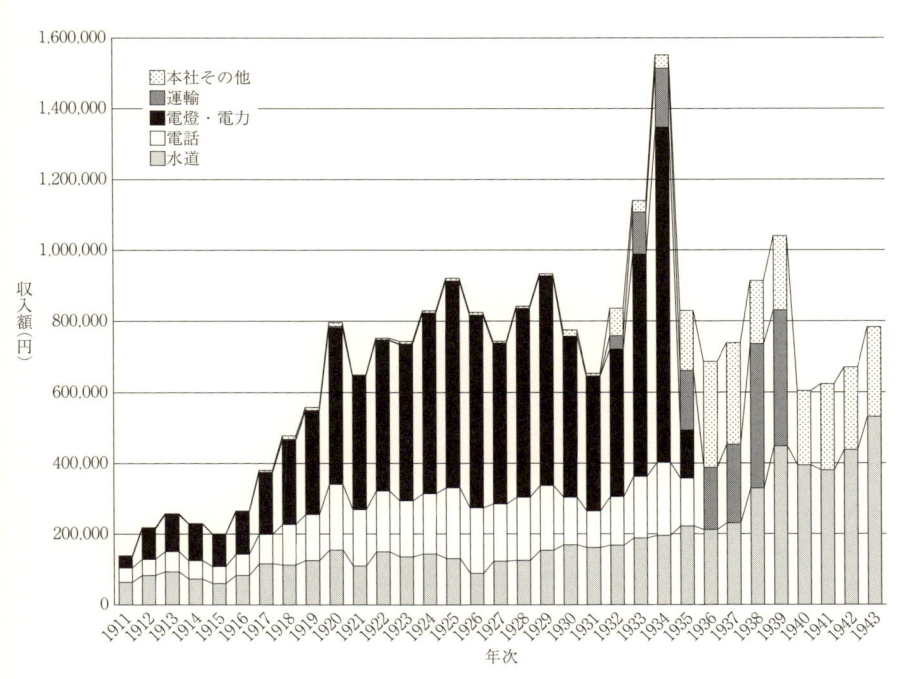

図 4-2(2)　　事業分門別の収入額（1911〜1943 年）

出所）営口水道電気株式会社「事業報告書」より作成

1939年の奉南交通設立により，これも事業譲渡となった。その結果，最終的には水道事業を残すのみとなり，社名も営口水道株式会社へ変更となる。この状況のなか，唯一創立時から継続してきた水道事業は堅調な伸びを示すが，1937年11月には200万円から100万円に減資，企業規模縮小を実施した。その一方で，事業譲渡により取得した電力等の譲渡対象企業株式による配当収入が大きくなり，同社の収入構造は持株会社的性格が強いものに変質していったのである。次に，こうした経営経過を各事業分門の動向から整理する[14]。

水 道 事 業

　水道事業は営口水電設立の主軸であり，結果的に唯一継続した根幹部門であった。元来営口は地下水が塩分を含み，遼河の水も濁流であるため飲用には適さず，市民は水船搬送による遼河上流の水の購入か，市内3ヶ所の大貯水池(官塘)を利用する状況で，伝染病が蔓延する原因ともなっていた[15]。そこで設立時の現地調査から遼河上流の立科(田荘台対岸)に水源地を設け，そこからの送水線路とあわせて敷地を獲得(永租)，1907(明治40)年6月に工事着手した。しかし機材の調達等の供給準備が難航し，営業開始は1909年5月であった[16]。

　その後，市内供給地域を漸次拡大し，需要者も日本人のほか中国人や欧米人へも波及した。また飲用以外に湯屋営業・汽罐用の業務用水供給を開始，さらに1930年代になると蓋平など周辺地域送水を行って収入を増加させていく。一方，全期間を通じて設備新設や保守・改修の経費が大きく，事業収支としては比較的伸びが少なかったが，収入基盤としては堅調な部門となっていった。そして1936年に営口に康徳葦パルプ股份有限公司[17]が設立されると，翌1937年12月に給水契約を結び大量の工場用水を提供，これを中核に収入は大幅増加し，他部門譲渡が相次ぐなかで経営の安定化につながったと考えられる。

電 話 事 業

　電話事業は，1906(明治39)年11月末の軍政撤廃に伴い，官営事業の払い下げを受けたものである。その後，単式交換機を複式交換機に変更するなど

設備改良と営業地域の拡大に努め，さらに 1909 年に関東都督府と管轄地域への長距離電話連絡協約を締結し，長距離電話営業を開始した。その結果，需要者は日本人以外に中国人にも広がり堅調な展開を見せ，1920 年代後半に最盛期を迎える。しかし料金を金建てとしていたため，銀相場の影響を受け収入は不安定化していった。

　そして 1932（昭和 7）年に「満洲国」が成立し，通信事業を統合運営する特殊会社として 1933 年に満洲電電が成立された。この結果，営口水電も買収・統合対象とされ，1935 年 6 月に同社へ電話事業譲渡となった。この時の譲渡金額は約 43 万円であり，その大半を満洲電電株式として保有することとなった。その結果，後述の電気事業部門分と合わせ，営口水電の有価証券保有額は 1933 年時点で 3～4 万円台であったものが，1934 年下半期末で約 9 万 7500 円，1935 年上半期末には約 252 万円へと急拡大を遂げ，この配当収入が経営維持に重要な役割を果たしたと考えられる。

電燈・電力事業

　電燈事業は営口電気株式会社から継承したものであるが，開業に際して大阪の才賀電気商会へ各種設備の設計・工事と竣工後 5 年間の経営委託契約を締結する。当初，工事は遅延気味であったが 1908（明治 41）年 1 月に竣工し，3 月から才賀電気商会により営業を開始した。その後，両者の合意により 1911 年に契約を中途解除し，営口水電の直営へ転換する[18]。これにより一定の請負料収入のみから，直営後は 1913 年に発電所を牛家屯から新市街へ新築移転し需要拡大に対応するなど基盤整備を進め，事業収入も順次拡大していった。さらに 1918 年には満鉄と鞍山地域の電燈事業経営に関し，鞍山製鉄所からの受電契約を締結，翌年に電力供給事業を開始する。その後，複数の近郊地域でも同様の契約を結び加速度的に収入は拡大，一気に同社の基幹事業へと成長する。しかし 1926 年 9 月に満鉄の電力事業合同によって南満洲電気株式会社が設立されると，営口水電の鞍山地域の営業権と所有財産の一切を同社へ譲渡することとなった。これにより一度は事業成績も下落するが，電力需要そのものの拡大もあり次第に収入も回復し，さらに成長を遂げていく。

　そして満洲事変以降の日本の軍事展開と「満洲国」成立に伴い，同社も積極的に占領地域への進出姿勢を見せる。1933（昭和8）年に熱河省へ日本の占領が及ぶと，歩調を合わせ同年に北票・朝陽，翌1934年には凌源での電力提供を開始している。さらに電力事業の合弁企業設立による投資にも着手し，1932年には綏中電灯股份有限公司を，翌1933年には山海関電灯股份有限公司を設立している。これらは「満洲国」創出による日系行政権の統一達成を受け，今後の電力事業合同を予想しつつ実施されており，積極的事業拡張は同社が事業統合の対象となることを見越し，その評価上昇を企図した経営方策と考えられる[19]。そして1934年12月に電力事業を統括する特殊会社として満洲電業が成立すると，これへ事業譲渡となり，譲渡額の一定部分を満洲電業株式として取得，前述の電話事業同様，配当収入が重要な経営資金として機能するのである。

運輸事業

　運輸事業の端緒は創立時の申請の一つで，1906年に現地支配人天春の名義で許可を得た営口—牛家屯間における電車事業である。しかし満鉄線の営口新市街延長計画との関係から正規着工に至らず，かわりに関東都督府管轄下で営口居留民団が管理委託していた軽便鉄道を譲渡，輸送事業を開始した。また軍政署払い下げの小型蒸気船2艘を用い，立科水源地および田荘台と営口間で旅客・貨物輸送を開始したが，すぐに同社の資材輸送が主体となり営業実績も低く，1908年から順次縮小（1艘は満鉄に売却），翌年には運行停止した。軽便鉄道も1909年に営口在住の河辺勝が経営する松茂洋行との間で請負契約を締結し，以後請負料と軌条貸付料を取得するのみとなる。

　この状況が一変するのは1932年3月の自動車事業の開始である。市街地内の自動車輸送業者から営業権と車輌8台を買収，さらに7台を新規購入し，満鉄附属地と旧市街を貫通する交通機関として営業を開始した。同時期に「満洲国」による市内道路整備も実施され，同事業は順調に業績を伸ばし，順次新規車両も購入，規模を拡大した。そして1934〜1935年に電燈・電力事業と電話事業が分離譲渡されるなかで，社名も営口水道交通へと変更され，収入の基軸事業となっていく。しかし1939年10月に自動車事業を含

む都市交通部門の事業合同政策によって，奉南交通が設立，同社へ事業譲渡された。

2.3　日中合弁企業としての性格

戦前期「合弁企業」の定義と営口水電

　最後に特徴Ⅲ：日中合弁形式について，戦前期の合弁企業の性格を整理したうえで，営口水電の事例を検証する。なお合弁企業の定義は，満鉄による調査報告書『満蒙に於ける各国の合弁事業（第1編）』に拠るものとする[20]。

　当該期の合弁企業の要件は，協同する両者間において(A)共同経営の意思に基づく設立，(B)資本額の分担拠出，(C)両者の事業経営関与をあげている。すなわち日中合弁企業ならば，日中両国人の共同経営意思に基づき資本金を分担拠出して設立，両国人役員により経営される企業であり，どちらか一方が株式を買い占め，役員を独占する場合（もしくはそれに近い状況）や，既存企業の株式を外国人が買収し経営に参加した場合などは合弁企業とみなさないと定義づけている[21]。また設立根拠となる法的形式には，中国法（公司律・公司条例など）および日本法（商法・組合法）によるものと，当事者間の自由契約（本渓湖煤鉄公司など）と，条約（鴨緑江採木公司など）によるものがある。このうち契約や条約は条項中に合弁であることが明示されるが，日中国内法による場合，定款等で明示される場合とそうでないものとが存在すると説明している。日中合弁企業の場合，後述する特定事業を経営する企業を除いて，中国法体系の整備が不十分であることと，関東州・満鉄附属地に本社を置く場合は日本法の適用となるため，その多くが日本商法に準拠した形式となっていた。

　合弁企業形式採用の理由は複数の視点から述べられるが，重要な要因として中国が条約または法令等により外国人が特定の事業を経営する場合には，中国法人もしくは合弁企業以外は不許可と規定していることをあげる。これは鉱業や林業（伐木業），東部内蒙古における農業および附帯工業などが該当し，必ず合弁の形式となる。これ以外に経営便宜上の判断によって合弁形式を選択する場合があり，外国人未開放地での事業展開や，土地・財産取得や

労務管理，中国官憲との交渉における円滑化などがあげられている。

　こうした観点から営口水電を検討した場合，合弁企業の要件(A)について
は，起業経緯から十分に合致するといえる。(B)・(C)については次項で検
証するが，基本的に満たしていたと考えられる。また設立根拠となる法的形
式は，設立当時の中国国内法の整備状況や本社所在地(当初は東京と営口新
市街，のちに営口に集約)から日本商法準拠で設立され，定款に明示はない
が実質的に合弁企業の性格を備えている企業類型となるものであった。そし
て同社にとって合弁企業であるということは，とりわけ事業内容が複数の地
域インフラ提供である以上，中国人需要者が多く所在する旧市街地域まで含
んだ営口全域を営業対象とする意味で重要であった。そのため合弁企業形式
の採用は，前述のような小村外務大臣の意向も踏まえ，必然的な選択と考え
られる。その結果，同社の設立が主要な合弁企業の先駆けとなる時期にあた
るため，しばしば「満洲における日中合弁企業の嚆矢」と評されるに至っ
た[22]。これについて，上記の合弁事業要件の(B)株式保有状況と(C)役員構
成につき，その変遷を確認する。

株主および役員構造

　営口水電の設立時1907(明治40)年から，資料的に跡づけられる1943(昭
和18)年までを対象として，株主構成の日中比較を示したものが図4-3，図
4-4(図4-3が株主数，図4-4が保有株式数)，役員構成が図4-5である。株
主構成はデータがやや断片的であるが[23]，この両者の変遷をもとに同社の合
弁企業経営としての時期区分を行うと以下のようになる。

　まず株主構成から見ると，1911年以降本格化する満鉄出資が圧倒的な影
響を与えている。設立当初は日本人が保有株式数・株主数ともに優勢であっ
たが，次第に中国側が攻勢となり互いに拮抗する状況が発生する。これを解
消させたのが満鉄による出資であり，第7期(1910年)に5000株を取得した
ことを皮切りに，第9期(1911年)には会社代表(総裁)名義で2万2000株以
上を取得，単独で過半数を保有する圧倒的存在となる。これにより日本人株
主数は満鉄に収斂され大幅に減少するが，日本側全体での持株数は維持され
る状況となった。一方の中国側の動きとしては，次第に利権回収運動が経営

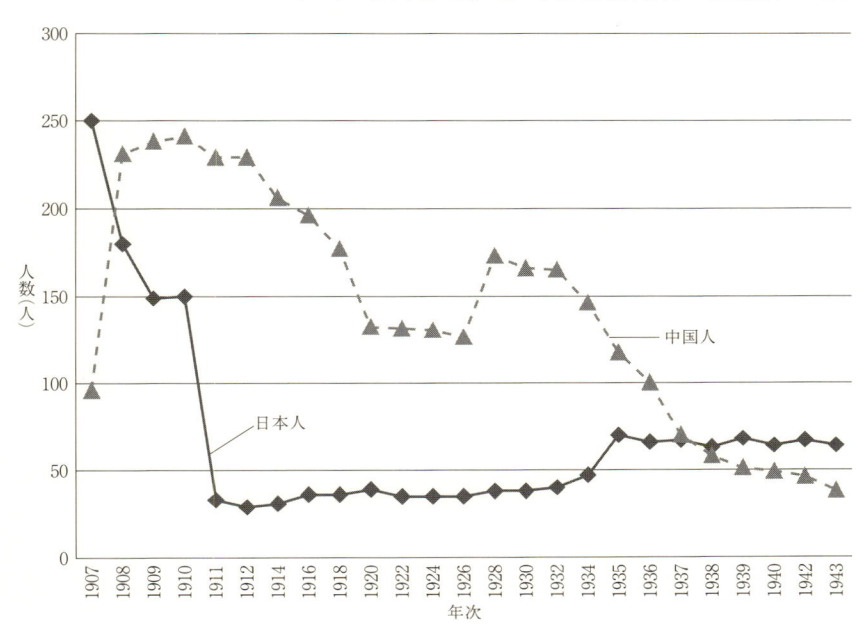

図 4-3　日中株主数比較

出所)営口水道電気株式会社「事業報告書」「株主名簿」より作成

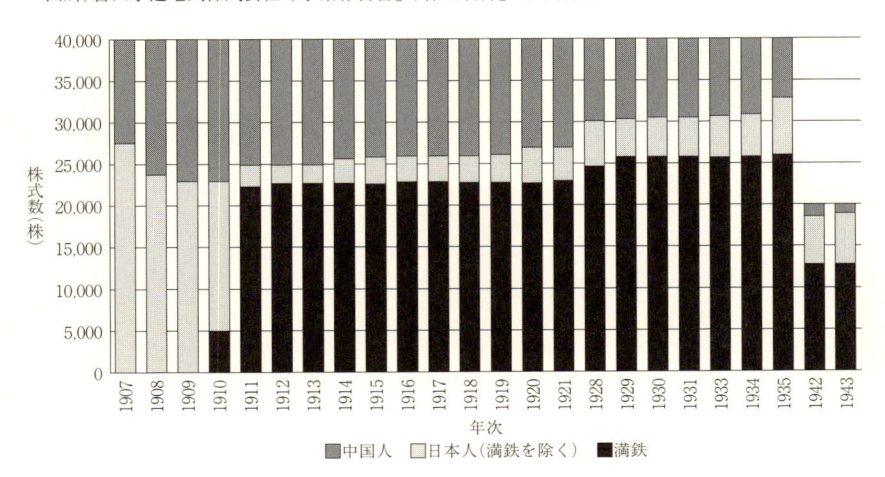

図 4-4　日中株主の保有株式数比較

出所)図 4-3 に同じ

期	1	2	3	4	5	6	7	8	9	10	11	12	13	14
年	1907		1908		1909		1910			1911	1912		1913	
取締役社長	岩下清周									(沼田政二郎)	田沼義三郎			
専務取締役	渡邊亨									田沼義三郎				
取締役	潘玉田													
	李序園													
	葉亮卿			羅飴						王滌齋	劉厚生		王魁元	
	益田太郎									平岡佳吉				
	小田切萬寿之助										川村鋤次郎			
支配人	天春又三郎										木下鋭吉			
監査役	桑原政									川村鋤次郎	岡部次郎			
	村上太三郎													
	藤村義苗													
	趙水如				趙水如						王朗亭			
			高鶴友								姜立堂			

期	15	16	17	18	19	20	21	22	23	24	25	26	27	28	29	30
年	1914		1915		1916			1917			1918		1919		1920	1921
取締役社長	田沼義三郎	川村鋤次郎					村井啓太郎					木下鋭吉				
専務取締役			木下鋭吉													
取締役	潘玉田															
	李序園															
	王魁元		李翰三													
	平岡佳吉					雨宮春雄						出原佃				
	川村鋤次郎												大淵三樹			
支配人	木下鋭吉															
監査役	岡部次郎					安田雛蔵				向坊盛一郎						
	王朗亭															
	姜立堂															夏紹奇

期	31	32	33	34	35	36	37	38	39	40	41	42
年	1922		1923		1924		1925		1926		1927	
取締役社長	木下鋭吉											
取締役	潘玉田											
	李序園											
	李翰三											
	出原佃											
		佐々木義山		横田多喜助		太田雅夫			見坊田亀男			
取締役兼支配人					松本貝男							
監査役	向坊盛一郎					橋本戌子郎	高橋仁一		金丸富八郎			
	王朗亭											
	夏紹奇											

図4-5　営口水道電気　役員一覧

期	43	44	45	46	47	48	49	50	51	52
年	1928		1929			1930		1931		1932
取締役社長	木下鋭吉	加賀種二							今井榮量	
取締役	潘 玉田									
	李 序園									
	李 翰三			郝 相臣						
	王 沛瀾									
	出原 個		向坊盛一郎					武部治右衛門		
	加賀種二	久保田賢一		永尾龍造		関本庄松		栗屋秀夫	門間堅一	
			佐藤俊久						山岡信夫	
取締役兼支配人	松本貝男									
監査役	金丸富八郎								佐久間章	
	王 朗亭						高 吉先			
	夏 紹奇									

期	53	54	55	56	57	58	59	60	61	62
年	1933		1934		1935		1936		1937	
取締役社長	今井榮量			松本貝男					高野忠雄	清水三郎
取締役	潘 玉田									
	李 子初									
	郝 相臣									
	王 沛瀾									
	武田胤雄				宇佐見喬爾				大野 巌	
	中西敏憲						宮沢惟重		久里正蔵	
	山岡信夫			前田鍼雄			高野忠雄		高野忠雄	
				関 甲子郎						
取締役兼支配人	松本貝男								清水三郎	
監査役	佐久間章		富田 和				大澤慎一	山田直之介		
	高 吉先									
	夏 紹奇									

期	63	64	65	66	67	68	69	70	71	72	73	74
年	1938		1939		1940		1941		1942		1943	
取締役社長	清水三郎											
取締役	李 子初											
	王 沛瀾											
	大野 巌											
	久里正蔵		小味淵肇		浦 要治		梅津理三					
	関 甲子郎								(亡)			
監査役	富田 和		松川英雄									
	高 吉先											
	夏 紹奇											

注)図中のアミかけは，中国人を□，日本人の「本国系」を▨，「満鉄系」を▨，「現地系」を■で表示。木下は満鉄出身であるが「現地系」に分類した。

出所)営口水道電気株式会社「事業報告書」より作成

にも影響を及ぼし，1920年代以降顕著になってくる。それが中国人株主の増減にもあらわれたと考えられるが，資料的制約から詳細な検討は難しい。その後，1932年の「満洲国」成立以降は逆に日本側の持株数が伸びて，中国人は株主数・持株数ともに著しく減少，1937年の減資後は株主数でついに日本人を下回っている。

　次に図4-5から役員構成を検討する。分析に際しては，日本人役員を満鉄系(社員もしくは出身者)，「本国系」(日本国内在住者)，「現地系」(営口を中心とする満洲に活動基盤を置く者)とに類型化して論じたい。まず第1〜9期(1907〜1911年上半期)は，設立に直接的に関与した本国系日本人役員と営口有力商人である中国人役員から構成されており，いわば創設期にあたる。しかし満鉄出資による株主構成の大幅な変化に伴い，第10期(1911年下半期)に日本人役員は本国系が一掃され，社長をはじめ満鉄系を主力とするものに改められた。この後，第62期(1937年)に至るまで日中の役員構成は基本的に変化せず，日本人役員と中国人役員が拮抗する展開となる。そして第63期(1938年)以降は，減資による経営規模の縮小とあいまって，創設期からの構成員を含んだ中国人役員が相次いで退場し，中国側の経営に対する影響力が低減し，それと反比例して満鉄系役員の比重が高まったと考えられる。

　以上から判明するように，満鉄の経営における影響力が圧倒的であるという特徴は，従来の研究の満鉄傘下企業という位置づけに合致する。このことは同社の電力・自動車事業における満鉄系企業との連携や，合同政策(事業譲渡)の受け容れという経営判断を促進したと考えられる。しかし営口水電は，全生涯にわたって日中双方から役員選出する構造を維持し，時期により性格を異にする日本人役員と，営口の有力商人である中国人役員により，地域公益事業体として経営されていた。この側面からは，満鉄による経営支配という文脈だけでは捉えきれない，合弁企業ゆえの特徴を検証する必要があると考えられる。

　その際，特に注目したいのが現地系日本人役員の動向である。天春又三郎・平岡佳吉・岡部次郎・松本員男・関甲子郎は，いずれも満鉄への所属歴がなく営口を地盤として実業に従事してきた人物[24]である(なお，現地支配

人として創業事務を執った天春又三郎は朝鮮から創業に際して来営した人物であるが，本国系と異なるという意味でここでは現地系に分類）。特に現地系「社員」の役員は重要で，松本員男も創立時に営口水電に入社し，その後も中核社員の一人として活動していた。同様に関甲子郎も，営口水電の設立時に入社し直接関与した経歴があり，そののち退社・独立して営口で企業経営を行った後，再び営口水電の役員に就任している。また木下鋭吉については，鉄道庁から満鉄への入社歴があるが，辞職後に営口水電に入社，現地支配人から社長に就任している[25]。その結果，木下は大連ではなく営口に入った唯一の社長となり，居留民団役員なども務めていた。ここから，木下は現地社会や中国人役員との関係も比較的緊密と想定されるため，満鉄の経歴をもつが現地系に分類した。これら現地系役員は，通常1〜2名という少数ではあるが，創立から一貫して経営陣に含まれ（最終的には，関が1942年に死亡したことにより役員から姿を消すことになる），その存在が，営口地域経済という利害を中国人役員と共有することで日中間の結節点の役割を果たし，合弁企業としての活動を支える機能をもっていたと考えられる。以下，同社の経営展開を日中関係に注目して分析し，合弁企業としての活動実態を明らかにしたい。

3　経営をめぐる日中関係──対抗と協同──

3.1　創　業　期

創業と現地社会の歓迎

　営口水電の創業は，不十分だった社会資本整備を進めるものとして，「今回同社の設立を聞き営口附近の清人は大に之を歓迎」し，中国人による株式申込が殺到し，事業発表前にもかかわらず「発起人及清国人引受の株式」で「満株に達せんとする勢」いであった[26]。

　しかし，その後の株式募集では日本人が優先され[27]，設立時は日本人株主が持株数・人数ともに約7割程度の多数を占め，中国人株主を大きく凌駕し

表4-1　第1〜9期における日中株式保有状況比較(1907〜1911年)

年	期	保有株式数				株主数				平均持株数	
		中国人	日本人	%	内)満鉄	株主総数	中国人	日本人	%	中国人	日本人
1907	1	12,440	27,560	68.9		346	96	250	72.3	130	110
	2	13,140	26,860	67.2		482	224	258	53.5	59	104
1908	3	16,250	23,750	59.4		411	231	180	43.8	70	132
	4	16,280	23,720	59.3		402	238	164	40.8	68	145
1909	5	17,060	22,940	57.4		386	238	149	38.6	72	154
	6	17,060	22,940	57.4	5,000	389	240	149	38.3	71	154
1910	7	17,060	22,940	57.4	5,000	391	241	150	38.4	71	153
	8	16,960	23,040	57.6	5,000	373	241	132	35.4	70	175
1911	9	15,120	24,880	62.2	22,300	262	229	33	12.6	66	754

注)第3期の株主数について，事業報告書では日本人179名・中国人232名となっている
　　が，株主名簿を検討した結果よりそれぞれ180名・231名に修正した。
出所)営口水道電気株式会社「事業報告書」・「株主名簿」より作成

た(表4-1)。しかし，続く数年で中国人持株数は次第に増加し，特に株主数
では第2期で早くも倍増した。この動向を詳細に分析すると，新規参入の株
主の多くが中小・零細株主層であり，すべての年代で地元営口の居住者が9
割以上を占めていた。そのため平均持株数は，当初日本人の110株に対し中
国人が130株と大差がなかったが，第2期では59株と半減，その後も70株
前後で推移した[28]。こうして中国人株主は，上位層の発起人等の営口財界有
力者と多数の営口在住市民からなる小規模・零細株主という，同社と地元社
会との密接な関係を反映した構造となった。一方の日本人株主数は減少傾向
にあり，平均持株数が漸増しているため小規模株主の退出が続いたと考えら
れる。この背景には1907年以降深刻化する日本国内の不況があり，設立後
の工事遅延で営業実績が上がらない営口水電は株価が下落，日本人の退出と
中国側の旺盛な参入熱により，両国人の株式保有構造は次第に逆転的傾向を
呈していった。

　また，図4-5から設立当初の役員構成を見ると，主導者の岩下清周を社
長，補佐役の渡邊亨を専務取締役とし，同じく設立発起人であった葉亮卿・
李序園・潘玉田が中国側の代表として取締役に就任，趙水如が監査役となっ

た。構成比からは日本側が優勢であるが，創業に際し連携した日中事業家が名を連ね，その結節点に現地支配人の天春又三郎(現地系)がいた。

　中国側役員は営口商務会の役員層であり，金融(銀炉)，油坊，運輸などを複合的に手がける有力商人である。このうち葉は1907年に経営破たんとなり財界から姿を消すが(後任の取締役羅飴は葉の債務整理を行う大清銀行担当者)，潘玉田・李序園(さらに息子の李子初)はその後長らく役員を続けた。両名は「親日的」と目される人物で，潘玉田経営の東永茂は三井物産の満洲進出に際し出張所を貸与し，牛荘領事の仮館舎提供経験もあり，「満洲開発日満貿易ニ多大ノ功労」があったと評されている[29]。

　一方の日本人役員は本国系のため営口とは物心両面で距離があり，営業成績の低迷から中国人株主の不信感を招いていた。これを外務省が危惧し，「両国臣民間ノ組織的共同事業ノ嚆矢」である同社の成否は「将来満洲経営ノ一大要素」だとして，「日清共同事業ノ幸先キニ面白カラザル頓挫」を招かぬよう状況報告を要求，これに天春支配人が応え，中国人との関係に鋭意注意を払っていく旨を回答する事態となった[30]。この対応の実例として，株主総会会場の変化があげられる。第1回は東京開催で，その後は営口と交互を予定していたが，実際は第2回以降営口に固定され，かつ中国人役員の拠点である旧市街の商業学堂や商会公所・総商会を使用，1912年に東京本社を廃し営口(新市街)に本社機能を集中させた際も変更されなかった(1937年の減資後，中国人株式保有数の低下・役員数減少にあわせ，第61回から本社開催)。

満鉄の出資

　満鉄の営口水電への出資を検討する記述としては，1908(明治41)年7月6日付で外務省から牛荘領事窪田文三へ送られた次の電信が始点と考えられる。

　　貴地水道会社株券ノ過半数清国人ノ手ニ帰スル模様アルニ付之ヲ防止スル為<u>満鉄ヲシテ五百株斗ヲ所持セシメントノ議アリ</u>　実際此ノ如キ形成アリテ満鉄ノ買入ヲ必要トスルヤ(下線は引用者)[31]

　これに翌7日，早速窪田から返電し，営口での情勢判断を次のように述べる[32]。営口水電は軍政撤廃時の営口還附協約により事業経営を認可された

が，その交渉で中国側から同社株式について「増資ノ際ハ其株式全部ヲ清人ニ附与セラレタシト申越シタルモ我委員程良ク答ヘ置キ之ニ応」じなかったという経緯を紹介，その後工事遅延等による営業成績低迷期には中国側は「殆ンド相関セザル態度」であったが，同年春以降の事業進捗を見て「将来ノ見込確定」し，「清国政府銀行ナル戸部銀行ハ政府ノ内意ヲ含ミ」株価下落に乗じて「約五千株ヲ買収」したと説明した。そのうえで，日本経済不況でさらなる下落の兆しもあり「清人間ニハ益々買進ミノ気組アリ遂ニハ過半数ヲ占メ絶対支配権ヲ握ル恐」があるとして，「此際満鉄ヲシテ<u>五千株以上ヲ所有（下線は引用者）</u>」させて動きを防止するよう「右ノ御含ミニテ満鉄ニ勧誘アリタシ」と結んでいる。

　ここからは営口水電の経営実権をめぐる日中間の緊張関係を憂慮した外務省が起点となり，満鉄の出資が検討されたことがわかる。背景には，前年から懸案化していた中国官憲の同社経営権掌握への積極姿勢が少なからず影響していたと考えられる。営口水電は日本商法準拠の企業であるが，中国政府へも 1907 年 4 月に規約類を提出，営口還附協的等に抵触しない姿勢を示していたが，その後，中国側から複数回にわたる定款規定の修正要求があり，外務省でもその対応に苦慮していた[33]。日本側の認識からすれば，協的等の取り決めを超えた要求内容が多く基本的に拒絶方針をとっていたが，中国側の姿勢は大いに警戒を要すると認識された。また，当初の満鉄買収規模は 500 株程度であり，これは役員・発起人層(200〜300 株)に対し筆頭的位置づけで，単独での経営支配ではなく，あくまでも経営支援の意味合いの強い買収を想定していた。しかし営口からはそれでは不十分とし中国政府系銀行への対抗上，満鉄にも 5000 株という破格の買収を求めたのである[34]。

　さらに，同年 12 月には岩下清周社長から経営支援の「陳情書」が提出される[35]。その要点を示すと，当初株式保有率で日本が優勢であったが，不況による「株式価格俄然暴落」で中国人の買収が進み日中格差が縮小，かつ「近日ニ至リ某清国官吏ノ手ヲ経テ五千有余株ヲ買収シ株式過半数ノ権理ヲ握リ本社ノ支配権ヲ得ント企テタルモ之ヲ未前ニ感知シテ幸ニ防遏スルヲ得」たが，中国人株式が「殆ント全部ハ新ニ大清銀行ノ取得ニ帰シタルガ如

キ事実ハ大ニ注目ヲ値ス」とし，攻勢を続け株式取得が進展するのは「憂慮難堪」いと述べる。その一方で，営業実績不振を理由に「我同胞株主ガ其株式ノ持続ヲ好マスシテ之ヲ棄売」しており，「単ニ小会社ノ内事トノミ申サレ難キ儀」として，次のように要請した。

> 此危急ノ場合ニ際シ政府ニ於テ御保護ヲ賜ランコトヲ悃請スルノ止ムヲ得サル儀ニ御座候而シテ御保護ノ方法トシテハ<u>政府又ハ政府ニ於テ相当ト認メラルル処ノ他ノ確実ナル方面ニ於テ金弐拾五万円ヲ限リ当会社ノ為メニ御出資ノ手段ヲ講セラレンコトヲ</u>奉懇願候（下線は引用者）

ここでいう「他ノ確実ナル方面」に想定したのは，満鉄と考えて間違いないであろう。なお，その出資規模については額面上の最大極度であり，「差当リハ先頃買取候五千株ノ外此上弐参千株ヲ市場ニ於テ買取候得者最早浮動株ハ有之同数ト存候間拾五万円以内ニテ充分」だとしている。「先頃買取候五千株」は上記の「清国官吏による買収」阻止での取得分と想定されるが，さらに 2000～3000 株規模の浮動株吸収が目的とされた。こうして経営権奪取が可能な政府系銀行という中国系大規模株主出現の言説[36] は，日本の実権喪失への危機感を増幅し，これに対抗しうる日系大規模株主として満鉄の位置づけが上昇したと考えられる。

そして，1909 年 2 月 8 日付で，満鉄総裁中村是公に宛て大蔵大臣・外務大臣・鉄道院総裁連名による出資依頼が出された[37]。その主旨は，営口水電には「満洲に於ける日清合同事業の嚆矢」として前途に「多大の注意」を払ってきたが，日本人株の漸次減少傾向に「此侭之を放任するに於ては或は清国出資者の為め優勢を占めらるるの虞」があるとして，次のように述べる。

> 此際同社に対する我地歩を鞏固さらしむる為め相当の株を我方に於て買収することを必要と認め候就ては貴社に於て同社株式 5 千株を最大限とし其範囲に於て清国側の優勢となるを防止するに必要なる丈けの浮動株を買収せらるる様御配慮相煩度

これを受け，満鉄は同年 10 月末に総裁名義で 5000 株を取得した（表4-1）。なお，その買収対象が日本人浮動株であったことは，第 5／6 期の日本人保有株総数に変化がないことからも明らかである。こうして中国側の

「草刈り場」的存在であった日本人浮動株は満鉄に吸収され，同時に大清銀行を上回る日系大規模株主が登場することとなった。その後，さらに満鉄は主として日本人株主から大量の株式を買収し，第9期(1911年)に2万2300株を所有する圧倒的な存在へと転化する。この結果，満鉄が単独で6割以上の株式を保有して経営権を握り，営口水電はその「傘下」と呼ばれる状況となる[38]。

3.2　満鉄出資後の展開

新体制の成立

1911年5月の第9回定期株主総会で，日本人役員の本国系から満鉄系・現地系への交代が決定した(図4-5)。その結果，社長に沼田政二郎(満鉄)，専務取締役に田沼義三郎(満鉄)，取締役は平岡佳吉(現地系)が就任した。また監査役は本国系3名に代えて川村鋤次郎(満鉄)1名となった。その後11月に沼田に代わり田沼が社長に，川村が監査役から取締役に転じ，後任の監査役には岡部次郎(現地系)が就任，翌年1月には支配人に木下鋭吉(満鉄辞任，現地系に分類)が着任し，新体制が確立した。またこれとあわせ，東京支店を廃止し経営拠点を営口本社に集中させている[39]。一方の中国側役員の体制は変わらず，日中役員の人数比はほぼ同数となり，満鉄系の監査役も「日支合弁会社たる同社は極めて順調であって日支間の問題は殆どなかったといってよい」と自認する状況となる[40]。

この新体制下でも営口地域社会重視の経営姿勢は変わらず，1910年冬から翌年にかけて南満各地にペストが蔓延した際の対応などにあらわれていた[41]。営口市街へも猛威が波及し飲料水汚染が問題視されたため，商務総会主体で中国人市民へ安価に飲料水提供を実施した。この時営口水電は必要水量売却に合意し，所管区ごとに貧困者へ分給，定価半額(一部には無償)で提供し，その供給対象は2500人にのぼった。

大正期の経営展開

当該期の経営をめぐる日中関係は，満鉄の認識では「営口の日支関係の円満なるは満洲一」だとして，「同社の事業経営に就ても支人側は一切邦人に

一任し嘗て紛争を惹起したことはない」という[42]。以下，当該期を象徴する事案につき，具体的事例を検証する[43]。

　第一は，1912(大正元)年 10 月，潘玉田・李序園による配当再開要求である。株式配当は第 2 期(1907 年下半期)以降，年 3％強で実施したが，事業費拡大による総純益の減少から第 6 期より無配となっていた。満鉄出資後は，資金面でも満鉄の支援が得られ[44]，電燈事業の直営化などで純益も増加に転じたことを受け，配当再開要求が出され，第 12 期から意向通り年 4％の配当を開始，翌年には 5％としている。

　第二は，1925 年 5 月，創立 20 周年に際して惹起した未払込株金処理問題である。資本金総額 200 万円のうち，設立時払込済金額が 50 万円，1908 年に第 2 次払込み 50 万円，1920 年に第 3 次 50 万円が行われ，1925 年時点では 50 万円が未払込となっていた。これについて中国人役員から，40 万円を積立金から拠出し，残金 10 万円を現金払込することを希望してきた。この積立金とは，満鉄系の経営体制確立の翌 1913 年から設定された特別積立金であり，当初は 4 万円から開始され，1916 年までは 10 万円以下，1917 年以降急激に増額し 1920 年には 30 万 5000 円，1925 年上半期には 70 万円を超え，さらに毎期 7〜10 万円規模で増額された。こうした動きに対し，資本金払込が未完の状況(未払込分の日中比率不明)を中国人役員が問題視し，その一方で満鉄は「堅実主義を取り」特別積立金による内部留保によって経営の安定化を図ろうとした結果，両者間で経営方針の対立が発生したのである。そこで木下鋭吉社長と潘玉田・李序園両取締役とで交渉するも混乱を深め，かえって中国人取締役の「面子の問題」ともなり，より強硬な要求となっていった。その結果，翌 1926 年 7 月に臨時株主総会を開き，特別積立金から第 4 回払込を充当する「株主一同ノ承認」を受け，実施されている[45]。

　大正期の経営をめぐる日中関係が，主として株主の代表として要望を提起する中国側役員と，満鉄を軸に経営の安定化をはかる日本側との方針対立の問題であり，その対処においては中国側の要望を容れるかたちで解決を見ている。こうした日中関係を満鉄側としても前述の「円満」と評価していた。また同じ監査役報告には「水道事業を放棄さへすれば同社としてはもっと

もっと利益を挙げ得るのでありますが，之は日支親善の一つの楔としても犠牲的事業として続け行くべきものでやめるわけにいきますまい」という表現がある。同社の性格上，巨額の施設整備費を投下しても営口の地域インフラの根幹であった水道事業の継続が求められ，経営に参画した満鉄もこれを強く認識していたことがわかる。

3.3　昭　和　期

重役人事への関与

　昭和期になると中国各地で国権回収運動が展開され，営口水電の事業や経営にもその影響が及ぶ。1928（昭和3）年9月に「同社の合弁期間契約が20年で満期を迎えるため，中国単独経営の電気会社を設立する」という情報が経営陣にもたらされた。これに対し，同社定款第4条「当会社の存立期間は会社成立の時より向ふ50箇年にして満期に至り株主総会の決議をもって更に継続することを得」を根拠に，単なる「宣伝に過ぎない」として黙殺した[46]。しかし，10月には長距離電話事業で，営口無線電信局に附属する形式で中国単独経営の公営電話が開設される事態が発生した。これに対して，軍政期許可の単独事業経営権を認める営口還附協約に反すると，営口水電側も反発を示した。そこで翌1929年2月には，この交渉に奉天の斎藤良衛満鉄理事[47]を動員して「長距離電話に対しては異議なきも市内交換は決して侵されざるやう」尽力を依頼し，結果的には長距離通話事業は妥協し，市内通話事業への進出を排除して決着した。

　このように国権回収運動の加熱は営口も例外ではなく，営口水電の中国人役員の動きにも変化を生じ，事業内容や経営そのものに直接関与する動きがあらわれる。1927（昭和2）年に同社の社長人事をめぐる問題から，日中の重役人事に大きな動きが起こる。1927年11月，満鉄が木下から加賀種二（満鉄系）への更迭を企図したところ，潘玉田・李序園が木下の留任を勧告，満鉄側もひとまずその意向を尊重し留任を決めるが，あわせて退任した現地有力商人の李翰三の後任として，同社の創立以来の嘱託で潘・李と関係の深い王沛瀾を取締役に昇進させた。しかし，この人事が現地中国系財界の反発を

招いた。その主因は，李翰三（元厚発合副総理）を退け中国人から見ると比較的地位の低い王が取締役に就任したことが，営口の最有力人物である郝相臣[48]の怒りを買ったことであった。そして木下社長の辞任勧告と王の排斥運動が展開し，1928年6月には営口道尹からも「交誼的勧説の私文書」送付があり，取締役の定数を7名から1名増員，11月に「抱き込み」目的と道尹からの推薦を踏まえ，郝が増員枠の取締役に就任した（王取締役は留任）。

日中協同と経営改善要求

こうして取締役となった郝相臣を中心に，中国人役員の事業経営への関与が積極化していく。その焦点の一つが1930年の電燈・電話附加料金徴収問題である。営口水電は金建ての料金設定に対し，銀価暴落による収支調整のため，4月に電燈・電話料金につき銀貨換算相場に応じた附加料金を徴収することとした。附加率は金銀比価を予想し6〜20％の料金徴収としたが，中国側需要者から見れば大幅値上げであるため，徴収実施は総商会幹部の諒解を得て進められた。これに中国人社会では「此の不況なる際料金の値上をなすは無謀も甚だしいもので絶対に反対である。何故支那の官憲の首脳者総商会を始め支那側重役が無条件でこれを承認したか」と追及の声が高まったが，その対応に尽力したのが郝相臣であった。郝は同社監査役の高吉先とともに総商会の席上で「我々がこの際如何に反対しても中国官憲の手に及ばず，加之株式の大半を所有する日本側に対して現状に於ては到底之と対抗することは出来ない。結局泣寝入の外ない。寧ろこの際隠忍自重して招来の対策を考究すべきである」と述べ説得した結果，徴収が実現した。

しかしその後も銀貨下落は進行し，12月には4月の附加料金を含んだものから，さらに20〜35％の附加料金徴収が計画された。この際も当然同様の批判が予想されたが，再び郝相臣が「非常な尽力をして呉れた為満場一致で総商会派の諒解を得」たとして，実現にこぎ着けている。

そして郝相臣はこの2度の附加料金徴収の間にあたる1930年9月に，営口水電の経営に関する大要というべき意見書を加賀社長に提出した。意見書は当時の営口中国人社会の銀貨暴落による不況と経済・社会的混乱の影響について述べ，「若貴社が更に又値上をする如きことかあらば或は意外の事態

を惹起するかも知れぬ」と警鐘をならした。そして，中国人社会での批判点
として，合弁企業にもかかわらず日中間不平等待遇が存在していること，日
本人従業員と中国人需要家との不適合などをあげ，中国側で独立事業を画策
して拮抗すべしといった声があること，そうした批判に中国官憲は敏感に反
応しつつあることを説く。そして「この時将に改善の方法を研究せば日支双
方の感情を商和せしめ完全な協同が出来るであらう。然る後に同社は収入増
加策を講ずるのが妥当でありません。ここに和衷共済の精神で下の意見を提
出する」として，以下の提案を行った。

　　　イ，満鉄方面は水道会社に対して純粋に中日合弁を以て取扱ふへく，事
　　　　　に遇ひては傍系に対するよりも尚特別の援助を請ひ，以て国民の親
　　　　　善を提唱し経済提携を実効するに資すること

　　　ロ，華国側政商各界より資産あるもの 1，2 名を顧問に推薦し或いは其
　　　　　他の名誉職とし，事に遇ひて助力を乞ふに便すること

　　　ハ，各部の重要職務には可成華人を参用すること　　（以下略）

　この提案は加賀社長から満鉄本部へ上げられた可能性が高いが，満鉄は冷
淡な対応に終始したと考えられ[49]，その実現は困難だった。しかし，この郝
が示した日中協同の経営精神は，実際の附加料金徴収における中国人役員の
存在感とあわせ，同社社内に十分な実感を伴って受け入れられたと考えられ
る。

満鉄系社長の日中協同認識──今井榮量の事例──

　次に当該期の満鉄系社長の日中関係認識について，この附加料金徴収問題
の 1 年後，1931 年 12 月に社長に就任した今井榮量[50]を例に検討したい。

　今井は，11 月に満鉄監理部参事である田所耕耘に伴われ，王沛瀾案内（通
訳を含む）のもと営口の郝相臣邸を訪問し，李序園，高吉先と面会してい
る[51]。この際，田所は「大株主満鉄」の代表として，今井の社長就任と今後
の経営課題・対処方針などを中国人役員へ報告，承認を得ている（この席上
でも，郝に附加料金徴収実施の尽力につき重ねて謝意を述べている）。ここ
から満鉄からの社長就任は，事前に営口へ表敬訪問し中国人役員の承認を得
る形式であったことがわかる。

お わ り に

　本章では，営口水電の事業体としての特徴について，設立経緯の分析から営口地域公益事業体・複合的事業経営・日中合弁形式の3点をあげ，それらに着目して事業展開と経営をめぐる日中関係をあとづけ，同社のもつ「合弁企業」としての性格を検討した。

　同社は，日露戦後の営口で必要とされた水道・電話・電燈（電力）・運輸事業を安定的に経営するため，これらを複合的に経営する比較的大規模かつ，中国人との「合同事業」というかたちで設立・運営された。そうした同社の役割は，社会資本整備を歓迎する地域社会と，大陸進出の拠点形成を志向する日本の中国政策の結節点となるもので，出資・役員構成においても一貫して日中両国の経営参画を確認でき，満洲における初期日中合弁企業の代表的存在であった。当初，経営権をめぐって日中間の対抗関係が生じたため，日本側は外務省が起点となって実権を固める目的で満鉄による大型出資を実現させた。この結果，同社は満鉄の傘下企業とみなされる状況となり，満鉄の経営支配が確立，新体制により安定的な経営を展開する。しかし，その後の日本の満洲進出本格化により，政策重点が進出拠点確立から広域横断的な事業育成へ変化すると，同社の創業時に必要とされた地域立脚の複合的な事業経営は各種事業合同の整理対象へと転化し，相次ぐ事業分離（譲渡）を余儀なくされた。そのため地域の公益事業体としての意義は低下し，中国人株主の退出が進行，特に1938年の減資以降激減し，役員構成も満鉄主体のものに性格を変えていった。

　しかし，こうした日本の経営権強化と植民地政策の波紋のなかでも，同社の両国役員の活動に注目すると合弁企業に特徴的な日中提携の構図も見えてくる。創立時の発起人段階で形成した両国役員間の協同関係は満鉄の進出後も維持され，1920年代の国権回収運動の高まりには，むしろ中国人役員が地域社会への説得を行うなど共同経営体制を固めていた。他方の満鉄系役員にもそうした協同関係尊重の姿勢が見られ，単なる傍系企業扱いへの疑問が

呈される場面もあった。

　そして，こうした両国役員の結節点として機能したのが，現地系日本人役員の存在だったと考えられる。現地系の人材は創業時から一貫して要所に投入されており，中国人役員の信頼も厚く，経営上の危機的局面にはその存在が日中の紐帯としての役割を発揮した。本国系から満鉄系への転換期には増員し，最大規模の電力事業譲渡後には現地系社長が就任するとともに，その補佐に現地有力実業家を迎えた。これらが日中関係による経営的動揺を最小限にするよう機能したと考えられる。こうして同社は，事業譲渡と減資による企業規模縮小を経つつも，譲渡により取得した株式配当を下支えに水道事業を堅持し，地域の公益事業体としての役割を果たし続けたのである。

　以上，本章では営口水電の経営展開について，合弁企業としての視点から検討した。こうした日中対抗と連携・協同の両面をはらんだ企業像は，当該期の帝国主義的進出と密接に関わる特殊な性格といえるが，同時に当該期の他の合弁企業内部にも共通すると考えられる。それらの分析・比較は，そうした合弁企業を誕生，活動させた日本の大陸政策研究にも重要な論点を提起しうる視点であり，今後のさらなる検討が必要である。

　なお，今回は企業内の日中関係を軸に分析を行ったため，従来の研究で進められてきた満洲における事業合同に関する同社の位置づけや，同社から見た政策対応などの側面は検討することができなかった。また，個別事業の展開についても概要を把握するにとどまったため，今後の課題である。営口水電に関する研究はまだ緒についたばかりであり，今後の同社を主体的に捉えた多角的検討によって，満洲における合弁企業をはじめとした日系企業活動の実態が解明されていくものと思われる。本章の分析もそうした研究展開への一つの基礎であり，さらなる深化に努めたい。

　　1）　ここでいう「合弁企業」とは，通常使用される「新規事業進出やリスク分散のため複数企業等で出資して設立する新規企業」といった定義とは異なり，主として戦前期中国を舞台とした帝国主義的進出と関連して用いられる用語である。この定義については満鉄庶務部調査課編『満蒙に於ける各国の合弁事業（第1編）』(1929年)をもとに2.3で改めて整理する。

2）　［鈴木 2007］，［満電 1976］ほか。［石田 1978］では日中対抗の側面までを視野に検討。

3）　たとえば［田代 1999］における電力合同政策史分析など。満洲の合弁企業研究は［金子 1991］や［塚瀬 1990］などがあるが，［高嶋 1984］［迎 2012］の正隆銀行分析は示唆に富む。

4）　以下，営口の都市形成に関する経緯については，（満鉄）地方部残務整理委員会編纂係編『満鉄附属地経営沿革全史　各論之部　第3部営口管内』出版者，出版年不明の記述による。

5）　この段階で清国から支線撤回が要請されていたが，日本政府は営口の貿易港としての地位，各国商人の希望等を理由に存続を主張した。新市街はロシアから権益を継承した牛家屯と異なり，軍政期以降，条約上根拠が薄弱なまま，日本が買収（永租）取得して開発した地区であるため，清国からは「専管居留地設置に等しい」と批判される状況であった。そのため清国は営口駅新市街移設とそれに伴う支線延長も満鉄権益拡張であると警戒感を明らかにしていた。こうした問題を解決するため日本政府は「満洲五案件に関する協約」の締結を必要としていた（JACAR（アジア歴史資料センター）Ref. B03030238000，4　寺内陸相外務大臣兼任中ニ於ケル調査書／日露戦役後ニ於ケル満州諸問題ニ関スル政務局取調摘要(1.1.2)（外務省外交史料館），前掲『満鉄附属地経営沿革全史』34～37頁）。

6）　「営口水道電気株式会社沿革略」（『渋沢栄一伝記資料』第16巻，748頁）。なお，軍政署に出願，営業許可を得た事業でも実際に着手・営業に至った例は少なかったと考えられる。

7）　林の出願と事業許可については，JACAR（アジア歴史資料センター）Ref. C03026671600，明治38年「陸満普大日記8月下」（防衛省防衛研究所）による。

8）　岩下清周は1857（安政4）年長野県生まれ，慶應義塾・商業講習所で学んだのち，三井物産に入社，英・仏等の支店長を務める。帰国後辞職，品川電燈会社社長となる。1892年三井銀行に転じ大阪支店長として関西地区で活躍する。1897年北浜銀行を設立，常務取締役，頭取を歴任。その他東洋拓殖，満鉄等役員を務める。1908年衆議院議員。1914（大正3）年北浜銀行の破たんによって頭取を辞任。翌年背任横領罪で逮捕・起訴され，有罪となった。

9）　電燈・電気鉄道事業が不許可となった理由やガス事業除外の経緯など詳細は不明。また林の経歴・その後の動向も不明である（営口水電の役員・株主ともに，林は含まれていない）。なお，許可を4月とする記述（前掲注1『満蒙に於ける各国の合弁事業』）もある。

10）　この後の各事業部門の追加（事業継承・合同・買収等）の経緯は史料により異同が多い。たとえば，満洲電業株式会社調査課「満洲に於ける電気事業概説」（1935年，84頁）には，岩下が「軍政署より設立の許可を得発起せる営口水道株式会社と三井物産関係者の発起せる営口電気鉄道株式会社」が合同して創業した等の記述がある。そこで基本的に前掲注1『満蒙に於ける各国の合弁事業』および営口水電「事業報告

書」の記述に拠り，適宜加筆修正した。

11)　天春又三郎は1875(明治8)年三重県に生まれ，1905年に韓国仁川に渡り仁川商報
　　(のち朝鮮日々新聞)を発刊，社長を務める。穀物協会・穀物市場理事。1906年8月
　　に営口に入り，営口水電の設立に尽力するが，同社支配人退任後の動向は不明(『満洲
　　紳士録　前編』1907年，216頁)。

12)　この経緯も詳細不明であるが，遠藤は営口在住(経歴不明，1907年以降寛城子に
　　移転)で第3期まで他の起業賛同者と同等の株式を保有している。

13)　「〔営口水道電気株式会社概要説明書〕」(『今井榮量文書』北海道大学日本史学研究
　　室所蔵)。

14)　以下，特に断らない限り営口水電(改称後を含む)各期「事業報告書」による。な
　　お史料の制約上，1943年までを対象とする。

15)　上水道敷設は地域の重大問題としてしばしば検討されてきたが実現には至らず，
　　わずかにロシアに続き日本の軍政署が蒸留機で兵員用の飲料水を製造していただけで
　　あった(「〔営口水道電気株式会社概要説明書〕」)。

16)　この間，軍政署から継承した蒸留機で小規模の営業を行った。

17)　公称資本金500万円(払込金250万円)で，全株を鐘紡が所有。1938年以降事業は
　　順調に推移し，生産規模も拡大した([鈴木2007，223])。

18)　才賀電気商会への包括的請負契約締結と解除は，従来からの主要論点である。才
　　賀電気商会は，初代社長岩下と深い関係を有し全面的な請負契約を結んだと考えられ
　　る。しかしその後の契約解除と営口水電直営化については，岩下らに代わり経営の中
　　核となった満鉄社史記述では，才賀電気商会の経営が「事業振ハス明治四十二年上半
　　期迄ハ僅ニ配当三分ヲ成セシモ其後配当スル能ハス経営困難ニ陥」ったため(南満洲
　　鉄道株式会社『南満洲鉄道株式会社十年史』1919年，682頁)，満鉄が援助を依頼さ
　　れ出資・経営参画し「漸次堅実なる業態」となったとあり(南満洲鉄道株式会社『南
　　満洲鉄道株式会社第二次十年史』1927年，959頁)，請負経営期の営業成績は低評価
　　であった。しかし，営口水電の事業報告書や社史的記述には「開業直後は多少の非難
　　ありしも発電機を増加し諸機器に改良を加へらるを以て其後の成績順調」であった
　　が，「双方の合意に依り」契約を解除したとある(前掲注13)。毎期の請負料金の納入
　　状況も問題なく，満鉄社史記述のいう営業不振による更迭とは考えがたい。そこで本
　　章ではむしろ日中間での経営権をめぐり展開した株式保有比率の問題に着目し，後述
　　の満鉄への株式集約による日系大型株主形成と，それに伴う日本人役員の転換が要因
　　となり，契約解除となったと考える。

19)　この点は，「満洲国」期の事業合同政策に対する営口水電の主体的対応という観点
　　から，別稿で論じることとしたい。

20)　前掲注1，1～42頁。

21)　異論として，合弁企業とは条約や特殊な契約により成立し，その企業に対する特
　　別法令が制定されたもののみを指し，単に日中国内法に準じて設立されたものは含ま
　　ないという考えも紹介している。また同様に，[金子1991]は満鉄調査課『満蒙に於

ける日本の投資状態』(1928 年)の投資区分から，合弁企業の基準を日本商法に基づか
ないもの(特殊契約・条約準拠，本渓湖煤鉄公司と鴨緑江採木公司が代表)とし，営口
水電は日本企業(日本商法準拠)の「満州本社企業」に分類している(50〜62 頁)。

22)　日中合弁形式での事業化そのものは，営口電気会社の例のように営口水電設立前
に開始していたが安定化に至らず，結果的に営口水電が「嚆矢」と認識されたと考え
られる

23)　株主数は，株主名簿と各期「事業報告書」株式状況報告の総数と日中内訳から補
記した(図 4-3)。保有株式数まで含む株主データは，株主名簿から作成した(図 4-4，
第 31 期以降欠落が多く判明分のみ表示)。

24)　平岡佳吉は 1858(安政 5)年に現・石川県に生まれ，1887(明治 20)年に渡米して鉄
道会社に勤務したのち，1893 年に帰国，日本鉄道に入社して技師として勤務する。
1904 年の日露戦争に際して日鉄を辞職し，8 月に営口へ入り平岡組を設立，木材・建
築資材販売および倉庫業を営む有力実業家となった(『満洲紳士録　前編』1907 年，
260〜261 頁。伊藤武一郎『満洲十年史』付録「成功せる事業と人物」，192〜193 頁，
1916 年)。岡部次郎は 1864(元治元)年に現・長野県に生まれ，渡米してカリフォルニ
ア大学・シカゴ大学で学び(ハワイ王国政府顧問の経験もあり)，さらに欧州の大学に
遊学。帰国後は外務省翻訳官，北海タイムス主筆となる。日露戦争に際して外国通信
員監督として従軍，戦後も営口にとどまり軍政署外交課長，営口居留民団長・行政委
員会議長となる。1908(明治 41)年に営口領事の賛助および官有財産出資のもとに新
聞社・満洲新報社を設立，社長となる。営口水電のほか，正隆銀行取締役を務める。
1912(大正元)年に衆議院議員当選(〜1920 年)，1916 年に海軍参政官に就任(同年 2 月
に営口水電監査役を辞任)している(広幡明男『代議士詳覧』大正 13 年 5 月当選，
327〜328 頁，泰山堂，1924 年。『満洲十年史』付録「成功せる事業と人物」，193〜
194 頁。加藤紫泉『新代議士名鑑』，199 頁，国民教育会，1924 年)。松本員男は 1869
(明治 2)年福島県生まれ。渡満して実業界に身を置いたのち，営口水電の創立ととも
に入社。1923(大正 12)年から満鉄営口地方委員会議長を務めるが，1931 年の満洲事
変軍隊慰問の帰途に重傷を負い公職から退く。その後実業界に復帰し，営口水電社
長，同社出資の綏中電燈公司監事に就任するとともに，協和会営口県本部長なども務
める(中西利八編著『満洲紳士録』1937 年，26 頁)。関甲子郎は 1872(明治 5)年東京
生まれで，漢学を学んで 1896 年に渡台，台湾総督府で陸軍通訳として勤務する。そ
の後日露戦争に従軍，1906 年に再度渡満して天日食塩事業に従事。そして 1907 年の
営口水電設立に関与し 10 月に入社するが，12 月に退社し三和公司(船舶運輸業)，満
洲タルク株式会社等を設立。それらの経営により営口有力実業家となり，満鉄営口地
方委員，営口商業会議所の役員などの公職も務めた(『支那在留邦人興信録』，20 頁，
東方拓殖協会，1926 年。『満洲紳士録』1937 年，1458〜1459 頁)。

25)　木下鋭吉は 1871(明治 4)年長野県生まれ。1892 年に鉄道庁に就職，1907 年に満鉄
へ入社，用度課購買主任となる。1911 年に満鉄を辞して営口水電に入社，支配人に
挙用され，1915 年に取締役となる。このほか，営口居留民団行政委員会議長や，

　　　1920（大正 9）年営口商業会議所設立時の副会頭など，公職を歴任している（『支那在留邦人興信録』，18 頁。『満洲十年史』付録「成功せる事業と人物」，191～192 頁）。

26）　「竜門雑誌」第 220 号，明治 39 年 9 月（『渋沢栄一伝記資料』第 16 巻，740 頁）。

27）　岩下社長自身が「大ニ注意ヲ払ヒ可成日本人ノ株主タランコトヲ勧誘シ」たと述べている（JACAR（アジア歴史資料センター）Ref. B10074064300（第 68 画像目から），陳情書（営口水道電気株式会社社長岩下清周）／営口水道電気株式会社関係雑纂（3. 3. 2）（外務省外交史料館）。

28）　この傾向は 1910 年代半ばまで確認できる。その後，株主数自体の増減が見られるため平均持株数は 60～100 程度の範囲で変動する（減資後は株式発行高の半減に伴い持株数も半減）が，中小・零細層を主体とする中国人株主の基本的構造は変わらない。

29）　「営口故事略記」（今井榮量文書）。なお，日露戦前における日本の営口進出については，［金子 1991, 21-34］，［高嶋 1984］を参照。

30）　JACAR（アジア歴史資料センター）Ref. B10074064300（第 86 画像目から），牛荘領事窪田文三発外務大臣林董宛「営口水道電気株式会社ノ現状ニ関スル件」・営口水電支配人天春又三郎発牛荘領事窪田文三宛「事業経過報告」／営口水道電気株式会社関係雑纂（3. 3. 2）（外務省外交史料館）

31）　JACAR（アジア歴史資料センター）Ref. B10074063800（第 85 画像目），営口水道電気株式会社関係雑纂（3. 3. 2）（外務省外交史料館）

32）　同前，Ref. B10074063800（第 86 画像目から），営口水道電気株式会社ノ現状ニ関スル件。

33）　同前，Ref. B10074063800，営口水道電気株式会社関係雑纂（3.3.2）。

34）　戸部銀行（1908 年大清銀行に改称）による「約五千株」の買収の実態は定かではない。戸部銀行の株主名簿初出は第 3 期（1908 年 4 月末），持株数は 3308 株であるが，これは葉亮卿（商号：東盛和）の倒産を受けて，同行が債権処理で継承したものが主体である（倒産前の 10 月末で，葉亮卿名義 2193 株・葉侶琴名義 1000 株）。第 4 期以降もこれを維持し（一時的に 100 株増），第 15 期に姿を消すため「約五千株」を買収した事実はつかめないが，中国側に何らかの動きがあり，それに危機感を募らせたのは確かなようである。なお，東盛和の破綻と営口経済界の動向については，［倉橋 1981, 1983］

35）　前掲注 27，陳情書（営口水道電気株式会社社長岩下清周）／営口水道電気株式会社関係雑纂（3. 3. 2）。明示はないが，提出先は牛荘領事と考えられる。

36）　当該期の営口は，前年の東盛和倒産を契機とした地域経済恐慌に見舞われており，中国人事業者の倒産が相次いだ。そのなかで中国人株主から放出された株式の大清銀行による集約は可能であったと想定される。しかし前述のように，同行の各期末持株数に大きな変動が見られず，史料制約上期内の売買実態は不明であるため，ここではその可能性を指摘するにとどめる。戸部銀行や某清国官吏の 5000 株買収説もこれらに関連する表現と考えられる。

37）　「日支関係ヨリ見タル営口水道電気株式会社ノ沿革」（今井榮量文書）。

38)　なお，本格出資に至る過程を含めて，満鉄の営口水電に対する経営支配確立とその後の傘下企業としての経営展開については，当該期の日本政府の大陸政策や株式取得以外の金融支配的分析等とあわせ，別稿で検討したい。

39)　「第 10 回事業報告書」および「第 11 回事業報告書」。

40)　前掲注 37。

41)　JACAR（アジア歴史資料センター）Ref. B10074064100（第 20 画像目から），清国貧民ニ水道水供給ノ一件／営口水道電気株式会社関係雑纂（3.3.2）（外務省外交史料館）。

42)　橋本戊子郎監査役報告（1925 年 5 月，前掲注 37）。

43)　前掲注 37。

44)　1908 年に不足額 136 万円分を大清銀行と北浜銀行（頭取は岩下）から借入れたが，満鉄出資による日系経営陣交替に伴い，すべてを満鉄から借換えた（「第 5 回事業報告書」・「第 9 期報告書（中文）」）。

45)　この財源内訳および日本商法上の手続き（株式所有権喪失宣言の後，会社へ移属，再公売）の詳細は不明であるが，第 40／41 期における特別積立金変動が 96 万円から 59 万円（前期利益金処分繰入金 3 万円を含む）であるから，要望通り特別積立金から 40 万円，残金を現金から充当したと考えられる（「第 40 回事業報告書」および「第 41 回事業報告書」）。

46)　以下，特に断らない限り，出典は前掲注 37。

47)　東京帝国大学卒業後，1909 年外務省に入り中国各地で勤務経験を積み，1927 年に通商局長から満鉄理事となっている。

48)　郝相臣は李翰三と同じ厚発合で総経理を務め，当時，営口総商会長，奉天全省連合商務会長職にあり，かねてから「同社取締役の椅子を狙ひ居たる」と評されていた。

49)　後述の今井の資料中に「一片の書信を以て拒絶する」とあり，顧問等の役職設置の形跡も認められない。

50)　今井榮量は 1887（明治 20）年長野県生まれ。九州帝大電気工学科を卒業，明治専門学校電気学科の教授となる。1917（大正 6）年に満鉄入社，電気作業所に勤務。この間米国，ドイツに留学，旅順工科大学講師を兼務。1926 年の南満洲電気株式会独立改称に伴い常務取締役技師長となる。1931（昭和 6）年に営口水電社長に就任（～1934 年），1933 年から日満マグネシウム株式会社社長兼務。1938 年に大坂電気株式会社取締役技師長に転じるが，1944 年に満鉄顧問となり中央試験場に勤務，終戦後は中央鉄路公司中央科学研究所，東北工鉱処бин西弁事処，東方行政委員会吉林化学公司に在籍，1949 年現地にて死去（満洲日報社編『満蒙日本人紳士録』1928 年，26 頁および履歴書（今井榮量文書））。なお，本章で使用している「今井榮量文書」は同人による作成・収集記録群である。

51)　満鉄監理部管理課長事務取扱参事田所耕耘「復命書」（今井榮量文書）。

52)　「営口水道電気株式会社財政根本立直策ノ件」，「日支関係ヨリ見タル営口水道電気株式会社ノ沿革」等（今井榮量文書）。

53)　前掲注 37，7，同社今後に対する方針私見（今井榮量文書）。

54)「事業報告書」では，1912 年の木下着任を最後に支配人職の記載がなく確証はな
　　いが，1915 年の木下の専務取締役着任に伴い，松本が後任を務めたと推定される。
　　松本は長期の現地経験から中国人役員の信頼も厚く，今井の社長就任に際して負傷を
　　理由に辞意を漏らしたが，中国側から留任が要望され（前掲注 50），結果的に取締役
　　から社長へと転じ中核を担い続けた。

55)「第 73 回事業報告書」。

参 考 文 献

鈴木 2007：鈴木邦夫編著『満州企業史研究』日本経済評論社

満電 1976：「満洲電業史」編集委員会編『満洲電業史』満洲電業会

石田 1978：石田武彦「中国東北における産業の状態について：1920 年代を中心に（その
　　1)」北海道大学『経済学研究』第 28 巻第 4 号

田代 1999：田代文幸「満洲電業株式会社の研究」（博士論文）北海学園大学

金子 1991：金子文夫『近代日本における対満州投資の研究』近藤出版社

塚瀬 1990：塚瀬進「日中合弁鴨緑江採木公司の分析——中国東北地域における日本資
　　本による林業支配の特質——」アジア経済研究所『アジア経済』第 31 巻第 10 号

高嶋 1984：高嶋雅明「正隆銀行の分析——満州における日清合弁銀行の設立をめぐっ
　　て——」和歌山大学『経済理論』第 198 号

迎 2012：迎由理男「安田財閥の対外投資——正隆銀行経営を中心に——」北九州市立
　　大学『商経論集』第 47 巻第 1・2 号

倉橋 1981：倉橋正直「営口の巨商東盛和の倒産」東洋文庫『東洋学報』第 63 巻第 1・2
　　号

倉橋 1983：倉橋正直「営口東盛和事件の裁判——清末における商事裁判の一事例——」
　　『歴史学研究』第 517 号

第5章　1940年代初頭の奉天市における中国人工場の地域分布
──『満洲国工場名簿』の分析を中心として──

張　　暁　紅

は じ め に

問題の所在と本章の目的

　本章は，1940年代初頭の満洲国奉天市（現：瀋陽市）における中国人工場の生産活動を地域分布の分析を中心に考察することを目的としている。具体的には，『満洲国工場名簿』（経済部工務司，1940年末現在）のデータをベースに，日本人工場と比較して，中国人工場はどの地域に分布し，いかなる業種に従事していたのかを検討することによって，工業生産における中国人工場の役割，および中国人資本を媒介とする奉天都市経済の地域間のつながりを明らかにする。

　奉天市は満洲国の最大の工業都市であった。1920年代には綿業を代表とする工業生産が発展の黄金期を迎えようとしたが，満洲国の成立後，4大工業都市の一つに指定され，軍需生産に寄与すべく重工業は飛躍的な発展を遂げた。一方，消費財生産は割合が少なくなったものの，都市人口の大幅な増加に牽引されて生産額が増えた。このように，奉天市の工業生産規模は満洲国期に増加し続け，1943年頃にピークに達した。

　満洲国期に奉天市街も拡張された。1920年代まで奉天市は旧市街を中心としていたが，満洲国期になると，日本による統制の強化によって鉄西区やそれに隣接する日本人街などの新市街の建設が急速に進められた。このようにして，奉天市では，「既存の都市」である旧市街に対して，「植民地都市」

としての新市街が形成され，帝国日本によって支配された都市として，「既存の都市と植民地都市」[橋谷2004, 39]が並存する特徴が顕著に見られる都市となったとされている。

満洲国期の奉天市について，これまでの植民地としての都市形成や都市内部における商人活動の視点から，橋谷弘は，奉天市は「既存の都市の近くに新たに日本の植民地都市が形成されたため，二つの都市が重ならずに並存して」いるという特徴を有していることを明らかにした[橋谷2004]。塚瀬進は，奉天内部で活動していた日本商人のなかで多数を占めていた附属地の小売日本商人が中国人の経済活動に関わっていた側面は希薄であったこと，営む商業内容によって例外もあるものの，日本人の居住も商業的活動も満鉄附属地に集中していたことを指摘している[塚瀬1997, 2004]。奉天の都市形成や住居・商工業者経営活動の展開地域などを国籍別で見ると，奉天は概ね以上のような特徴をもっていることは確かではあるが，それだけではない。

本章の中国人工場の分析を通して明らかなように，奉天の都市経済は先行研究で指摘されているようにきれいに二分割できるような単純な構造ではなく，実際は新市街の形成過程において，中国人工場も積極的に当該地域あるいはその隣接地域に進出していた。彼らは，規模は小さいものの，生産内容には日本人中小規模工場と大差がなかった。しかも，一部有力中国人工場は日系大規模工場の下請工場として機能し，成長を遂げていた[張2013]。新市街やそれに隣接する地域に立地するこれらの中国人資本は「既存の都市」と「植民地都市」の間に活躍する媒介的な役割を果たし，工業生産において，両地域はそれぞれの特徴があったにせよ，境界線らしきものはなかったことを物語る存在であったといえよう。

ところが，戦時統制期の満洲国都市を拠点とする中国人工場の数や彼らが果たした役割などについての本格的な研究は，管見の限り十分になされてきたとはいえず，その全体像への把握は不完全なままになっている。風間秀人[風間2007]は『満洲国工場統計』に依拠して満洲国工業生産の担い手であった土着資本と日本資本に着目して，1930年代において日本資本大工場の発展と土着小工場の生産縮小が見られたという全体的な動向を明らかにした。

拙稿[張 2007, 2013]は，それぞれ 1920 年代の紡織工業，とりわけ綿織物業において中国人中小綿織物工業が発展していたことや満洲国期の中国人機械器具工場が日系大規模工場の下請工場として奉天工業化に重要な一環を担ったことを検証した。また白木沢旭児[白木沢 2010]の研究も中国人工場の重要性を指摘した。しかしながら，満洲国最大の商工業都市であった奉天市においてでさえ，中国人工場の数や地域分布，いかなる業種に従事し，都市経済発展にどのようなかたちで寄与していたのか，などの基本的事項に関しても解明されているとはいいがたい。このような状況をもたらした原因については，満洲国経済研究の重化学工業への偏奇も指摘できるが，そもそも資料的に得られるデータが少ないことが最大の要因であろう。中国人工場は満洲国並びに日系工場管理機構外にあったため，その実態調査は 1941 年まで行われなかった[1]。鈴木邦夫『満州企業史研究』[2]でも指摘されている通り，個人企業（そのほとんどは中国人工場である）について得られるデータが少ないため，実態把握が困難である。これまで，満洲国経済分析において使用される諸統計では，中国人工場を集計した数には大きな相違が見られ，統計範囲から外れた多くの中国人工場の存在が重要視されないまま今日に至っている。そこで，本章ではまず中国人工場に関する統計データの検討から始めたい。結論からいうと，当該時期の統計や名簿類に関していえば，経済部工務司編纂の『満洲国工場名簿』や『満洲国工場統計』は中国人工場を比較的広範囲に集計しており，中国人工場を対象とする研究に適合している。

『満洲国会社名簿』と『満洲国工場名簿』の比較

　表 5-1 は，満洲中央銀行『満洲国会社名簿』（1943 年 3 月末現在）と『満洲国工場名簿』（1940 年末現在）に収録されている，奉天市の代表者国籍別工場数である[3]。

　A の『会社名簿』では，国籍別合計会社数 693 社のうち，日本人工場 631 社，それに対して中国人工場はわずか 62 社である。さらに，資本金規模別に見ると，中国人工場は資本金 20 万円以上の比較的規模の大きいものは 8 社で 1.2％しか占めておらず，小規模零細企業が中心であった。

表 5-1　1940 年代奉天市の代表者国籍別工場数

A)『満洲国会社名簿』による記載

業種別	中国人			日本人	国籍別計
	資本金 20 万円以上	資本金 20 万円未満	小計		
紡績工業	0	2	2	19	21
金属工業	1	6	7	54	61
機械器具工業	2	10	12	138	150
窯業	2	5	7	32	39
化学工業	1	3	4	113	117
食料品工業	1	10	11	78	89
製材及木製品工業	0	3	3	17	20
その他工業	1	15	16	180	196
業種別計	8	54	62	631	693
割合	1.2%	7.8%	8.9%	91.1%	100.0%

出所)満洲中央銀行『満洲国会社名簿』(1943 年 3 月 31 日現在)．1943 年より作成

B)『満洲国工場名簿』による記載

業種別	中国人		日本人		国籍別計
紡織工業	265	87.7%	37	12.3%	302
金属工業	171	77.0%	51	23.0%	222
機械器具工業	134	62.0%	82	38.0%	216
窯業	76	52.4%	69	47.6%	145
化学工業	113	67.7%	54	32.3%	167
食料品工業	136	60.2%	90	39.8%	226
製材及木製品工業	121	81.2%	28	18.8%	149
印刷及製本業	69	68.3%	32	31.7%	101
雑工業	321	81.3%	73	18.5%	395
業種別計	1,406	73.1%	516	26.8%	1,923

注)出所元名簿には B 表の「雑工業」に「その他工場」が 1 件含まれるが，B 表では割愛した。ただし国籍別計の雑工業欄および業種別計欄は，その 1 件を入れた合計としている。
出所)経済部工務司『満洲国工場名簿』(1940 年末現在)．1941 年より作成

　一方，B の部分に集計した『工場名簿』に掲載された奉天市の工場数を見ると，国籍別合計 1933 工場のうち，中国人 1406 工場(72.7%)，日本人 516 工場(26.7%)となっており，『会社名簿』の資本別割合と異なることが確認できる。B『工場名簿』と A『会社名簿』を比較すれば，日本人工場は，1940 年の B『工場名簿』では 516，1943 年の A『会社名簿』では 631 であり，大きな変化はなかった[4]のに対し，中国人工場は前者では 1406，後者

ではわずか62社であり，これは両名簿の収録データ（統計範囲）が違っていたことによるものと考えられよう。

　表5-1のA『満洲国会社名簿』は満洲中央銀行によって編纂され，1940年版から1943年版まである[5]。1943年版では，1943年3月31日現在の満洲国内の40以上の都市および地域の会社情報を資本金20万円以上と資本金20万円未満，株式会社・合資会社・合名会社と組織形態別に，さらに鉱業，紡績工業，金属工業，機械器具工業，窯業，化学工業，食料品工業，製材及木製品工業，その他の工業，農林水産開拓業，交通業，物品販売業，金融業，その他の商業，雑業の15の業種別に分類して収録されている。データの内容は，会社名，本店所在地，設立年月日，資本金額（公称，払込），営業目的，代表者などである。同名簿が網羅している会社数は，満洲国全域において，資本金20万円以上の会社1368社，20万円未満会社3570社である。奉天市の工業部分だけ抽出すれば，表5-1のAの部分になる。

　一方，（満洲国）経済部工務司『満洲国工場名簿』（1937年までは『満洲工場名簿』）は1935年から1942年までの満洲国工場を知る優れた資料である。1940年末現在の実態を収録した1941年版は，日本国内で入手できる最も遅い時期のものである[6]。同名簿は，「五人以上ノ職工ヲ使用スル設備ヲ有シ，又ハ常時五人以上ノ職工ヲ使用スル工場」を収録範囲としている。ただし軍に属する，あるいは官営工場，発電業関係工場は含まれていない[7]。同資料には中分類の工業内容を地方別に，さらに地方別を国籍別に分けている。工場名簿のデータ内容には，工業主国籍別，工場名，工場所在地，工場主の氏名または名称，主要生産品，職工数（男女別），開業年月などの情報が含まれている。本章では中分類における奉天省のなかの工場所在地が奉天市として登録された工場を抽出した。資料に収録される満洲国総工場数1万3169のうち，中国人工場1万1181，日本人工場1875，その他113であった。そのうち奉天市は工場総数1981，中国人工場1457，日本人工場523，その他1であった。ただし資源調査規定第五条指定7工場（すべて日本人工場）と休業の部51工場（すべて中国人工場）は，元名簿でも詳細が明らかにされていないため，表5-1には記載していない。

　以上のように，表5-1のAはいわゆる「会社」形態を有する事業体の名簿であり，法人範疇以外の「会社外」事業体のもの，つまり個人事業は含まれていないことである。本章の研究対象である中国人工場に関していえば，9割相当が小規模個人経営の形態に属する[8]ため，『会社名簿』には掲載されていない。

　表5-1のA『会社名簿』によると，1940年代前半において会社数では日本人工場が中国人工場に対して圧倒的であり，奉天経済を支える存在であったという結論に至っても無理はないが，実際のところは，個人経営の中国人工場は規模が小さいものの数が多く，無視できない生産額を有していたのである。

　満洲中央銀行調査部『都市購買力実態調査報告』(1944年)による記録も紹介しておきたい。同資料によれば，奉天市の工業工場における会社形態の資本金20万円以上のものは263社，資本金20万円未満のものは430社であった。同資料は表5-1のAと同じ編纂機関であり，ここまでの会社数の情報は表5-1のA同様であった。しかしそれ以外に，「会社外」工場(いわゆる個人事業)は2872工場もあり，これらの零細資本の主役は中国人工場であると記述されている[9]。

　これまでの考察から，日本人工場による大規模生産が行われる一方で，多数の小規模零細の中国人工場が市内に存在していた構図が浮かび上がろう。

1　地域区分と人口分布

1.1　地域区分

　近代における奉天の都市形成は，清代初期の都時代に遡ることができる。満洲国設立前後になると，奉天市は城内と城外の2つの地域に大別され，さらに城外は満鉄附属地と商埠地に分けられる。それぞれの地域の特徴を概説すると，以下のようになる。

　城内は，図5-1の吉林につながる鉄道線路(奉吉線)の南部に位置する方孔

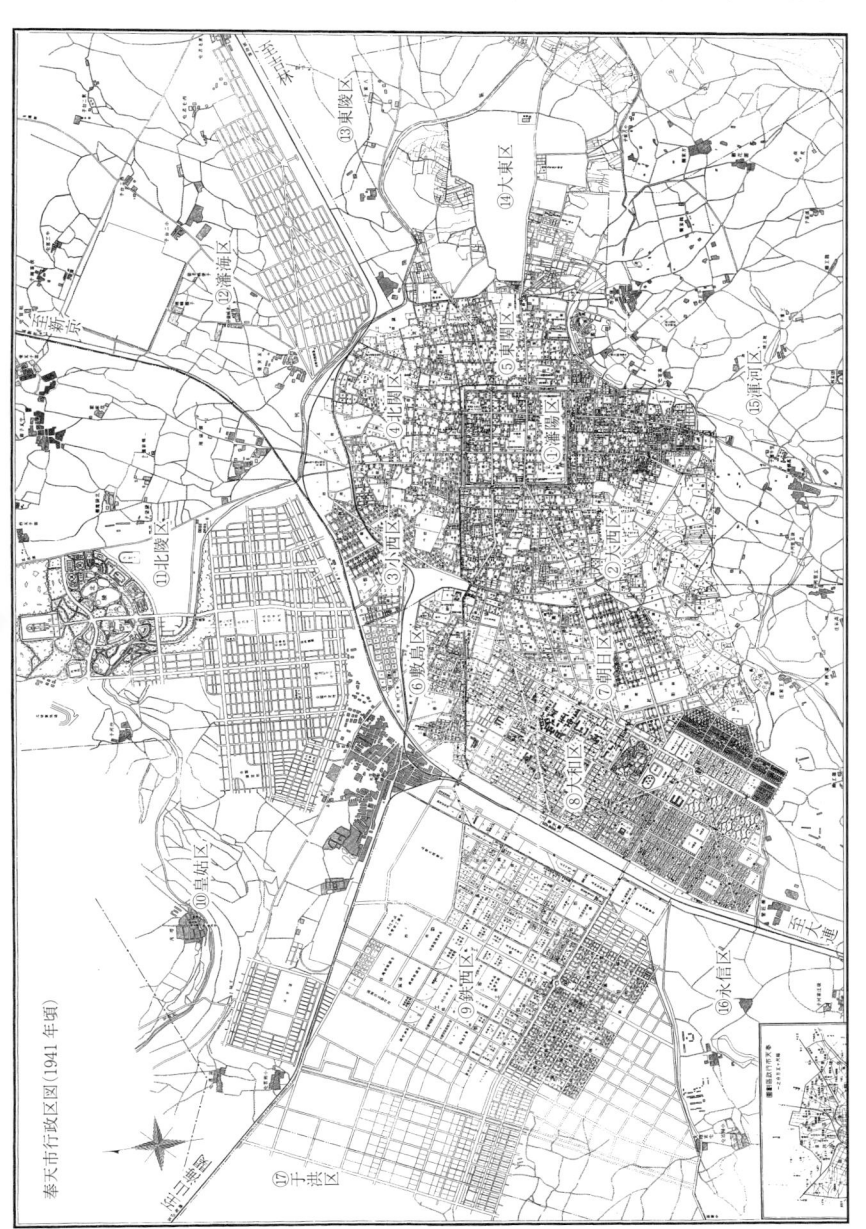

図5-1　奉天市行政区図

注）図面上の表記は筆者によるもの。
出所）満洲日日新聞社『大奉天新区画明細地図』（1939年2月版）より作成

円銭の形をしている地域であり，基本的に都時代の建築構造を継承したものであった。城内の中央に正方形のレンガ壁をもって囲まれた地域があり，その地域は宮殿，督軍公署などが位置する場所であった。城壁には小西，大西，小南，大南，小東，大東，小北，大北の八門があり，外部との交通には関門が設けられていた。城壁の内の「井」字型に交差する4つの大通りを商店街として，小西門より大東門に通じる大通りには鐘楼と鼓楼があった。両楼間は四平街と呼ばれ，各種商店が軒を並べていた。城壁の外は古くから奉天市民の主な住宅街であり，とりわけ大西，小西地域は家内工業や手工業などが発展し，中国人商工業者の本拠地であった。

　商埠地は，東は城内と隣接し，西は満鉄附属地および同線路に接した地域である。清政府が各国商人の居住営業地域として指定した地域である。

　満鉄附属地は，満鉄線路を挟み商埠地の西側の地域を占めている。日露戦争後日本がロシアより東清鉄道南半分を譲り受けるとともに継承したものである。その後，満鉄附属地の都市計画の進展とともに，鉄道線西側の工業地区（のちの鉄西区）や東側の商業地域，さらには日本人住宅街（のちの大和区）が形成され，発展した。ちなみに，鉄西区は，鉄西工業区とも呼ばれ，満洲国設立後，中核工業地に指定されたため，機械器具工業を代表とする日系大工場の産業集積地域となり，満洲国の重工業地として顕著な発展を見せた。

　このように，奉天市の3つの地域は異なる目的・計画をもって形成された。とりわけ，城内は旧市街であり，中国人の密集地域，附属地は植民地的な要素が強いことはいうまでもない。

　満洲国建国1年後，「満洲国経済建設綱要」（1933年3月）が施行され，そこでは奉天市を含む満洲国の重要都市の今後の発展方向を位置づける「都市計画」が打ち出された。奉天市は哈爾濱，吉林，斉斉哈爾（チチハル）と並んで「適当な時期に近代的都市計画の実現を期す」都市として，第一期都市計画実施都市に指定された。都市計画の遂行を受けて，1937年1月奉天市都邑計画区域が決定され，地籍整理の業務も開始された。同年3月に市街隣接の瀋陽県の14ヶ村を市域に編入し，同年12月に満鉄附属地行政権移譲が実現した。さらに1938年1月1日より奉天市区条例が施行され，市内に瀋陽

区，大和区，鉄西区，皇姑区，北陵区，瀋海区，東陵区，大東区，渾河区，永信区，于洪区の11区が設定された。

　その後，奉天市は人口の増加に伴い都市規模はさらに拡大し，1941年1月に行政区が編成替えされた。人口が集中していた瀋陽区と大和区はそれぞれ5つの区と3つの区に分割され，市内は①瀋陽区，②大西区，③小西区，④北関区，⑤東関区，⑥敷島区，⑦朝日区，⑧大和区，⑨鉄西区，⑩皇姑区，⑪北陵区，⑫瀋海区，⑬東陵区，⑭大東区，⑮渾河区，⑯永信区，⑰于洪区の17の行政区になった(図5-1参照)。

　筆者は満洲国期の奉天市を①～⑤区を旧市街，⑥と⑦区を準新市街，⑧と⑨を新市街，⑩～⑰区を周辺地域，という4つのエリアに分けて都市商工業を検討する。その理由については後述するが，簡単に触れておくと，すでに述べたように，これまでの研究では，植民地都市としての奉天市に対しては，「既存の都市」にあたる旧市街と新たに開発・発展した「植民地都市」にあたる新市街の二重構造，という認識が一般的である。つまり単純にいうと，奉天市は上記地域区分の①～⑤区にあたる旧市街(旧来の「中国的」)と⑧～⑨区にあたる新市街(外来の「日本的」)によって形成されているといわれ，旧商埠地の⑥～⑦区や周辺地域の⑩～⑰区の存在に奉天都市経済におけるその役割が重要視されてこなかったといえる。後述する人口分布や中国人工場分布の分析で明らかなように，まさにこれまで注目されてこなかった準新市街地域においては満洲国の新興産業として成長した機械器具工業の中国人工場が盛んに活動しており，旧市街と新市街，中国人資本と日本人資本をつなぐ重要な中間地域になっていた側面が強かったのである。

1.2　国籍別人口分布

　次に，1940年代初頭の奉天市の人口分布について見てみよう。表5-2は1942年現在奉天市区別面積と人口を表したものである。これによれば，奉天市各区域のなかで，敷地面積では⑩～⑰の周辺地域は割合が大きく，全体の約80％を占めていた。人口では，旧市街地域と周辺地域はそれぞれ3分の1，新市街と準新市街は合わせて3分の1を占める構図となっている。人

表 5-2　奉天市区別面積と人口(1942 年現在)

地域別	面積		人口密度	総人口		「満洲人」	「日本内地人」	「朝鮮人」	「外国人」
	(km²)	(%)		(人)	(%)	(%)	(%)	(%)	(%)
①瀋陽区	3.938	1.5	32,268	127,073	8.1	99.2	0.6	0.2	0.0
②大西区	3.489	1.3	30,199	105,363	6.7	98.1	1.2	0.6	0.0
③小西区	2.792	1.1	44,032	122,937	7.8	94.9	2.6	2.4	0.0
④北関区	3.814	1.5	25,551	97,450	6.2	99.2	0.4	0.4	0.0
⑤東関区	2.797	1.1	32,017	89,551	5.7	99.1	0.6	0.2	0.0
⑥敷島区	2.164	0.8	43,598	94,345	6.0	77.9	7.1	14.8	0.2
⑦朝日区	8.092	3.1	10,886	88,089	5.6	75.5	22.6	1.8	0.1
⑧大和区	9.034	3.4	17,569	158,717	10.1	25.2	69.0	5.4	0.4
⑨鉄西区	17.985	6.9	10,598	190,607	12.1	79.0	16.6	4.4	0.0
⑩皇姑区	18.010	6.9	11,347	204,360	13.0	87.6	3.2	9.2	0.0
⑪北陵区	26.290	10.0	2,609	68,594	4.3	73.5	18.2	8.2	0.1
⑫瀋海区	23.305	8.9	1,823	42,479	2.7	94.4	2.9	2.7	0.0
⑬東陵区	32.245	12.3	312	10,047	0.6	98.4	1.3	0.1	0.0
⑭大東区	22.110	8.4	4,637	102,514	6.5	86.6	12.4	1.0	0.0
⑮渾河区	24.700	9.4	1,212	29,940	1.9	86.5	12.6	0.9	0.0
⑯永信区	28.440	10.9	1,198	34,078	2.2	97.1	0.5	2.4	0.0
⑰于洪区	32.795	12.5	336	11,032	0.7	87.6	2.4	10.0	0.0
合計	262.000	100.0	6,020	1,577,176	100.0	82.4	13.4	4.2	0.0

注)表中の国籍別の表記は資料のままである。
出所)奉天商工公会『奉天統計年報』1943 年，3，7 頁より作成

　口密度で見れば，旧市街は比較的人口密度が高く，1 km² あたり 2 万 5000
人から 4 万 4000 人前後であった。それに対して，新市街の大和区は 1 万
8000 人弱であり，1940 年の大阪市の人口密度をやや上回る規模であった。
　さらに，奉天市における国籍別人口の分布比率について見ると，全人口に
占める割合は，中国人(表中「満洲人」)82.4％，日本人(表中「日本内地人」)
13.4％，朝鮮人 4.2％，その他外国人 0.0％となっていた。①〜⑤旧市街では
中国人が居住し，⑥と⑦準新市街では中国人が 77.9％と 75.5％，新市街の⑧
大和区では日本人が 69.0％を占めているが，⑨鉄西区においては中国人が多
く，79.0％を占めていた。朝鮮人は地域別に⑥敷島区と⑰于洪区においては
当該地域人口の 10％以上を占めており，それ以外では⑩皇姑区と⑪北陵区
には多かったが 10％未満の分布であった。
　新市街と準新市街に居住する中国人の職業について精察することはできな

いものの，男女別割合を見ると，女性 100 人に対して男性は，奉天市全体は
159.0 であったのに対し，⑧大和区は 332.4，⑨鉄西区は 201.6 で単身男性が
多く，⑥敷島区と⑦朝日区はそれぞれ 149.3 と 169.7 であった前者は出稼ぎ
の可能性が高く，後者は家族生活を営みながら居住するケースが多いと想定
できよう[10]。新市街や準新市街における中国人の居住は，当該地域における
中国人資本の活動に直接に関係していたと考える。

2　工　場　分　布

2.1　概　　　観

　資料によれば，1940 年の奉天市工業生産額において，日本人工場は 2 億
9575 万円（60.4％），中国人工場は 1 億 9422 万円（39.6％）であった[11]。筆者
の研究でも，日本人工場は生産額の約 6 割以上，中国人工場は約 4 割未満を
占めていたという分析結果を得ており[12]，1940 年代初頭の奉天の工業生産
額において日本人工場は優位を占めていたことがわかる。しかし一方，工場
数で見ると，いずれの業種においても中国人工場数が日本人工場より多かっ
た。表 5-3 のように，1940 年の奉天市では，工場数の多い業種順に雑工業
（394）では中国人 321，日本人 73，紡織工業（302）では中国人 265，日本人
37，機械器具工業（216）では中国人 134，日本人 82，食料品工業（216）では中
国人 136，日本人 90，金属工業（215）では中国人 171，日本人 51，化学工業
（167）では中国人 113，日本人 54，製材及木製品工業（149）では中国人 121，
日本人 28，窯業（145）では中国人 76，日本人 69，印刷及製本業（101）では中
国人 69，日本人 32 となっていた。

　他方，中国人工場と日本人工場は工場所在地の分布上において偏倚があっ
た。図 5-2 は 17 区で見た地域別国籍別工場の分布である[13]。図から以下の
3 点が確認できる。

　第一に，工場数の多い順で配列すると，①瀋陽区 437，④北関区 308，⑧
大和区 211，⑨鉄西区 201，③小西区 174，⑦朝日区 165，②大西区 135，⑤

表 5-3　奉天市の業種別代表者国籍別工場数(1940 年)

業種別		工場数		業種別		工場数	
		中国人	日本人			中国人	日本人
紡織工業	計	265	37	50　鉱油製造業		0	0
1　生糸製糸業		0	0	51　大豆油製造業		23	1
2　柞蚕糸製造業		0	0	52　大豆油以外の植物油製造業		17	1
3　綿糸紡績業		0	2	53　加工油製造業		0	0
4　絹糸紡績業		0	0	54　パルプ製造業		0	0
5　麻糸紡績業		0	1	55　製紙業		12	3
6　毛糸紡績業		0	1	56　人造肥料製造業		0	0
7　綿織物業		83	3	57　製革業		19	3
8　絹織物業		3	0	58　コークス製造業		0	0
9　麻織物業		0	1	59　練炭製造業		0	0
10　毛織物業		5	2	60　ゴム製品製造業		0	16
11　人造絹織物業		3	0	61　その他		29	5
12　スフ織物業		0	0	食料品工業	計	136	90
13　莫大小製造業		96	7	62　日本酒製造業		0	10
14　染色業		56	12	63　支那酒製造業		9	3
15　繰綿業		0	0	64　洋酒醸造業		2	3
16　製綿業		0	6	65　味噌醤油製造業		20	9
17　その他		19	2	66　清涼飲料製造業		7	5
金属工業	計	171	51	67　製氷業		0	1
18　金属精錬業		0	5	68　製粉業		17	1
19　鉄鉄鋳物業		50	13	69　澱粉製造業		0	0
20　その他の金属鋳物業		0	1	70　製糖業		0	1
21　ボルト,ナット,ワッシャー,リベット製造業		8	9	71　製菓業		55	40
22　蹄鉄業		2	2	72　缶詰瓶詰製造業		0	2
23　釘類製造業		0	2	73　畜産品製造業		0	0
24　建築橋渠鉄塔等建築材料製造業		0	4	74　水産品製造業		0	0
25　その他鋳物以外の金属製品製造業		111	15	75　製麺業		1	2
機械器具工業	計	134	82	76　調味料製造業		0	0
26　普通機械器具製造業		47	25	77　製穀業		24	11
27　精密機械器具製造業		21	19	78　その他		1	2
28　電気機械器具製造業		2	8	電気工業	計	0	0
29　車輛製造業		26	16	79　発電業		0	0
30　鉄道用品製造業		0	1	瓦斯工業	計	0	1
31　造船業		0	0	80　瓦斯製造業		0	1
32　その他		38	13	製材及木製品工業	計	121	28
窯業	計	76	69	81　製材業		30	10
33　陶磁器製造業		1	2	82　木製品製造業		91	18
34　硝子及硝子製品製造業		7	8	印刷及製本業	計	69	32
35　普通煉瓦製造業		67	42	83　印刷及製本業		69	32
36　特殊煉瓦製造業		0	3	雑工業	計	321	73
37　セメント製造業		0	0	84　皮革製品製造業		54	12
38　セメント製品製造業		0	8	85　裁縫業		66	31
39　石灰製造業		0	0	86　燐寸製造業		1	0
40　マグネサイトドロマイト焼成業		0	0	87　煙草製造業		2	4
41　屋根瓦製造業		0	1	88　紙製品製造業		30	10
42　その他		1	5	89　竹製品製造業		12	0
化学工業	計	113	54	90　籠製品製造業		12	0
43　製薬業		0	3	91　帽子製造業		33	4
44　工業薬品製造業		0	9	92　毛筆製造業		7	0
45　染料製造業		0	0	93　履物類製造業		45	0
46　塗料顔料製造業		5	6	94　石工品製造業		4	0
47　石鹸製造業		1	4	95　線香製造業		10	0
48　蝋燭製造業		7	2	96　配合飼料製造業		0	0
49　火薬類製造業		0	1	97　その他		45	12

出所)表 5-1 B)に同じ

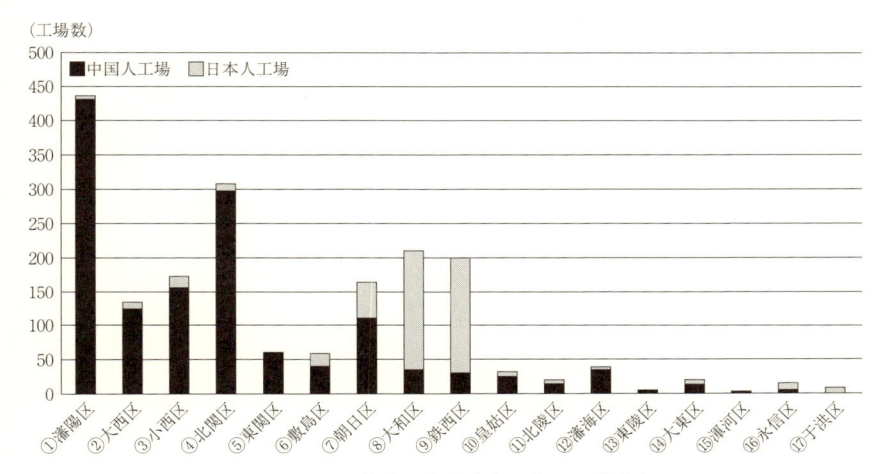

図 5-2　1940 年奉天市代表者国籍別工場分布

出所）表 5-1 B）に同じ

東関区 60, ⑥敷島区 58 となり, 周辺地域の⑩～⑰における分布はわずかで
ある。①～⑤の旧市街(1054), ⑥と⑦の準新市街(223), ⑧と⑨の新市街
(412)を比較すると, 旧市街の工場数が圧倒的に多かったことがわかる。

　第二に, 代表者国籍別で見ると, 中国人工場の数が多かったこと, 中国人
工場の多くが①～④の旧市街, 日本人工場の多くが⑧～⑨の新市街に集中し
ていた。

　第三に, 準新市街に関していえば, 日本人工場の分布も一部を占めている
が, 中国人工場の割合が高かった。本章では, 特にこの点を注目したい。

　図 5-2 に表示していないが, エリア別工場数の多い業種を見れば, 旧市街
の①瀋陽区では雑工業が 182 で最も多く, ほかに紡織工業 65, 金属工業
44, 印刷及製本業 36, 食料品工業 34, 化学工業 31 が存在していた。④北関
区(308)では, 紡織工業 134, ほかに雑工業 48 と金属工業 44 の工場が多
く, ③小西区(174)と④大西区(135)では各業種が比較的バランスよく分布し
ている。旧市街全体で見れば, 雑工業, 紡織工業, 金属工業の割合が比較的
高い。新市街では, ⑨鉄西区と⑦朝日区の工業構成は似ており, 鉄西区

(201)は機械器具工業51，金属工業35，化学工業35，食料品工業23であり，朝日区(165)は機械器具工業53，製材及木製品工業42，金属工業26，窯業21である。他方，⑧大和区(211)では食料品工業67，雑工業52，印刷及製本業30などであり，⑥敷島区(58)は工場数が少なく，比較的多い業種は食料品(14)と金属工業(10)である。その他の周辺地域においては工場数が比較的少ないが窯業工場の分布が高い割合を占めている[14]。

　以下では，生活に密着し，在来的な要素が強い紡織工業，とりわけ綿織物生産と，重化学工業化のもとで成長した新興産業の代表である機械器具工業をそれぞれ取り上げて，中国人工場を検討していこう。

2.2　紡織工場分布

　紡織工業は302工場のうち，中国人工場265，日本人工場37である。表5-4のAの生産内容別国籍別工場数によれば，中国人の工場は莫大小製造業，綿織物業と染色工業の3つの分野に集中しており，高度な機械設備を要し大規模生産に適合する紡績業への参入はなかった。莫大小製造業(96)の内訳は，注文に応じて莫大小製品を加工する工場50，綿製や毛製の靴下生産40，シャツズボン5，その他1となっている。綿織物業(83)の生産内容は，満洲で広範な市場をもつ14-16番手綿糸を原料とする粗布と大尺布の生産が中心であり，ほかに22番手綿糸を原料とする細布や加工綿布，腿帯，毛布などの生産工場であった。染色工業(56)は布染色加工と糸染色加工に分類され，布染色は46，糸染色は10であった。上記3業種のほか，毛織物業5(絨毯生産)，絹織物業3(絹綢生産)，人造絹織物業3(小倉布，人造毛布生産)，その他紡織業19となっている[15]。表5-4のBの規模別の分布を見ると，中国人工場では，職工数30人以下の小規模零細工場が87.9％，職工51人以上の割合が低かった。

　他方，日本人工場では染色工業12，莫大小製造7，製綿業6(中入綿)，綿織物業3，綿糸紡績業2，毛織物業2，毛糸紡績業，麻糸紡績業，麻織物業各1，その他紡織業2であった。工場数は中国人工場より少ないものの，業界を代表する大規模生産工場が多数存在した。たとえば，職工数3162人の

表 5-4　奉天市紡織工業代表者国籍別工場数(1940 年)

A) 生産内容別工場数

業種別内訳	中国人	日本人
合計	265	37
綿糸紡績業	0	2
麻糸紡績業	0	1
毛糸紡績業	0	1
綿織物業	83	3
粗布	31	0
大尺布	21	0
その他	31	3
絹織物業	3	0
麻織物	0	1
毛織物業	5	2
人造絹製造業	3	0
莫大小製造業	96	7
染色工業	56	12
製棉業	0	6
その他	19	2

C) 所在地別工場数

所在地	中国人	日本人
合計	265	37
①瀋陽区	64	1
②大西区	22	2
③小西区	22	2
④北関区	133	1
⑤東関区	12	0
⑥敷島区	2	2
⑦朝日区	0	4
⑧大和区	1	9
⑨鉄西区	0	11
⑩皇姑区	0	2
⑪北陵区	0	0
⑫瀋海区	9	0
⑬東陵区	0	0
⑭大東区	0	1
監獄内	0	1

B) 規模別中国人工場数

職工数別	101 人以上	51～100 人	31～50 人	16～30 人	0～15 人	不明	合計
中国人工場	2 0.8%	8 3.0%	21 7.9%	82 30.9%	151 57.0%	1 0.4%	265 100.0%

出所)表 5-1 B)に同じ

満洲毛織物株式会社(1920 年設立，毛織物)，職工数 1538 人の満洲製麻株式会社(1919 年設立，麻袋生産)，職工数 1419 人の奉天紡紗廠(1921 年設立，綿紡織)，職工数 1213 人の恭泰莫大小紡績会社(1936 年設立，シャツやズボン生産)などがそれである。

　表 5-4 の C の立地では，中国人工場の紡織工場は北関区などの旧市街地域に集中しており，新市街や準新市街への進出はほぼなかった。この点について次項で見る機械器具工業中国人工場の分布と異なる。

2.3　機械器具工場分布

　付表 5-1 は 1940 年の奉天市における機械器具中国人工場の名簿である。日本人工場も含めて名簿の情報に基づいて集約したのは表 5-5 である。それ

によれば，A の生産内容別工場数では，国籍別には，中国人 134，日本人82 工場である。中国人工場の生産内容では，普通機械器具製造業 47，精密機械器具製造業 21，電気機械器具製造業 2，車輌製造業 26，その他機械器具製造業 38 となっている。普通機械器具製造業の生産内容は，織布機部品，ミシンも多いが，鉱山用ウインチ・ローラ・運搬車，水圧機・送風機・圧縮機・リフト生産工場も少なくない。精密機械器具製造業の生産内容はほぼ砲弾弾丸加工，兵器・兵器部分品，軍需品部分品加工に集中していた。車輌製造業は荷車や自転車・三輪車・人力車部品などが中心であり，自動車・機関車部品生産はわずかである。その他機械器具製造業の生産内容は，車輪車軸歯車が一番多く，暖房水道器具はそれに次ぐかたちで，ほかにも雑多な生産内容があった。

　それに対して，日本人工場は普通機械器具 25，精密機械器具 19，電気機械器具 8，車輌 16，鉄道用品 1，その他機械器具 13 の計 82 工場である。中国人工場に比して普通機械器具製造の生産内容は特に独自性が見られないが，精密機械器具には度量衡製造修理や医療機器の生産工場，電気機械器具には配電盤，乾電池蓄電池，通信機の生産工場が存在すること，車輌には自動車部分品修理，その他機械器具には航空機部分品生産が中心をなすこと，などの点では先進的である。

　表 5-5 の B の規模別に見ると，中国人工場は職工数 101 人以上の工場は12(9.0%)，51〜100 人は 10(7.5%)，31〜50 人の工場 28(20.9%)，16〜30 人の工場 56(41.8%)，0〜15 人の工場 28(20.9%)，30 人以下の小規模零細工場が 62.7% を占めていた。日本人工場は 101 人以上の工場は 30 軒の 36.6% を占め，51〜100 人の工場 11 軒(13.4%)，31〜50 人の工場 15 軒(18.3%)，16〜30 人の工場 20 軒(24.4%)，0〜15 人の工場 6 軒(7.3%)となっており，中国人工場より規模が大きいが，中規模工場において，中国人工場数は多かったことを注目したい。以下で検討するように，これらの中規模工場において，中国人工場と日本人工場の間で生産内容には大差がなかったのである。

　表 5-5 の C の国籍別の工場分布では，工場数の多い区は⑦朝日区と⑨鉄西区であり，⑦朝日区では中国人工場 33，日本人工場 20，⑨鉄西区では中

表5-5　奉天市機械器具工業代表者国籍別工場の概況（1940年）

A）生産内容別工場数

業種別内訳	中国人	日本人
合計	134	82
普通機械器具製造業	47	25
織布機部品，ミシン	7	0
鉱山用機械器具・炭車	5	6
水圧送風機圧縮機リフト	5	0
印刷機部品	5	0
旋盤及附属品	4	2
加工修理	4	5
汽缶蒸汽缶	4	0
機械部品	3	7
農業器具	2	2
その他	8	3
精密機械器具製造業	21	19
軍需部品・兵器・弾丸・加工	20	11
電気器具・電球	1	3
度量衡・医療機器	0	3
その他	0	2
電気機械器具製造業	2	8
電池	2	3
変圧器，電動機，配電盤	0	3
その他	0	2
車輌製造業	26	16
荷車,自転車・三輪車・人力車部品	11	3
自動車・機関車部品	4	9
加工	3	1
その他	8	3
鉄道用品製造業	0	1
その他	0	1
その他機械器具製造業	38	13
航空機部品	0	9
車輪車軸歯車	11	0
暖房水道具	8	0
バルブ及コック	3	3
加工修理	3	1
その他	13	0

B）規模別工場数

職工数別	101人以上	51～100人	31～50人	16～30人	0～15人	合計
中国人工場数	12	10	28	56	28	134
	9.0%	7.5%	20.9%	41.8%	20.9%	100%
日本人工場数	30	11	15	20	6	82
	36.6%	13.4%	18.3%	24.4%	7.3%	100.0%

C）工場分布

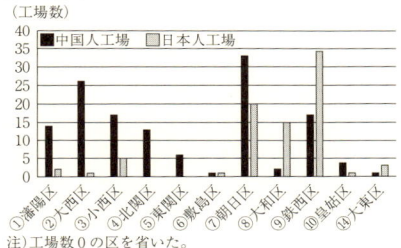

（工場数）

注）工場数0の区を省いた。

D）職工数101人以上の機械器具工業中国人工場名簿

No.	工場名	所在地	主要製品	職工数（人）
1	合名会社大陸工作所	鉄西区	旋盤附属品	190
2	振東製作所	鉄西区	旋盤	178
3	政記鉄工廠	鉄西区	運搬車	265
4	春栄鉄工廠	大西区	砲弾加工	155
5	飛輪自動車機械工廠	朝日区	加工	230
6	合名会社東北鉄工所	鉄西区	運搬車	294
7	利民工廠	鉄西区	自動車附品	243
8	東盛鉄工廠	朝日区	水道器具	121
9	成発鉄工廠	朝日区	水道器具	198
10	株式会社興奉鉄工廠	朝日区	水道器具	653
11	日満機械製造所	鉄西区	暖房水道用品	167
12	東洋金属機工業株式会社	鉄西区	バルブ・コック	116

出所）表5-1 B）に同じ

国人工場17，日本人工場34であった。旧市街において，一部日本人工場の進出もあったものの，生産の主な担い手は中国人工場であった。名簿によれば，中国人工場については，旧市街の①瀋陽区14工場と④北関区13工場のうち，生産内容の多い順はそれぞれ車輪3，活字3，紡織機部品3，荷車3，紡織機部品2であり，中国人生活必需品生産機械が中心となり，工場規模は

いずれも30人未満が主流であった。他方，②大西区と③小西区は旧市街に位置するが，その生産内容は①瀋陽区と重なる部分もあれば，準新市街⑦朝日区との類似点も多い。②大西区26工場のうち，生産内容ではその他9を除いて多かったのは弾丸・兵器加工5，自転車関連部品加工5であり，ほかは機関車部品，自動車部品などである。規模では，弾丸・兵器加工工場はほぼ20〜50人であり，ほか20人未満の工場が多い。③小西区17工場のうち，軍需品部品と弾丸2，印刷機部品2，織布用機械とミシン2，三輪車・人力車・自転車部品それぞれ1などである。準新市街⑦朝日区33工場のうち，生産内容の多い順は弾丸・兵器部品加工8，その他7，水道・暖房器具4，鉱山用ローラ・炭鉱車2，旋盤2などである。規模では，弾丸加工工場は，②大西区と同様，やや規模が大きいが，水道・暖房規模工場の規模は突出して大きい。たとえば，興奉鉄工廠(653人)，成発鉄工廠(198人)，東盛鋼工廠(121人)，佩春合金製作所(70人)である。

　新市街の⑨鉄西区17工場のうち，生産内容の多い順は鉱山用ウインチ・運搬車4，暖房水道用品3，旋盤及び附属品2，バルブ・コック2，自動車附属品1，圧縮機1，水圧機1，切断機1，電機器具ボックス1などである。鉄西区に立地する中国人工場は全体として規模が大きく，100人を超える工場は7軒もあった。たとえば，東北鉄工所(鉱山用運搬車，294人)，政記鉄工廠(鉱山用運搬車，265人)，利民鉄工廠(自動車附属品，243人)，大陸工作所(旋盤附属品，190人)，振東製作所(旋盤，178)，日満機械製造所(暖房水道用品，167)，東洋金属械工業株式会社(バルブ・コック，116)などがある(付表5-1を参照)。他方，日本人工場立地では，⑦朝日区では20工場のうち，中分類生産内容の多いものは航空機部品加工6，兵器武器弾丸加工4，自動車修理4などであり，⑧大和区では15工場のうち，軍用品・兵器・弾丸加工3，普通機械加工3，修理2などであり，⑨鉄西区では34工場のうち，鉱山用機械・運搬車・炭車6，航空機部品2，バルブ・コック2などである[16]。

お わ り に

　本章は，これまで全体像の把握が十分にされてこなかった満洲国の都市における中国人工場を対象として，奉天市を事例としてその 1940 年代初頭における生産内容と地域分布を検討してきた。得られた結論は以下の通りである。

　第一に，1940 年の奉天市において，中国人工場は工場数では 7 割以上，生産額では 4 割弱を占めていた。日本人工場と比べると，中国人工場は規模が小さいものの，工場数は圧倒的に多かった。しかし，中国人工場は個人経営が多いため，会社名簿をベースとしたこれまでの研究では彼らの存在が重要視されてこなかった。

　第二に，業種別に見ると，在来的な要素が強い紡織工業では，綿織物やメリヤス製造などの生活必需品を生産する中国人工場は小規模零細経営がほとんどであり，これらの工場は満洲国期において大きな変容はなく，旧来の中国人密集地に分布する特徴を維持し，新市街や準新市街への進出はあまり見られなかった。しかし一方，新興産業の代表である機械器具工業では，織布機・ミシンや製麺機などの中国人の生活に欠かせない機械器具生産工場は旧市街に拠点が置かれていたのに対し，軍需品や鉱山用品などを生産する工場は日系資本とのつながりが多いため，日本人や日本人工場が密集する新市街やそれに隣接する準新市街などの地域に数多く進出した。彼らの生産規模や内容は日本人中小規模工場と大差はなく，しかも一部有力中国人機械器具工場では，鉱山用品や日系大工場の部品請負生産を図り，本渓湖煤鉄，吉林人造石油会社，奉天省土木庁，満洲炭鉱株式会社，満洲電業，満鉄，同和自動車株式会社，満洲工廠，満洲計器，奉天造兵所などの日本の有力金属機械器具工場の下請工場となっていた[17]。

　第三に，奉天市の地域間のつながりに着目すると，中国人工場の生産内容の中分類内訳では，②大西区は生活必需品などの生産内容は①瀋陽区と共通点をもち，⑦朝日区は鉱山用製品や旋盤などの生産内容は⑨鉄西区と共通点

を有すること，両地域は旧市街と新市街のそれぞれの延長である役割を果たした。しかも，旧市街の②大西区とそれに隣接する準新市街の⑦朝日区の間では，工場規模や生産内容（たとえば，弾丸を代表とする軍需品生産を従事する工場が多い）などの側面において類似点が多く，そこには「旧市街」と「新市街」との間に境目を感じさせるものは特に見られなかった。すなわち，奉天において，既存の都市と新たに形成された植民地都市が「重ならずに並存して」いたのではなく，少なくとも②大西区と⑦朝日区において両都市が重なっており，これは奉天において，中国人資本を媒介とする地域間のつながりを意味することである。これは本章で特に強調したかった点である。

1）　奉天商工公会『奉天産業経済事情』1942年，197頁。

2）　[鈴木 2007, 3]。

3）　国籍について触れておく。『工場名簿』にはあらかじめ代表者国籍別の分類がある。その分類に「満洲」として掲載された資本を基本的に中国人資本とみなしているが，「満洲」と記載し，一方代表者が日本人である工場を省いた。『会社名簿』は国籍別の分類はないため，筆者が代表者の名前情報に基づき算出した。

4）　業種ごとに見ると，機械器具工業や化学工業において数字の大きな変化があったことも確認できるが，その原因について現時点ではまだ不明である。

5）　1940年版と1941年版は資本金20万円以上のみ，1942年版と1943年版は資本金20万円以上と20万円未満両方が揃っている。

6）　なお，中国吉林省社会科学院満鉄資料館に1942年版を所蔵している。それについては本書第3章を参照されたい。

7）　『満洲国工場名簿』の統計範囲は『満洲国工場統計』に共通している。その限界については[風間 2007, 2-3]を参照されたい。

8）　奉天工業実態調査委員会『奉天ニ於ケル生産工業ノ実態』1941年，5頁（中国吉林省社会科学院満鉄資料館所蔵）。

9）　満洲中央銀行調査部『都市購買力実態調査報告』1944年，160頁。

10）　奉天商工公会『奉天統計年報』1943年，3頁。

11）　前掲注8『奉天ニ於ケル生産工業ノ実態』，33頁。同実態調査資料では，奉天市の地域分類において「北市場地区」「南市場地区」「鉄西地区」「大東地区」「その他の地区」と5分類している。本章の地域分類と対照すれば，以下のようになる。北市場地区は旧市街と敷島区，南市場地区は大和区と朝日区，大東地区とその他の地区は周辺地域である。

12）　[張 2004]。

13）　1940年は11区制を使用していたが，本章では1941年1月に編成替えされた後の17行政区の分類に置き換えて分析を試みる。1940年工場名簿に掲載されている工場

所在地情報が詳細であったため，置き換え作業が可能となった。なお，置き換える目的は，人口密度の高い旧市街と新市街の内訳分析がこれによって実現できるようになるからである。

14)　経済部工務司『満洲国工場名簿』(1940 年末現在)，1941 年。

15)　同上。

16)　同上。

17)　[張 2013]。

参 考 文 献

風間 2007：風間秀人「1930 年代における「満洲国」の工業──土着資本と日本資本の動向──」アジア経済研究所『アジア経済』第 48 巻 12 号

白木沢 2010：白木沢旭児『日中戦争と長期建設』(2007～2009 年度科学研究費補助金基盤研究 C 研究成果報告書)

鈴木 2007：鈴木邦夫編『満州企業史研究』日本経済評論社

張 2004：張暁紅「満州事変期における奉天工業構成とその担い手」九州大学『経済論究』第 120 号

張 2007：張暁紅「1920 年代の奉天市における中国人綿織物業」政治経済学・経済史学会『歴史と経済』194 号

張 2013：張暁紅「「満洲国」期における奉天の工業化と中国資本」(柳沢遊・木村健二・浅田進史編『日本帝国勢力圏の東アジア都市経済』慶應義塾大学出版会)

塚瀬 1997：塚瀬進「奉天における日本商人と奉天商業会議所」(波形昭一編『近代アジアの日本人経済団体』同文館)

塚瀬 2004：塚瀬進『満洲国の日本人』吉川弘文館

橋谷 2004：橋谷弘『帝国日本と植民地都市』吉川弘文館

付表 5-1　奉天市における機械器具工業中国人工場名簿（1940 年）

No.	工場名	住所	生産内容	職工数
【普通機械器具製造業】				
1	公興鉄工廠	①瀋陽区	修理	17
2	恵潤機械商店	①瀋陽区	機械部品	30
3	三三鉛字局	①瀋陽区	活字	25
4	奉天鉛字局	①瀋陽区	活字	31
5	福禎機器廠	①瀋陽区	紡織機	42
6	原盛合	①瀋陽区	化学用機械	10
7	福禎元記機器廠	①瀋陽区	紡織機	50
8	振信鉛字局	①瀋陽区	活字	18
9	三義興鉄工廠	②大西区	切面機	13
10	華益厚鉄工廠	②大西区	その他	6
11	振声鉄工廠	②大西区	煉瓦機	11
12	裕増鉄工廠	②大西区	その他	22
13	源興鉄工廠	②大西区	汽缶	21
14	福興機器廠	③小西区	ミシン	16
15	多文機械廠	③小西区	部品	22
16	忠義鉄工廠	③小西区	織布用機械	27
17	鳳国鉄工廠	③小西区	その他	11
18	鴻陞鉄工廠	③小西区	修理	20
19	民益鉄工廠	③小西区	リフト	21
20	安茂鉄工廠	③小西区	印刷機部品	34
21	益順盛	③小西区	印刷機部品	16
22	友合鉄工廠	③小西区	蒸気機関	34
23	合順興鉄工廠	③小西区	送風機	20
24	玉林鉄工廠	③小西区	加工	7
25	順興徳鉄工廠	④北関区	織布機部品	24
26	全義鉄工廠	④北関区	酒鍋	20
27	振東鉄工廠	④北関区	織布機部品	26
28	復聚興鉄工廠	⑥敷島区	その他	35
29	興工鉄工廠	⑦朝日区	化石煉瓦機	38
30	鉄西機械	⑦朝日区	鉱山用ローラ	48
31	遼東鉄工廠	⑦朝日区	旋盤	45
32	徳生信鉄工廠	⑦朝日区	旋盤	23
33	合名会社泰華機械鉄工廠	⑦朝日区	紡織機部品	46
34	同勇鉄工廠	⑦朝日区	加工	30
35	宝盛鉄工廠公記	⑦朝日区	炭鉱車	96
36	三美製作所	⑦朝日区	農業用具	25
37	東興鉄工廠	⑦朝日区	ポンプ	18
38	鉄西機械所	⑨鉄西区	切断機	27
39	天泰鉄工廠	⑨鉄西区	圧縮機	55
40	合名会社大陸工作所	⑨鉄西区	旋盤附属品	190
41	振東製作所	⑨鉄西区	旋盤	178
42	合名会社翔瑞鉄工廠	⑨鉄西区	鉱山用運搬車	55
43	天義興鉄工廠	⑨鉄西区	水圧機	57
44	永安鋳造所	⑨鉄西区	鉱山用ウインチ	26
45	政記鉄工廠奉天工廠	⑨鉄西区	運搬車	265
46	奉天機械奉栄工作所	⑩皇姑区	切草機	20

No.	工場名	住所	生産内容	職工数
47	山明鉄工廠	⑩皇姑区	ボイラ	27
【精密機械器具製造業】				
48	栄生鉄工廠	①瀋陽区	軍需品部品	18
49	振記機器鉄廠	②大西区	砲弾加工	24
50	立盛鉄工廠	②大西区	兵器	47
51	春栄鉄工廠	②大西区	砲弾加工	155
52	義和鉄工廠	②大西区	砲弾加工	27
53	東方鉄工廠	②大西区	兵器加工	44
54	金生鉄工廠	③小西区	軍需品部品	34
55	大鑫鉄工廠	③小西区	弾丸	24
56	玉倫鉄工廠	④北関区	軍需品部品	22
57	大盛徳鉄工廠	⑤東関区	砲弾加工	18
58	丹克鉄工廠公記	⑤東関区	弾丸	49
59	極東工作所	⑦朝日区	加工	70
60	興鞍機械所	⑦朝日区	兵器部品	34
61	旅大鉄工廠	⑦朝日区	兵器部品	19
62	春元鉄工廠	⑦朝日区	加工	26
63	彦昇鉄工廠	⑦朝日区	加工	21
64	永興鉄工廠	⑦朝日区	加工	40
65	連山鉄工廠	⑦朝日区	加工	21
66	東亜機械製作所	⑦朝日区	加工	45
67	中州鉄工廠	⑧大和区	弾丸	64
68	三盛鉄工廠	⑨鉄西区	電気器具ボックス	47
【電気機械器具製造】				
69	中央乾電池廠	③小西区	電池	21
70	明々乾電池廠	⑦朝日区	電池	81
【車輛製造業】				
71	天聚成	①瀋陽区	その他	5
72	遠大鉄工廠	①瀋陽区	その他	20
73	鴻大鉄工廠	②大西区	その他	10
74	恒大鉄工廠	②大西区	三輪車	36
75	万徳鉄工廠	②大西区	荷車	16
76	万豊鉄工廠	②大西区	その他	23
77	奇異鉄工廠	②大西区	自動車部品	8
78	快輪福記自動車工廠	②大西区	加工	8
79	裕順鉄工廠	②大西区	その他	19
80	天興鉄工廠	②大西区	機関車部品	23
81	起順鉄工廠	③小西区	人力車附属品	5
82	祥記鉄工廠合名会社	③小西区	自転車部品	46
83	徳玉成鉄工廠	③小西区	三輪車部品	24
84	永源車舗	④北関区	荷車	5
85	和盛長車舗	④北関区	荷車	7
86	義盛長	④北関区	荷車	6
87	福順成車舗	④北関区	その他	6
88	魏記車舗	④北関区	加工	6
89	永発源車舗	⑤東関区	荷車	7
90	飛輪自動車機械工廠	⑦朝日区	加工	230

No.	工場名	住所	生産内容	職工数
91	遠連鉄工廠	⑦朝日区	その他	39
92	恒義祥	⑦朝日区	荷車	5
93	恒発永	⑧大和区	自動車部品	30
94	合名会社東北鉄工所	⑨鉄西区	運搬車	294
95	利民工廠	⑨鉄西区	自動車附属品	243
96	大吉順車舗	⑭大東区	荷車	6
【その他の機械器具製造業】				
97	永義車舗	①瀋陽区	車輪	9
98	同益長車舗	①瀋陽区	車輪	11
99	永年工廠	①瀋陽区	車輪	14
100	万興恒鉄工廠	②大西区	その他	22
101	春加鉄工廠	②大西区	加工	17
102	新大鉄工廠	②大西区	その他	25
103	万徳鉄工廠	②大西区	車輪	16
104	万山鉄工廠	②大西区	車軸	8
105	西園鉄工廠	②大西区	加工	27
106	同盛利鉄工廠	②大西区	その他	17
107	順記鉄工廠	②大西区	その他	10
108	李車舗	④北関区	車輪	16
109	同聚昌公記	④北関区	その他	24
110	日満精機製作所	④北関区	修理	32
111	徳玉金銅鉄工廠	④北関区	歯車	39
112	大和鉄工所	⑤東関区	車輪	26
113	魏車舗	⑤東関区	車輪	4
114	東盛銅工廠	⑦朝日区	水道器具	121
115	佩春合金製作所	⑦朝日区	水道及暖房用具	70
116	福東鉄工廠	⑦朝日区	歯車	28
117	連奉鉄工廠	⑦朝日区	その他	36
118	成発鉄工廠	⑦朝日区	水道器具	198
119	洪声鉄工廠	⑦朝日区	その他	9
120	利泰鉄工廠	⑦朝日区	金庫附属品	10
121	株式会社興奉鉄工廠	⑦朝日区	水道器具	653
122	永業鉄工廠	⑦朝日区	その他	18
123	亜州工業所	⑦朝日区	その他	45
124	亜州工作所	⑦朝日区	その他	45
125	復勝鉄工廠	⑦朝日区	その他	20
126	洪盛和鉄工廠	⑨鉄西区	水道器具	17
127	富順鉄工廠	⑨鉄西区	その他	60
128	同大鋳造所	⑨鉄西区	バルブ及コック	36
129	満大鉄工所	⑨鉄西区	暖房水道用品	49
130	日満機械製造所	⑨鉄西区	暖房水道用品	167
131	東洋金属機械工業株式会社	⑨鉄西区	バルブ及コック	116
132	金復銅鉄工廠	⑩皇姑区	バルブ及コック	61
133	奉天鋳造廠	⑩皇姑区	水道器具	20
134	泰和興	⑬東関区	車輪	5

出所）表 5-1 B）に同じ

第6章　朝鮮人「満洲」移民体験者の語りの諸相についての一考察
——ライフヒストリー（生活史）法を用いて——

朴　仁哲

は じ め に

　中国の東北地域には，日本帝国主義時代，朝鮮半島から移住した朝鮮人満洲移民体験者（以下，移民体験者）たちが現在も居住している。移民体験者たちは植民地朝鮮時代，満洲国時代，中華人民共和国時代を生き抜いた人びとである。移民体験者たちは過去の歴史上の出来事として終わったわけではなく，過去の移民体験を引きずりながら今日もなお生き続けている。日本帝国史と日本植民地史を専門とする歴史学者の山本有造は，「公式の日本帝国は，「内地」を中核とし，その外周を「純領土たる外地」と「準領土たる外地」が取り巻く三重の円構造として描くことができる」と述べている［山本2004, 68］。山本の議論に引きつけていえば，朝鮮人の満洲移民は「純領土たる外地」である朝鮮半島から「準領土たる外地」である満洲へ移住したといえよう。朝鮮人の満洲への移住と定住の歴史には日本の朝鮮・満洲支配が深く関わっている。しかし，かつて日本の植民地時代に中国東北地域に朝鮮人が移住したという「歴史的事実」については，一部の研究者を除けばほとんど知られていないといってよかろう。

　朝鮮人満洲移民に関する先行研究は少なくないが，これまでの研究は文献資料に基づいてマクロの視点での移民史や移民政策などついて考察したものが多く，移民体験者たちの語りによるミクロの視点で考察した研究は少ない。朝鮮人満洲移民の実態は，金賛汀が『世界』で発表したルポおよび中国

朝鮮族青年学会編の『聞き書き中国朝鮮族生活誌』[1] で紹介されたぐらい
で，今までほとんど注目されなかった。本章ではライフヒストリー(生活史)
法を用いて，移民体験者たちの複雑な体験についての語りのプロセスに着目
し，その語りの諸相について分析・考察する。

1　ライフヒストリー(生活史)法を用いる理由

　本論に入る前にライフヒストリーに関連する基本概念を整理する。桜井厚
は以下のように述べている。

> 　ライフヒストリーはライフストーリーをふくむ上位概念であって，個
> 人の人生や出来事を伝記的に編集して記録したものである。一般的にライ
> フヒストリー研究では，ライフヒストリーやライフストーリー，オー
> ラルヒストリーのほかに，個人的記録(パーソナル・ドキュメント)，人
> 間記録(ヒューマン・ドキュメント)，生活記録(ライフ・ドキュメント)
> などの用語がよく登場する。後者の3つはいずれもほとんど同じ意味で
> 使われ，日記や手紙などの文字資料を中心にライフヒストリー資料を包
> 括的に意味する用語である。ライフヒストリーは，ライフストーリーだ
> けではなく他者の話やこうしたライフヒストリー資料，専門的知見のは
> いった文献資料を加えて構成された記録(アカウント)である。(中略)ラ
> イフヒストリーは，対象となる個人の主観的現実を社会的，文化的，歴
> 史的脈略のなかに位置づけることを主眼としている。[桜井 2002, 58-59]

ライフヒストリーはライフストーリーを含む上位概念であり，対象となる
個人の主観的現実に注目する。桜井(2002)によれば，ライフヒストリー研究
には「実証主義アプローチ」[2]，「解釈的客観主義アプローチ」[3]，「対話的構
築主義アプローチ」という3つの立場があるという。本研究では対話的構築
主義アプローチに依拠している。以下では，桜井(2002)に従い，対話的構築
主義のアプローチについて概観する。

　対話的構築主義のアプローチは，語り手の語りだけではなく，インタビュ
アーの質問や相槌がいかに語りを産み，そのコンテクストを規定しているか
を明らかにする。そのため，インタビューのプロセスがテープレコーダーに

よって記録され逐語起こしするトランスクリプションが重要となる。語りは過去の出来事や語り手の経験したことというより，調査現場で語り手とインタビュアー双方の関心から構築された対話の混合体である。対話的構築主義アプローチの基本的な視点は，過去の出来事や経験が何であるかを述べる以上に，語りの〈いま―ここ〉を語り手とインタビュアー双方の主体が生きるということに置かれる。

　桜井は語りを成立させるのに2つの位相があるとし，2つの位相をインタビューの相互行為から成り立つ語りの位相と語られる位相に分けて，それぞれを〈ストーリー領域〉と〈物語世界〉と名づけている。対話的構築主義アプローチは語り手があらかじめもっていたストーリーをインタビューの場にそのままもってきたものではなく，語り手とインタビュアーの相互行為を通して構築されるものだという立場にたっている。対話的構築主義アプローチは実証主義アプローチでは後景化し，透明化されていたインタビュアーの存在を顕在化させる点が特徴である。

　対話的構築主義アプローチでは，語り手が語られた〈物語世界〉の位相だけではなく，語り手と聞き手の相互行為から成り立つ〈ストーリー領域〉の位相も考察の対象とする。本研究では移民体験者たちの語られた内容に加えたうえ，語られた形式にも注目している。ケン・プラマー（Plummer, Ken）は，「生活史の技法は知識の蓄積が殆どない研究領域において，そこに含まれる論点や問題点がどんな種類のものであるかを感知する道具となりうる。特に問題の概念化がうまくいかない領域において有効性が高い」と述べている［プラマー 1991, 108］。

　朝鮮人満洲移民の質的研究は始まったばかりで先行研究が少ない。移民体験者たちが生きてきた生活世界を理解するためには，アンケート調査を行うより，ライフヒストリー（生活史）法が有効である。なぜならば，移民体験者たちの過去の経験を自身に語ってもらうことによって人生の深みや細部にまで至ることが可能になるからである。

2　朝鮮人の満洲への移住過程

　朝鮮人が満洲へ移住し始めたのは，古くは明の時代の末期から清の時代の初めにかけてである。朝鮮人が大量に満洲へ移住し始めたのは，19 世紀後半になってからであると一般にいわれている[4]。本章では朝鮮人の満洲への移住過程を歴史的出来事に基づき，便宜上 3 つの段階に区分した。

第 1 段階（1860〜1910 年）

　19 世紀後半まで清朝は満洲に対して封禁政策をとり，豆満江（中国では「図們江」と呼ぶ）と鴨緑江の北岸に居住し耕作することを禁じていた。しかし，1860 年から 1870 年の間に北部朝鮮地域で自然災害が長期間発生したために，多数の避難民が清朝の封禁政策に反して鴨緑江や豆満江を渡り，あるいはシベリアを経由し満洲へ移住した。1910 年までの朝鮮人の満洲への移住は，おおまかにわけて次の 3 つの経路をたどっている。①鴨緑江経路，②豆満江経路，③ロシア領の沿海州地区を経由したハルビン経路である[5]。この時期の朝鮮人移民は，地政学的な理由により圧倒的に満洲と朝鮮半島が国境を接している咸鏡道と平安道から移住する人びとが多かった[6]。

第 2 段階（1910〜1931 年）

　日本が大韓帝国[7] を併合した 1910 年前後から満洲に移住する朝鮮人は急増した[8]。特に「三・一運動」を機に日本帝国主義の植民地統治に反抗して多くの朝鮮人が満洲に逃れた。また，「韓国併合」の前後には，政治的な理由で満洲に渡る人も多かった。政治的な理由のほかに第 2 段階の朝鮮人の満洲への移住の主な原因は，朝鮮における「土地調査事業」[9] と「産米増殖計画」[10] に始まる一連の植民地政策によるものである。これらの植民地政策は朝鮮人農民の土地喪失や貧困化を招いた。また，日本が朝鮮を植民地化した後，日本人の移住者が増えた。この時期に日本政府は朝鮮で「換位移民」政策をとり[11]，日本人が朝鮮に入り，朝鮮人が満洲へ移住した[12]。日本の植民地統治のもと，朝鮮半島の平民百姓は行き場をなくし，故郷を離れざるをえなくなり，中国東北地域に大量に流れ込んだ[13]。

第 3 段階(1931〜1945 年)

この段階では国策農業移民が実施され，さらに 3 つの時期に分けることができる。本章では松本武祝[14]，孫春日[15]，田中隆一[16] に従い，この時期の朝鮮人農業移民政策の展開状況について概観する。

第 1 期(1932〜1936 年)

第 1 期は「満洲事変」そして満洲国成立を契機として，朝鮮総督府内部において満洲への朝鮮人国策農業移民が政策として具体化し始めた時期である。この時期は朝鮮総督府と関東軍との交渉の過程でそれぞれの利害が表面化した時期でもあり，朝鮮人移民をめぐって朝鮮総督府と関東軍との間には見解上の対立があった。関東軍に影響力をもっていたいわゆる「加藤完治グループ」[17] は，日本人移民を優先的に受け入れるべきだと主張しており，朝鮮人の満洲への移住に関しては自由放任政策がとられていた。

第 2 期(1936〜1941 年)

第 2 期の初期も自由放任政策がとられ，満洲の縁故を頼っての移民，あるいは当時の満洲国の官憲が「漫然渡満」と称した移住が続いていた。このような無秩序な状況は関東軍にとっても，朝鮮総督府にとっても望ましくはなかった。同時に朝鮮国内の小作争議の激化により，朝鮮人の満洲への国策移民政策が本格的に推進されるようになった。1936 年に日本政府は日本人満洲移民「二十ヶ年百万戸送出計画」とあいまって，朝鮮人移民の計画を実行するために 1936 年に 9 月 9 日に京城に「鮮満拓殖株式会社」を成立し，1936 年 9 月 14 日には満洲国に「満鮮拓殖株式会社」が成立した[18]。また，1936 年に満洲国政府と朝鮮総督府の間で「在満朝鮮人指導要綱」を制定した。この時期から朝鮮人移民は，「集団移民」[19]，「集合移民」[20]，「分散移民」[21] というような移住形態で満洲へ移住した。

第 3 期(1941〜1945 年)

1941 年に「満鮮拓殖株式会社」は「満洲拓殖公社」に統合され，日本人移民と朝鮮人移民の行政事務は一元化された。日本人移民「第二期五ヶ年計画」に伴い，朝鮮人移民に対しても同様な移民計画が策定された。日本が敗戦するまでに朝鮮人の満洲への移住は続け，1945 年の時点で在満朝鮮人の

人口は 200 万人を超えていた。

3　移民体験者たちの語りの諸相

　筆者は 2006 年から中国でフィールドワークを行い，合計移民体験者 94 人にインタビューすることができた。本章ではそのうちの 3 人を取り上げる。事例を選ぶ際には移民体験がよく語られたほか，出身地域や移住形態，そして移住年代などを考慮した。本章では対話的構築主義アプローチに依拠し，移民体験者との対話のプロセスを重視しており，事例の数にはこだわらなかった。3 人の基本状況は表 6-1 の通りである。

　事例 1——PC さん

　PC さんは 1924 年に朝鮮半島の咸鏡南道洪原郡に男 2 人，女 1 人の 3 人兄弟の末子として生まれ，1927 年に家族とともに満洲に渡った。最初に入った地域は吉林省長白の直寿村だった。渡満したのは 1919 年の「三・一運動」にリーダーとして参加し，朝鮮総督府に命を狙われ，「亡命移民」として先に満洲に渡った親戚を頼りにきた。

　小学校は長白の一道岡国民優級学校に通い，1940 年に卒業して通化第 1 国民高等学校に入った。学校には鮮系クラス（朝鮮人クラス）と満系クラス（中国人クラス）があった。1943 年頃，朝鮮人クラスを単独分離して，通化第 3 国民高等学校が成立した。1944 年，20 歳になる年の在学中に召集令状が届いた。その後，舒蘭県の訓練所で訓練を受けて 1945 年 3 月に入隊した。入隊したのは関東軍 515 部隊だった。初年兵として送り込まれたのは富拉爾基で，1945 年 5 月末頃，初年兵の訓練が終わってから本部隊に行った。当時，関東軍はソ連軍と対峙していたため，ソ連との戦争に備え，部隊は大興安嶺に行って密林のなかで塹壕を掘り続けた。

　1945 年 8 月 13 日，撤退との連絡を受けて密林のなかから駅のある所まで出てきた。汽車に乗ってチチハル方向に向かったが，途中でソ連軍に武装解除されて捕虜になった。9 月中頃までにチチハルにいて，9 月末に約 3000 人

表6-1　移民体験者の基本状況

事例	氏名	性別	出身地	生年	移住年代
事例1	PCさん	男性	咸鏡南道洪原郡	1924年	1927年
事例2	LDさん	男性	慶尚北道善山郡	1927年	1937年
事例3	ZRさん	男性	全羅北道益山郡	1934年	1945年

の捕虜たちが汽車に乗せられてシベリアのクラスノヤルスクに運ばれた。シベリア抑留期間中にクラスノヤルスク地区捕虜収容所の朝鮮人中隊の中隊長に選ばれた。シベリアで約3年半抑留された後，1948年12月に中国に帰った。帰国後，地元の中学校のロシア語の教員をはじめ，村の村長を務めたり，中学校の校長を長年務めたりした。2010年3月8日に初めてPCさんに会い，2次調査は2010年3月25日に実施した[22]。

〈対話1〉

筆者：PCさんが移住した時期は，「韓国併合」を経て朝鮮半島が日本の植民地になりましたね。中国に移住した理由を聞いたことはありますか。

ＰＣ：私の故郷は咸鏡南道の洪原郡だ。「三・一運動」のことは知っているね。

筆者：1919年に起きましたね。

ＰＣ：父親が「三・一運動」に参加した。リーダーではなかったが，積極的に参加した。そのため，注目されて警察に捕まって拷問を受けて全身が痣だらけになった。親戚がリーダーとして「三・一運動」に参加し，日本の警察に命を狙われたので，亡命するために中国に来た。その親戚が先に中国に来て，朝鮮より生活がしやすいと手紙を書いたようだ。我が家はその親戚を頼りにきた。長白県に入った朝鮮人はほとんどが火田民だった。

筆者：水田はなかったですね。

ＰＣ：水田はなかった。8歳の時に母親が死んだ。回虫病で死んだ。今だったら簡単に治る病気なのに，当時は治す術がなかった。私たちが最初に入ったのは長白県の直寿村という所だった。最初の頃，そこに朝鮮人は3，4家族しかいなかった。食べ物は主に小麦とジャガイモだった。

筆者：そうでしたか。話を少し戻しますが，お父さんが「三・一運動」に参加して拷問を受けたのですね。

ＰＣ：はい。全身が痣だらけだった。（中略）

筆者：拷問が厳しかったようですね。私は韓国に何回か行ったことがありまして，その際に一度バゴダ公園に行ってみました。

ＰＣ：バゴダ公園，聞いたことがある。

　この対話でPC さんは家族が満洲に移住した理由を紹介してくれた。筆者はインタビューを実施する前にバゴダ公園を見学したことがあり，「三・一運動」が起きたマクロな歴史的背景を共有していた。PC さんの父親が「三・一運動」に参加して拷問を受けたが，家族の被害の歴史を PC さんは感情の起伏をほとんど見せずに淡々と語った。PC さんとの対話のなかでは徴兵後のライフヒストリーがよく語られた。

〈対話 2〉

ＰＣ：同じ分隊の兵士は九州から来た者が多く，与太者，流氓[23] も数人いた。

筆者：え？　流氓もいましたか。

ＰＣ：人がいなかったので，根こそぎで連れてきたのだろう。日本の暖かい地域から連れてきた人が多く，寒さには弱くて夏でも帽子をかぶっていた。私たちは苦労した。塹壕を懸命に掘って休憩する時に外に出た。密林のなかでちらちらと輝く空の星が見えた。星を見ながら，私たちは早く戦争が終わって家に帰りたいと願っていた。分隊のなかには与太者が5 人もいた。与太者はみんな悪い人ではなかった。彼らは講義気（義理堅い）。与太者たちは物を盗むのが得意だった。塹壕を掘る場所から約 10 km 離れた所に中隊の倉庫があった。夜になったら与太者たちはその倉庫に行って，水飴やビスケット，そして米などを盗んできてみんなで一緒に食べた。腹いっぱい食べた。

　この対話でPC さんは与太者たちと塹壕を掘り，星を見ながら戦争が早く

終わって家に帰りたいと話し合ったエピソードを紹介した。与太者たちが中隊の倉庫に行って食べ物を盗んで食べたエピソードを紹介した時，PC さんは笑いながら語った。この短い対話のなかで PC さんは変化に富んだ表情を見せてくれた。PC さんは自分を徴兵した日本の為政者を「日本の奴ら」と呼び，自分と同じく無理矢理に徴兵された与太者たちを「みんな悪い人ではなかった」と意味づけた。

〈対話 3〉

ＰＣ：私たちはシベリアに捕虜として送られた。一般の日本兵は私たちと同じく戦争を嫌っていた。日本が負けて良かったという人もいた。特にソ連軍の兵器を見た時に負けたと彼らはいった。

筆者：このような話は初めて聞きました。日本人は武士道精神があって，最後まで戦ったような話が多いと思いましたが，日本人だからみんな戦争が好きなわけではないですね。

ＰＣ：私は 515 部隊第 4 中隊の所属だった。第 4 中隊の分隊長に長谷川という人がいた。彼は沖縄で招集された。長谷川は優しい人だ。日本人の軍官はよく人を殴ったが，彼は人を殴らなかった。入隊して 8 年が経ったのに，まだ上等兵で星は 3 つしかなかった。彼は話をするのが好きで，いろいろなことを話してくれた。

　この対話のなかで PC さんは自分と同じく戦争を忌み嫌う日本兵に出会った体験を語った。それに対して聞き手の筆者は自分の意見を述べ，対話は語り手と聞き手との相互行為のなかで進行した。この対話のなかで PC さんは日本兵のなかにも「日本が負けて良かったという人もいた」と回想した。それを受けて聞き手の筆者は反応を示した。もし，聞き手の反応がなかったら，沖縄から来た長谷川という人物は語りのなかで出てこなかったかもしれない。PC さんとの対話のなかでシベリア抑留に関わる話題が多かった。次の対話では PC さんのシベリア抑留期間中の日常生活を聞き取ろうとした。

〈対話4〉

筆者：何時頃に起きましたか。

ＰＣ：4時頃には起きなければならなかった。

筆者：ご飯は何時頃に食べましたか。

ＰＣ：5時に出かけるために，朝食は4時頃に食べた。夕食は7時頃に食べた。

筆者：そうですか。夜，すぐ寝ましたか。

ＰＣ：寝た。いや。まだ学習しなければならなかった。

筆者：学習もしなければならなかったですね。

ＰＣ：個別に学習していた。ロシア語を勉強する人もいたし，新聞を読む人もいた。

筆者：夜は何時頃に寝ましたか。

ＰＣ：大体8時か9時頃に寝た。朝5時に出かけなければならなかったから。

筆者：そうですか。4時に起きて5時には出かけたのですね。

ＰＣ：そうだ。朝5時になったら銃をもつソ連兵の監視のもと，私たちは列を並んで工場に行った。工場に着いたらソ連兵は私たちを工場側に引き渡した。

筆者：シベリア抑留についてどう思いますか。何か反感や怨みはありませんか。先ほど手紙を出したいといいましたね。

ＰＣ：私は日本人の住所がわからない。住所がわかれば連絡したかった。住所もわからないし，名前もわからないからもう連絡する術はない。クラスノヤルスクにもう一度行ってみたい。しかし，お金もないし，もう歳だから永遠にその機会はないだろう。

筆者：私も一度は訪ねてみたい所です。

ＰＣ：バイカル湖にも行ってみたい。(1945年)9月末にバイカル湖を渡った。クラスノヤルスクに着いた時，すでに雪がたくさん積もっていた。

シベリア抑留は重い体験である。この対話の前半ではPCさんがその体験を語った。聞き手の筆者はその体験に共感しながら対話に臨んだ。対話の後

半でPCさんは，「クラスノヤルスクにもう1回行ってみたい」と語った。
重いシベリア体験をされた所，どうして行きたいと思うのだろうか。この一
見理解しがたい語りには，複合的なメッセージが含まれていた。実証主義ア
プローチではこのような整合性がないと思われる語りは排除してしまうかも
しれない。しかし，対話的構築主義アプローチで語りを紡ぎ出された時に
は，いかに小さな語りでも耳を傾け，細心の注意を払う必要がある。

　インタビューを行う当日，昼食を食べながら行ったインフォーマルインタ
ビューでPCさんは，「日本の首相に手紙を出したい」といった。徴兵に駆
り出してシベリア抑留までされたのに，戦後は何のお詫びや補償もないこと
に異議があるという。また，シベリア捕虜収容所で出会った日本人の名前や
住所がわかったら，手紙を出したいともつぶやいた。この対話のなかの「手
紙」はメタ・メッセージ[24]になったといえよう。

〈対話5〉
ＰＣ：これは因縁ではないか。日本人たちによれば，「汽車のなかで会うの
　　　は縁である」[25]という言葉がある。
筆者：はい。縁（えにし）ですね。
ＰＣ：因縁があった。
筆者：縁，因縁ですね。
ＰＣ：運命が同じなので，お互いに気持ちの共有ができた。
筆者：運命共同体といえるでしょうか。
ＰＣ：そうだ。捕虜として連れていかれて，あんな寒いシベリアで強制労働
　　　をされた同じ運命をもっている。それで，お互いに共感できるし，思いや
　　　ることもできた。（約3秒間の沈黙）私は教育事業に参加して，指導者を何
　　　十年間も務めた。今考えてみれば，シベリアで苦労も多かったが，得るも
　　　のも多かった。私は500数人の朝鮮人捕虜を率いて仕事を分配したり，生
　　　活の面倒を見たり，学習をさせたりした。その経験から得られたことは多
　　　かった。
筆者：捕虜を指導したのですね。

ＰＣ：のちに（学校で）指導する際に大局的に物事を考えることは，その経験から得られた。物事を自分に置き換えて考え，全面的に分配する。その才能はその経験から得られた。

筆者：経験，경험【gyeongheom】ですね[26]。

ＰＣ：もし，日本に行ってシベリアで一緒に労働した人たちに会ったら，私は（みんなを）忘れていないこと，（みんなが）幸せでいてほしいと思っていることを伝えてください。

　この対話で語り手と聞き手は朝鮮語と日本語を交互に交えながら，対話を進めていったのが特徴である。PC さんにとってシベリア抑留は転機だったためか，PC さんはさまざまな表現でシベリア抑留について意味づけていた。シベリアに抑留され，厳寒のなかで強制労働をさせられたのは，耐えがたいことだったに違いない。しかし，PC さんはその苦労のなかで得た経験が，教育機関で働く際に役に立ったと考えている。

　この対話のなかで PC さんは違う角度で戦争体験を意味づけており，同じ出来事に対して違う２つの評価を下した。１つは PC さんが日本人捕虜との連帯を示し，世間で一般的に語られているシベリア抑留体験の「モデル・ストーリー」に沿い，「捕虜で連れていって，あんな寒いシベリアで強制労働された同じ運命をもっている」と語った。シベリアで同じ運命をもつ日本人たちに出会い，厳しい環境のなかで友情が芽生えた。もう１つはシベリア抑留体験から「得るものも多かった」と語り，今までほとんど語らなかった新しい語りを産出した。この対話を通して PC さんの微細の思いを掬いあげることができた。

〈対話6〉

ＰＣ：私が見てきた限り，日本の軍国主義は良くないが，一般の民衆は悪くない。一緒に生活してみて，みんな親しくできた。朝鮮人中隊が成立してから，朝鮮人は１ヶ所に集められた。その前，かつて酷いことをした班長や軍官たちは毎日のように罰せられた。私たちに酷いことをしたと罰し

た。厳しくやっつけられた人が多かった。

筆者：シベリアで。

ＰＣ：しかし，一般の兵士たち，特に後で連れてこられた年をとった人たち
　　　はいい人が多かった。みんないい人だった。

筆者：学校の先生もいましたね。

ＰＣ：はい。大学の先生もいた。みんないい人だった。日本人だからみんな
　　　悪いとは限らない。(約３秒間の沈黙を経て)今，日本人はみんな悪いとい
　　　われているね。私の体験ではまったく違うと思う。

筆者：そうですね。今の(中国と韓国の)社会的な文脈では，一般的に日本が
　　　加害者で中国と韓国が被害者であるという言説があります。しかし，小さ
　　　な歴史，つまり個人の歴史はあまり出てこなくて二項対立になっていま
　　　す。(中略)

ＰＣ：われわれ「チョソンサラム」(朝鮮人)と中国人は先入観をもって，か
　　　つての日本軍国主義が犯した罪を日本の一般民衆に負わすのは良くない。
　　　いつまでも民衆と民衆との間は，永遠に友好関係を結ばなければならな
　　　い。(友好関係を)結べる基盤はあると信じている。人間同士はみんな心が
　　　通じ合う。

筆者：民衆レベルでは心が通じ合うのですね。

ＰＣ：そうだ。通じ合う。私はシベリアで親しくした日本人が多かった。腹
　　　を割って話し合ったり，家族のことも話したりした。

筆者：家族のことも話題になったのですか。

ＰＣ：自分たちの妻の話や両親の話もしてくれた。夜，横になったら夜遅く
　　　まで話し続けた。

　シベリア抑留期間中，ＰＣさんは仲間たちと一緒にかつて自分たちに酷い
ことをした軍官たちを罰し，一般の兵士とは交流した。活字の字面には現れ
ないが，インタビューのなかで苦渋に満ちた沈黙がしばしば訪れた。ＰＣさ
んはタバコを深く吸い込みながら言葉を搾り出した。中国では日本兵の残虐
説が一般的であり[27]，マスター・ナラティヴができあがっている。それゆえ

に日本兵を人間化する語りは，まだ抑圧を受けていると考えられる[28]。そのような言説を突き破り，新しい声を生み出すのに PC さんはストレスを抱えているようだ[29]。

〈対話 7〉

筆者：少し難しい話になりますが，「従軍慰安婦」についてお話を伺いたいと思います。私は東寧県で元朝鮮人「慰安婦」の方に会ったことがあります。しかし，その方は泣いたり，体が震えたりしてほとんどインタビューはできませんでした。その後，韓国の「ナヌムの家」[30] にも行ってきました。おそらく「ナヌムの家」については聞いたことがあると思いますが，元朝鮮人「慰安婦」の方々が暮らしている施設です。

ＰＣ：「慰安婦」は各部隊にいた。「慰安婦」のなかには日本人と朝鮮人，そして中国人もいた。兵士たちは 1 ヶ月に 1 回か 2 回，「慰安所」に行った。（慰安所の前で）みんなが列を並んで待っていて，1 人が性関係を終わって出たらもう 1 人が入っていった。

筆者：行ったことはありますか。

ＰＣ：私はまだ初年兵の訓練が終わっていなかったので，「慰安婦」と性関係をもつことはできなかった。もし，私が初年兵の訓練が終わったら，「慰安婦」と性関係をもったかもしれない。

筆者：まだ，初年兵だったからですか。

ＰＣ：訓練が終わらなければ，その待遇を与えてくれなかった[31]。それは待遇だった。

　PC さんは徴兵されて軍隊での戦争体験をもつため，この対話ではずばり「慰安婦」問題について話を伺った。冒頭で筆者は「慰安婦」問題について取り組みの姿勢を示して対話に臨んだ。PC さんは軍隊に「慰安所」があったことを証言し，軍隊に慰安所を設ける制度はでたらめだと意味づけた。PC さんは徴兵されて戦争の被害を受けており，「慰安婦」にされた女性たちが悲惨であると同情を示した。その一方，PC さんはもし初年兵ではな

かったら，慰安所に行ったかもしれないという自身がもつ加害者性も語り，自省的に過去を振り返っていた。

〈対話8〉

筆者：私たち若者に伝えたいことはありますか。私は移民三世で朝鮮族です。私は日本や韓国に行って伝える機会があります。

ＰＣ：（約3秒間の沈黙を経て）特にないが，民族間で互いに理解しあって，かつてのように民族間で先入観をもって民族差別したり，人を見下したりすることをなくさなければならない。

筆者：具体的にどうすればいいのかを私は悩んでおり，考えています。私は少し勉強して理解しているつもりですが，先生は直接体験をして長年の具体的な体験がありました。具体的にどうすれば，過去を乗り越えられると思いますか。

ＰＣ：（沈黙）[32]

筆者：ご子息や孫さんたちに先生の歴史を伝えたことはありますか[33]。

ＰＣ：（首を軽く横に振って約3秒間の沈黙を経て）私は無理やり徴兵されて連れていかれた。しかし，日本人，一般の日本人にはむしろ好感をもつようになった。（シベリアで）一緒に生活したなかで民衆と民衆の間では永遠に仲良くしなければならないと思った。

筆者：徴兵は無理やりだったのですね。

ＰＣ：軍官たちのなかには，たしかに乱暴な人がいた。しかし，一般の兵士とは名前を呼びあったりして親しくしていた。朝鮮人中隊が成立した後，かつて一緒に（宿舎で）ともに生活した日本人に会ったら，大きな身振りで喜んでくれた。（1948年に）クラスノヤルスクからハバロフスクに移動して，別れる際に泣いてくれた人もいた。私の個人的な体験では，一般の兵士，多くの日本人とは仲良くできた。

筆者：泣く人までいたのですか。

ＰＣ：日本人は豊かな感情をもっている。

筆者：お話を聞いて過去のことがわかり，過去を乗り越えられると思いまし

た。過去をわかってからこそ，過去を乗り越えられると思います。

ＰＣ：唐代があったね。その時代，日本からたくさんの日本人が中国に留学
　　してきた。

筆者：遣唐使の時代ですね。

ＰＣ：数年前に一度青島に行った。そこから約2時間もバスに乗ってある大
　　きなお寺に行った。ガイドの説明によると，唐の時代そこに日本人留学僧
　　が300, 400人いた。その時代，日本人は中国から多くのことを学んでい
　　た。

筆者：遣唐使のことですね。

ＰＣ：(約2, 3秒間の沈黙を経て)シベリアで私は日本人から日本の文化や
　　料理などについて学んだ。カステラの作り方も教えてもらった。(ロシア
　　の)古典についても多く学んだ。いろいろなことを教えてもらった。

　この対話の冒頭で聞き手の筆者は自分がインサイダーとアウトサイダーと
いうポジションにあることを伝え，聞き取りの内容は中国だけではなく日本
や韓国でも伝えることを説明し，対話を朝鮮族コミュニティの内だけに閉ざ
すことなく，国境を超えて開かれた対話を目指した。インタビューは相互作
用を通して進めていき，PCさんの語りはシベリア抑留の話から遣唐使の話
に及んだ。その後，話題が再度シベリア抑留の体験談に戻り，日本人に日本
文化や料理，そして古典を教えてもらった体験を語った。

　PCさんの語りは台本が決まったようにすらすらと産出したわけではな
かった。インタビューのなかでPCさんは沈黙する場面が多かった。このイ
ンタビューのなかで聞き手との相互行為によって構築されていく〈ストー
リー領域〉では，「一般の日本人にはむしろ好感をもつようになった」や「日
本人は豊かな感情をもっている」などの語りは，沈黙の後に語り出した。こ
のような語りは今までのマスター・ナラティヴやモデル・ストーリーを，突
き破った新しい声である。もし，このような新しい声が生み出された時，聞
き手がその声を無視したり，否定したりしたら，語り手は語る意欲を失い，
新しい語りは産出しなくなると考えられる。

　PC さんに初めて会った日，午前と午後を合わせて数時間もインタビュー
を行った。PC さんの体調を考慮して夜は駅近くのホテルで泊まって，翌日
再度訪ねることを考えたが，PC さんご夫妻に引き止められて家に泊まらせ
てもらった。夕食後，PC さんはコーヒーを淹れてから一口飲んだ後，また
語り出した。

〈対話9〉
ＰＣ：私は日本軍に徴兵されたことで死ぬほどの苦労をした。しかし一方で
　　は，その体験を通して私のなかには日本という概念が生まれ，日本に関心
　　をもつようになった。私は日本の小説をたくさん読んできており，日本の
　　情勢に強い関心をもっている。「文化大革命」の前まで，中国でも『読売
　　新聞』や『朝日新聞』などの日本の新聞の購読が可能だった。当時，私は
　　『読売新聞』を購読した。
筆者：『読売新聞』を購読しましたね。
ＰＣ：学校で購読した。『読売新聞』のほかにロシアの新聞も購読した。し
　　かし今，購読ができなくなった。その時，校長だったので私が決めて購読
　　した。
筆者：PC さんはロシア語もできますね。
ＰＣ：シベリアから帰ってきたばかりの時は日常会話ができた。しかし，も
　　う70年も過ぎたからほとんど忘れた。言葉は若いうちに学ばないと身に
　　つかない。私は20歳を過ぎてからロシア語を学んだ。時間が経ったらほ
　　とんど忘れた。学校でロシア語を教えたこともあるが，他人にロシア語を
　　学んだことがあるといえない。私は地理が好きで地理を教授する授業風景
　　は，取材を受けてテレビでも放映された。いろいろな資料を参考にして授
　　業の手応えは良かった。
筆者：地理が好きなのはご自身の体験と関係があるのではないかと思います
　　が，移民体験やシベリア抑留体験と関係がありますか。
ＰＣ：関係があるかもしれない。私は学生時代から地理と歴史が好きだった。
筆者：歴史も好きでしたか。

ＰＣ：小学校と中学校時代，歴史と地理に興味があって成績が良かった。私
　　　は地理と歴史を専門分野として学んだことはない。日本で出版した参考書
　　　が役に立った。学校には日本で出版した書物が約 20 冊あった。担当教員
　　　が急に休んだ時，私は臨時に歴史と日本語も教えた。

筆者：万能な先生でしたね。さて，一つ聞きたいことがあります。これは他
　　　の移民体験者にも聞くことですが，もしご家族の誰かが日本に留学したい
　　　と言い出したら反対しますか。

ＰＣ：我が家には留学できそうな人がいない。留学を反対する理由はない。
　　　もし，誰かが留学できるようになったら嬉しいことだ。

筆者：実は反対する方もいました。PC さんは日本留学に反対しないですね。

ＰＣ：私は日本文化の薫陶を受けた。そのため，私は日本文化に親近感を
　　　もっている。

筆者：なるほどですね。PC さんは日本のさまざまな側面を見ていますね。
　　　私は日本に行ってから，日本にもさまざまな側面があることに気づきまし
　　　た。

ＰＣ：日本人も出身地域によって差異がある。鹿児島から来た人は本州から
　　　来た人との間で発音が違った。たとえば，「か」と「が」の発音に違いが
　　　あった。日本語は本当に難しい。また，沖縄から来た人の発音も違った。

筆者：それは長谷川のことですか。

ＰＣ：かつて沖縄は琉球王国だったね。中国との交流関係が長かった関係な
　　　のか，沖縄人は中国に親近感をもっているようだ。元職場同僚の藩さんの
　　　娘が沖縄に留学した後，日本人と結婚して日本に住んでいる。藩さんは娘
　　　に会うために，年に一度日本に行っている。藩さんが帰国した後，「本当
　　　に不思議だ。沖縄人は中国人にあんなに親近感をもっている」とみんなに
　　　いった。

筆者：そうですか。PC さんは日本文化にも関心をもっていますね。

ＰＣ：私は小学校の時から日本の小説を読んできた。ほぼ毎日のように小説
　　　を読み，1 日 1 冊のペースで読む時期もあった。そのため，私は日本文化
　　　の薫陶を受けた。私は徴兵されたことで過酷な体験をした。しかし，その

なかで日本人との間に生まれた友誼と友情は，今でも覚えている。それは忘れられない。

　冒頭でも説明したように，昼間に長時間のインタビューを行ったため，PCさんの体力を配慮して夜は難しい話題を避けるように意識した。しかし，PCさんは語る意欲が衰えなかった。PCさんにとっては戦前と戦後の体験が分けがたかった。PCさんが自ら説明したように，「私は日本軍に徴兵されたことで死ぬほどの苦労をした。しかし一方では，その体験を通して私のなかには日本という概念が生まれ，日本に関心をもつようになった」。日本という概念とは何か。PCさんの語りから読み取ることができるだろう。徴兵された後，軍隊で出会ったさまざまな地域からきた日本人，教員時代に参考にした日本語の参考書，日本語新聞の購読……PCさんは日本の情勢に関心をもち続けた。PCさんは日本のさまざまな側面を見ている。いうまでもなく，徴兵されたことはPCさんにとっても過酷な体験だった。しかし，その過酷な体験を通してより深い日本を知りうることができた。PCさんにとって日本（人）は一枚岩ではなかった。

〈対話10〉
　筆者はPCさんの家で泊まり込みながらインタビュー調査を行ったことがあり，また参与観察によってPCさんが日頃から複数のメディアを利用していることを知っていた。PCさんは好奇心が強く，80歳を超えた後でも貪欲的に情報を吸収していた。ほぼ毎日欠かさずに中国語の新聞（『参考消息』[34]）を読み，中国のCCTVニュースと韓国のKBS番組を見ている。PCさんはシベリア抑留の補償問題について調べるために，2009年頃からインターネットも使い始めた。ほぼ毎日欠かさずにインターネットを閲覧しており，朝日新聞デジタル版とMSN産経ニュースをよく閲覧しているという。

筆者：どうしてこんなたくさんの情報を利用しているのですか。
ＰＣ：世界情勢を知らなければならない。世界がいかに回っているかを知る

図 6-1　日本語の web サイトを閲覧する PC さん
出所）筆者撮影

　必要がある。

筆者：その習慣はいつ頃からですか。

ＰＣ：私は中学校の時から本を読むのが好きだった。『満洲公論』という雑
　　　誌がある。有名な雑誌だ。授業中に見つからないように机の下に置いて読
　　　んだことがある。シベリアにいた時も新聞を読んでいた。最初の頃は意味
　　　がよくわからなかったけど。

筆者：そうだったのですか。今は『参考消息』を読み，CCTV と KBS，そ
　　　してインターネットまで見て，毎日の生活が充実していますね。

ＰＣ：中国と韓国，そして日本の3ヶ国の情報を利用している。

筆者：こんなたくさんの情報を利用するのは，なかなかできないことです。
　　　私も含めて若い世代は努力が足りないです。今の若者は大抵一つのメディ
　　　ア，自国の情報に偏っている部分があります。PC さんがインターネット
　　　まで利用していることには驚きました。

ＰＣ：情報は一方だけではなく，左も右も知る必要がある。

　この対話では情報の利用について行われた。この対話のなかで PC さんは

満洲国時代およびシベリアにいた時のエピソードを紹介し，多くの情報を利用することの意義を解釈した。PC さんが多くのメディアを利用しているのは，満洲国時代の植民地体験およびシベリア抑留時代の戦争体験の影響もあるようだ。PC さんは批判的な目で情報を利用しており，物事を複眼的に捉えていた。

事例2──LD さん

LD さんは 1927 年に朝鮮半島の慶尚北道善山郡に男3人兄弟の末子として生まれ，1937 年に一家は移民団に参加して営口安全農村に入った。満洲に渡ったのは父親が金融組合にお金を借りて朝鮮人参の栽培を始めたが，朝鮮人参の栽培過程が長く収穫した頃は値段が暴落した。金融組合に借りた金は年利息だけでも 120 円で，当時，その金は大金で農作業するだけでは返済できなかったため，仕方がなく父親の決断で移民団に参加した。移民団に参加すれば，今までの債務を返済しなくてもいいと朝鮮総督府側にいわれた。当初，家族のみんなはありがたく思っていたが，満洲に渡ってから朝鮮総督府が朝鮮人移民団を募集したのは，関東軍に食糧を供給するためだとわかった。渡満した後，営口農村学校に通い，1942 年 12 月に卒業した。その後，学校の推薦を受けて海城師道学校に進学し，1944 年 12 月に卒業し，翌年の3月に営口の月城米穀増産隊国民優級学校に赴任した。戦争で日本は負け続けている頃だったため，給料をもらえないで日本の敗戦を迎えた。戦後，農作業をしたり，商売をしたりした後，民族学校の教員になった。LD さんは 2014 年 8 月に亡くなった。

LD さんにはメインインタビュー調査を3回行い，1次調査は 2008 年 8 月 23 日，2次調査は 2009 年 9 月 17 日〜18 日，3次調査は 2010 年 3 月 6 日である[35]。

〈対話1〉
筆者：私は移民三世ですけれども，移民の歴史についてはほとんど知らなかったです。移民の生活史について教えてもらえますか。

図 6-2　筆者が渡した関連史料に目を通す LD さん
出所）筆者撮影

ＬＤ：これは朝鮮人の悲惨な歴史だ。移民生活について「営口安全農村」に
　　関する記録がどうなっているかわからないが，일본놈【Ilbonnom】[36]が直
　　接支配した朝鮮総督府が，第二次世界大戦で日本軍の食糧供給を保証する
　　ために，朝鮮八道の朝鮮人を連れてきた。

　筆者の発話には聞き手が語り手と同じコミュニティに所属していることを
伝え，良好なラポール（人間関係）を築こうというメッセージが入っている。
筆者はインタビューを行う前日，LD さんが初めて満洲に移住した営口安全
農村の跡地でフィールドワークを行った。ホルスタイン他（James A. Holstein/
Jaber F. Gubrium）は，「標準的なインタビューは，一つのインタビューから
別のインタビューへ情報が「漏れる」のを食い止めようとするが，これに対
してアクティヴ・インタビューではインタビュアーは，これまでのインタ
ビューから収集され，どんどん増えていく背景知のストックを利用して，具
体的な質問を考えたり，回答者が置かれた状況の諸側面についてさらに明ら
かにすることができる」と述べている［ホルスタイン他 2004, 120］。筆者はアク
ティヴなインタビュアーを目指し，語り手の語りの吐露を促すように意識し

た。LDさんは筆者の質問を受けて，「これは朝鮮人の悲惨な歴史だ」というコミュニティを代表するキーフレーズを語った後，筆者との相互行為を通して対話が段々と深まっていった。

〈対話2〉

筆者：満洲国時代，名前は日本式に変えられましたか。

ＬＤ：「エミツ」に変えられた。

筆者：漢字でどう書きますか。

ＬＤ：「エ」は「江」と書き，「ミツ」は「満」と書く。私が名前を付けた。

筆者：え？　本当ですか。

ＬＤ：兄も小学校を卒業したが，兄がやらないで私に任された。私が辞書を調べて名前を付けた。「江」は「エ」でいいですが，「満」は「ミチ」とも読むし，「ミツ」とも読んだ。私は「エミツ」にした。その名前の意味は，私が朝鮮で住んだ村の名前が「江亭洞」だった。離れた故郷が「江亭洞」であって，着いたのが満洲国だった。

筆者：そうですか。

ＬＤ：その時，李は「木村」に変えられるのが多いが，私はそのルールには従わなかった。朝鮮と満洲を子孫も永遠に忘れないようにその名前を考えた。

筆者：LDさんが名前を付けたのですね。

ＬＤ：その時，私は在郷軍人だったが，教員の身分は高かったので，軍事訓練には行かなかった。在郷軍人には日本式の名前が書かれた名札を付けることになっていた。名札の表には「江満」と書き，裏面には「LD」と書いた。当時，何の考えがあったか，そうやることによって満足感を得た。私だけではなく，多くの朝鮮人青年も同じようなことをやっていた。当時，多くの朝鮮人青年は独立思想をもっていたし，反日思想ももっていた。声高に表に出すことはしなかったが，名札に民族の名前を書くことで，自分たちが朝鮮民族であることを忘れなかった。その時，何を考えていたかはわからないが，よくやったと今になっても思う。

筆者：捕まったら大変ではないですか。

ＬＤ：捕まったら大変だ。当時は一つの賭け事のようなことをやった。自分
　　　が朝鮮民族であることを忘れなかった。

　　ＬＤさんは植民地経験を語り，意味づけも行った。植民地経験を語る表情
はさまざまであり，必ずしも悲しく語るわけではない。ＬＤさんは名札の裏
に民族の名前を書いたその経験を語る時，時々笑い声を出しながら，誇らし
げな表情を見せた。ＬＤさんの語りからわかるように，当時，多くの在満朝
鮮人はしなやかな抵抗運動を続けた。ＬＤさんは他の移民体験者と同じく，
朝鮮民族であることに誇りをもっていた。日本の植民地統治で「創氏改名」
という政策で，民族の名前を変えられることを迫られた時，名前に故郷の漢
字を取り入れることにして民族性を保とうとし，名札の裏に民族の名前を書
いて日常生活のなかの植民地主義に抵抗した。

〈対話3〉

筆者：当時，満洲国の教員の給料はどうなっていましたか。

ＬＤ：私はタバコの配給をもらったが，給料は正式にはもらえなかった。

筆者：そうでしたか。

ＬＤ：給料をもらえないで光復[37]に向かえた。

筆者：毎月もらうものではないですか。

ＬＤ：本当はそうすべきだが，戦争で日本は負け続けている頃だった。

筆者：そうですか。負け続けていたのですね。

ＬＤ：玉砕した，サイパンで玉砕したとか，などの報道が多かった。ちょう
　　　ど私が赴任した時期だった。その前はずっと勝った，勝ったといった。給
　　　料はもらえなかったが，食糧は月城米穀増産隊から配給してくれた。

筆者：給料がもらえたら，いくらだったですか。

ＬＤ：27円だった。このようなことをいったら，日本帝国主義を美化する
　　　といわれるかもしれないが，事実はそうだった。

筆者：いいえ。それは事実なので美化ではないと思います。

ＬＤ：事実をいわなければならない。

筆者：その事実や歴史を知らなければならないと思います。

ＬＤ：そうだ。そうだ。今の世のなかで隠したらだめだ。

　ＬＤさんの植民地経験の語りにはアンビバレントな態度が見られた。いうまでもなく，ＬＤさんの語りは生きてきた個人史に規定されている。戦後，満洲国時代の教員だった経歴が汚点になった。桜井は「従属的で抑圧された人びとのライフストーリーは，彼／彼女の経験の表現であり，自らの社会的世界に意味をあたえ，さまざまな問題を明らかにするだけではなく，自己理解を促進し，自らの生き方の創造する助けとなる」と述べている［桜井2002，23］。満洲国時代の待遇についてのＬＤさんの語りは，今までは抑圧されて表舞台に出なかった。この語りはマスター・ナラティヴ[38]を突き破り，新しい語りである。

〈対話4〉

ＬＤ：私は酪農の勉強するために，日本に留学した王君に日本語を教えたことがある。彼は日本から帰ってきて，日本人は本当に優しいと私にいった。私は彼に，「是的，日本人是优秀的民族，是聪明的民族。这个你不能怀疑。一部分统治阶级的人侵略了中国。你不能将统治阶级的人和一般的民众混同（そうだ。日本人は優秀な民族で聡明な民族だ。君はそれを疑ってはいけない。一部の統治者がかつて中国を侵略した。統治者と一般の民衆を混同してはいけない）」といった。

筆者：統治者と一般の民衆を混同してはいけないですね。

　この対話でＬＤさんは朝鮮語と中国語を交えて語った。聞き取り調査のテープ起こしを行い，トラスクリプトを読んでわかったのは，ＬＤさんがいきなり王君の話をもち出したわけではない。ＬＤさんが王君を言及したのは，王君と聞き手の筆者が同じく日本への留学体験をもっていることが考えられる。ＬＤさんの語りにはいろいろな変化が見られた。〈対話1〉でＬＤさ

んは「日本の奴ら」という言葉を用いたが，〈対話4〉には「日本人」という
言葉に変わった。つまり，語り方のプロセスを提示することによって，LD
さんの語りには相対的な日本人像が登場していることがわかる。LDさんは
王君の例に言及しながらインタビューの場という〈いま―ここ〉の時空間で，
過ぎ去った植民地時代と戦争時代について意味づけていた。LDさんは定年
退職後，年金で最低限の生活を維持し，そのことについて嘆く場面もあった。

〈対話5〉

ＬＤ：中国にはお金持ちが多いが，私は毎月2000元の年金しかもらってい
　　ない。二度もない人生をこのように送っていいのか。私は約40年間，教
　　育事業に身を捧げてきた。しかし，食べることのほかに満足できることは
　　ない。年金をもらってほとんど食べることに全部使う。年金の20％ぐら
　　いを生活費に使うべきだが，私の場合はほぼ全部使ってしまう。

筆者：満洲国時代に教員になったことで，何かの影響を受けましたか。

ＬＤ：その影響は大きかった。教員になった経歴が歴史の汚点になってし
　　まった。歴史の汚点になったため，私は優遇されない。もし1949年に仕
　　事に参加したら，もし解放後にすぐ仕事に就いたら離休の待遇を受けられ
　　た。2001年に同窓会を開き，関係者が8人か9人が参加したが，参加者
　　のなかで私の地位が一番低かった。

筆者：海城師道学校を卒業したら，みんな学校の先生になりましたか。

ＬＤ：はい。みんな小学校の先生になった。1989年に私は韓国に行ってき
　　た。その時，小さい時に一緒に遊んだ同じ村の友人に会った。彼とはよく
　　議論して喧嘩もした間柄だ。彼に「LDよ，もしあなたが韓国にいたら道
　　議会の議員にもなったのに，今どんな仕事をしているか」と聞かされた。
　　私には不満がある。歌が好きだが，歌う場所がない。食べることのほかに
　　満足することがない。私は定年してから20年以上が経った。私の経歴が
　　そうだから私を認めてくれる人はいない。誰も私を認めようとしない。そ
　　のような社会的な雰囲気になっている。私は定年退職した後，何の役にも
　　立たなくなった。日頃，新聞を読んで私はこのように生きてはいけないと

思った。何かをいおうとしたがやめた。私は価値のない人間だ。

　LD さんは満洲国時代の経歴が歴史の汚点になって周りに理解してもらえない心情を語った。LD さんは文学や哲学にも精通しており，歌も上手で優れた才能をもつ。韓国の故郷の友人が LD さんにいったように，もし移民しないで韓国にいたら道議会の議員にもなったかもしれない。その友人の言葉に因んでいえば，もし移民しなければ，LD さんは別な人生を歩んだはずだと考えられる。聞き手が関心をもって聞いたため，LD さんが長年の煩悶の気持ちを打ち明けてくれた。

〈対話6〉
筆者：戦争になれば，どの国でもまず民衆が苦しめられると思います。私は直接戦争を体験していませんが，本を読んだり，映画を見たり，そして現場に行ったりして，戦争が民衆にもたらした苦しみや悲しみの大きさを感じ取るようになりました。私は自分だけがわかるのではなく，次の世代にも戦争の記憶を伝える必要があると思っています。
ＬＤ：それは大事だ。
筆者：私は元朝鮮人「慰安婦」の方にインタビューしたことがあります。しかし，インタビューはほとんどできませんでした。どうして沈黙しているのか，どうして泣くのか，その沈黙の背後には何かがあると思いますが。
ＬＤ：「慰安婦」は言葉で表現できない。言葉で表せないことがたくさんある。苦しみが限界を超えたと思う。

　この対話では戦争の記憶の世代間継承をめぐって展開し，聞き手の筆者は冒頭で自分の観点から戦争の記憶を継承することの必要性を述べた。LD さんは元朝鮮人「慰安婦」と同じ時代を生きてきたゆえに理解を示し，聞き手がもちかけた元朝鮮人「慰安婦」が沈黙することへの問いに対して，自身の考えを述べた。このインタビューの場では，語り手と聞き手が対等な立場で対話が進められ，戦争の記憶の継承の営みが行われた。移民体験者たちにイ

ンタビュー調査を行うと，さまざまな話題に及び，恨(ハン)の語りによく出合う。朝鮮語には「한」という言葉があり，漢字に当てれば「恨」と書く[39]。

　移民体験者たちの個人史を理解するためには，朝鮮民族の世界で頻繁に使われている固有の用語である恨(ハン)を理解する必要がある。

〈対話7〉

ＬＤ：朝鮮人はみんな恨(ハン)を抱えている。

筆者：そういえば，恨(ハン)を表す歌として『木浦の歌』がありますね。

ＬＤ：私は『木浦の涙』[40]をよく歌った。この歌はただの歌，ただの曲ではない。私の心を動かした歴史を表す歌だ。

筆者：そうですか。私は韓国に行った際に儒達山[41]を登ったことがあります。

ＬＤ：私は登ったことがないが，木浦は植民地の大本営だった。木浦から朝鮮人が連れ出され，朝鮮のいい米が奪われていった。それで，『木浦の涙』は普通の歌ではない。人びとの思いが込められている歌だ。それを意識して歌うのが木浦の歌だ。もし，それを知らなければ木浦の歌ではない。

筆者：そうですね。当時，1930年代や1940年代，この歌をよく歌いましたか。

ＬＤ：はい。この歌を歌う時期は，ちょうど私が少年期から青年期に入る頃だった。

筆者：『他郷ぐらし』『旅人の悲しさ』も歌いましたか。

ＬＤ：私の人生が旅人の悲しさだった。この歌(『木浦の涙』)は他人の生活を描いたのではなく，私の気持ち，私の生活を描いた。その時，希望はなかった。今日も，明日も，希望のない生活を過ごしていた。この歌はまるで私の人生を表しているようだ。

筆者：しかし当時，この歌は自由に歌えなかったでしょうね。

ＬＤ：そうだった。ある意味では私たちの人生はいちばん波瀾万丈だった。私は日本帝国主義による中国への侵略戦争の末期では，涙を流し，憤激した。そのような時期だった。私は木浦や儒達山に行きたくても行けなかった。私は歌の歌詞の意味がわかるので，特別な思いがあった。どうして儒

図6-3 韓国木浦市の儒達山に建つ『木浦の涙』の歌碑
出所）筆者撮影

達山と『木浦の涙』ができたのか。木浦の涙でもいい，木浦の悲しさでも
いい，そうならざるをえなかった。

筆者：私は多くの移民体験者にインタビューをした時にこの歌がよく話題に
なりました。

ＬＤ：この歌を聞くとまるで夢みたい。

筆者：どうしてそういいますか。

ＬＤ：その時，私はこの歌を理解する年頃だった。ちょうど18，19歳，多
感な時期だった。

この対話では朝鮮民謡の話に及んだ。『木浦の涙』は朝鮮人の恨（ハン）が
集約されている歌である。今日でもこの歌は国境を超えて，朝鮮民族の世界
で広く歌い継がれている。この対話ではメタ・コミュニケーションを行う場
面が多かった。冒頭で語り手のＬＤさんが『木浦の涙』はただの歌，ただの
曲ではないと語った際，聞き手の筆者は『木浦の涙』の歌碑が建てられた儒
達山に登ったことを伝え，共感できる意思を示した。それを受けてＬＤさん
は，『木浦の涙』への意味づけを再度行った。また，筆者は同じく朝鮮民族

の恨（ハン）を表す『他郷ぐらし』や『旅人の悲しさ』の状況を確認した。LD さんは自分の「人生が旅人の悲しさだった」と語った。そして，「そうならざるをえなかった」という語りは，植民地統治への恨（ハン）があらわれた。筆者が『木浦の涙』の誕生のルーツを確認するために儒達山に登って，LD さんとマクロレベルの「過去」を共有できたのが，LD さんのミクロレベルの「過去」の語りを紡ぎ出すのに刺激を与えたようだ。この対話で LD さんは『木浦の涙』という歌を通して植民地と戦争を体験した心情を，筆者との相互行為を通して〈いま—ここ〉でのインタビューの場で語った。18，19 歳という多感な時期に出合った『木浦の涙』という歌は，LD さんのアイデンティティの形成にも大きな影響を与えたようだ。

　　LD さんにインタビューを行うと，故郷の話がよく登場し，故郷を流れる洛東江がよく登場する。2013 年 3 月 23 日，LD さんを訪ねた際に洛東江が再度話題になった。

〈対話 8〉

ＬＤ：『洛東江』はただの詩ではない。詩を書いたその人の心であり，血だ。

筆者：ええ。私は洛東江に行ったことがあります[42]。

ＬＤ：私は国家のために思想家のように話していると思われるかもしれない。

筆者：いいえ。

ＬＤ：私は思想家ではない。私はただ故郷を恋しくて，故郷を懐かしくて，話すだけだ。私は誰の指示を受けて政治意識が生まれて，国家のために，民族のために，人民のために，奉仕する政治家ではない。

　　故郷の話になったら LD さんはいつも目が輝き，熱く語る。LD さんは故郷に対して強い思いを抱いているようだ。自然の河である洛東江と詩である『洛東江』は，LD さんの記憶に根づいているようだ。エリクソン（Erik Homburger Erikson）の言を借りれば，移民体験者たちは，「自分の住みなれた土地から根をひきぬいてしまうような悲痛な気持ちで移住の決意を行った」のである［エリクソン 1974，124］。筆者が実際にインタビューを行った約

100人の移民体験者たちのなかには，望郷の念に駆られている方が多かった。故郷は時空間を超えて移動を体験した移民体験者たちにとって特別な存在である。

　生前，LDさんはほとんど毎日欠かさずにKBSの目玉テレビ番組である『私の故郷6時』を見ていた[43]。LDさんは満洲に移住してから70年以上が経った時点でも，故郷を熱く語り続けていた。「○○のために」ではないことを連発したように，LDさんは中国人というナショナルな立場でもなく，朝鮮民族というエスニックな立場でもなく，個人の立場で故郷への思いを語っていると強調した。

〈対話9〉
筆者：この研究を始めた後，私は移民体験者たちによく会いに行っています。それは人生経験を聞くためです。経験はお金で買うことはできないと思います。

ＬＤ：視野を広げれば，この世界は小さな所だ。だからそこには利害関係，政治関係，宗教関係などを超えなければならない。この小さな世界で住む人びとがみんな仲良くしなければならない。仲良くするだけではなく，お互いに相手を受け入れる。私はそう願っている。

筆者：私もそう願っています。LDさんが考えているのは，寛容ではないかと思います。ちょうど昨日，寛容と和解についての本を買って読んでいます。寛容と和解は大きな課題です。私は互いに理解しあえない時に喧嘩や摩擦が起こると思います。LDさんは想像を絶するほどの苦難を乗り越えてきました。それで，切実に平和を望んでいるのではないかと思いますが。

ＬＤ：人びとは政治関係や政治観念を超えられないのが，摩擦の原因だ。それを乗り越えると信じ，そう主張したい。しかし，短時間で乗り越えることは難しいだろう。難しいと知っているけれども望んでいる。

筆者：困難だからこそ誰かが努力しなければならないですね。先日，電話でLDさんはトンボになったといいましたね。その話を聞いて私は知的刺激を受けました。トンボは360度で物事を見ていますね。

　2012年2月に伺った際にLDさんは加齢による体力の衰えが著しく，一つひとつ言葉を自分にもいい聞かせるようにゆっくり語った。このインタビューを行う数日前に電話をした時，LDさんは自分がトンボになったようでいろいろな事象についてさまざまな角度で見えてきたといった。「視野を広げれば，この世界は小さな所だ」とLDさんが語ったように，LDさんはトンボの目で世界を複眼で見ていた。LDさんは南北朝鮮関係をはじめ，日中関係，日韓関係を含む国際関係にも関心をもっていた。LDさんは自身の人生体験を踏まえて短時間で乗り越えることは難しいと認めながら，摩擦を乗り越え関係を改善することを願っていた。複数回のインタビューを経てLDさんは筆者の研究について熟知しており，関心も示してくれた。

〈対話 10〉

ＬＤ：君はいい研究テーマを選んだ。誰か1人の意見を絶対化しないこと，誰か1人の意見を無視しないこと，さまざまな視点で物事を見るべきだ。

筆者：私一人で研究しているのではなく，多くの方に支えながら研究を進めています。

ＬＤ：大体人間は物事を見た際に，これは必ずこうだ，それは必ずそうだと決めつける。このやり方をやめなければならない。物事を絶対化しないほうがいい。私の命はもうすぐ消えてしまうと思う。人の命のことを考える時，屈辱の人生をもつ人，何かを目指して成功したい人，人間は誰でも不足な点がある。その不足な点を克服するためには，物事を絶対化しないことだ。他人からの多くの意見を聞き，さまざまな角度で考え，またその意見を参考して絶対化しないことだ。それによって自分の考えの幅を広げ，見識を広げ，物事を見る視野を広げてほしい。

筆者：私はこの移民研究を始めてから数年が経ちました。その間，私はたくさんの方々に会ってきました。知る喜びを感じながら複雑な気持ちにもなりました。前もいったと思いますが，私の父方の祖父母は「自由移民」で1920年代に中国に移住し，母方の祖父母は1937年に「集団移民」で移住しました。後で知ったことですが，母方の祖父母が移住した地域は，もと

もと中国人が住んでいた所でした。朝鮮人が入ることによって，中国人は別の所に行かなければならなかったのです。

ＬＤ：朝鮮人は罪人ではないけれど罪人だ。

筆者：何か哲学的な言葉ですね。

ＬＤ：そうではないか。朝鮮人が中国人を追い出したのではない。しかし，朝鮮人がそこに住み込んだ。

　2013年にLDさんを訪ねた際に半分寝たきり状態で体が弱まっており，一つひとつの言葉を嚙みしめながら語った。この最後のインタビューはLDさんの遺言を扱った。インタビューのなかでLDさんは繰り返して物事を絶対視しないことを強調した。それは聞き手だけへのメッセージだけではなく，アンビバレントな心情の表れでもある。「人の命のことを考える時，屈辱の人生をもつ人」と語るように，LDさんは屈辱の人生体験をした。LDさんは屈折した人生体験をしたため，聞き手のアンビバレントな気持ちを汲み取り，「朝鮮人は罪人ではないけれど罪人だ」と意味づけを行った。この意味づけの言葉には朝鮮人満洲国移民が置かれていた複雑な立場を的確に表した。

事例3——ZRさん

　ZRさんは1934年に朝鮮半島の全羅北道益山郡に男2人女2人の4人兄弟の末子として生まれ，1945年に満洲に渡った。家にはもともと土地があってそれなりに裕福な生活をしていたが，日本人が朝鮮に進出した後，協働組合という制度を利用した。名目的には朝鮮人と一緒に農業するといったが，結局，協働ではなくて強制的に朝鮮人の土地を奪い取った。農作業をしても米は全部もっていかれた。土地がなくなり，朝鮮では食べていけないため，両親が先に満洲に移住した。1945年7月に両親が朝鮮に戻って家族全員を連れて満洲に行った。移住した地域は鶏西で父親が鉄道に勤めていたので，鉄道近辺でよく遊び，敗戦直後の日本人の撤退の場面や集団自決した後の場面を見かけたという。戦後，農業技師として工場で働いた際，反戦同盟

に参加して中国に残留した日本人たちと一緒に働いた。ZR さんへのインタビュー調査は2回行い，1回目は2009年9月21日，2回目は2010年3月12日である。

〈対話1〉

ＺＲ：私が君の研究に役に立つことはあるかな？

筆者：私は移民体験者の生活史について聞き取り調査をしています。ZR さんが生まれてから今日までの個人の生活史を語っていただければと思います。現段階で私は約90数人の移民体験者にインタビューをしてきました。個人の背後には社会があります。1人や2人だけではなく，90数人に話を聞けば，大体の時代背景を読み取ることができると思います。あまり難しく考えなくてもいいです。たとえば，農作業の体験や学校生活などを語っていただければと思います。ZR さんはいつ生まれましたか。

ＺＲ：1934年7月5日に生まれた。

筆者：故郷は全羅北道だと聞きましたが。

ＺＲ：全羅北道の益山郡だ。かつては益山郡だったが，今は益山市になった。

筆者：私が初めて韓国に行った時，益山に行きました。たしかに日本統治時代，益山には不二農場がありましたね。

ＺＲ：聞いたことがある。全羅道と慶尚道は農業中心の地域だ。全羅道は湖南平原で米が豊富に取れる地域だ。しかし，秋になったら「日本の奴ら」に，米を全部もっていかれた。その代わりに中国からもってきたコーリャンや豆餅【doubing】[44]をくれた。豆餅は大豆の油を搾った残りかすで，牛や豚にやるものだ。それも新鮮なものであればいいが，腐ったものをくれた。それは美味しくもないし，栄養もない。

筆者：美味しいはずがないですね。

ＺＲ：しかし，仕方がなかった。食べるものがなかったから仕方なく食べた。農作業をしても米は食べられない。豆餅も腹いっぱい食べればいいが，それも足りなくて草を取って食べる時もあった。それで，全羅道出身の人が海外に移住する人が多かった。当時，北間島に行くという歌もあっ

図 6-4　地図を見ながらインタビューに応じる ZR さん
出所）筆者撮影

た。間島は今の延辺地域だ。

　最初の頃，ZR さんは何を答えればいいかわからないようで少し戸惑った様子だった。語り手の個人史を語ってもらうためには，聞き手のことも紹介する必要がある。冒頭で筆者は訪問の目的などを説明した。筆者が初めて韓国を訪ねた地域が，偶々 ZR さんの故郷であることを伝えた後，ZR さんの表情が少しずつ和らぎ，語りの意欲が湧いてきたようだ。この対話で ZR さんは自身が生きてきたマクロな生活状況を紹介してくれた。

〈対話 2〉
Ｚ Ｒ：私は朝鮮人が経営する学校と日本人が経営する学校に両方通った。朝鮮人が経営する学校に 1 年間通った。ある日，朝鮮総督府の教育を担当する部門の人たちが調査しにきた。調査にきた日本人は生徒たちに，「今日，何を食べたか」と聞いたら，生徒たちは「大豆かすを食べた」と答えた。次に「美味しかったか」と聞いたら，生徒たちは幼くて素直なので，「美味しくなかった」「腐った大豆かすを食べたから下痢した」と答えた。

　　子供たちがこのようなことをいったのは，校長先生や学校の指示を受けた
　　として，学校で反日教育を行っていたと決めつけられ，数日後に学校は閉
　　鎖されてしまった。

筆者：学校の名前は覚えていますか。

ＺＲ：益山郡五山面の永万里にあった小学校だ。名前は覚えていないが，た
　　　しか永万里小学校だ。

筆者：永万里小学校ですね。

ＺＲ：あの出来事で学校が閉鎖された。学校の先生や校長先生はきっと苦し
　　　められたと思う。私たちは何もわからないで無邪気なことをいったこと
　　　で，今考えれば，学校側は厳しく罰せられたかもしれない。日本人が経営
　　　する学校に行った後，試験を受けなさいといわれた。

筆者：試験を受けたのですね。

ＺＲ：私が住んでいた村に日本人が住んでおり，日本人の子供と遊んだこと
　　　があるので，簡単な日本語は話せた。試験監督は日本のある自動車会社を
　　　経営する者の娘である国枝という人で，まだ独身だった。国枝は担任でも
　　　あった。試験が始まった。まだ，1年生だったから簡単な問題だった。鼻
　　　を指して「はな」と答え，目を指して「め」と答え，耳を指して「みみ」
　　　と答えた。しばらく経ってから同じ問題を聞いた。それで，1回目は日本
　　　語で答えたから，今度は朝鮮語で答えようと思って，「코」「눈」「귀」[45]
　　　と答えたら，試験は不合格だった。そのことを知った同じ村から4，5学
　　　年に通う生徒たちが，国枝に「この子は日本語がよくできるのにどうして
　　　不合格ですか」と説得して，私の入学は認めてもらった。あの学校はまだ
　　　韓国に残っており，現在は五山小学校となった。私は勉強ができたため，
　　　学校から弁当箱と運動靴をもらったことがある。放課後，国枝は私たちを
　　　校門まで見送ってくれた。それでも私は腹が立っていた。幼かったけれど
　　　も，反日思想をもっていた。私たちの朝鮮人学校を閉鎖し，朝鮮語の使用
　　　が禁止されたからだ。朝鮮語の使用を禁止しようとして，生徒たちに毎週
　　　学校から銅で造った札（ふだ）を7枚配った。生徒たちにお互いに監視する
　　　ようにした。誰かが朝鮮語を使用したら，札1枚を取るようなルールがつ

くられた。毎週，学校側は生徒の札の数を確認した。札が少なくなった生徒には，札1枚に10銭罰金され，札が多くなった生徒は褒められた。私たちは国枝を見かけるたびに朝鮮語と日本語を交えて，「この女は本当に酷い奴だ」「朝鮮人が朝鮮語を話すのに何が悪いのか」とののしった。それで，国枝は泣く時もあった。あの人のまだいいところは，私たちが悪口をいったことを学校にいわなかったことだ。もし，そのことが学校に知られたら大変なことになる。当時，教導主任をしていたのは趙という者だ。

筆者：趙という者ですね。

ＺＲ：あの奴に知られたら大変なことになる。ある日の休み時間に同級生2人とグラウンドにある木に登った。国枝は女性だからか，まだ優しい面があって私たちに，「危なくて怪我するから早く降りてきて」といった。私たちが木に登ったことは趙も見かけたようで，放課後に3人が教員室に呼ばれた。趙は竹の棒で1人30回ずつ叩いた。

　この対話でZRさんは学校生活における植民地統治状況の一断面を紹介した。植民地朝鮮時代，朝鮮人が経営する学校は反日教育を行ったと決めつけられて閉鎖されたため，ZRさんは日本人が経営する学校に移った。転校先で担任先生の国枝に出会った。ZRさんのインタビューのなかでは，国枝が頻繁に出てくるので注目したい。ZRさんは国枝に対して異なった意味づけを行っていた。試験を行う際に朝鮮語で答えたため，不合格だった。また，学校では朝鮮語の使用が禁止された。そのため，ZRさんは国枝に対して「この女は本当に酷い奴だ」と「悪口」をいった。しかし，その「悪口」を国枝は学校側にいわなかったため，「あの人はまだいいところ」があると意味づけた。

　ZRさんの語りには日本人の国枝と朝鮮人の趙が並列的に出てきた。趙は生徒を体罰し，植民地統治に加担したため，「奴」と呼びつけた。もし，聞き手の筆者が朝鮮民族でなければ，朝鮮人の趙は登場しなかった可能性があると考えられる。この対話で趙は生徒に暴力を振るった冷徹な植民地統治の協力者として登場した。国枝は生徒たちに「悪口」をいわれ，泣く時も

あったような感情をもつ女性として登場した。ZR さんがいうように「私た
ちの朝鮮人学校を閉鎖し，朝鮮語の使用が禁止された」ため，「幼かったけ
れども，反日思想をもっていた」。日本の植民地統治の複雑性は，日本人が
朝鮮人を統治した側面だけではなく，朝鮮人が朝鮮人を統治した側面もあっ
た。ZR さんの語りを通してみれば，ZR さんの「反日思想」は一枚岩の日
本（人）を反対することではなく，日本の植民地統治を反対していた。2次調
査に伺った際にも朝鮮で学校に通った時のことが話題になった。

〈対話 3〉

ＺＲ：授業中で私はよく話を聞いた。学校では朝鮮語の使用が禁止された
　　　が，授業が終わったら，私たちはよく背後で朝鮮語を交えて国枝の悪口を
　　　いった。私は勉強がよくできた。そのためか，学校から運動靴と弁当箱を
　　　もらったことがある。当時，靴がなくて普段は素足か草履を履いた。足が
　　　凍ったことは何度もあった。中国東北地域はこんなに寒いのに，ここに来
　　　てから足が凍ったことはない。なぜ朝鮮で足が凍ったのか。私が住んでい
　　　た地域は湿気が高い。冬になると気温がマイナスに下がる。足が凍ったら
　　　痒くて堪らない。運動靴をもらった時は喜んだ。

筆者：私は他の方から聞きましたが，太平洋戦争の時に日本がシンガポール
　　　で戦争に勝った時，生徒たちにゴムボールやキャンディを配ったりしたよ
　　　うですね。

ＺＲ：そうだ。どこかの戦争で勝ったらキャンディなどを配ったりした。し
　　　かし，全員に配ったわけではなくて勉強ができた生徒だけに配った。私は
　　　勉強ができた。他の子供たちと一緒に背後で悪口もいったが，国枝は私を
　　　可愛がってくれた。これは日本を美化することではない。日本人も知識を
　　　重視した。そのようなことがあったことも知る必要はある。

　　日本の植民地統治は戦争と並行して行った。ZR さんは学校生活のエピ
ソードを取り入れながら，日本の植民地統治の特徴を紹介した。この対話の
なかで担任先生だった国枝が再度登場した。学校では朝鮮語の使用が禁止さ

れたため，背後では国枝の「悪口」をいった。ZR さんは日本の植民地統治を美化することでもなく，ただ批判することでもなく，事実を知る必要があると語った。

〈対話4〉

ＺＲ：私が住んでいた永万里という地域には，「全」を苗字とする全氏家族が多く住んでいた。あの地域は反日的な雰囲気が強かった。

筆者：永万里は反日的な雰囲気が強かった地域でしたか。

ＺＲ：それは当然だろう。植民地統治が厳しくてそこに住む人びとの生活を脅かしたから，人びとは自然に反日的な態度をとった。同じ地域に住む「全」の苗字を名乗らない人びとも団結していた。そのためか，永万里に住む日本人は少なく，ある日本人の家族だけが住んでいた。

筆者：1家族だけでしたか。

ＺＲ：1家族だけだった。

筆者：その家族の名前は覚えていますか。

ＺＲ：もう何十年前のことなので覚えていない。当時，私はまだ小学生で，あの日本人の家族には子供が2人いた。

筆者：男の子ですか。

ＺＲ：2人とも男の子だ。あの子たちも小学校に通っていた。永万里には五山面に向かう鉄道があった。鉄道の南側には日本人が通う学校で，北側には朝鮮人だけが通う学校だった。登校する際にあの子たちと一緒になる時も多かった。たまに私たちはあの子たちをからかったりした。

筆者：あの子たちを叩いたり，苛めたりしたことはありますか。

ＺＲ：いいえ。そこまではしていなかった。彼らは私より年下だ。私たち朝鮮人が多数なので，あの子たちは従順だった。私たちが何かをいったら従ってくれた。

　植民地時代，全羅道地域は米の収奪が最も厳しく行われた地域だった。ZR さんは生活体験に基づいて故郷の永万里は，反日的な雰囲気が強かった

地域だと認識していた。朝鮮人が反日的になったのはZRさんがいうように，「植民地統治が厳しくてそこに住む人びとの生活を脅かしたから」である。そのため，永万里に住む日本人が少なかった。ZRさんは反日精神をもっていたが，日本人全体を反対することではなかった。自分より立場の弱い日本人の子供を苛めたりはしなかった。ZRさんは少年時代の植民地体験に踏まえて，朝鮮人と日本人との関係性の一側面を語ってくれた。日本が敗戦する直前の1945年の7月に満洲に渡った後，ZRさんはさまざまなかたちで戦争を体験した。

〈対話5〉

ＺＲ：中国に来てから1ヶ月を経たないうちにソ連軍が空爆を始めた。その後，関東軍が撤退し始めた。

筆者：その撤退の場面を見ましたか。

ＺＲ：もちろん見た。関東軍はトラックに乗って撤退したり，汽車に乗って撤退したりした。近くに日本軍の飛行場もあったが，燃料タンクが爆撃を受けたためか，飛行機が飛ぶのをほとんど見たことはなかった。私はよく父親が勤めていた機関庫のポイント小屋に行って，手伝いもした。

筆者：なかなか珍しい体験をしましたね。

ＺＲ：ポイント小屋から関東軍が撤退する様子を見た。家の近くに関東軍家族が住む住宅街があった。ソ連軍の空爆があった後，ソ連軍がもうすぐ入ってくるから撤退する命令を受けたようだ。私の家族も風呂敷で物を包んで避難した。列車はなくて無蓋車に乗り込んだ。私たち朝鮮人は1号車，関東軍兵士は2号車，関東軍の家族は3号車に乗った。空爆が続いており，爆弾が落ちた場面を見て怖かった。その混乱の最中にお婆ちゃんと兄嫁がはぐれてしまった。

筆者：赤ん坊がいましたね。大丈夫でしたか。

ＺＲ：赤ん坊は私たちが抱っこして先に乗った。お婆ちゃんは歳をとり行動が不便だったので，乗り遅れてしまった。しかし，汽車は出発した。汽車はそのまま止まらないで牡丹江まで行った。そこで，ほとんどの軍人はど

こかに行ってしまった。牡丹江では空爆が激しくなったため，みんなが車輌の下に潜って避難した。空爆が一段と鎮まり，みんなが車輌の下から出てきたが，ある軍人が出遅れた際に汽車の車輪が少し動いた。あの人の大腿が車輪にひかれて，「助けてください」と大きな声で助けを求めた。しかし，みんな逃げることで精いっぱいで，誰もあの人を助けようとしなかった。私はまだ子供だったが，人情とは何かについて疑問をもった。私たちが乗った汽車はハルビンの香房駅に向かったが，ハルビンでも空爆が続いていた。それで，進行方向を変えて吉林省の山河屯に向かった。山河屯に着いた後，そこで数日間滞在した。ある日本人は「日本は必ず勝つ」といったが，私はその言葉を信じなかった。数日後，8月15日になった。しかし，山河屯に住む「日本の奴ら」は日本が負けたことを知らないで馬に乗って威張っていたところ，ある者は中国人に長い鎌で頭を切り落とされた。また，ある者は馬から引き下ろされて叩かれたり，蹴られたりした。あのようなかたちで殺された「日本の奴ら」は少なくなかった。その場面を見て私は日本が負けたとわかった。

　この対話でZRさんは敗戦後の避難体験を紹介した。父親が勤めた鉄道に行って遊んだこともあり，鉄道を利用して敗退する関東軍兵士の姿を見かけた。また，ZRさんの家族も日本人と一緒に避難することになった。ZRさんは少年時代に移住して戦場には行っていないが，日常生活のなかで身近に戦争を体験した。1945年8月15日の出来事もZRさんは少年の目線でつぶさに見ていた。

〈対話6〉
ＺＲ：ある意味で日本人は残忍だ。
筆者：それはどういう意味ですか。
ＺＲ：テレビでも見たことがあるだろうが，避難した際に少なくない日本人
　　が集団自決した。その場面は直接見てないが，集団自決した後の死体をよ
　　く見かけた。

筆者：死体を直接見たのですね。

ＺＲ：当時，半分笑い話の逸話があった。日本人の集団自決した後の場面を見た中国人は，「死了」(死んだ)，「咽气了」(息を引き取った)，「断气了」(息を引き取った)，「蹬腿儿了」(足を伸ばした)など，同じ死ぬことに対して複数の表現があった。そのことを聞いて，私は中国語が難しく勉強できないと思った。日本人は武士道精神をもっている。解放後，私は鶴岡炭鉱で働いたことがあった。そこに反戦同盟に参加した日本人もいた。

筆者：反戦同盟に参加した人ですか。

ＺＲ：彼らほとんどが20歳前後の若者で，一番歳をとったのが25歳ぐらいだった。日本が負けた後，鶴岡炭鉱で働く人がいなくなり，反戦同盟に参加した人もそこで働かされた。あの日本人たちは規律があった。毎日の仕事が終わったら整列して，「最後の決戦に出迎えよう」と歌い，「1，2，1，2」と掛け声をかけながら坑内から出てきた。その後，私はハルビンの王岡機械修理工場に行った。その工場には日本人の飛行機整備士やパイロットが働いていた。あのような汚い仕事をしながらも，彼らは毎日服を着替えて清潔にしていた。彼らは指示される仕事をこなしながら，時には意見も提起した。

筆者：どんな意見ですか。

ＺＲ：たしか1957年頃[46]のことだった。彼らは，「私たちのような高級技師を農業機械修理の仕事にさせるのは，人材の無駄使いだ」というような意見を出した。日本が中国を侵略して，日本人が戦争に参加したのは良くない。しかし，人間の素質面や教養面から見れば，日本人は清潔だし，教養がある。

　この対話ではさまざまな日本人が登場しており，集合的な日本人から具体的な日本人に移っていった。敗戦直後，集団自決の日本人の死体を見たため，「日本人は残忍だ」と語った。その後，ZRさんの語りには武士道精神をもつ日本人が登場した。戦後，工場で反戦同盟に参加した日本人と一緒に働くことを通して，日本人を相対的に捉えた。

〈対話7〉

筆者：私は多元文化について勉強していることもありまして，顔の見える関
　　係性に関心をもっています。ZRさんは反戦同盟に参加した日本人と一緒
　　に働きましたね。何か印象に残っている出来事はありますか。

ＺＲ：日本人，中国人，そして韓国人は同じ黄色民族であるが，それぞれ違
　　う面がある。たとえば同じ服を着ても，歩き方や仕草などでその人がどの
　　国の人であるかを判断できる。かつて私は日本人を「奴ら」と呼び，日本
　　人は背が低くて歩き方も変だと思っていた。しかし今は違う。食習慣が変
　　わったためか，日本人も背が高くなった。朝鮮人も同じだ。もともと背が
　　低かったが，今は高くなった。表面的なことで人を判断できないと思うよ
　　うになった。

筆者：そうですね。さて先の話に戻りますが，反戦同盟に参加した日本人が
　　帰国した後，手紙を送ってくれたようですね。

ＺＲ：反戦同盟に参加した人たちのなかに飛行機整備士もいた。

筆者：それは王岡での出来事ですね。

ＺＲ：そうだ。当時，私は技術員をしていた。(中略)もともと私は日本人に
　　対して反感をもっていて，日本人を「日本の奴ら」と呼んだ。しかし，直
　　接あの人たちと一緒に生活してみて，親近感をもつようになった。

筆者：何語で会話しましたか。

ＺＲ：日本語で話したり，日本語でうまく伝わらなかったら中国語に切り替
　　えたりして日本語と中国語を入り混じって交流した。彼らは私のことを好
　　きだったし，私も彼らのことが好きだった。飛行機整備士が小さな工場に
　　来て，油まみれの仕事をする姿を見て可哀想に思う時もあった。

　冒頭では筆者の興味関心に引きつけて発話し，それを受けてZRさんは普
遍的な文化論のことを語り出した。対話的構築主義アプローチでは決まった
インタビューの台本がないため，このように話が弾む時がある。聞き手の筆
者は話が本題から逸れたと気づき，話を本題に戻してZRさんの具体的な体
験を聞いた。戦後，ZRさんは工場で反戦同盟に参加した日本人と一緒に働

き，交流もした。日本人と交流する前までは，日本人を「日本の奴ら」と呼んだ。交流を経て親近感をもつようになった。

　この対話はマクロな視点で集合名詞としての反戦同盟に着目するのではなく，ミクロな視点で ZR さんの個人の体験に着目することによって，戦後朝鮮人と日本人が同じ職場で働き，交流をしたという今まで語られてこなかった語りを聞き出すことができた。

〈対話8〉

筆者：何か嫌な思い出はありますか。

ＺＲ：幼い時の私は悪戯っ子だった。親が近くにいなくてお婆ちゃんに育てられた。学校には欠かさずに行った。学校のグラウンドに木があって，ある日の中休みの時に私は同級生と一緒に木に登った。そのことを国枝に見られた。放課後，私たちは教導主任の趙に教職員室に呼ばれて，竹の棒でふくらはぎを約30回も叩かれた。最初の5，6回はまだ痛い感覚があったが，その後は痛い感覚を失った。足が痛くて翌日からしばらく学校に行けなかった。その出来事を今思い出してもやりきれない気持ちだ。同じ朝鮮人なのに子供に暴力を振るった。子供が木に登って遊ぶのに何が悪いのか。この間，韓国に行った時にかつて私が通った学校に行ってみた。もし趙に会ったら，「あなたは日本人の担任先生より酷かった」と告げたかった。しかし，学校側に聞いても，趙がどこにいるかはわからないといわれた。

筆者：もう歳だから死んだかもしれないですね。

ＺＲ：そのほかにもう一つの出来事があった。私が中国に移住してから鶏西の小学校にすぐ編入した。何があっても勉強したい思いは強かった。日本が戦争に負ける1ヶ月前の時期だったが，その当時はまだわからなかった。担任の先生は張という者だ。ある日，張に国民教訓を暗唱させられた。朝鮮では習ったことがなくて暗唱できなかったため，張は拳で私の頭を10数回殴った。来たばかりの生徒に対して，本来先生は習ったかどうかを確認すべきではないか。あの奴は確認するどころか，子供に暴力を振るった。このように私の学校生活のなかで体罰を2回受けた。私は勉強が

できてずっと褒められたが，このような屈辱な体験もあった。

筆者：張も朝鮮人ですか。

ＺＲ：あの奴も朝鮮人だ。

筆者：私は他の移民体験者の方からも聞きましたが，少なくない朝鮮人が日
　　　本の植民地統治に加担しましたね。

ＺＲ：そうだ。朝鮮人のなかにも日本人の手先がいた。中国語でいえば漢奸
　　　だ。朝鮮においても，満洲においても，日本人に協力する朝鮮人がいた。

　人によって嫌な思い出はそれぞれ違う。嫌な思い出を聞くと，ＺＲさんは
2つのエピソードを紹介した。1つは朝鮮で学校に通った際の出来事で，〈対
話2〉で出てきた教導主任の趙に体罰を受けた出来事である。もう1つは渡
満後，担任の先生による体罰である。ＺＲさんが繰り返していうように優等
生だったため，よく褒められたのに体罰を受けたのは屈辱な体験だ。この2
つの嫌な思い出は，朝鮮人による朝鮮人の植民地統治のエピソードで，いわ
ば同じ民族内部の加害の問題である。もし，聞き手の筆者が朝鮮民族ではな
ければ，ＺＲさんは他のエピソードを提示した可能性もあるだろう。

〈対話9〉

ＺＲ：世界中を見渡せば，戦争を通して利益を得た人はほとんどいないと思
　　　う。一部の人には利益があるかもしれないが，大多数の人は被害者だ。日
　　　本が戦争を起こして中国の民衆に被害を与えただけではなく，自国民も苦
　　　しめたのではないか。戦争で使うお金があれば，国の発展のために使えば
　　　いいのに。

筆者：そうですね。昨年，ＺＲさんからいただいた「研究する際に感情的に
　　　なってはいけない」というアドバイスが印象深かったです。

ＺＲ：感情的になってはいけない。私は今でも口癖のように「日本の奴ら」
　　　という場合がある。日本人には悪いところもあるが，学ぶべきところもあ
　　　る。悪いところはあの主義，つまり軍国主義に走ったこと，そして他の国
　　　を侵略したことだ。それによって他の国の民衆に被害を与え，自国の民衆

も苦しめた。この事実に対して感情的になれば，やり切れぬ思いになり，物事を絶対化してしまう。しかし，戦争が終わり，相手が投降した以上，物事を絶対化してはいけない。互いに助けあい，会って理解しあって平和的に暮らす。感情的になれば切りがない。あなたたちがたくさんの人を殺した。それで，あなたたちを許さないとしたら理性的ではない。あなたたちが悪いことをしたので，私たちも同じことをしてはいけない。

筆者：同じことをしないことですね。

ＺＲ：そうだ。相手と同じことをしない。感情的になってはいけないことは，もう一つの意味がある。たしかに日本は戦争に負けた。しかし解放後，日本は短期間内で復興して先進国になった。日本人は決心したら遂行する。そこまで努力したことは学ぶべきだ。解放後，日本は中国と韓国と経済協力をし，経済的な支援もした。助けあえば互いに受益する。

筆者：学ぶべき点は学ぶことですね。

ＺＲ：今日，私は自分が体験したことおよび家族が体験したことを中心に話した。この体験は私自身のことだが，おそらく他の人たちも私と似たような体験もしただろう。私の体験はあの時代を生きてきた人びとの普遍的な側面もあると思う。

筆者：そうですね。私は現段階で約100人の移民体験者にインタビューをしてきました。時間が限られていますので，何千人や何万人にインタビューすることはできません。個人的には100人の方々の個人史を聞けば，移民体験者が生きてきた時代背景をある程度浮かび上らせることができると思います。

ＺＲ：朝鮮人が海外に移住した理由は2つあると思う。1つは生活が貧しいからだ。もう1つ一旗を揚げるためだ。私の家族が移民した理由は生活が困難のためだった。もし，朝鮮で生活ができるなら移民する必要もなく，苦労もしなかった。

筆者：移住の背景にはこのような理由がありましたね。

ＺＲ：しかし日本人の一生懸命働くことは学ぶべきだ。一生懸命働くことは日本人の長所だ。

筆者：「一生懸命」という言葉は戦前も使われていましたか。

ＺＲ：使われていた。朝鮮にいた時もこの言葉をよく耳にした。植民地時
　　　代，日本は奴隷化教育を行って，朝鮮語の使用を禁止した。それは事実
　　　で，やってはいけない。しかしその一方，学校では「兄弟仲良く，一生懸
　　　命働く」とも教えられた。兄弟が仲良くすること，一生懸命働くことは間
　　　違っていない。日本人が一生懸命仕事することは学ぶべきだ。

筆者：学ぶべきことは学ぶことですね。

ＺＲ：ここで注意しなければならないのは，軍国主義者と一般の民衆が違う
　　　ことだ。もし感情的になれば，物事を絶対化するおそれがある。

　　ZR さんは繰り返して物事を絶対化しないことを強調し，かつて日本が軍
国主義に走り，中国を侵略し，朝鮮を植民地化したことは事実で，やっては
いけないことだと明言した。その一方，戦後，日本が短時間で復興したこ
と，日本人が一生懸命働くことを評価した。この対話で ZR さんが指摘した
ように，語りのなかには「日本の奴ら」という呼称が出てくる。しかし，そ
れは固定不変ではなく，文脈によって日本人と「日本の奴ら」を使い分けて
いた。「感情的になってはいけない」という語りは，筆者に向けたメッセー
ジだけではなく ZR さん自身も自省的に過去を捉えていた。

　　2009 年 9 月 21 日の午前中，ZR さんの自宅で単独インタビューを行っ
た。近所のレストランで昼食を一緒に食べた後，場所を同じハルビン市内に
住む金宗雲さんの家に移し，金宗雲さん夫妻を交えて座談会式インタビュー
を行った。

〈対話 10〉

金：歴史に対して仇を討ちあってはいけない。仇を討ちあえばきりがなくな
　　る。日本の統治者，特に日本の軍国主義者は徹底的に反省しなければばら
　　ない。地球全人類の発展のために，私たちは団結すべきだ。戦前，日本は
　　私たちを敵とみなした。私たちも日本を敵とみなしてはいけない。仇を討
　　ちあってはきりがなくなる。私たちは過去の恩讐を忘れるべきだ。しか

し，私たちは歴史事実を明確に認識すべきだ。反省すべき点は反省する。最終目標は，地球全人類の発展のためにともに団結努力することだ。これは多くの人が望んでいることではないか。

筆者：私もそう思います。

金：日本は歴史を反省すべきで，中国と韓国は歴史を理解すべきだ。共同発展のために，人類の平和のために，私たちはお互いに理解すべきだ。

ＺＲ：歴史を忘れない。お互いに歴史を忘れないことだ。中国と朝鮮は日本の侵略を受けた。日本の民衆も戦争のために苦労を強いられた。私がいいたいのは，「私たちは正しかった，あなたたちは間違った」という仇の討ちあいではない。

筆者：仇の討ちあいではないですね。

ＺＲ：はい。私がいう歴史を忘れないということは歴史を知る意味だ。今の若者たちは，過去に歴史があったかどうかも知らない。今，問題になっているね。日本が侵略したか，しなかったか。日本が勝ったか，負けたか。このようなことはあまり望ましくない。

筆者：あったことを認める。歴史を知らないことは，対話する以前のことですね。

ＺＲ：私の望みは日中韓3ヶ国が協力してともに発展することだ。ともに発展するために歴史を忘れないことだ。仇を討ちあえばきりがなくなる。

　戦時中，金宗雲さんの家族は関東軍が撒いたペスト菌の感染によって死亡し，戦争の被害を受けた[47]。ZRさんは金宗雲さんの話を受けて歴史を知ることの重要性を言及し，勝者の歴史あるいは敗者の歴史を論じることではなく，歴史をトータルに知ることの重要性を語った。また，歴史を忘れないことは仇の討ちあいではないことを強調した。

お わ り に

　本章では3人の移民体験者の語りの諸相について考察した。3人との対話

のなかで経験がさまざまな語りで表象された。3人は重い歴史を背負っているにもかかわらず，インタビューを受ける際には感情的になることなく淡々と語った。しかし，その静かな語り口からは恨（ハン）の重みを感じ取ることができる。移民体験者たちは国境を越えて移動し，複数の時代を経験した。多くの移民体験者の語りには南北朝鮮関係と日中関係のみならず，日韓関係や中韓関係とも関わる複数のメッセージが含まれている。筆者は移民体験者たちとの対話を通して，移民体験者たちの語りは朝鮮族という小さなコミュニティを越えようとしていることがわかった。その1つの兆しは，インタビューを行う際に使われた言語にあらわれている。インタビューは朝鮮語をメイン言語としながら，随所に中国語，日本語も織り混ぜて複数の言語で行われた。そのことに示されているように移民体験者たちの語りは，朝鮮族のコミュニティのなかだけで流通する閉ざされたメッセージではなく，東アジア社会が共有できる開かれたメッセージが含まれている。

　もう1つの兆しは，移民体験者たちが自分を名づける自称詞にあらわれている。移民体験者たちが用いる自称詞は，「チョウセンジン」や「朝鮮族」ではなく，「チョソンサラム」である。「チョソンサラム」は朝鮮語による朝鮮人の意味である。この呼称は中国朝鮮族だけを指す言葉でもなく，韓国人だけを指す言葉でもなく，北朝鮮民主主義人民共和国の人びとだけを指す言葉でもない。強いていえば，世界中に散らばって暮らしているコリアン・ディアスポラの人びとに広く使われているニュートラルな呼称である。この自称詞にはナショナリズムを呼び覚ますような意味合いは含まれていない。しかし，「チョウセンジン」という呼称は日本帝国主義者が名づけたものであり，その呼称には帝国主義的な眼差しが色濃く投影されている。移民体験者たちはその呼称には拒絶反応を示し，自らは「チョソンサラム」と名乗っていた。移民体験者たちはこの名づけられた抑圧の体験をもつため，他者への名づけにも敏感であるようだ。3人とも対話のなかで日本の植民地統治者を指すときには，「日本の奴ら」と呼び，日本の民衆を指す時には「日本人」と呼んだ。対話のなかの呼称の使い分けは，複合的な関係性を表しているといえよう。3人の個人史はまさに激動の北東ユーラシア近代史の縮図で，3

人の語りは時間の幅が広く内容も多岐的にわたっていた。

　筆者がインタビューを行った移民体験者の全員が日本の植民地統治を批判し，日本の戦争責任を追及した。しかし，移民体験者たちは一元的に日本（人）を批判しているわけではなく，過去の出来事を加害と被害の二元論的に論じることなく複眼的に捉えていた。

　PC さんは徴兵されたうえ，シベリアに抑留までされた。本研究は朝鮮人のシベリア抑留研究ではない。しかし，移民体験者たちの個人史のなかにシベリア抑留が絡んでいるため，シベリア抑留について考える必要がある。日本にはシベリア抑留に関する研究や記録が多い。管見の限り，今までシベリア抑留問題についての研究や記録は，日本対ソ連（ロシア）という二国間のみの文脈で論じてきたようだ。その議論自体が間違っているわけではない。しかし，日本対ソ連（ロシア）というナショナルな視点で捉えれば，朝鮮人のシベリア抑留という出来事は隠れてしまい，日本の植民地責任の問題が見えなくなるおそれがある。在満朝鮮人が徴兵されたのは，彼らが強制的に大日本帝国の国民に組み入れられたからである。在満朝鮮人が徴兵され，シベリアに抑留された「歴史的事実」には日本の植民地責任と戦争責任が内包されている。

　日本の敗戦後の混乱を経て，1949 年の中華人民共和国が成立した後，在満朝鮮人は中国の少数民族の一員である中国朝鮮族となった。移民体験者たちは自分たちの意志と関係なく，戦前は「日本人」として生き，戦後は「中国人」になった。いわば，移民体験者たちは朝鮮人，日本人，そして中国人を遍歴したといえよう。朝鮮人満洲移民の歴史は朝鮮史だけでも，日本史だけでもなく，トランスナショナルヒストリーである。移民体験者たちの「チョソンサラム」としてのアイデンティティについての考察は今後の課題とする。

1）　金贊汀「『満州』・そこに打ち捨てられし者」『世界』第 498 号，第 499 号，第 501号，岩波書店，1987 年。[中国朝鮮族青年学会編 1998]。

2）　このアプローチはライフヒストリーが科学的でなければならないとする規範をバックグラウンドにしている。実証主義アプローチでは，あらかじめ既存の理論から

引き出された仮説を設定し，それに基づいていくつかのカテゴリーに分類して質問紙を作成する。構造化された質問紙とは異なり，いくつかの基本的な質問を誰に対しても共通に設定しておき，自由の回答してもらいつつ，全体として質問の流れを調査者が統制できるようしておくのが一般的である [桜井 2002, 15-22]。

3）　解釈的客観主義アプローチは帰納論的な推論を基本としながら，語りを解釈し，ライフストーリー・インタビューを重ねることによって社会的現実を明らかにしようとするものである。語り手の語りからその社会的基盤と意味内容を探って，語られたこと(what)に基づいて意味構造を解読し，規範的・制度的現実を記述することを目的としている。このアプローチは，一人ひとりのライフストーリーを取り上げれば不十分なものだけれど，行為者の見方が客観的現実の一局面を表象していることを前提している。だからインタビューを重ねて多数のライフストーリーを集めて帰納的推論を重ねていけば，同一のパターンが現れる状態，すなわち〈飽和〉の状態に達すると考える [桜井 2002, 24-28]。

4）　満洲への朝鮮人の移住が始まった時期についてはさまざまな説があるが，本研究の課題ではないので立ち入らない。朝鮮人の満洲への移住の時期をめぐって，これまで土着民族説，元末明初説，明末清初説，19 世紀中頃説などが主張されてきた。朝鮮人の満洲への移住の起源説に関しては，鶴嶋雪嶺『中国朝鮮族の研究』関西大学出版部，1997 年が詳しい。

5）　[李他 2000, 281]。

6）　現在，中国延辺朝鮮族自治州に居住する朝鮮族は，咸鏡道と平安道にルーツをもつ人が多い。その理由は，この第 1 段階の移住の歴史的な背景にあると考えられる。

7）　1897 年から 1910 年まで，李氏朝鮮が使用していた国号である。

8）　移住者は 1904 年に 7 万 4000 人，1909 年に 9 万 8000 人，1911 年に 12 万 6000 人に増加した（日本外務省編『在満朝鮮人概況』朝鮮総督府，1936 年）。

9）　「土地調査事業」(1910～1918 年)は，朝鮮人農民から土地を収奪する政策である。

10）　「産米増殖計画」(1920～1934 年)は，朝鮮人農民から米を収奪する政策である。「産米増殖計画」については，[河合 1986]が詳しい。

11）　[孫 2003, 32]。

12）　高崎宗司によれば，1931 年時点に朝鮮半島に入った日本人は 51 万人であった [高崎 2002, 159]。

13）　[孫 2003, 67]。

14）　松本武祝「朝鮮人の満洲『国策』農業移民――政策と実態――」(京都大学総合人間学部編『「満蒙開拓団」の総合的研究』1995～1997 年度文部省科学研究費補助金研究成果報告書，1998 年，105～119 頁。

15）　[孫 2003]。

16）　[田中 2008, 177-189]。

17）　加藤完治は満蒙開拓青少年義勇軍の設立に関わり，日本人の満蒙開拓移民を推進した。

18) 「鮮満拓殖株式会社」と「満鮮拓殖株式会社」は表裏一体の関係である。「鮮満拓殖株式会社」は「満鮮拓殖株式会社」に投資し，「満鮮拓殖株式会社」は「鮮満拓殖株式会社」に代わって，満洲で朝鮮人開拓民に関連する業務を執行，管理した［孫2003, 189］。

19) 「集団移民」は「満鮮株式会社」が直接管理する朝鮮人移民である。移住時の旅費，土地代，家屋建設費，営農資金などに要した経費は満鮮株式会社が負担する。これらの費用は全部債務となり，年賦返還しなければならない（［満州国通信社 1940, 208］［満鉄調査部 1939, 103-104]）。

20) 「集合移民」は1939年に創設した新しい移住形式である。「集団移民」よりは規模が小さい。「満鮮株式会社」が入植地を選定する以外，その他は「満州国」が地方の金融会に委託する。「満州国」の指定要求に応じて朝鮮総督府が朝鮮半島の各道に具体的募集戸数を通知する。移住時の旅費などの費用は自己負担とする（［満州国通信社1940, 209］［満鉄調査部 1939, 105-106]）。

21) 「分散移民」は1939年に新たに認められたもので，その以前は「自由移民」と呼ばれた。この移住形式の移民が「満州」に入るために移住証明証を持参する必要があり，移住を配布する対象者は「満州」に縁故者や親族がいる者に限る。移住時の旅費などの費用は自己負担とする（［満州国通信社 1940, 209-210］［満鉄調査部 1939, 106-107]）。

22) 筆者は2011年から2013年までに中国で長期滞在する機会があり，期間中に4回の追跡調査を行った。

23) ごろつき，ちんぴら，与太者の意味である。

24) あるメッセージがもっている本来の意味を超えて，別の見方・立場からの意味を与えるメッセージ。

25) この表現は日本語で語った。語りのなかの汽車はシベリアに捕虜を運ぶ汽車だと考えられる。

26) インタビュー記録を確認したところ，聞き手の筆者は2つの経験を日本語と朝鮮語で返答していた。インタビューの場で無意識的に発した言葉である。

27) すでに多くの研究がなされたように，日中戦争の時に日本軍が中国で数多くの非人道的な行為をした。

28) PCさんの語りのなかで指導者層や軍国主義に責任があり，一般の日本人や末端の軍人には責任がないという叙述がある。これはPCさんの観点であり，筆者の観点ではないことを断わっておきたい。

29) インタビューを行う際に沈黙する場面が多く，タバコを手放さず，深く吸い込む様子からも読み取れる。普段あまりタバコを吸わないというPCさんは，1次調査時の午前中と午後の合わせて約5時間半のなかでほぼ2箱のタバコを吸い終わった。

30) ナヌムの家（朝鮮語で「分かち合いの家」の意味）は，韓国京畿道広州市に位置する元朝鮮人「慰安婦」のハルモニ（おばあさん）たちが共同生活する福祉施設である。

31) 古橋綾によれば，「『慰安所』は日本軍の階級組織の中での最下層にあたる初年兵

たちには与えられなかった。（中略）階級の1番下から数えて2番目にあたる2年兵には，2番目であることの特権として「慰安所」に行く資格が与えられたと考えられる」[古橋 2003, 68]。

32）　語り手の沈黙によって〈物語世界〉から〈ストーリー領域〉へのリアリティの移行が穏やかになし遂げる。その一方で，語りの進行途中で語り手が沈黙したとき，それは必ずしも語りの終結を意味しない。（中略）インタビュアーは語り手の熟考を待つためにも，十分な沈黙の時間を確保する必要がある[桜井 2002, 266]。このインタビューを行う時点では，筆者はインタビューのなかの沈黙について深く考えてこなかった。今後の課題としてインタビューのなかの沈黙についても留意する必要があると考える。

33）　PC さんとの雑談の際に家族にシベリア抑留の体験談をしたかどうかを確認したら，ご子息や孫さんたちはその歴史についてあまり関心がないので，まだ語っていないという。

34）　『参考消息』は新華社通信が発刊する中国で発刊部数が最大の日刊紙である。国家の指導者から一般の民衆まで広く読まれており，影響力が大きい新聞である。PC さんによれば，1950 年代から『参考消息』を読み始めたという。

35）　2011～2013 年，中国で長期滞在する期間中に追跡調査を行った。4 次調査は 2011 年 7 月 17 日，5 次調査は 2012 年 2 月 18 日，6 次調査は 2012 年 5 月 26 日，7 次調査は 2013 年 3 月 23 日である。

36）　朝鮮語で「日本の奴ら」の意味。移民体験者にインタビューを行うと，植民主義者や軍国主義者を指す際に使っている。現在の日本人を指す時は，イルボンサラム（日本人）という表現を使い分けている。

37）　韓国では日本の植民地統治から解放したことを光復という。

38）　桜井によれば，「語りには大別すると，支配的文化が保持しているマスター・ナラティヴ（ドミナト・ストーリー）と，それに同調したり対抗したりするコミュニティのモデル・ストーリーがある。（中略）語りのなかで，ドミナント・ストーリーやモデル・ストーリーに対して使われる，揶揄，哄笑，冗談，照れ，笑いなどは，自分の個別的なストーリーをそうしたストーリーへ回収されまいとする語り手の〈個別化＝主体化〉の実践なのである。そして，そのような実践こそが，新しいストーリー生成の契機になる潜勢力を秘めている」[桜井 2002, 288]という。

39）　恨（ハン）は朝鮮語で，発散できず，中にこもってしこりをなす情緒の状態を指す。怨恨，痛恨，悔恨などの意味も含まれるが，日常的な言葉としては悲哀とも重なる。挫折した感受性，社会的抑圧により閉ざされ沈澱した情緒の状態が続く限り，恨は持続する[伊藤他 2000, 355]。

40）　1935 年に発売されたこの歌は朝鮮全土でヒットした。

41）　韓国全羅南道の木浦市の儒達山に『木浦の涙』の歌碑が建てられている。2007 年 6 月，筆者は韓国に行った際に『木浦の涙』の誕生のルーツを確認するために儒達山に登った。

42）　LD さんにインタビューを行った後，フィールドワークを行うために韓国に行っ

た際に洛東江を訪ねた。追跡調査を行う際，韓国で撮った洛東江の写真をLDさんに
見せた。洛東江についてLDさんと筆者との間では，背景にある知識の共有がある程
度できていたと考える。

43)　実際LDさんを訪ねた際，筆者は一緒にこの番組を見たことがある。LDさんが
　　このテレビ番組を見る際には，テレビを食い入れるように真剣に見ていた。

44)　中国語で「豆饼」と書き，大豆かすの意味である。

45)　朝鮮語による鼻，目，耳の意味である。

46)　日本の敗戦後，中国東北地域にいた一部の日本人が，鉄道や製鉄所の技術者，従
　　軍医師や看護婦，空軍創設の教官などとして協力を要請され，中国建国に貢献をし
　　た。それを「留用」という。「留用」された日本人たちは，1953年から1958年にか
　　けて日本に帰国した。この日本人の「留用」に関しては，NHK「留用」された日本
　　人取材班編『「留用」された日本人——私たちは中国建国を支えた』日本放送出版協
　　会，2003年が詳しい。

47)　金宗雲さんによれば，ペスト菌の感染でお爺さん，妹，従妹を失った。そのほか
　　に，朝鮮から出稼ぎに来て自分の家で泊まっていた1人の朝鮮人も亡くなった。金宗
　　雲さん一家がペスト菌に感染して戦争被害を受けた出来事は，韓国のKBSテレビ局
　　が取材して韓国で放送された。

参 考 文 献

伊藤他2000：伊藤亜人他監修『新訂増補　朝鮮を知る事典』平凡社

エリクソン1974：エリクソン，E. H.「現代における同一性と根こぎ感」(鑪幹八郎訳，
　　小此木啓吾編集・解説『現代のエスプリ　アイデンティティ』至文堂)

河合1986：河合和男『朝鮮における産米増殖計画』未来社

金1987：金賛汀「「満州」・そこに打ち捨てられし者」『世界』第498号，第499号，第
　　501号，岩波書店

桜井2002：桜井厚『インタビューの社会学』せりか書房

桜井2006：桜井厚「ライフストーリーの社会的文脈」(能智正博編『〈語り〉と出会う』
　　ミネルヴァ書房)

孫2003：孫春日『「満洲国」時期朝鮮人開拓移民研究』(中国語)延辺大学出版社

高崎2002：高崎宗司『植民地朝鮮の日本人』(岩波新書)岩波書店

田中2008：田中隆一「朝鮮人の満洲移住」(蘭信三編著『日本帝国をめぐる人口移動の
　　国際社会学』不二出版)

中国朝鮮族青年学会1998：中国朝鮮族青年学会編(舘野晳他訳)『聞き書き中国朝鮮族生
　　活誌』社会評論社

鶴嶋1997：鶴嶋雪嶺『中国朝鮮族の研究』関西大学出版部

日本外務省1936：日本外務省編『在満朝鮮人概況』朝鮮総督府

満鉄調査部1939：満鉄調査部『満洲農業移民概説』

満州国通信社1940：満州国通信社編『満州開拓年鑑』康徳7年版

松本 1998：松本武祝「朝鮮人の満洲「国策」農業移民」（京都大学総合人間学部編『「満蒙開拓団」の総合的研究』（1995〜1997 年度文部省科学研究費補助金研究成果報告書）

古橋 2003：古橋綾「日本軍「慰安所」制度とセクシュアリティ」立命館大学コリア研究センター編『コリア研究』第 4 号

プラマー 1991：プラマー，ケン（原田勝弘／下田平裕身／川合隆男訳）『生活記録（ライフドキュメント）の社会学』光生館

ホルスタイン他 2004：Holstein, J. A. and J. F. Guburium, 1995 *The Active Interview*, Sage（ホルスタイン，ジェイムズ／グブリアム，ジェイバー（山田富秋他訳）『アクティヴ・インタビュー』せりか書房）

山本 2004：山本有造「満洲国──ある歴史の終わり，そして新たな始まり──」（藤原書店編集部編『満洲とは何だったのか』藤原書店）

李他 2000：李相哲・舟橋和夫・新田光子「「民族と秩序」に関する研究序説」龍谷大学国際社会文化研究所編『国際社会文化研究所紀要』第 3 号

第7章　日中戦争までの日中関係を改善するための胡適の模索
——胡適の日記を中心に——

胡　慧君

は じ め に

　胡適(1891〜1962年)は中国の学者・思想家・外交官でもある。アメリカ留学(コロンビア大学でデューイに師事し，プラグマティズムを学ぶ)中に，白話文学を提唱し，1917年に始まった中国の新文化運動の重要な担い手になっていた。同年，帰国して北京大学の教授となり，日中戦時期には再度渡米し，駐米特使，のちに駐米大使として，1942年まで外交活動を行った。1946年には北京大学の学長となるために帰国するが，1949年に台湾に，その後すぐアメリカに渡る。1957年からは台湾に移って，中央研究院長(1957〜62年)に就任している。中国では，1951年以降，胡適は批判されていたが，文化大革命の終焉に伴い，新文化運動における胡適の活躍が見直されるようになり，1979年あたりから徐々に胡適を再評価するようになった。本章は，「九・一八(満洲事変)」前後から日中戦争に至るまでに，当時の中国知識人の代表ともいえる胡適が，日本の侵略行動に対してどう立ち向かおうとしたか。また，太平洋問題調査会の中国支部の重要人物でもある胡適が実際，日中関係をどう改善しようとしたかについて，日記の記述を中心に検討するものである。

　「太平洋問題調査会」に関する先行研究として，日本では，『太平洋問題調査会の研究　戦間期日本IPRの活動を中心として』[片桐2003]がある。これは，国際非政府組織の先駆的存在である太平洋問題調査会(The Institute of

Pacific Relations，略称IPR）の一支部である日本太平洋問題調査会を中心に考察したものである。主に1919年に始められたIPR設立から第7回の1939年のヴァージニア・ビーチ会議まで，日本IPRが行った移民問題，平和機関問題，満洲問題などをめぐる優れた研究である。

　また，『「太平洋問題調査会」研究』[山岡1997]もあげられる。これは，主に日本IPR，ニューヨーク本部事務局，アジア太平洋地域の各国・地域支部での活動内容や，当時のIPR活動に関わった知識人の行動・思想などに関して研究したものである。また，IPRの規則，参加者名簿などデータも含めた資料的な意義でもある。

　中国では，『中国太平洋国際学会研究（1925〜1945）』[張2012]がある。これは，主に1925年から1945まで，中国IPRが日中問題について行った討論を中心に研究した優れたものである。そのほかに，主な先行研究として，「胡適と太平洋国際学会」[欧陽2006]，「太平洋国際学会與東北問題——中，日会員的交鋒——」[王2008]があげられる。これらは，中国IPRの活動を中心に論じたものである。

　そのほかに，当時の会議報告書として，「満洲問題」[蠟山1930]，新渡戸稲造編『太平洋問題——一九二九年京都会議——』[新渡戸1930]，那須皓編『上海における太平洋会議』[那須1932]があり，当時の会議状況などをうかがうことができる。

　本章は主に以上の研究を参照しつつ，胡適の日記，発表した論文および行ったスピーチなどを中心に，胡適が日中問題を改善するために，どのように模索したか，また，胡適の日中問題を解決するために行った努力について検討したものである。

1　胡適における日本，中国および日中問題改善の基本的な考え方

　さて，胡適は日本をどのように見ていたであろうか。1930年8月1日の日記では，日本の民族性について以下のように記している。

　　『日本研究』を作っている陳楽素，陳彬（筆者注：胡適の友人）が訪ねて

きた。彼らは私に日本民族についての意見を聞いてきた。私は，この民族は他の民族が真似できない美徳をたくさん持っているので，一躍して現在の地位に至った。①清潔好き，②美を好む，③死を厭わない，死に方の美を追究する，④他人の長所をよく学ぶ。この四つの美徳は，世界の他の民族は日本人には及ばないと言った[1]。

つまり，日本の文化や日本人の美徳について胡適は高く賞賛していたことがわかる。

一方，中国に対しては，厳しい見方をしていた。

それは，「九・一八（満洲事変）」が勃発した翌日（1931 年 9 月 19 日）の日記からもうかがえる。

昨夜 10 時，日本軍が瀋陽を襲撃し，城の全部を占領した。中国軍は抵抗しなかった。……この事態の到来は，久しく意中のことであった。八月初めに在君（筆者注：胡適の友人）とこのことを心配していた。中日開戦（筆者注：日清戦争）以来，四十年近くなったが，依然としてこのような国家で，悉く人後に遅れ，どうやって侵略されないでいられるであろうか[2]。

胡適は中国の国家，民族に対して，たびたび中国人は努力しておらず，向上心がないことを批判していた。しかしながら，実践主義者である胡適にとっては，「満洲事変」はすでに勃発してしまったことなので，その解決方法を探らざるをえなかった。

日中関係はどうあるべきかについて，胡適はすでに引いた 1930 年 8 月 1 日の日記の続きに以下のように記している。

彼ら（陳楽素，陳彬）は私に日中関係について意見を聞いた。私は，欧州の平和の要はドイツとフランスの連携であり，東アジアの平和の要は中日の連携である。これは将来，中国外交において軽視してはならないという主旨を述べた[3]。

日中両国が友好に連携することこそ，東アジアの平和につながるのだと主張していたのである。

2　太平洋問題調査会と中国参加の背景

　太平洋問題調査会は 1925 年に設立され，1961 年まで活動した非政府的な民間の学術研究組織である。設立当初に，IPR を永続的な組織と決めていた。設立の目的としては，「太平洋諸国民ノ相互関係改善ノ為メ其事情ヲ研究スルコトヲ目的トス」（太平洋問題調査会基本規約第二条）であった。具体的な方法としては，「太平洋関係諸国民の間に存在する現実の問題を各国支部において，常時科学的に研究すること。その成果を持ち寄って，会員が個人の資格で自由闊達な意見交換と比較国際研究を行い，問題の本質を見極め，合わせて友誼を深めるために，およそ隔年毎に会議を開催すること，会議が終了し帰国した後は，各々の国に於いて世論の啓蒙に努めることである。」[4] とした。

　第一次世界大戦後，アジア太平洋地域において，アメリカと日本の競争も現れ始めた。「太平洋問題」という概念には第一次世界大戦後の太平洋地域における列強の資源と市場の獲得競争が含まれており，中国人も「太平洋問題」の重要さに次第に気づくようになった。そうした状況のなかで，太平洋問題を中心とする IPR が中国にも足場を得て，中国支部が成立された。IPR の名称について，中国では「太平洋国交討論会」（1925〜1931 年初）と称した。この名称からもわかるように，当時の中国は，IPR を「国民外交」（筆者注：一般国民による外交）の場として期待していた。

3　第三回会議（京都会議）

　1925 年 6 月 30 日，IPR 第一回大会がハワイのホノルルで正式に開幕した。1927 年 7 月 15 日から 29 日まで，第二回 IPR 大会もホノルルで行われた。第三回 IPR 大会は 1929 年 10 月 28 日に京都で開幕した。

　片桐庸夫の研究によると，円卓会議（筆者注：分科会）では，「満洲問題」の解決について議論された。日本代表は，日中両政府が代表を出して調査委

員会を設立することを主張した。しかし，前提として，日本は中国の東北における主権を尊重し，決して侵犯しないこと。日中間の現存の各協定，条約は依然有効とすることを主張した。これに対して中国代表は，中国は「二十一ヶ条」を絶対に承認しないので，同意できないとした。双方譲らず，この問題は会議外での討議となった。正式会議の場で，松岡洋右と徐淑希との論争がつくり出した緊張を和らげるため，何人かの日本代表は正式会議以外に，数回，非正式会談を夕食後に行った。日本代表は，両国が「不可侵条約」の締結による国民感情の改善を提案したが，中国代表は，「九か国公約」「不戦条約」がすでにあるため，新たに重複して締結する必要はないと主張した。最後に，両国の IPR 支部が 1 つの委員会を組織して，治外法権撤退問題，満洲に関するすべての問題，商租権改訂の問題，国民感情問題の改善について，研究を促進することを決めた。日本が無条件に治外法権を放棄することは順調に進んだが，その他の問題については，日本は「改善に意を注ぐ」という曖昧な回答に始終した。しかも，閉会後は，双方の会談も継続しなかった。結局，満洲問題の解決打開策は何も得られなかったに等しかったために，中国の国内世論は会議前の期待から会議後の失望に変わった。中国世論は中国代表の人選や，その発言に実例やデータが乏しいことなどを批判し，IPR という国際組織についても疑問視するようになった。しかし，IPRに対して完全に失望したわけではなく，この京都会議の失敗を挽回するため，2 年後の上海会議に向けて準備を進めることになる。

　こうした状況で，胡適には 1931 年 10 月 21 日から 11 月 2 日までの第 4 回杭州・上海会議から参加するようになり，この会議では，議長を務めた。胡適は太平洋会議で日中問題を解決する方法を試行錯誤した。第四回杭州・上海会議，1933 年 8 月 14 日から 26 日までの第五回バンフ会議，および 1936年 8 月 15 日の第六回ヨセミテ会議など 3 つの会議における日中間の激しい応酬を記した日記を中心に取り上げ，胡適が日中問題をどのように解決しようと試みたかを探ってみる。

4　第四回会議（杭州・上海会議）

　筆者は片桐の研究，山岡道夫の研究および那須皓の報告書に拠りながら，当時の胡適の日記を検証し，当時の胡適の考え方を明らかにしようとするものである。

　1930年11月，第四回大会準備会において，第四回の杭州・上海会議の議題立案について，満洲問題を取り上げるかが議論された。日本代表は，満洲問題は京都会議において討議し尽くされたと討議を回避しようとし，一方，中国代表の多くは「満洲が東洋平和の枢要たるは今日世界の明瞭に認識するところなり。かかる重要なる問題を回避し他を言ふ類にあらずや」[5] と主張した。最終的には，大会本部は日本側の提案通り，満洲，または中国東北部という名称を議題には掲載せず，かつ太平洋地域における経済関係，そして中国の経済発展等の経済問題を筆頭することにした[6]。

4.1　流会の危機

　主に胡適の日記によれば，開会の直前の1931年9月18日に，日本軍による「柳条湖事変」が起こってしまったため，中国での反対運動，出席者の安全などの理由で，会議の延期ないし取消の意見があがった。

　胡適は，満洲事変直後の1931年9月23日の日記では，以下のように記している。

　　孟和と顔恵慶（二人とも中国代表のメンバー）を訪ね，太平洋会議のことについて我々三人で相談して，以下の電文を送った。「日本軍閥が満洲を占領したことに鑑み，今回の会議では，われわれは中日関係が共同認識に達することが困難と懸念するので，理事会に会議の延期を提言する」。孟和は「日本代表が日本軍閥の行為を否認する意思を示さなければならない」ことを追加しようとしたが，それはどうも幼稚である（筆者注：胡適はそこまでの要求は困難とわかり切ったことだと思っただろう）[7]。

　このように一旦，会議を延期しようとしたのである。改めてアメリカ代表
および他の中国代表と協議した結果，むしろ太平洋会議を中国問題の議論の
場にしようと考え，中国代表 6 人で以下の電文を送ったのである。1931 年 9
月 25 日の日記によると，

　　「この度の太平洋会議は，中国問題を提起して議論をする絶好のチャン
　　スと言える。ただ，中国は主催国のため，このことをするのには多少困
　　難がある。早めに理事会議を開き，決定をするように提案したい。理事
　　会で会議を開催するか否かを決定し，外国の代表の安全と中国代表の出
　　席を保証するように願う。」[8]

とあった。蒋介石とアメリカ代表，代表団長の胡適らの協力により，無事
1931 年 10 月 21 日に上海で開幕される運びとなった。

　会議では，満洲問題は単独の議題とはならなかったが，円卓会議の議題の
「中国の外交関係」「太平洋における外交関係」では，やはり大きな議題と
なった。

4.2　満洲問題に関する日中代表の主張

　片桐の研究によれば，「太平洋における外交関係」の円卓会議で，日本代
表の高柳賢三は「日本の立場は，満洲に於ける紛争は満洲の複雑なる事態を
認識するに困難な連盟理事会に於て適当に処理するを得ざるものであり，む
しろ日支両国間の外交的交渉に依て直接に処理するを可とするにあると云ふ
のであって，日本はこの見解を明白に述べて居るのである」[9]と，国際連盟
の介入を排除し，日中両国だけで交渉すると主張した。この主張は，当時の
日本政府の意向でもあった。本来 IPR は，会員各員が自由に発言し議論す
ることを旨としていたのだが，日本代表は，「1929 年秋の第三回京都会議に
おける満洲問題をめぐる議論の時から，満洲という直接日本の国益に関係す
る問題をめぐっては，日本 IPR の各会員の発言が個人の自由な見解に基づ
くものというよりも，国益擁護という視点から統一化，画一化がはかられる
傾向が生じていた」[10]。そのため，満洲問題における日本代表の主張は，片
桐がいうように，日本政府の代弁者とでもいえるものであった。

「中国の外交関係」についての円卓会議では,「東洋の複雑せる国際事情は遠く離れた欧州の外交機関では認識不足で判断のつけやうがなかろう,他日連盟の分局でも極東に設置せられた後でなければ,連盟として満洲問題を論ずる資格はない」[11] と,日本側は国際連盟における満洲問題討議に同意しないことを主張した。

一方,中国代表の反応として,那須の報告書によれば,中国は「満洲事変に際して日本がとった行動は不法で,国際連盟規約違反である,日本は連盟の一員でありながら,連盟規約を無視している」[12] と非難するものであった。

このように,満洲問題および満洲事変をめぐって,IPR の日中会員は激しく論争を交わしていたのである。

5 第五回会議(バンフ会議)

片桐の研究によれば,日本代表は「満洲事変を引き起こしたことを巡っては,その非は中国側にあり,日本側の行為はやむを得ない自衛上の措置」[13] というように,日本の国策に沿った発言をするようになっていた。日本会員は自由主義者でありながら,自分の意見をいわない雰囲気があるため,胡適は彼らに個人的な見解を引き出す努力を試みていた。

日本 IPR 会長の新渡戸稲造の要請を受けて,中国 IPR 代表団の団長として胡適ら一行が日本を経由して,1933 年 8 月 14 日から 26 日までの第五回バンフ会議に行く途上,日中問題について,日本 IPR 会員および日本人と直接問答している。1933 年 6 月 18 日の日記には以下のように記している。

5.1 松本重治

松本重治(京都会議,杭州・上海会議に参加した。ジャーナリストとして上海駐在の経験をもとに,著書『上海時代』(上・中・下)では,1930 年代当時の中国の状況,日本軍が南京を占領した時の現場にも訪れ,見聞した惨状を記録している)。

S. Matsumoto(松本)(筆者注:松本重治,当時上海駐在の記者,第 3

回，第4回会議に参加した）を朝食に招待し，日中問題について話した。彼は太平洋学会の青年メンバーで，思考は明晰なので，私は彼と話すのが好きであった。彼は，〈今年の大会は過去にあまり言及せず，将来を多く考慮すべきだ〉と言った。また，彼は，〈例えば日米戦争の可能性について，もっとも討論すべきである〉と言った。彼は以前，日米開戦の可能性を信じていなかったが，今は信じざるを得なくなっていた。私は彼に，このように言った。「将来がどうなるかは今をどのように対応し，救うのかにかかっている。しかし，現在がどうなっているかはまた，歴史の産物である。我々はどうして過去を言及しないでいられようか。たとえば，日米開戦の有無は，将来にあるのではなく，現在が過去の過ちをどう救うことができるかにかかっている」と[14]。

5.2　Sakamoto（坂本）（当時，上海駐在の記者）

当日の日記には，さらに，Sakamoto（坂本）と話したことも記している。
　Sakamoto は私と中日問題について話しをしようとした。……私は彼に言った。〈国際関係は以下の四つの条件を逃れることができない。①利害，②感情，③歴史，④政策（意図的な配慮）。前三者はみな無意識なもので，その比重はもっとも大きい。しかし，ただ大政治家の意図的な配慮だけが，前三者を敵対関係から友好関係に変えることができる。空論では何の益があるだろうか。政治家は新たな契機を作り出さなければ，新たな成果もついに期待できない。〉[15]

　ここからわかるように，日本人の松本は過去にあまりこだわらず，将来について多く考えようと提案したが，胡適は「将来がどうなるかは今をどのように対応し，救うのかにかかっている。現在がどうなっているかはまた，歴史の産物である。我々はどうして過去に言及しないでいられようか」と反論した。胡適にとっては，「歴史」「過去」は避けては通れないことがわかる。論語には「過ちて改めざる，是を過ちという」とあるが，過ちを犯したことを知っていながらも改めようとしない，これを本当の過ちという。つまり，

過ちを改めなければ，ずっと過ちのままである。「歴史」「過去」は既成の事実であり，変えることはできないが，しかし，胡適がいうように，日中問題を対処するには「将来にあるのではなく，現在が過去の過ちをどう救うことができるかにかかっている」。要するに，過去に起こった過ちは，現在がどのようにその過ちを認め，どのように責任をとるかにかかっている。また，国際関係，日中関係を改善するために，胡適は「①利害，②感情，③歴史，④政策（意図的な配慮）」という「四つの条件」が必要だといった。「ただ大政治家の意図的な配慮だけが，前三者を敵対関係から友好関係に変えることができる」というように，政治家の意図的な配慮がとても重要と胡適が述べている。一国の政治家，特に元首は一つの政策によって，関係や環境を変えることができるというのである。

5.3　本会議前における新渡戸稲造[16] 日本 IPR 理事長および会員との議論

1933 年 6 月 22 日の日記には，東京で行った日本代表との問答を以下のように記している。

　……東京帝国ホテルに到着し，「太平洋問題調査会」の会員と会見した。新渡戸（新渡戸稲造），佐藤（佐藤安之助，陸軍少将，衆議院議員），鶴見（鶴見祐輔，前鉄道省参事官，前衆議院議員），横田（横田喜三郎，東京帝国大学教授），那須（那須晧，東京帝国大学教授），茂木総兵衛（経済学家，東京政治経済研究所），高柳（高柳賢三，東京帝国大学法科教授），蠟山政道（東京帝国大学教授），前田（前田多門，朝日新聞社論説委員）。一緒に来た二人を加えると，全部で 11 人である。席での談話は，いずれも挨拶の言葉であった。着席してから，私は正式に発言し，新渡戸博士が最初に答えたが，佐藤，高柳と鶴見もまた発言した。これらの方々は皆，旧派[17] の中年たちで，至る所本題の要点を回避している。青年の方は，たとえば茂木，蠟山は公然と私の意見に賛成した。横田は意見を言わず，高木（高木八尺，東京帝国大学法科教授），浦松（浦松佐美太郎，ジャーナリスト，蠟山政道・松本重治・牛場友彦とともに「東京政治経済研究所」を設立する）も意見を言わなかったが，彼らは皆，

私に賛成していると信じている。

　私の主張は、〈以前、会議に出席した日本代表はいつも満洲問題を避け
ていた。ひいては、この問題を避けるようにと正式に要請してきたほど
である。しかし、中国代表は至る所でこの問題を組み入れようとした。
ある意味では、「イタチごっこ」のようである。中日問題は太平洋問題
の中心問題であり、避けては通れない。事実としてこの問題を認め、み
んなで討論すれば、良い解決方法が見つかるかもしれない。〉である [18]。

　満洲問題に対して、日本代表が極力避けている姿勢を見て、胡適はこの問
題を正面から議論をすべきだと主張した。日中問題は太平洋問題の中心問題
であり、満洲問題を正直に認め、そしてお互い議論して、良い解決案を見つ
けようとした。

　『日記』では、以下のように続いている。

　私は以下の二つ解決方法を提議した。①日中両団、それぞれ若干名を推
薦し、特別会議を開き、解決の方法を研究する。②太平洋理事会によっ
て「中日問題特別委員会」を設立し、各国の代表が公正な学者を選出
し、組織して、特別会議を開く。この委員会は大会期間中に報告をして
もよく、長期存在してもよい。大会が終わっても、継続して研究し、結
論が出た時に理事会に報告する。

　鶴見、高柳は、京都会議時に日中両団グループが会談したが、後に何の
成果も得られなかったことを言及した。私は京都会議の歴史を聞いた
が、みな四年前のことなので、はっきり覚えていなかったが、大体のと
ころは①中日両国が調査、あるいは仲裁委員会を設立し、東北三省の日
中間における紛争事件を処理する。②太平洋理事会が特別委員会を設立
し、両国間の基本解決方案を研究する。というようなことを提案したら
しい。新渡戸は当時のグループ会談の方案に効果がなかったのは、幣原
（幣原喜重郎）が不賛成だったからだろうと言った。実はとても複雑で、
それほど簡単な話ではないだろう（筆者注：幣原の不賛成だけが原因で
はないだろう）。

　……このような非公式のグループ会談は、私が提議した①②以外の第③

の方案である。高木は，日中代表以外に，三，四か国の中立国の代表を加えたらどうかと聞いた。彼はこれが何の害もなく，益あるのみであると思っていた。これが第④の方案だと言えよう。

総じてみると，四種類の会談方式がある。

①日中両団より若干名の代表を推薦し，他の人を加えない。

②太平洋理事会より特委会を選出し，そのうちに日中の代表も入る。

③日中両団の人によって非公式的にグループ会議をし，京都会議の方法のようにする。

④日中両団より代表若干名を推薦し，さらに他国の学者3，4人を加える。

日本の旧派の中年たちはいずれも③あるいは①を主張した。②については，第2のリットン調査団になるのを恐れていた[19]。

胡適は，満洲問題を解決する協議方式として，4つの案を提議した。一方，日本代表は外国を介入しない方案③と①を主張し，方案②については，第2のリットン調査団になるのではないかと恐れていた。

胡適は当日の「日記」には，「リットン調査報告書」についての日本の態度と自分の感想を述べていた。

私は，〈リットン調査報告書に対する日本人の態度について，とても惜しいと思っている。私はこの報告書は実に公正だと思っている。中国の輿論で，他の人はみな不満を持っている。私一人がこれを「世界公論を代表する」ものだと公に主張した。日本人もまた不満を持っている，故にその公平性が証明される。（日中両方が不満であることが，どちらにも偏っていない証拠でもある）〉と言った。彼らは顔を見合せて話さず，遺憾の念があるようだ[20]。

リットン調査団について，胡適は1932年10月2日リットン調査報告書が出されてすぐに「世界公論を代表する一つの報告」[21]という題で論説を発表し，報告書が公正であると称賛した。すでに見たように日中双方不満であることこそが，偏らず公平である証明だと胡適は考えている。胡適は，日本の代表にリットン調査報告書に対する日本の態度は，とても残念といった。と

いうのは，リットン調査報告書は，「満洲事変およびその後の日本軍の活動
は，自衛的行為とは言い難い」「満洲国は，地元住民の自発的な意志による
独立と言い難い，その存在自体が日本軍に支えられている」と中国の主張を
支持している。しかし，「満洲に日本が持つ条約上の権益，居住権，商権は
尊重されるべきである」「事変前の状態に戻ることは現実的でない」と，日
本の「満洲国」における特殊権益を認めているからである。胡適から見る
と，日本は「満洲国」における特殊権益を認められ，日本にとって「名を捨
てて実を取る」ことを公的に許す報告書であったにもかかわらず，日本は国
際連盟特別総会で審議されたリットン調査報告書に反対したのであった。

　「日記」には，さらに，以下のように続いていた。

　　佐藤は，〈「満洲国」の現状は決して変更できないが，他のことは協議で
　　きる〉と力強く主張する。私は彼に，〈それならば，何も協議することが
　　ない〉と言った。

　　私は，〈大会の度々の失敗は，日中両団が参加時に，皆まず日中両国の
　　代表としての身分を意識し，太平洋学会の会員としての身分を意識して
　　いないからである。そのような会議では会見せず，会議もしないほうが
　　いい。というのは，会議しても決して成果が出ないからである〉と言っ
　　た。私は，新渡戸は前年，大会の最後に「我々は会議に出席するとき
　　に，皆，自分は各国の国家代表であると意識する。しかし，われわれが
　　この会を離れたときには，太平洋学会の会員と意識すべきである」と話
　　したことを引用した。

　　私は〈これがまさに「狭い了見」で，会議が失敗する基本原因である。
　　我々はその反対の道を行くべきである。すなわち，我々は大会中，まず
　　は自分が太平洋学会の会員であると認識し，単なる各国の代表団員では
　　ないとはっきり意識しなければならない〉と言った。

　　（私はさらに）〈佐藤が言うように，「満洲国」の地位が決して変更できな
　　いというのは，これは日本国民（？）だけの立場にすぎないのであり，これ
　　を「A」としよう。中国国民の立場としては完全に失地を回復し，日
　　本人を追い出したいのであり，これを「B」としよう。「B」はもとより

難しいが，「A」は完全に四億の人の「民族統一主義者的」な心理を軽視しており，これも解決の道ではない。我々が議論に期待するのは，「A」と「B」以外の「C」案，あるいは「C」と「D」「E」案を考え出すことができるのではないかということである。いわゆる「C」などの案は，必ず「A」でもなく，また「B」でもなく，ただ，必ず「A」「B」を乗り越えてさらなる一歩を進めた解決案でなければならない〉と言った。

佐藤は，〈日本には，現在，これらの案に賛成する政治家は決していない〉と言った。

私は〈今の内田外相が受入れることは望めない。しかし，もしかすると，将来，内田あるいは斎藤よりもっと偉大な政治家が現れて，我々の方案を受け入れるかもしれない。政府の寿命は短いが，我々学会の生命はどの政府よりもずっと長いはずだ〉と言った。

茂木と蝋山は経済関係を議論すれば，きっと成果があるだろうと主張する。

茂木は左翼である。

高柳は将来を議論することを主張した。私は，〈将来の救済には，現在が肝要である。現在の救済は，過去（歴史）を研究することに拠る〉と言った。彼らは無言だった。

われわれは6時から討論しはじめたが，11時まで続いた。浦松と高木が私の部屋に来た。彼らは，「あなたの今晩の話はとても重要で，特に態度問題（筆者注：胡適が前述した「我々は大会中，まずは自分が太平洋学会の会員であると認識し，単なる各国の代表団員ではないとはっきり意識しなければならない」という態度）について，最も我々の痛いところを突いている。あなたの話は必ず影響を及ぼすはずだ」と言った[22]。

「満洲国」について，日本代表の佐藤が他の件は協議できるが，「満洲国」の現状（status）だけが決して変えられないと力説したことに対して，胡適は「それでは，話せることがない」と応酬した。こうした「満洲国」への固執が，日本政府の国際連盟脱退という事態を招く。リットン調査報告書では

「満洲事変における日本軍の活動は自衛とは認められず，また，満洲国の独立も自発的とはいえない」と書かれており，これは，何としても満洲国の国際的な承認を得たいという日本の立場に反していたので，日本は国際連盟を脱退してまで「満洲国」の国際的な承認を得ようとした。胡適は，「満洲国」問題を何とかして解決しようと，その方法を考えていた。対立した両案（「A」「B」）を克服する第三案を考えるべきだと胡適は提案した。

　胡適は日中問題の解決方案とするため，この太平洋問題調査会議で協議したことを政府に提案して，政府を動かす必要があるといった。そして，各国の代表は，まず太平洋会議の会員であることを意識すべきこと，自国だけの立場を超えてより広い視野で問題解決を図る議論をしなければならないと提議した。その姿勢は，彼のバンフ会議における発言からもうかがえる。

5.4　バンフ会議における胡適のスピーチ

　1933 年 3 月，日本が「満洲国」の承認問題で国際連盟から脱退したことについて，IPR は日本 IPR の退会による学会の分裂を避けるため，バンフ会議では，政治問題を避け，中国東北問題を含む日中問題を極力避け，「太平洋における経済上の利害の衝突並にそれの統制」を議題としたに至った。

胡適のスピーチ

　「私の哲学ルールの第一条は，即ち，会議において，われわれ自分がある国家の代表団体の一員と単に考えるのでなく，より重んじるべきは自分がある機関の代表として考えることです。その目的は，〈相互の関係を増進する観点から，太平洋民族の情勢を研究すること〉である。これはとても重要で，このようにすれば，我々は国や民族の先入観を超えられ，我々と同じく生活し，貿易するその他の民族の見方からも，われわれ国家の問題を探求し，理解することができます」[23]と述べた。さらに，「……将来，人類は勇敢なる思想によって，名智なる政治家の手腕によって，全世界を安定させることもできるはずだと信じているのです」[24]と胡適がバンフで行ったスピーチから，IPR 会員を自国だけではなく，国家，民族の範疇を超えて，もっと広い視野から問題を解決しなければならないと考えていたことがわかる。ま

た，有能な政治家の思想や手腕によって，世界を平和にすることができると期待していたことがわかる。

　日本代表の立場は，「1932年日本は（日本IPRを）次第に国際連盟，列国，国際世論を日本の立場を理解し得ない存在，ないしは反日的な存在と認識して距離をおくようになり，国際的な孤立感を抱きはじめて国際協調路線からの逸脱」[25]をする苦しいものになった。

　しかし，中国国内の世論はバンフ会議で「満洲問題」が論議されなかったことについて，胡適らを批判したのだった。

6　第六回会議（ヨセミテ会議）

　1936年8月15日から29日まで，太平洋会議第六回会議がアメリカのヨセミテ国家公園で行われた。統一テーマは「太平洋諸国の社会的経済的政策の目的と結果」である。

　胡適は中国IPR団長としてこの会議に出席するため，1936年7月14日に出発した。1936年7月17日の日記によると，以下の通りである。

　　松方（筆者注：松方義三郎，ジャーナリスト，実業家。今回は不参加）が来た。牛場（日本の官僚，実業家。1936年に第6回ヨセミテで開催された太平洋問題調査会に，西園寺公一の通訳として参加）が来た。今年は日本支部内部に大きな変化があったようだ。過去の新人物の高木，横田，松方，浦松，松本（松本重治）は，みな，もう会に属していないし，また，出席もしない。牛場はOxfordの留学生で，最も開明的で，話も誠意があって，私はとても嬉しく感じた。彼はこの支部の秘書である。松方は，〈今回，会議に出席する代表の中で上田（上田貞次郎，東京商科大学教授）一人だけが自由主義者で，自分の説を貫くことができるが，他はみな，開明的ではない〉と言った[26]。

　また，その日の日記の続きによると，以下の通りである。

　　胡適は日本支部に行って石井（石井菊次郎，元外務大臣，国際連盟日本代表）会長を訪ねたが，不在で，副会長の山川端夫（日本の海軍・外務官

僚。貴族院議員），秘書の牛場に会った。日本支部の会員が胡適たち5
人を食事に招待してくれた。……今日の食事会では，主催者側の演説は
なく，我々も当然，演説をしなかった。高木は私に話しかけたが，とて
も懐かしく，私は彼に扇子を送った。今回，高木，横田ら諸人が皆会議
に出席せず，（会議に）行く者は皆，古い（旧派）人達で，がっかりした[27]。

　胡適一行は7月17日夜に日本を離れて，船で28日にアメリカ本土に着い
た。日本滞在中，胡適は日本IPR会長にも会えず，日中問題について，日
本代表団と意見を交換することもできず日本を去った。日本滞在中，日中の
IPR代表団としては実りある交流を特にできなかったことがわかる。

　8月3日の日記によると，以下の通りである。

太平洋会議秘書長のカーターと朝食を取り，会議のことについて話し
た。日本支部長から総会に以下の三件が提議されていることを知った。
①最近の国際的なことについては論じず，ただ根本の原因を研究するの
み。
②第五「円卓会議」（太平洋地域勢力均衡の変化と平和的調整の可能性）
については，特に厳守しなければならない。
③第三「円卓会議」（日本の商業発展）については，多くの時間をとっ
て，日本に対する英国の取締政策を討論しなければならない。
日本支部の人たちが言うには，もし，会議中に近年の政治事情を討論し
たり，あるいは批評を受けたりしたら，彼らは帰国後，国の協力を得ら
れなくなる[28]。

　また，8月12日の日記によると，日本代表との接触を以下のように述べ
ている。

夜，日本代表団が歓談しようと我々を誘った。Wanona Hotel で火の滝
を見た。10：30まで雑談した[29]。

　第六回会議では，日中代表団会員の間，以前の会議とは違って，日中問題
について，非公式の私的な意見交換を行っていなかった。両国会員の交流は
あったものの，雑談でしかなかったことが日記からわかる。

　片桐の研究によれば，ヨセミテ会議において，胡適と日本代表の芳澤謙吉

（貴族院議員）との間で激しい論争があった。胡適は，アメリカ外交協会の極東問題専門家である T. A. ビソン（T. A. Bisson）の次に登壇して演説を行った。胡適は詳しいデータを使用して，中国の発展状況を報告した。しかし，各国の対中経済援助の話題になると，胡適は「あらゆる部門にわたる建設は主として中国人の金によって金融された。しかし，国際的な関係が皆無であったわけではない。アメリカからは中国人の訓練をしてもらった。国際連盟からは専門家の技術援助を得た。イギリスからはかなりの額の金を得た。そして，日本からはあらゆる妨害を受けたのであった。中国の再建事業の最大の妨害は，日本から来る。我々が同情ある理解と友誼的支援とを期待してよいはずの日本からである」[30] と中国の発展を日本が妨害していると主張した。一方，胡適の演説に対して，日本代表は緊急会議を開き，「胡適の演説は中国の立場のみを強く主張した一方的なものであり，日本の立場を非常に不利にするもの」[31] と判断した。芳澤日本団長は，日本の立場を主張するための緊急臨時総会の開催を要求した。そして，翌8月25日午前，日本側の要求により，緊急臨時総会が開催された。「芳澤の反論の趣旨は，我々はこれまで日本のなしたことがすべて正しいとは思わない。ただし，中国の行ったことも常に正当であった訳ではない」[32] と，胡適の演説に対する反論となった。日本代表の山川は，芳澤の抗弁が成功したと評価していた[33]。

　日本 IPR は，ヨセミテ会議を通じて日中間の問題解決の糸口を模索するというよりも，日本が日中間の問題や中国問題をいかに考えているかを国際的な場で説明し，理解を求めることにあった。また，「日本 IPR はヨセミテ会議に於いては，日中二国間の締結による問題解決を主張した。従って，日本 IPR の会員は日本政府の代弁者と受け止められたとしてもやむを得ない側面が多々あった」[34]。一方，中国国内の新聞や雑誌は，ヨセミテ会議における胡適の「日本が中国の統一を妨害している」という論旨の演説を称賛していた。中国 IPR は，ヨセミテ会議で中国の現状を他国の参加者に説明しえたと思われる。しかし，日中問題の解決については，日中双方にとって，ほとんど何も新たに得るものもないままに円卓会議が終了するに至ったのである。

結　び

当時の日中の対立的な関係については，「太平洋問題調査会」が議題とし
て，各国の代表間で議論している。第三回京都会議では，満洲問題も取り上
げられたが，打開策が得られず，中国世論は「太平洋問題調査会」の組織お
よび中国代表団に失望していた。中国は第三回の京都会議での失敗を挽回す
るため，第四回を中国で開催することにこぎ着けた。

胡適は成功を期待された第四回杭州・上海会議の議長として（当初は顔恵
慶が議長の予定だったが，1931 年 9 月 18 日の柳条湖事件勃発後，急遽外交
官に転じたため），「太平洋問題調査会」本部の責任者などと協力して，柳条
湖事件の勃発により流会の危機に瀕した会議を無事に開催することに努力
し，開会式のスピーチを行い，満洲問題などについて，冷静に学術的に問題
を討論するように訴えた。しかし，満洲問題については，打開することがで
きず，膠着状態に陥った。

1932 年 3 月 1 日，日本の関東軍により「満洲国」が設立された。その
後，「柳条湖事件」および「満洲国」の調査をめぐる「リットン調査報告書」
が公表された。胡適は，満洲問題，「満洲国」をめぐり，日本と直接交渉を
して，解決方法を探らなければならないと考えた。第五回バンフ会議に出席
した際，当時上海に駐在している松本重治や Sakamoto（坂本）と満洲問題お
よびその解決方法について，話し合いがもたれた。松本に対して胡適は，
「日中（満洲）問題に対処するには「将来にあるのではなく，現在が過去の過
ちをどう救うことができるかにかかっている」」と，日本による「過去」の
過ちを正すことが「将来」の戦争を回避できると語った。また，Sakamoto
（坂本）に対しては，日中（満洲）問題を解決するには，「大政治家の意図的な
配慮」が「敵対関係から友好関係に変えること」ができると，日本の大政治
家に期待を寄せた。さらに，胡適が率いる中国代表団は日本を経由し，日本
代表の本音を聞き出そうと情報収集に努力した。胡適は，日本 IPR 支部長
の新渡戸稲造らに，日本代表は至るところで満洲問題を回避していることを

指摘した。しかし，満洲問題は「太平洋問題の中心問題」であり，避けては通れないのだから，むしろ正式に問題として認め，討論すれば，よい解決案が見つかる可能性があると提案した。ところが，日本代表は政府の意向に沿って「満洲国」の現状は絶対変えられないと固執した。日本代表による自国政府の代弁者という態度に対して，胡適は，新渡戸稲造の言を引いて，「狭い了見」と断じた。太平洋問題調査会の会員たるものがとるべき態度について，胡適は，「各国の代表は会議において，まず太平洋会議の会員であることを意識すべきで，自国を代表し，自国のことだけという立場を超えて，より広い視野で問題解決を議論しなければならない」と訴えた。また，「リットン調査報告書」についても，日本代表と意見交換した。胡適は「リットン調査報告書」について，「世界公論を代表する一つの報告」として報告書が公正であると称賛した。リットン調査報告書に対する日本の態度については，胡適はとても残念に思うと語った。このことから，胡適が日本の立場に配慮して，述べていたことがわかる。さらに，リットン調査報告書について，中国側も日本の軍事占領を認めたことに不満だった。日本側は当然不満であった。この双方が不満であることこそが，報告書の公平性の証しであると胡適は強調した。しかし，「日本IPRの退会による学会の分裂を避けるため」というIPR本部の意向も配慮して，バンフで本会議のスピーチで，胡適は，満洲問題および「満洲国」問題について，言及しなかった。中国世論は，胡適らの対応を批判した。結局，第五回バンフ会議でも，日中間の問題打開には至らなかった。しかし，第五回バンフ会議での非公式な場を通じ，胡適は満州問題について，日本代表と直接討論して，解決のための努力をし続けたことだけは事実である。また，日本代表だった松本重治の著書からも，「私の上海時代にも，胡適は北京から上海に来ると，しばしば私と意見を交換し合い，如何にすれば日中和平が実現できるか，率直に論じ合ったものであった」[35]と，日中問題の改善のために胡適が傾けた努力の一端をうかがうことができる。さらに，胡適の「日記」には浦松と高木が，「あなたの今晩の話はとても重要で，特に態度問題について，最も我々の痛いところを突いている。あなたの話は必ず影響を及ぼすはずだ」と述べたように，

胡適の主張したあるべき姿勢，態度は日本代表にも共感され，影響を与えたことが分かる。

　1933 年 5 月 31 日，日本軍による新たな熱河作戦に関して，塘沽停戦協定が締結された。1935 年 5 月，日本軍は万里の長城以南の華北地域に対して「華北分離工作」を開始した。華北は再び日本の威力に脅かされるようになり，北平・天津などでは学生・市民による北支分離反対デモが起き，中国人の抗日意識を高めた。同年 6 月 15 日，胡適は，「What is Happening in North China」と題して，日本軍が華北で行った行為，華北の実情を「New York Times」に寄稿した。また，日本国内では，「二・二六事件」が発生し，広田内閣が誕生した。日中関係はさらに悪化したが，それでも胡適は日中問題について，日本との和平交渉を主張し続けた[36]。第六回ヨセミテ会議に出席のため，胡適らは日中問題について日本代表と接触するため，前回同様に日本に立ち寄った。石井菊次郎日本 IPR 新会長（新渡戸稲造は第五回バンフ会議後急逝した）には会うことができず，日中問題については他の日本代表とも意見交換ができないまま，アメリカのヨセミテ向かわざるをえなかった。また，第六回ヨセミテ会議に出席する日本代表メンバーの陣容も大きく様変わりし，自由主義の新派たちも今回は出席せず，胡適の期待は裏切られた。第六回ヨセミテ会議では，日中問題を議題としなかったものの，各国の対中経済援助の議題になると，胡適は，中国の発展を日本が妨害していると主張した。一方，芳澤日本団長は，日本の立場を主張するため緊急臨時総会の開催を要求して，胡適の演説に対する反論を展開した。結局，第六回ヨセミテ会議でも，日中問題の解決には何の打開策も得られなかった。

　その後，日本は「不戦条約」，中国保全に関する「九か国条約」を踏みにじって，中国侵略を拡大していくことになった。柳条湖事件から日中の全面戦争に至る時期に，胡適は「日本との和平交渉」を主張し，太平洋問題調査会における日本代表との議論を通じて，日中問題を改善するための模索と努力を続けたが，不幸にして，戦争の全面化により，対立関係を友好関係へと導くことに成功しなかった。1937 年 9 月に，胡適は蒋介石の要請で駐米特使（国民使節）として，さらに，その後 1942 年までは駐米大使として，抗日

戦争で中国を勝利に導くために，アメリカという最も重要な国際舞台でさま
ざまな努力をし，アメリカの参戦を実現させ，第二次世界戦争を現実のもの
とすることに成功した[37]。胡適が行った外交活動は，今日においても，注目
すべき外交努力であったといえるのではないだろうか。

1）　[季 2003d, 149]。
2）　[季 2003c, 688]。
3）　同上。
4）　[片桐 2003, 33]。
5）　[片桐 2003, 185]。
6）　[片桐 2003, 187]。
7）　[季 2003d, 150]。
8）　同上。
9）　[片桐 2003, 206]。
10）　[片桐 2003, 209]。
11）　[那須 1932, 180-190]。
12）　同上。
13）　[片桐 2003, 220]。
14）　[季 2003d, 212]。
15）　[季 2003d, 214]。
16）　日本 IPR 理事長，元国際連盟事務局次長，貴族院議員。
17）　中国の代表は，日本代表を新派と旧派に分けて見ていた。中国代表の徐淑希，呉
　　　鼎昌，張伯苓らはのちに，このことについて言及している。新派とは，日本代表のう
　　　ち，主に自由主義思想をもつ若い学者のことを指し，彼らは多くの誠意をもち，双方
　　　の会議場外での交流を進められる人たちであった。また，旧派とは，老官僚のこと
　　　で，中国代表から見ると，誠意に欠けていて，中国代表との観点も大きくずれてい
　　　た。しかし，旧派はより勢力をもち，新派を圧して，時には会場で「私語で彼ら（新
　　　派）を干渉」し，新派の発言を制約した。中国代表は，新派に期待を寄せていたので
　　　ある。張静著『中国太平洋国際学会研究（1925～1945）』，46 頁。
18）　[季 2003d, 218]。
19）　[季 2003d, 219]。
20）　[季 2003d, 221]。
21）　[季 2003a, 518]。当初は『独立評論』第 21 号，1932 年 10 月 9 日に掲載。
22）　[季 2003d, 218-212]。
23）　同上。
24）　同上。
25）　[片桐 2003, 241]。

26)　［季 2003d, 572］。
27)　［季 2003d, 573］。
28)　［季 2003d, 584-585］。
29)　［季 2003d, 591］。
30)　［片桐 2003, 298］。
31)　同上。
32)　同上。
33)　［片桐 2003, 299］。
34)　［片桐 2003, 308］。
35)　松本重治著『上海時代（上）ジャーナリストの回想』中央新書，1974 年，54 頁。
36)　拙論［胡 2007, 68］。
37)　同上。

参 考 文 献

季 2003a：季羨林編，曹伯言整理『胡適全集』第 21 巻，安徽教育出版社
季 2003b：季羨林編，曹伯言整理『胡適全集』第 22 巻，安徽教育出版社
季 2003c：季羨林編，曹伯言整理『胡適全集』第 31 巻，安徽教育出版社
季 2003d：季羨林編，曹伯言整理『胡適全集』第 32 巻，安徽教育出版社
胡 1984：胡頌平編著『胡適之先生年譜長編初稿』第 4 冊，聯経，民国 73 年
欧陽 2006：欧陽軍喜「胡適と太平洋国際学会」『胡適研究』安徽史学 2006 第 1 期
蠟山 1930：蠟山政道「満洲問題」，新渡戸稲造編『太平洋問題――一九二九年京都会議――』太平洋問題調査会
片桐 2003：片桐庸夫『太平洋問題調査会の研究　戦間期日本 IPR の活動を中心として』慶應義塾大学出版会
那須 1932：那須皓編『上海における太平洋会議』太平洋問題調査刊行会
張 2012：張静著『中国太平洋国際学会研究(1925～1945)』，社会科学文献出版社
王 2008：王美平「太平洋国際学会與東北問題――中，日会員的交鋒――」，『近代史研究』2008 年第 1 期
胡 2007：胡慧君「『日記』から見た日中戦争期における胡適の主張の変化――主和から主戦へ――」『中国哲学』第 35 号
山岡 1997：山岡道男『「太平洋問題調査会」研究』，龍渓書舎
新渡戸 1930：新渡戸稲造編『太平洋問題――一九二九年京都会議――』，東京太平洋問題調査会

第3部　帝国と「公式植民地」

第8章　旧植民地在住日本人の記憶とその記録

辻　　弘　範

は　じ　め　に

　本章では，旧植民地地域で暮らした人びとが「植民地体験」の記憶とどう
向き合い，それを「記録」のかたちに残してきたのかについて考えてみた
い[1]。本章で取り扱う「植民地体験」の記憶をめぐっては，すでに成田龍一
が，「植民地は，宗主国と植民地とのあいだに形成される非対称的な関係
が，具体的な局面において形成され，他者と遭遇する空間であるが，「植民
地経験」の考察は，いまだ未熟であることは否めない」[成田 2010]と指摘した
ように，戦後日本の歴史学界では十分に取り扱われてこなかった[2]。記憶
は，記憶者当人の心理状態に大きく依存するだけでなく，回想される過程で
「錯誤」や「自己検閲」が起こる可能性もある。そうした記憶の不定形性や
不確実性のため，歴史学の分野では，記憶の内容を史料として用いることに
対し，長いこと消極的であった。

　植民地体験の記憶が戦後日本社会で広く共有されてこなかった理由として
は，引揚者たちが自身の体験を非体験者と積極的に共有できない環境の存在
もあげられる。戦後日本の言論空間で，旧植民地在住者(1世・2世)が自身
の植民地経験を文章化した例は少なくない。森崎和江[3]のように，自身の生
育史における植民地朝鮮の存在意味を冷徹に分析し，日本の言論空間に問題
提起を続けてきた人物も存在する[森崎 2008]。しかし，「満洲帰り」「朝鮮帰
り」という言葉が差別的に用いられてきた社会的風潮や，時には「大陸侵略

の先兵」などのレッテルを貼られて批判を受けるなど，彼ら・彼女らの当事者性を無視するような政治的・社会的「風土」のなかで，多くは自身の植民地体験の記憶を抑圧しながら戦後日本を生きざるをえなかった。その結果，記憶者たちの高齢化や死去により，彼ら・彼女らの記憶は日本社会の言論空間に共有されないまま，消失の危機に瀕しているのである。

　こうした状況のなか，地方の小規模な出版社からの出版物や「私家本」というかたちで，植民地体験の「自伝」がひっそりと世に送り出され，蓄積されてきた事実は注目に値する。「昭和の終焉」や「戦後50年」などを契機に，それまで言論空間とは無縁であった人びとが少しずつ口を開き始めたことを，これらの「自伝」は意味している。彼ら・彼女らにとっての植民地経験とはいかなるものだったのか，戦後50年以上を日本内地で過ごした彼ら・彼女らは，その経験を文字に残すことで，現代の日本社会に何を伝えようとしているのか。本章ではこうした問題意識から，福岡県福岡市の福岡市総合図書館内「郷土・特別収蔵室」に収蔵されている，旧植民地体験者らによる自伝史料を取り上げつつ，著者らがこれらを残した経緯と残された記録のなかから，旧植民地で暮らしていた人びとの心性を探るとともに，それらを生み出した旧植民地社会の状況についても触れてみたい。

　なお本章では，高崎宗司が「元在朝日本人の朝鮮時代への対し方」としてあげた3種類の「タイプ」を，作業概念としてひとまず用いることにする［高崎2002］。高崎は，「自分たちの行動は立派なものだったとする」タイプ，「無邪気に朝鮮時代を懐かしむ」タイプ，「自己批判している」タイプの3種類があると整理を行った。本章で扱う自伝資料の記述のなかにも，これら3つのタイプを随所で見てとることができるが，実際には同一執筆者に複数のタイプが見られることもある。高崎のタイプ概念については本章で修正を加えてゆきたいと思う。また本章では，筆者の研究領域の制約上，旧植民地のうち朝鮮について触れることが多くなることを，あらかじめおわびしておく。

1　福岡市総合図書館「郷土・特別収蔵室」所蔵自伝資料

1.1　資料の性格について

　筆者は2014年2月と11月の2回にわたり，同室所蔵の自伝資料について悉皆調査を行った。同室は福岡市総合図書館2階の一角にあり，福岡市および周辺地域に関する図書および史資料を中心に収集を行っている。収集された資料のうち，同室に併設された開架式書架に配架されたものは常時閲覧が可能である。調査は，同室で独自に作成された請求記号のうち「K289　個人の伝記」の記号が振られた合計771点の資料について，目次および概要を1冊1冊確認する方法で行った。これは，通常であれば目録上で書名や著者名などから内容のおおよその見当をつけることができるが，後述する通り，自伝資料には漠然とした書名が付された図書が多く，実際に中身を一読しなければ植民地体験の有無を把握することができなかったためである。この結果，旧植民地体験について触れた資料が29冊確認された（執筆者は計28名）。また，「K960 ルポルタージュ」の分類が振られた資料のなかにも旧植民地体験について扱った資料が6点確認され，さらに同室が収集している「古文書」資料のなかにも，引揚者が旧植民地からもち帰った資料や自伝などの寄贈資料が，若干ながら含まれていることも確認された[4]。この調査によって収集された自伝資料の一覧は表8-1の通りである。執筆者数34名，資料点数35点という数は，分析対象とすべき母集団として十分であるとはいいがたいが，戦後に福岡市周辺で暮らした「旧植民地体験者」たちの属性の一端をうかがい知ることはできると思われる[5]。なお，本章では便宜上，特定の資料をあげる際には［表8-1中の連番＋著者の苗字］のみで表示する（例：［17 竹村]）。

1.2　書名および刊行年

　まず，これら自伝資料の最も大きな特徴はその「書名」である。表8-1の36点から「K960　ルポルタージュ」に分類された資料を除いた29点のうち，かつて居住した旧植民地名を付したものは，『激流　満州に生き，柔道

表 8-1　福岡市総合図書館「郷土・特別収蔵室」所蔵自伝資料

連番	著者名	書名	出版社	刊年	請求記号
1	相羽冨美子	青春を使い果して	梓書院	1994	K289 ア
2	石井光次郎	回想八十年	カルチャー出版社	1976	K289 イ
3	市川慶三 聞書	疾風の中に	西日本新聞社	1989	K289 イ
4	稲葉豊作	私の生きてきた道	私家本	1994	K289 イ
5	岩隈善次	我が生涯の回顧	私家本	1995	K289 イ
6	内野関雄	波瀾の人生	私家本	1979	K289 ウ
7	内野関雄	波瀾の人生にも陽光	私家本	1981	K289 ウ
8	織田隆二郎	夕陽は燃ゆれ――ある戦没学徒の生涯――	海鳥社	1995	K289 オ
9	硴月飛砂	三つの故郷	海鳥社	1994	K289 カ
10	久保田秀男	玄海の荒波越えて――私の半生記 思い出すままに――	葦書房	1993	K289 ク
11	桑原貢	遠い坂道	梓書院	1987	K289 ク
12	具島兼三郎	奔流 わたしの歩いた道	九州大学出版会	1981	K289 グ
13	剣木亨弘	牛の歩み 教育にわが道を求めて	小学館	1973	K289 ケ
14	小西春雄	博多有情	私家本	1984	K289 コ
15	貞刈惣一郎 語り，貞刈みどり 文	私たちの百年 惣ちゃんは戦争に征った	海鳥社	2006	K289 サ
16	白木正元 聞書	山のかなたに	柏屋	1996	K289 シ
17	竹村茂昭 聞書，武冨一彦著	激流 満州に生き，柔道に生きて	西日本新聞社	1999	K289 タ
18	徳島喜太郎 聞書	海とロマン	西日本新聞社	1991	K289 ト
19	永江正	わが昭和前期 航跡	私家本	1991	K289 ナ
20	永倉三郎	九州・ともしびの記録 続・無我の人生	西日本新聞社	1989	K289 ナ
21	野林久米雄	私の思い出 台湾生まれの人生 ひとつの軌跡	私家本	2003	K289 ノ
22	日高清	人生意気に感ず 激動時代の生涯を回想	私家本	2003	K289 ヒ
23	増田美代子	波濤を越えて	私家本	1979	K289 マ
24	松田昌平	河の流れは 老建築家の旧帖	松田設計事務所	1976	K289 マ
25	溝口節	さようなら楡の街はるびん	私家本	1995	K289 ミ
26	柳田桃太郎	わが春秋の八十年	私家本	1989	K289 ヤ
27	湯川繁	思ひ出の散歩道	グレイスカンパニー	1995	K289 ユ
28	吉原典夫	生き抜く星霜八十年	私家本	1994	K289 ヨ
29	渡部智倶人	ある医学徒の青春	海鳥社	1994	K289 ワ
30	上村高直	悪夢(引揚物語)	講談社出版サービスセンター	1976	K960 ウ
31	國武唯義	夢幻の満州国	花書院	2005	K960 ク
32	杉日昇編	興安嶺のふもとから	私家本	2005	K960 コ
33	藤原正義	思い出すま、の記 戦中の朝鮮・中国，戦後のソ連	(社)福岡県自治体問題研究所	1999	K960 フ
34	水井利正著，小森千鶴子編	追憶のシベリヤ 我が思い出のうた	のぶ工房	2001	K960 ミ
35	小川亮一	雄風八十八年	櫂歌書房	2000	小川資料1

に生きて』[17 竹村]，『私の思い出　台湾生まれの人生　ひとつの軌跡』[21
野林]，『さようなら楡の街はるびん』[25 溝口]の 3 点のみである。その他，
『玄海の荒波越えて』[10 久保田]，『波濤を越えて』[23 増田]など，海を渡っ
て旧植民地に向かったことを暗示する書名はあるものの，ほとんどの資料に
は，一見しただけでは植民地体験を扱ったものかどうかを判別できない漠然
とした書名が付されている。もちろん，植民地体験の記述が自伝全体の一部
にすぎないことも理由としては考えられるが，やはり旧植民地名を「書名」
の形で前面に押し出すことがためらわれたのではないだろうか。だが，その
ような躊躇にもかかわらず，『青春を使い果して』[1 相羽]，『疾風の中に』[3
市川]，『波瀾の人生』[6 内田]のような字句を書名に用いたことは，それだ
け著者の人生において，植民地体験や引揚前後の体験が占める割合が高いこ
とを暗示している。

　次に刊行年に注目すると，1990 年前後，1995 年前後，2005 年前後に集中
している。昭和天皇が逝去した 1989 年は，「昭和」という時代が幕を閉じた
という点で大きな画期をなす時期であり，1991 年までの 3 年間に 6 点の自
伝が刊行されている。なお，[3 市川]，[17 竹村]，[18 徳島]の 3 点は，『西
日本新聞』紙上での連載記事が単行本化されたものである。また，「戦後 50
年」である 1995 年を挟んだ 1994 年から 1996 年の 3 年間には 10 点もの自伝
が刊行されている。この時期には，福岡市の出版社である海鳥社からの刊行
本と，自費出版である「私家本」が大部分を占めている点が興味深い。いっ
ぽう，その 10 年後，「戦後 60 年」である 2005 年を挟んだ数年間に 3 点の自
伝が刊行されているが，これらは旧植民地在住者本人ではなく，その親類や
知人が聞き取りやルポルタージュの形式でまとめたものになっている。すで
にこの時点で，記憶者本人の高齢化や死去などにより，植民地体験の記憶を
自身が直接記録する方法がとりづらくなっていたことを示している。

1.3　渡航年および渡航時の学歴

　著者らが旧植民地に渡航した年齢についてまとめたのが表 8-2 である。渡
航年齢で最も多数を占めたのは「21〜25 歳」(12 名)である。ここに該当する

表8-2　日本「内地」から旧植民地への渡航年齢

外地出生	0〜15歳	16〜20歳	21〜25歳	26歳以上	不明	計
4	3	4	12	8	3	34

表8-3　「外地」転居時の学歴

未就学	〜小卒	〜中卒	〜高卒	〜大卒	不明	計
3	1	10	7	8	1	30

注)1　外地出生の4名を除く
　　2　凡例:「小卒」は尋常小学校卒業,「中卒」は中学校・高等女学校・高等小学校・乙種実業学校(産婆学校含)等卒業,「高卒」は高等学校・大学予科・専門学校・師範学校・甲種実業学校等卒業,「大卒」は帝国大学・大学卒業

人びとでは,日本内地の大学等を卒業後,旧植民地所在の企業や官庁に就職した例が多く見られる。次に多いのは「26歳以上」(8名)であるが,ここに該当する人たちは日本内地で就職した後,旧植民地所在の部署などに転属したり,転職したりした例が多い。その他,「0〜15歳」の3名は旧植民地勤務の親に同伴して渡航した例であり,「16〜20歳」の4名は日本内地で初等〜中等教育を受けた後,進学や就職のため旧植民地に渡った例である。

　なお,ここで「外地出生」とした4名のうち2名は,旧植民地で出生した台湾人女性と「白系」ロシア人女性であり,いずれも戦前に日本人と結婚し,敗戦後に日本に渡った例である。旧日本帝国における「内地人」と「外地人」の婚姻に関しては,たとえば朝鮮においては朝鮮総督府が「内鮮結婚」を奨励した例があげられるが,婚姻に伴う転籍には性別や年齢,民族によって制限が課せられていた現状を受け,実際には日本内地において朝鮮人男性と日本人女性が結婚する例が圧倒的であったという[李2014]。本章では紙幅の関係上,この女性2人の植民地体験と「引揚」体験について詳細に触れることはできないが,2人の記録からは,引揚や日本内地での定住にあたり大いに苦労をされた様子を知ることができる。

　また,著者らが旧植民地に渡航した際の学歴について整理したのが表8-3である。戦前の学制は複数の系統に分かれていたため単純化は難しいが,おおよその目安にはなるだろう。この表8-3によると,中学卒業程度(中学

校・高等女学校・高等小学校・乙種実業学校など)が 10 名と最も多い。中学を卒業して旧植民地の上級学校に進学した例もあるが，各種実業学校を卒業して旧植民地の企業や病院などに就職する例が比較的多く見られる。その次に多いのは大学卒業程度の 8 名である。大学卒業者のほとんどは卒業後に旧植民地の国策企業や官庁に就職したり，内地で就職した後に旧植民地に転属したりしており，当時のエリートコースのキャリアとして旧植民地勤務を選択したことがわかる。一方，高校卒業程度の 7 名も大学卒業者と同様の就業形態を見せてはいるが，こちらは機械・運輸・看護といった比較的実業部門に配属されており，いわゆるノンキャリア部門の専門社員・職員としての性格が強い。このように，著者たちの経歴と職種は各種各様であり，高等文官試験に合格して官界に身を投じた者，日本内地の中学を卒業して旧植民地の学校に進学した者，日本内地で応召されて戦地に赴いた者，さらには高等小学校～中学校卒業程度で旧植民地に渡り，自営などの経済活動を行った例も若干ながら存在する。

1.4　自伝執筆者の経歴

　次に，自伝の著者らの経歴を整理すると表 8-4 の通りである。なお，この表では著者の氏名を伏せ，生年順に並べ替えを行っている。また，「「外地」転居年・転居先」欄が網掛けとなっているのは，外地で出生したことを表している。19 世紀に生まれて 1920 年代に内地に戻った数名を除き，1945 年の敗戦以前に日本内地に戻った例はほとんどなく，著者の大部分が旧植民地で敗戦と引揚を体験している。このことは，旧植民地での敗戦と引揚の体験が人生の大きな転機となったがゆえ，その体験が晩年に至るまで強く記憶され，半世紀ほど経過したのちに自伝という「記録」に残す行為につながったともいえるだろう。

　ここで，引揚前後でのキャリアの連続と断絶に注目してみたい。母集団が少ないため全体的な傾向を把握するのは難しいが，まず世代間——すなわち表 8-4 の上段と下段——では，引揚前後でのキャリアの連続と断絶に，明確な差異は見られないことがわかる。職種別に見ると，医師・看護師・教員と

表8-4　旧植民地居住者の略歴一覧

生年	転居年	「外地」	転居先	引揚前の略歴	引揚後の略歴
1879	1905	朝鮮	咸興	修猷館→法政大高等科→第一銀行→朝鮮銀行→同大連支店支配人	炭鉱会社経営→九州石炭鉱業会長→福岡市長（2期目途中没）
1889	1915	台湾	台北	高文合格→東京高商→警視庁警部	朝日新聞社主事→衆議院議員
1889	1911	台湾		嘉穂中→名古屋高等工業→満鉄建築課	建築事務所開設。福岡県建築士協会会長
1896	1941	満州	本渓湖	北大予科→京文→文部省編纂・高校教諭・本渓湖高女校長	ミカン闇商→短大・高校講師
1901	1942	中国	北支	五高卒→東京法大→文部省思想係→応召、1942-45関東軍により拘禁	大学教養課長→大学学術局長→文部事務次官→参議院議員
1905	1937	満州		九大→同志社大学助教授	九大教授→長崎大学長
1907	1937	中国		農学校→養成所→実業補修学校教員→応召計3回	学校長（1年で退職）→「実業界」
1907	1928	関東州	大連	台北一中→長崎高商→大連国際運輸（株）→満州国際運輸（株）→満州財務調査史（主に台湾在任）	経済調査庁→門司市助役→門司市長（2期）。志摩町立病院長
1908	1946			台北一中→修猷館→法政大高等科→東大→満州国財政部・応召各務部科長兼参事官・3回	医師（病院長）→定年退職後、志摩町立病院買収
1909	1932	満州		修猷館→福岡高→東大→満州国国税・応召各部総務科長兼事員・復職後退職	兄経営の会社入社→東邦電力復帰→九州電力管財課長→同会長
1910	1938	中国		佐賀中→佐賀高→東大経→東邦電力・応召2年経理部員・復職後退職	日立電工場→戸畑市議→戸畑市長（合併時辞職）
1912	1937	朝鮮	平壌	五高→京大法→朝鮮銀行・応召（2年）→復職退職	短期大学助教授、看護学校非常勤講師等
1913	1937	満州	北安	高等女学校→管理栄養士	短期大学助教授、看護学校非常勤講師等
1913	1939	朝鮮	平昌	糸島小→佐世保海軍工廠→総務府警察署講習所→平昌警察署（電灯・発電）	農家手伝い→炭鉱労務係→会社員→定年後、保険外務員
1913	?			八女中→呉海軍工廠→満州炭鉱会社	電気工事会社経営
1913	1931	満州		中学→機関助手→機関区運転助役	西鉄→写真店営業
1914	1935	満州	哈爾浜	自営雑貨商、旅館業→商店勤務→商店営業	自営戦記、不動産業
1915	1939	中国		九州医専→陸軍軍医学校卒→山西省出征・台湾出征	医師、糸島郡医師会会長
1915	1935	満州	興安省	糸島中→興安軍官学校→同教官（蒙古人生徒教育）→シベリヤ抑留	北九州大学教授
1915	1937	満州		満州軽金属社員→応召（3回）→平壌で武装解除後シベリヤ抑留	？
1917	1942	満州	新京	福岡商工員→早大通信科卒→満鉄北支事務局→華北交通	司法書士事務所経営。福岡県司法書士会会長
1917	?	朝鮮	京城	福岡中→福岡高商→京大経→住友機械→城大法文	水産関連会社員グループ一ツ経営
1918	1921			西大門小→元山中→城大予科→城大法文	北九州大学教授
1918	1948		鳥致院	善隣高→早大専門部→朝鮮殖産銀行→応召→現地召集	？
1919	1941	満州	撫順	中学→満公学生用員→応召→シベリヤ抑留	日本に帰化→中学教員
1922	1948	満州	新京	旗公署の雇用係→日本人職員と結婚→夫の転勤でナラム・海拉爾へ・シベリヤ抑留	五島移住。専門学校講師（夫は会社員）、美は化粧品外販、売り子など
1923	?	台湾	嘉義	三池中→法政女子科	中学教員
1923	1946	満州	哈爾浜	哈爾浜小→哈爾浜高女→日本女子大（東京）→哈爾浜富士高女教諭	西日本新聞社
1924	1942	関東州	旅順	中学卒→旅順医専（45.9卒）→軍医見習生→シベリヤ抑留	大学院勤務、開業医、旅館医専卒
1924	1944	関東州	旅順	（大力転身）30年代：1年間、朝鮮・咸鏡道在住→医者卒→病院勤務	開業医、専門学校講師、病院勤務
1924	1940	中国	白城子	浮汐文化高等学院→建設会社社員→現地召集→シベリヤ抑留	果樹園経営
1927	1931	中国	上海	北部小→中学	？
1930	1946			台湾内の小学校を転校→台北一中	五島編入→長崎県職員→線貼付人→出入国管理局（諫原・福岡・唐津）／農協共済職員→農協共済会社

いう資格や免許を必要とする職種では，内地引揚後も継続して同様の職種に
就いている場合が多いことがわかる。また，電気・機械・建築という専門技
能を要する職種でも，引揚後もその技能を活かして近隣分野で活動をする例
が少なくない。また，旧植民地で自営業を営んでいた1例では，引揚後に福
岡で改めて自営業を営んでいる。これに対し，官僚等では少々事情が異な
る。旧植民地官庁の高級官吏や国策会社の幹部社員として勤務していた人た
ちのうち，引揚後に引き続き官界についた例はきわめてまれであるが，地元
の政界や経済界で活躍し，一定の社会的地位を獲得していることがわかる。
表8-1の34名には，国会議員3名(参議院2・衆議院1)，市長3名(福岡
市・門司市・戸畑市)の経験者が含まれている。門司市長から参議院議員に
転身した1例が含まれているため，実人数は5名であるが，割合としてはか
なり高いといえるだろう。これはおそらく，人生のなかである程度のキャリ
アを上り詰めた人物が，晩年に人生を振り返って自伝を書くという，「自伝」
執筆の典型例によるものと思われる。

　一方，旧植民地官庁の下級官吏や現業部門の職員であった人たちでは，
キャリアが断絶した例が多く見られる。南満洲鉄道の運転助役，興安軍官学
校の教官，朝鮮総督府の警察官などとして勤務していた人たちは，内地引揚
後はそれまでとは無関係な職種に就いている。ただしいずれの場合でも，も
し旧植民地で活動を続けていれば，ある程度のキャリアを積むことが可能
だったはずであり，敗戦と引揚によってその途を絶たれてしまったことが，
戦後日本社会で暮らすうえで障害になったことは想像に難くない。こうした
点に限っていえば——たとえ勤務先の機関が植民地支配や大陸侵攻に貢献し
たものであっても——，彼ら・彼女らも植民地支配や大陸侵略の「犠牲者」
であったと見ることができる。

1.5　自伝執筆の動機について

　次に，自伝を執筆するに至った動機について見てみたい。まず最も多いの
は，自ら記憶を書き記すことを望んだ例で，合計10名にのぼるが([11 桑
原]，[19 永江]，[20 永倉]，[22 日高]，[23 増田]，[24 松田]，[25 溝口]，

[27湯川]，[28吉原]，[30上村]），執筆を決意するにあたっては何らかの「節目」が作用している場合が多い。「昭和」が終焉を迎えた1989年前後に自伝を刊行した人たちは，「サラリーマン卒業を間近にした平成元年」に，「"自伝的小説"などはとても無理だが"自分史"のようなものなら書けそうだ」と考えた[19永江]や，「私にとって過去の人生の記録には……残しておきたい七，八年の歴史があった。」「私の歴史は，昭和天皇の歩まれた日本の苦悩の中の一ページであった」と回想した[20永倉]では，昭和という時代を自身の人生になぞらえて捉え，その終焉をきっかけに執筆を決意したことがわかる。その他，ある出来事がきっかけとなった例としては，学校や民間の文化セミナー等で行われている「自伝」「自分史」を書く作業に触れて執筆を決意した[11桑原]と[25溝口]や，自身の高齢のお祝いを迎えたことをきっかけに執筆を決意した[24松田]のような例もある。

　これに対し，1970年代という比較的早い時期に自伝を執筆した人たちは，戦後日本社会で暮らすなかで，自身の植民地体験や引揚・引揚後の体験の重さを感じつつ，それらを「どうしても」記録したくて「思い切って」執筆に至った例が見られる。「私はいま，自分の過去を振り返って，一個の人間の存在はちっぽけなものだが，踏みしめてきた足跡は大きく，大変な出来ごとの連続だったことを，じっくり噛みしめています。それをどうしても記録にとどめておきたいと思った」[23増田]や，「この物語の中に体験した事柄は，引揚げ後三十年過ぎた今日まで，日々の生活に追われて，兄弟親戚友人等誰にも殆ど語るひまもなかったことで，スリルには乏しいが，この度思い切って公にすることにした」[30上村]の例では，執筆を決意するまでの心理的な葛藤が非常に大きかったことがわかる。このほかに，「一期一会，啐啄の奇縁，妙縁を幾度か体験し，活かされている感激は今も尚鼓動しつづけて居ります。私の全生涯を憶い出すまま素朴に記述」するとした[22日高]と，「私が今日あるのは私一人の力ではなく，」「たくさんの方々のお力添えのお陰であると思っております。それらの方々に深い感謝の念を捧げながら過去を振り返ってその時々の事柄を辿ってみ」た[28吉原]のように，激動の人生のなかで「奇縁，妙縁」にめぐりあい，「お力添えのお陰」で生き延

びることができたことを改めて知り，それを「感謝の念」に昇華させつつ自伝を執筆する行為に移したことを表している。

　次に多く見られるのは，自身の体験を広く読者や後世の人たちに知って欲しいとする例で，7人にのぼる（[4 稲葉]，[6 内野]，[9 碪月]，[12 具島]，[13 剣木]，[29 渡部]，[34 水井]）。「私の祖先や，自分の歩んできた人生を，子や孫達に伝えること」という「大事な仕事が残されている」とした[4 稲葉]や，「今は亡き父に，私の生きてきた道を報告するような気持ちで」執筆した[9 碪月]のように，自身の親族を読者に想定した人もいる一方，「私には，とうてい忘れることはできない。あの当時の一端でも知ってもらいたいと思い，シベリヤの想い出を綴った」[34 水井]や，「わたしの体験が，この書物を読んで下さる方々に」「いくらかでも役立つことがあるならば，それは私にとって望外のよろこびである」とした[12 具島]のように，不特定多数の読者を想定して執筆した人もいる。より具体的な読者層を想定した例として，「色々な事情によって進学出来ない子弟や不遇な家庭の小中学生達に取って，励みと強く生き抜く希望の一端にな」ることを願った[6 内野]は，自身が高等小学校を卒業して以来，実業界に携わって経済的に成功した事例を，「不遇な家庭の小中学生達」の「希望」として示そうとする意図がうかがえる。また，「終戦後，日本の教育改革に関係し，私はその事務の渦中にあって数々の世に知られていないことを」「なんとかしても書き残したいという意欲にかられ」た[13 剣木]は，文部省のキャリア官僚として，戦後の教育制度をめぐる法整備と予算確保に注力した業績を書き残すことで，後世の研究者などを対象に「証言を残す」という性格が強いようである。

　その一方で，周囲の人から執筆や口述を勧められた例も5人にのぼる（[2 石井]，[3 市川]，[10 久保田]，[17 竹村]，[18 徳島]）。次女から「欧米の著名な政治家は引退すると，メモアール(回想録)を書く人が多い。お父さんも仕事がなくなって老け込むといけないから，若いころからの思い出を書いたらどうですか」と勧められた[2 石井]や，公民館の主事である編者が，伯父に「シベリヤ抑留の体験を書いて戴くよう勧めた」[10 久保田]のように，身内から執筆を勧められた例のほか，会社の部下から「今まで会長の書いた

随筆などを全部集めている。暇なうちにまとめて出版したら」と勧められた[3市川]と，前述した西日本新聞社から執筆依頼を受けた[17竹村]，[18徳島]のような例がある。シベリヤ抑留からの帰還者である[10久保田]を除いては，いずれも政財界のキャリアをのぼり詰めた「著名人」として，周囲の人物から自伝の執筆を求められたという性格が強い。

　ところで，こうした自伝執筆の動機に比べ，主に2000年以降に刊行された「K960　ルポルタージュ」に分類された資料では，その様相が大きく異なっている。「残された時間が極く少なくなって来たことを想うと，今聞き損なってしまうと永久に記録として残すことは出来ないと思い」「彼女の口述を求め」「記録に止める作業にかかった」という[32杉目]の表現が示すように，戦後60年が経過して植民地体験者が高齢化し，自ら記録を執筆できない段階に至って，「今聞き損なってしまうと永久に記録として残すことは出来ないと思」った編者が，その記憶を残すために執筆を始めたことがわかる。「自伝」とは本来，執筆者が自身の「記憶」を思い起こしながら文字で「記録」する作業の成果であるが，記憶者の高齢化はそうした作業自体を困難にしており，植民地体験が「自伝」のかたちで残される可能性は限りなくゼロに近づきつつある。

2　自伝執筆者たちの記憶と「植民地」

　次に，自伝執筆者たちが植民地とどう向き合ってきたかについて見てみるが，ここでは筆者の能力上の限界から，主に朝鮮に渡って滞在した人びとの植民地体験を中心に扱う。本章で扱っている自伝執筆者34人のうち，朝鮮での在住経験があるのは[3市川]，[4稲葉]，[9砧月]，[14小西]，[16白木]，[33藤原]の6名である。朝鮮への渡航年と渡航時の年齢，朝鮮での学歴や職歴はさまざまであるが，それぞれが自伝で行った植民地体験の記述と，それらに対する自身の意見や感想などを通じて，執筆者たちが植民地と向き合う視点を再構築することは可能であろう。ここでは，その理解を助けるため，可能な限り時系列に沿って，自伝執筆者たちそれぞれの植民地体験

について見てみたい。

2.1　キャリアと植民地社会との「距離」

ここで扱う6名の自伝執筆者のうち，最も早く朝鮮に渡ったのは[14小西]である。同書に収録された「年譜」(169〜176頁)によると，小西は東京専門学校と法政大学高等科で学んだのち，1904年に26歳で第一銀行に入行し，翌1905年に朝鮮の咸興出張所詰となった。1909年に第一銀行が韓国銀行(のちに朝鮮銀行)へと引き継がれた際には小西は再雇用され，咸興出張所の所長に就任している。また小西は当時，咸興の日本人居留民会の会長も務めていたという。「年譜」によると，翌1910年の6月には京城に転任したと記されているが，韓国併合当時の咸興の様子について言及している。

> この合併当時は咸興で支店長をしていたが，その当時咸興に在住していた日本人はすでに七，八千人に達していたので，日本人居留民会を作って会長をしていた。すると統監府から皇帝が譲位されたという秘密電報が来た。それで居留民会事務所の前の掲示板に「韓皇帝譲位せらる。地方民心の動揺期し難いから各自警戒せよ」と掲示した。これを知った朝鮮人が次から次とこの掲示板を見に来て掲示板の前は黒山を築くようになった。それで警察官が飛んで来て「あんな風に朝鮮人が騒いでいる。どんなことになるかわからないから，あの掲示板は撤回されたい」と申込んで来た。当時は若く元気盛りだから警察の干渉など跳ね飛ばせと云った調子で「我々も職務として日本人に知らせねばならない義務がある。京城や元山では新聞は屹度号外を出しているに相違ない，これを新聞の号外と思えば何でもないぢゃないか，そんなに心配で困るなら警察の手で剥げ，僕は黙認してやろう」と云った。随分元気であった。(15〜16頁)

この記述により，韓国併合当時には日本人居留民会の事務所前にあった掲示板が，日本人居留民への情報伝達手段となっていた事実が確認できるが，より興味深いのは，この記憶を回想していた当時の小西の関心事は，あくまでも警察官とのやりとりであり，「若く元気盛り」であった自分自身であっ

たという点である。「韓国併合」という重大事案をめぐって朝鮮人住民がな
ぜ「黒山を築くようになった」のか，その背景についての言及はない。もち
ろん，当時すでに咸興に5年近く滞在し，地元経済界と日本人社会のリー
ダーであったともいえる小西が，朝鮮人社会に対してまったく関心がなかっ
たとは考えがたい。しいていえば，韓国併合に伴い朝鮮人たちが「動揺」
し，何らかの混乱が起こるであろうと予測する程度には，朝鮮人および朝鮮
社会に対する認識があったといえるかもしれない。ただし，それへの対応と
して日本人居留民たちに「警戒」を求めるという態度には，朝鮮人や朝鮮社
会との間に相当の「距離」があったことをうかがわせる。

　さらに小西は，咸鏡農工銀行[6]の頭取であった朝鮮人の高敬必が，韓国併
合前後の日本とロシアを比較した発言を取り上げている。ある日，高が小西
に対して，「朝鮮人はロシヤ人は厳父の感があったが，日本人は母の感があ
る。併し遺憾ながら生母の感ではなく継母の感がある。人の見る前では可愛
がるが，うるさくて仕方がない」(18頁)と語り，その内容をのちに寺内正毅
朝鮮総督に語ったという逸話へと続く。

　　　これを京城で支店長会議があった時，寺内正毅総督に話すと寺内さん
　　　は非常に喜んで，「それは面白い話だ，政治をやってゆく上の参考にす
　　　るよく話してくれた。今後も京城に来たら是非僕のところに来てくれ」
　　　と云われた。それが縁となってその後も数回寺内さんに招かれて朝鮮の
　　　問題や朝鮮人の問題について種々話をした。僕としても非常に面白い事
　　　と思っていた。(18頁)

　この記述でも，高がロシアと日本の対朝鮮政策を朝鮮人の視点から比較
し，小西に語ったという意図には踏み込まず，朝鮮総督に喜んでもらえたと
いう「非常に面白い」逸話の一つとして記録されたにすぎない。小西はその
後，1914年には満洲奉天出張所長，1920年には大連支店長兼大連支店営業
部長として，主に旧満洲地域に勤務することになるが，1922年にはいわゆ
る「金建問題」[7]により罰俸3ヶ月の処分を受け，翌年辞職して故郷の福岡
に戻っている。この間の記述を見ても，朝鮮銀行内での業務と日本人上司や
同僚との交友関係についてのみ言及されており，朝鮮や満洲の現地住民に対

する視線はまったく見られない。韓国併合前後に朝鮮に滞在していた小西に
とっての「植民地体験」とは，その滞在期間の長さを参酌しても，自身の
キャリアの第一歩が第一銀行・韓国銀行・朝鮮銀行という「植民地」に存在
した金融機関であった，という事実以上のものではなかったのかもしれない。
　ところで，小西と同様のキャリアを積んだもう一人の人物に[16 白木]が
いる。白木は，第五高等学校と京都帝国大学で学んだのち，1937 年に朝鮮
銀行に入行して平壌支店に配属された。翌 1938 年には平壌の連隊に徴兵さ
れて華北での戦闘に参加したのち，1940 年に朝鮮銀行に復職したが，1942
年には辞職して福岡に戻っている。朝鮮銀行での勤務期間は合計 3 年ほどと
短いが，この当時の体験についての回想は，それより短期間であった徴兵時
の回想に比べ，はるかに小さい扱いとなっている。

> 　私が配属されたのは「貸し付け係」ですが，新米のペーペー，手形を
> 持って判こ貰いのあちこち走り使いです。十二年七月には平壌支店へ転
> 勤になります。上役のお相伴で時には宴会にも呼ばれます。朝鮮ではお
> 金を借りる人が銀行側を招待するのです。「銀行とは何といい職場だろ
> う」と思いました。
>
> 　そのうち慣れっこになって，上役の威を借りて「もうキイさんは飽き
> たばい」「時には芸者の方がよか」と注文をつけるようなぜいたくを
> いったりしました。(68 頁)

文中の「キイさん」とは「妓生」のことを指すが，白木の自伝に登場する
朝鮮人はこの「キイさん」のみである。平壌には当時「妓生養成所」が存在
し，妓生を紹介する絵葉書がブロマイドのように販売されるなど(図 8-1)，
日本内地での知名度も高かった[川村 2001]。白木にとって，朝鮮銀行で過ご
した約 3 年間の記憶は，この文章に濃縮されていると見てよいだろう。つま
り，「上役のお相伴で」呼ばれた宴会の席で「上役の威を借りて」放言した
自分自身の行動――俗に「武勇伝」と呼ばれるもの――が，朝鮮での植民地
体験のほとんどを占めているのである。朝鮮銀行での勤務体験は，その後に
彼が福岡で重ねてゆくキャリアと断絶しているため，それだけ記憶が曖昧に
なっている可能性もあるが，それにしてもあまりに貧弱だといわざるをえな

図 8-1　観光用絵葉書の外袋と絵葉書の一部

注）発行年不明だが「13.9.5」の日付印あり。

い。このような意味で，小西と同様，白木にとっての植民地体験も，自身の
キャリアの第一歩が「植民地」に存在した朝鮮銀行であった，という事実以
上のものではなかったのだろう。2人のようないわゆる「会社派」の植民地
在住者が自身のキャリアを軸として記憶を回想した結果，植民地朝鮮での体
験は相対化・周縁化され，高崎宗司の分類による「自分たちの行動は立派な
ものだったとする」タイプの記述へとつながったと見られる。

2.2　植民地朝鮮での学校生活と朝鮮人生徒

　一方，朝鮮内で小学校から帝国大学まで在籍した人物として[33 藤原]が
いる。藤原が朝鮮に渡航した年と渡航時の年齢は不明だが，父の転勤により
1928 年頃に京城から元山に転居し，1930 年に元山公立中学校に入学してい
る。この前年の 1929 年 11 月，全羅南道で「光州学生運動」[8) が発生してお
り，その影響は朝鮮全土の学校に広がりつつあった。藤原は，元山中学校で
も，同校に通っていた朝鮮人生徒に対して調査が行われ，一部の生徒が退学
処分に遭ったことを回想している。

　　　放課後，今日は絵をかこうと，友人と図画教室に居たところ，先生か

ら今日は止めてくれと云われ，代りに朝鮮人学生が数人呼びこまれ，何か尋ねられているのを知ったのは，中学一年の六月（三〇年）の終り頃でした。朝鮮人生徒は全校五百人中，百人ほどで，皆「両班」（富裕層）の子弟でした。居住地域が異なる（後述）ため校外でのつきあいは稀でした。夏休みが終って，朝鮮人生徒の大部分は登校してきましたが，同級の劉鳳徳とその兄（四年生）だけは姿を見せませんでした。二人はおだやかで，勉学にも熱心，何となく品位を感じさせる風貌で，李王朝創始の李成桂と縁のある家系かという噂でしたが，元山での，光州運動を引継ぐ組織の拡大・強化の責任者として活動し，そのため放校になったようでした。折につけて彼を思い出しますが，その後の消息は全く分かりません。（5頁）

植民地朝鮮における初等および中等教育制度は，使用言語によって大きく分かれていた。1922 年に公布された第二次「朝鮮教育令」体制では，主に日本人を対象とした小学校および中学校と，主に朝鮮人を対象とした普通学校と高等普通学校に分かれていたが，中学校には日本語が堪能な朝鮮人生徒も通学していた[佐野 1993]。ただし，藤原が「朝鮮人生徒は全校五百人中，百人ほどで，皆「両班」（富裕層）の子弟で」あったと述べているように，朝鮮人のうち中学校以上の中高等教育を受けられたのは，知識人層や富裕層など，ごく限られた階層の子弟たちであった。そうした朝鮮人生徒の中で特に勉強熱心だった 2 名の生徒が，「光州運動を引継ぐ組織の拡大・強化の責任者として活動」したことが原因で退学処分を受けたと回想している。また藤原は，上の文章に続けて，中学校の同窓生であった朝鮮人生徒に対して思いを馳せている。

　　快活でよく冗談を云い，京城の私立セブランス医専に進学した李燦，東京で生れ育って，元山中学に転校して来た劉哲彬，時に眼光鋭く反日帝の闘志をむき出しにしているように見えた朴道華，米穀商の息子で気性のやさしい韓相黙なども。（5頁）

朝鮮人生徒一人ひとりに対して，その容貌や性格，「反日帝の闘志をむき出しにして」いた当人の思想傾向に至るまで，はっきりと記憶されている点

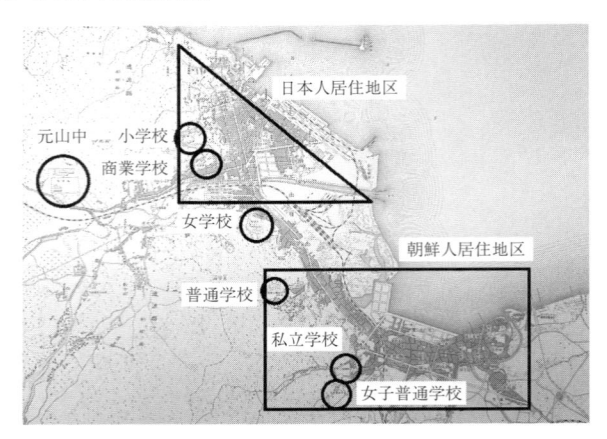

図 8-2　元山の日本人居住地区と朝鮮居住地区の配置
出所)陸地測量部発行　1万分の1地図[9]

が興味深い。それだけ藤原が学校生活のなかで朝鮮人生徒たちと交友を重ね
たことを意味しているが，日本に引揚げた後は消息不明の状態が続いてお
り，「同窓会」などを通じた人的交流の機会に恵まれなかったようである。

　ただし，ここで見逃してならないのは，藤原がこのように親しかった朝鮮
人生徒との間ですら，「校外でのつきあいは稀」であったと述べている点で
ある。さらに，これに続く文章では，元山中以外の学校の朝鮮人生徒との間
でも交流がなかったと述べている。

　　　学校は中学校の他に女子高等学校，商業学校(公立)があり，高普・女
　　　子高普(公立と私立)があった。前者と後者は所在を異にしていて交流は
　　　なかった。朝鮮語は日常の片言を覚えただけで，文字(諺文)には全く疎
　　　かった。(6〜7頁)

　藤原が述べている通り，当時の元山市街は，図8-2のように日本人居住地
区と朝鮮人居住地区とに大きく分かれていた。日本人居住地区は，1880年
の元山開港以来，日本人が入植した地区をその起源としており，朝鮮人が元
から住んでいた地区とは1kmほど離れている。また，日本人居住地区には
日本人向けの小学校や女学校などが，朝鮮人居住地区に普通学校・女子普通

学校などがそれぞれ置かれていたこともわかる。両者はこうした位置関係で「棲み分け」がなされていたことから，日本人生徒と朝鮮人生徒の生活圏も，おのずとそれぞれの居住地区内に限られることになったのである。一方，藤原が通った元山中学校は，日本人居住地区のさらに西郊に位置していたため，朝鮮人居住地区の朝鮮人生徒は，通学時には日本人居住地区を経由するしかなかった。2つの居住地区を隔てる距離自体はさほど長くはないものの，日本人生徒と朝鮮人生徒の「交流」を妨げるには十分だったのである。また，藤原の「朝鮮語は日常の片言を覚えただけで，文字（諺文）には全く疎かった」とする回想からは，元山中学校に通学していた朝鮮人生徒たちが，学校生活では日本人生徒と日本語で会話を交わしていたことをうかがわせる。つまり，高度な日本語運用能力を身につけた朝鮮人生徒が，母語ではない日本語で会話をすることによって初めて「交流」が成立する，「片務的な」言語コミュニケーションが成立していたのである。

　藤原はその後，1934年に京城帝国大学（城大）[10]予科の文科乙類を受験して合格し，元山を後にする。藤原が在学していた当時の城大では，文科・理科の各クラスで「朝鮮人はその二〇％ほどで，みな両班の子弟であった」（12頁）と回想している。藤原は入学直後，朝鮮人学生・生徒らによって全国の学校に秘密裏に組織されていた「社会科学研究会」[11]などの活動組織が警察によって摘発・解散されている状況を知り，その解散に伴い内地の学校を追われ城大予科に入学した生徒の1人とその後知り合っている。こうした思想統制の流れは，藤原が入居していた大学寮にも及んでいた。藤原も当時，「寮の自治」を維持するために「一斉退寮」も辞さない抵抗活動を行ったという（14頁）。さらに藤原は，「文化談話会」と題する連続講演会を企画するに至る。

　　　三年次の初め（三六年），友人二，三と相談して先生方や学外の識者（朝鮮人）の談話を聞き質疑する会（文化談話会）をはじめたが，これは毎回予想以上に盛会であり，一人一人は不安と焦燥を内に沈吟し模索していた。（14頁）

大学予科という高等教育機関のなかではあるが，教員や朝鮮人識者らの

「談話を聞き質疑する会」を通して，戦時体制へと移行しつつあった当時の日本社会のありようを，自分なりに模索していたと回想している。その後の大学予科と帝大での学業生活については，指導を受けた教員たちの逸話や，「蒙疆学術探検隊」に助手として参加した際の体験に多くの紙面を割く一方で，第三次朝鮮教育令に伴う日本語による授業の強制や，創氏改名などについては，単語を列挙することによって，当時それらを認識していたことを示すにとどまっている。このように，藤原にとっての植民地朝鮮での学校生活は，当時の朝鮮社会を眺める場としては限られた条件であったものの，朝鮮人生徒や学生たちと交流を重ねた場として，また自身の思索を重ねた場として，強く記憶に残っていることがわかる。

2.3　幼い頃の植民地朝鮮の記憶

　次に，就学前の幼い頃に家族とともに朝鮮北部の咸興に渡り，1年ほど滞在した[9 砿月]の例を見てみよう。熊本県で生まれた砿月は，父親が営んでいた請負業が台風被害により経営難に陥ったため，親類からの勧めもあって「もう一旗上げてみようと，そんな気持ちから内地を引き払って北朝鮮へと向かった」という（24頁）。父親が咸興で勤務した企業名は明らかにされていないが，一家は会社の社宅に身を寄せることになった。そして砿月はこの時，日本内地での生活では見たこともなかった「近代文明」に触れることになる。

　　　その地で私は色々と目新しいものに出会ったのである。水道がその一つだった。いとこ達には学校があったが，就学前の私はいとこ達が帰宅するまで水道と夢中で遊んだ。屋外に備え付けてあるのは私の背丈と同じくらいの高さで，ただぽつんとステッキのような管だけがふらふらしながら立っているだけ。自由で親しみを感じ，私は栓をひねって水を出したり止めたり，その不思議な仕組みにびっくり，首をかしげながらもう夢中だった。（29頁）

砿月がかつて暮らしていた九州の自宅では，「噴水溜水式の井戸」や「ツルベ式の井戸」が使われており，「子供の私には危ないと，決して祖母は井

戸口に近づけてはくれなかった」(29〜30 頁)と回想している。そうした生活を送ってきた硴月にとっては，蛇口をひねるだけで水が出続ける水道が「不思議」なものに映ったのである。また，井戸のように遠ざけられることなく「水道と夢中で遊」ぶことができたことが，強烈な記憶として残っている。植民地朝鮮では，主に日本人居住地区に衛生的な水を配給することを目的に，早くから水道設備が整えられていた[12]。また硴月は，「スチーム」による集中暖房方式を目撃した時の記憶も回想している。

> 　屋外がどんな寒風だろうと，部屋の中は完全暖房故一日中浴衣一枚で過ごせた。そこでまた私は初めてスチームという暖房機に出会った。この長いアバラ骨のような物が，どうしてこんなにも便利が良いのだろうと感心するばかり。――中略――部屋がすすけることもなく，マッチいらず手間いらずでその便利さスマートさにもまた驚き，実に素晴らしい暖房機と思ったのだった。(32 頁)

「長いアバラ骨のような物」とは，暖房用のラジエーターのことを指しているが，日本内地の民家にかつてあった囲炉裏のように「部屋がすすけることもなく，マッチいらず手間いらず」という便利さが，よほど衝撃的だったのであろう。現在，北海道をはじめとする北国の施設や住宅では，ラジエーターなどを利用した集中暖房が普及しており，硴月も回想している通り「部屋の中は完全暖房故一日中浴衣一枚で過ごせ」るが，九州の民家とはまったく異なる暖房方式に初めて触れた硴月にとっては，こうした「近代文明」の道具が植民地朝鮮の記憶として鮮明に残っているのである。しかし，このラジエーター式の集中暖房が原因で，父親が買い集めて日本内地から朝鮮にもち込んでいた木製高級家具が壊れてしまったことから，「父はこの先の外地での暮しを非常に悲観し」て体調不良を起こしたため，結局は 1 年ほどで日本内地に戻ることになった(37〜38 頁)。

　このように，硴月の朝鮮における植民地体験は短期間で終わる――硴月はその後，1944 年に看護師として病院で勤務するため大連に渡り，現地で敗戦と引揚を体験している――が，彼女の記憶では，視角，聴覚，嗅覚などの五感と結びつけられるかたちで，現地の朝鮮人について回想する記述が多く

図 8-3　洗濯の様子を収めた絵葉書[13]

見られ，とても興味深い。伯母に連れられて行った魚市場について，「暑い季節には魚に蠅がたかったり，腐りかけた魚の匂いであたり一面むんむん」（30頁）とするなかで，朝鮮人たちが魚を売りさばいている様子を回想しており，また，近所の川原で「長い棒で何かを激しく力任せに叩」きながら「適当に散らばって白い婦人達の洗う姿」を，「幼き日に見た，二度と得ることのできない貴重な絵ハガキの一枚」だと回想している（30～31頁）。幼い時期の比較的短期間での体験ではあるが，嗅覚や聴覚などの感覚を伴って記憶されている情報は，他の情報以上に鮮明に記憶され，回想されたようである。さらに砠月は，「飴売り」について，その表情や動作などについて事細かに記述しているのが印象的である。

　　私にはもう一つ他に大きな楽しみがあった。昼間社宅に北朝鮮の人が時々飴売りにやって来ていた。――中略――寒のひどい時はマイナス数十度にもなった，そんな極寒の中を，何日か置き必ずやって来る飴売りが鳴らすハサミの音は，特別に冴え私の耳に入って来ていた。閉ざされた部屋の中で毎日過ごしている私には，これも大きな楽しみでその日の嬉しかったことを忘れない。――中略――おじさんは早速分厚い飴を取り出し，かちかちいわせてまわるハサミでこちらが欲しいだけの大きさに切ってくれ，ほんのちょっぴり髭面をほころばせ，おじさんはその飴

図 8-4　飴鋏(ヨッカウィ)

出所)「NAVER 国語辞典」

> を私に渡してくれたのだった。日に焼け，髭もじゃもじゃで無口のとっつきにくいおじさんだったが，片言混じりの聞き取りにくい言葉をもぐつかせながら，「はい，嬢ちゃん」と私に言ってくれたのだった。——中略——厚板の飴は大分高値のようだったが，私はなぜかそのおじさんに親しみを感じていた。それから私達はそう長く滞在せずすぐ内地へ引揚げることになったが，おじさんのハサミの音は，内地へ帰ってもその後もずっと長く私の耳に残ったのだった。(33〜35 頁)

かつて朝鮮半島には，飴を売り歩く「飴売り」が多く存在したが，現在ではごく一部の観光地で見られる程度である。また，飴売りが「飴鋏(ヨッカウィ)」を鳴らしながら街中を歩き回り，付近の住民に自分の存在を知らせていた音は，現代の韓国人・朝鮮人にとって過去をノスタルジックに回想させる代表的なものとなっている。硴月も，その音が「内地へ帰ってもその後もずっと長く私の耳に残った」と述べており，自身の植民地朝鮮の体験を回想する時の重要な要素となっていることがわかる。

ただし，「閉ざされた部屋の中で毎日過ごしている私」とあるように，幼い硴月は基本的に社宅のなかで暮らしており，朝鮮人の家族や，同世代の子

供たちと会ったり遊んだりしたことを回想する記述もまったく見られない。硴月の記憶では，社宅周辺に現れる朝鮮人は，外部から社宅を訪れる行商人に限られる点から，上で見た「水道」や「スチーム」などの「近代文明」が完備された社宅は日本人社員用であり，朝鮮人社員や「労務者」は住んでいなかったと思われる。このように，植民地朝鮮の大規模工場では，日本人社員と朝鮮人社員・労務者の居住空間が分離された例が見られ，居住環境にも相当の格差があったといわれている[14]。もちろん，家族の一員として朝鮮に渡った未就学児の硴月が，企業内での民族差別の実態を理解できるはずがなく，そのため回想することもできないのであるが。極論すれば，そうした植民地支配の現実に触れる機会がなかったからこそ，硴月にとっての植民地体験はきわめて感覚的な内容となっているのであり，「幼き日に見た，二度と得ることのできない貴重な絵ハガキの一枚」として，記憶のなかに長くとどまっているのである。

2.4　植民地朝鮮で育ち，働いた記憶

　これまで取り上げた例より長期にわたり朝鮮で暮らしたのが[3 市川]である。市川は1918年，大阪府堺市で5人きょうだいの末っ子として生まれるが，3歳の時に母親が亡くなり，朝鮮・忠清南道の鳥致院で農場を経営していた父親のもとに移り住んだ。その後，鳥致院尋常高等小学校に入学したが，生まれつき病弱だった市川は父親から溺愛され，小学校には農場従業員が運転するサイドカーに乗って通学していたという。しかし，継母から歩いて通学することや，運動会で走ることなどを強く求められて以降，陸上競技に興味をもつことになった。1930年，市川は京城の善隣商業学校に進学し，陸上競技部やラグビー部に所属したが，1933年に教員との衝突が原因で山口県の防府商業へと転校し，その後1935年には早稲田大学の専門部商科に進学した。卒業後の1938年，農場と取引があった朝鮮殖産銀行[15]に就職することとなった。

　ここまでの市川の経歴では，出生後から3歳までと，防府商業に転校して早稲田大学専門部を卒業するまでの5年弱を除いた，約12年間を朝鮮で過

ごしたことになるが，この間の記述に朝鮮人が登場するのは，善隣商業時代の陸上競技部で足の速かった「洪承玉という二年先輩」を，「あんなに速く走れたらと羨望の気持ちでその走りを見詰めていた」(30頁)という箇所だけである。このほか，滞在当時の鳥致院を回想した部分では，「広い農場の三分の二は水田で，小作人がかなり多くいたと記憶している」(17頁)と，朝鮮人小作人の存在をうかがわせる部分はあるものの，回想のほとんどは父親と継母を中心とした家族に関する内容と，学生時代に熱中したラグビーの話題で構成されている。市川は，その後1987年に鳥致院を訪れた時の様子なども記述しているが，この時も「まぶたに浮かんだのは，父が晩年を，私が少年期を過ごしたのどかな農場の風景だった」(18頁)と回想しており，前項で見た[9碓月]と同様に「懐かしむ」感覚が支配的だったようである。このように市川が回想する理由としては，鳥致院を離れ，早稲田大学専門部への入学手続時に戸籍謄本を取り寄せ，初めて継母が実の母親ではないことを知ったことがあげられよう。しかし市川は「不思議なほど衝撃はなかった」(40頁)とし，むしろ継母に感謝の念を表している。

　朝鮮殖産銀行に就職した市川は，忠清南道の公州支店に配属された。この時期に関する記述では，書類作成などの基本作業を上司に指導された経緯をはじめ，公州支店の野球チームの活動や「勝手気ままに暮らしたものだ」(61頁)という「独身時代」の生活を回想する内容が多くを占めるが，支店で働く朝鮮人行員の先輩についての記述も登場する。

　　マージャンも楽しんだが，南画や朝鮮の民謡を習ったこともある。教えてくれたのは支店の先輩の金宝永さんと尹庚鎬さんだった。

　　公州支店には約二十人の行員がいたが，日本人は半数以下。銀行に入った朝鮮の人たちはみんな優秀で，先輩たちは優しかった。一緒に飲んでは肩を組んでよく歌った。

　　だが，昭和十五年二月，悲しい出来事が起こった。朝鮮総督府によって施行された「創氏改名」だ。日本は朝鮮民族古来の姓名制を廃止して，日本式に変更させる皇民化政策を取った。

　　やむを得ず金さんも，尹さんも日本式の名前に変えたが，そのとき二

人が私に向けた引きつったような笑い顔を忘れることはできない。私は二人に何も言えなかった。

　時代の歯車が暴走を始めた。（63頁）

　「創氏改名」とは，1939年11月の制令第19号「朝鮮民事令中改正の件」および制令20号「朝鮮人の氏名に関する件」に基づき，1940年2月11日より施行された一連の政策を指す。制令第19号では，朝鮮の伝統的な宗族制度に基づく「姓」を，日本のイエ制度に基づく「氏」に変更することを定め，同第20号では，「正当の事由ある場合において」氏名の変更を許可するとの趣旨で実施された。この政策では，字句を変更しなくても朝鮮式の「姓」をそのまま「氏」として用いる「法定創氏」という制度もあったが，朝鮮総督府が当時実施していた「皇民化政策」の一環として，日本人風の氏と名に変更することが朝鮮人たちに求められ，約8割が変更したという[16]。

　この「創氏改名」によって名前の変更を余儀なくされ，「引きつったような笑い顔」を見せる朝鮮人行員の前で，市川は「何も言えなかった」と回想している。当時は日中戦争が長期化し，朝鮮半島では日本人と朝鮮人いずれに対しても厳しい統制が課されていたが，「皇民化政策」とその一部である「創氏改名」は，朝鮮人のみを対象に行われた政策という点で，民族差別的な要素をもつものであった。朝鮮人行員の待遇が他行より比較的良く，日本人行員との関係も良好であった朝鮮殖産銀行内において，ここまで露骨な民族差別に遭遇する機会は，それまでの市川にはなかったのかもしれない。また，朝鮮で幼少期から青年期を過ごしてきた市川の意識には，もともと朝鮮人に対する差別意識がなかったか，希薄であった可能性もある。しかし，この「創氏改名」をきっかけに民族差別という現実を目の当たりにし，市川は「何も言えな」い反応を見せたのである。戦争の長期化という「時代の歯車」が「暴走を始め」ることで，市川のなかに培われてきた朝鮮観・朝鮮人観も脅威にさらされたのではないかと，筆者は推測する。

　その後市川は，1942年と1944年に2度にわたって軍に召集されたが，1度目の召集でマラリアにかかったことから，2回目の召集では即日帰郷となっている。1度目の召集が解除された後，市川は殖産銀行に復職すると同

時に京城の本店証券部勤務となった。自伝ではこの後，1945 年 8 月 14 日の様子へと続く。

　　　八月十四日のことだった。銀行の調査部に顔を出すと，韓国人の行員が日の丸に墨を塗っている。私に気づくとさっと隠した。妙な胸騒ぎを覚えた。

　　　翌十五日の朝，私に朝鮮民謡を教えてくれた尹さんが「市川さん，早く日本へ帰った方がいいよ」と，そっとささやいた。何が起ころうとしているのか，分からない。

　　　天皇陛下の玉音放送はよく聞き取れなかった。だが，ポツダム宣言を受諾したらしい。「負けたのか」「本当に降伏したのか」。ぼう然とする一方で「もう空襲警報は鳴らないんだな」と考えていた。

　　　通りを見ると，電車の上で韓国人たちが「独立万歳」を叫び，旗を振りながら狂喜している。この光景で初めて日本の敗戦を実感した。帰宅すると，妻が「終わってよかったですね」とつぶやいた。(93 頁)

　この回想で興味深いのは，玉音放送が流された前日である 8 月 14 日の時点で，朝鮮殖産銀行本店の朝鮮人行員たちがすでに日本の敗戦に関する情報を把握しており，「日の丸に墨を塗」る準備作業を行っていたという事実である。当時，平安南道警務局の監察官であった坪江汕二の回想によると，朝鮮総督府警務局が短波放送により独自にポツダム宣言受諾の情報を得たのは 8 月 10 日，坪江が平壌でその情報を知ったのは 8 月 11 日であったが，まだこの時点では「デマ」と受け止める向きが多かったという。ポツダム宣言受諾の証書原稿が，同盟通信社京城支局から朝鮮総督府にもたらされたのは 8 月 14 日のことであり，この時点から総督府内で善後策が協議され，翌 15 日朝に穏健左派の朝鮮人運動家であった呂運亨を招致して，「治安」維持への協力を要請している[宮本 2004]。一般の朝鮮人たちがどの時点で，またどういうルートで日本敗戦の情報に接したのかは不明だが，かなり早い段階で情報を把握し，「韓国人たちが「独立万歳」を叫び，旗を振」るための準備を行っていたのである。

　もちろん，こうした動きは当時の市川にとって想像もつかないことであっ

たが，「妙な胸騒ぎを覚えた」という感覚は，日本の敗戦を直感的に悟ったのであろうか。市川とその家族は10月28日に京城を発ち，11月1日に博多港に引き揚げており，その後は山口県宇部市に住む義兄のもとに滞在した。この移動中，汽車で漢江を渡る時に，「父の代からこの国のために一生懸命やってきた。それなのに，こういう結末を迎えるとは……」(95頁)と，無念な気持ちを抱いたという。また，釜山駅で布団袋が切り裂かれて着物や帯を盗まれた体験や，アメリカ兵に腕時計を取り上げられた体験をあげ，「戦ってきた相手にこんな仕打ちを受け，怒りに体が震えた」と回想している。しかし，同年12月に広島を訪れた際に原爆の被害を目の当たりにして，「私の引き揚げの苦労なんて問題にならない。不満は言っておれない」(96頁)と，戦争被害の大きさを改めて実感している。

2.5　警察官として朝鮮人社会に関わる

市川のように朝鮮で少年期を過ごしていないが，朝鮮でノンキャリアの警察官として勤務し，朝鮮人社会に比較的濃密に関わったのが[4 稲葉]である。稲葉は1913年，大分県南部の山村の「中流」農家に4人きょうだいの三男として生まれた。稲葉は地元の小学校に6年間通った後，進学を希望していたが，祖父の教育方針によって高等科を1年間でやめさせられ，養蚕業や土木業，地元の産業組合での勤務を経て，1937年末に佐世保海軍工廠の会計課に就職した。この職場の友人2人が朝鮮に渡ったのをきっかけに稲葉も渡鮮を決心し，1939年春に警察官採用試験を受験して合格した。

稲葉は同年6月に朝鮮総督府警察官講習所に入所(第73期)し，基礎教育を受けることとなった。科目の詳細については自伝のなかで触れられていないが，山田寛人によると，警察官講習所では教養科目として学科と術科(剣道，柔道など)があり，学科には法令，普通学，実務講習，修養訓話とともに語学が含まれていたという。さらに，初学者に対する講習では4ヶ月を1期として，「朝鮮語」を含む12科目が課されており，「朝鮮語」の時間には全497時間のうち65時間が割り当てられていた。また，警察官は「通訳兼掌者試験」や「朝鮮語奨励試験」を受験し，相当の語学力を身につけると昇

進や昇給に有利であった。山田によると，1940年の時点で，日本人警察官のうち「翻訳通訳共に堪能なる者」が1060人，「通訳に差支なき者」が3576人にのぼったという[山田2004]。ただし，稲葉は警察官として勤務中も「朝鮮語はなかなか上手にならず苦労した」と回想しており（66頁），警察官個々の能力にはかなりの差があったようである。

　こうした基礎教育を施された稲葉は，警察官人員の緊急補充のため，1年間の教育期間を4ヶ月弱と大幅に短縮されて卒業し，1939年9月下旬に江原道の平昌警察署に巡査として配属された。そして任務として郡内の巡察をすることとなるが，稲葉はその時に朝鮮の農村地帯の状況を目撃することになる。

　　田舎回りをしてみると，人々の衛生思想は低く不潔であった。

　　農家の住宅と牛舎が一緒であったり，蝿が多く追い払うのに一苦労する。

　　出された食事を断れば，「美味しくないからか，汚いからか」と親切心で迫ってくる。

　　最後は断り切れずご馳走になった。どこでも田舎に行く程，人間は純朴で，親切で心根がやさしい。

　　田舎回りをするとき，清潔の点で余り神経質になると，民衆の中に溶け込むことはできないと思い，その後は臨機応変にやることにした。（58頁）

　稲葉が朝鮮人農家を眺める時の視線は，「衛生思想は低く不潔」であるという認識を除いては，「人間は純朴で，親切で心根がやさしい」と概ね好意的であることがわかる。また，「民衆の中に溶け込む」ために，衛生面で神経質になりすぎないように自戒している。稲葉は朝鮮総督府所属の警察官という「植民地権力」を象徴する存在ではあったが，山村の農家で生まれ育ったその経歴から，朝鮮人の農民たちに対し，さほど差別意識や拒否感を抱かずに接することができたようである。また，稲葉が現地で暮らした住居も「朝鮮式の草葺家で一室だけ」という粗末なものであり，幹部クラスの警官と待遇に差が設けられていた。

　稲葉は翌1940年末，平昌郡中心部より東に10kmほど離れた美灘面の駐在所に，首席巡査として転属した。駐在所の次席巡査には，朝鮮人の安田巡査——創氏改名により「安」から変更——が勤務していた。稲葉によると，「彼は頭も人柄もよく，キャリア七年のベテランであった」が，「植民地時代は，内地人でないと首席にはなれなかった」(68頁)という，人事上での民族差別を受けていた。これに対し稲葉は，「朝鮮人職員には本当に気の毒であったが，我々内地人は実に有り難い扱いをされたので，感謝したものであった」(同頁)と，当時の心情を率直に述べている。民族差別の結果として不利な立場に立っている朝鮮人職員が「本当に気の毒」であったとする一方で，それによって自身が有利な立場に立っていることには「感謝」するという，こうした稲葉の認識には，当時の差別的な構造を肯定化して受け入れるという，植民地在住日本人らの基本姿勢を見て取ることができる。

　稲葉は美灘面の駐在所首席として，闇で仕入れた品を不当に高い値段で販売する「悪徳商人」を取り締まったり，農繁期に朝鮮人の女性たちに田植をさせるよう督励したりと，総督府の統制経済を末端で直接担当することになったが，1941年8月に軍の召集を受け，1年4ヶ月間の兵役に就くことになった。その後，1943年初めに平昌警察署に復職した時には高等係に配属され，翌1944年6月には巡査部長に昇進している。同年5月に朝鮮人への徴兵が開始されると，稲葉はその「理解を深めるため，地区座談会を開いて宣伝につとめ」たり，「初めての徴兵検査」を「恐れて雲隠れしたり，徴兵を拒否して逃亡」(88頁)した朝鮮人の捜査を担当した。しかし自伝のなかには，日本の軍隊に召集されることを拒否する朝鮮人青年たちに思いを寄せる記述はまったく見られない。

　稲葉の回想はここから1945年8月15日へと移る。玉音放送が終わった後，平昌でも朝鮮人が解放を祝う行動が始まったが，平昌警察署長は日本人職員に向けて訓示を出し，内地人の安全を守ること，朝鮮人への影響を考えて冷静に判断して行動することを求めた。だが稲葉の回想によると，そうした朝鮮人たちの行動に対して「最早我々の力の及ぶところではな」かったという(93頁)。解放直後，面事務所で不正を行った配給係の自宅が暴徒に襲

われたり，平昌神社が放火されたりしたが，稲葉は「この神社は日本の指導
で建築し，戦時中は毎月一日戦勝祈願祭を行ってきたので，余程憎かったも
のと思う」(96 頁)と，放火した朝鮮人側の立場にたって動機を推測している。
　いっぽう，朝鮮人側では治安維持のために「保安隊」が組織された。翌
16 日頃には保安隊主催の祝賀会が開かれることとなり，日本人有志にも参
加を呼びかけたものの，誰も応じなかったことから，平昌警察署長と稲葉が
祝賀会に出席することになった。この祝賀会の様子を稲葉は次のように回想
している。

　　　参加者は数千人にも達し，全員で平昌邑内を祝賀パレードした後，孔
　　子廟運動場に集合した。
　　　ここで地元有志の祝辞があり，万歳を三唱して閉会する予定であった
　　が，このめでたい祝賀会に，なぜ日本人が来るのか，帰れ，帰れ，とわ
　　めきちらす者も相当数あり，群集心理が悪い方向に向かえば，何時何が
　　起こるかわからない状況になり，生きた心地はしなかった。しかし，不
　　安のうちにすべての行事が終わり，無事に警察署に帰ったときには，地
　　獄から帰ったようでさすがに嬉しかった。(95 頁)

35 年間にわたる日本による統治や，「創氏改名」など皇民化政策の一環と
して行われた民族差別的な政策から解放された，朝鮮人たちの「群集心理」
を目の当たりにした「巡査部長」稲葉が，「生きた心地はしなかった」と恐
怖心を覚えたのは当然であろう。それまで足かけ 6 年間を警察官として過ご
し，また一時期は駐在所首席として，朝鮮総督府の政策の末端を担ってきた
稲葉は――その個人的な資質のいかんにかかわらず――，朝鮮人にとっては
どこまでも「植民地権力の象徴」だったのである。解放直後の朝鮮にいた日
本人たちは，程度の差こそあれ，こうした朝鮮人たちの「群集心理」を至る
所で目撃した。特に朝鮮北部からの引揚について触れた自伝や回想録では，
朝鮮人やロシア兵に暴行や略奪を受けた事実を記した例が少なくない。しか
し，「巡査部長」稲葉は幸い，朝鮮人「保安隊」のおかげで朝鮮人の暴行を
受けずに済んだ。

　　　或る日，保安隊長が署長に用事があって来た際，署長に対して次のよ

うに行ったそうである。

　「署長と警務主任，稲葉部長，会計の押川巡査，この四人に対しては
どんなことがあっても，私が指一本触れさせないから，安心して世の中
が落ち着くまで，ゆっくり居て下さい。」

　私は今までの行動に対して，自信はあったがこの言葉を聞いて特に意
を強くした。(96〜97頁)

　最後の「自信はあったが」のくだりは，「私は如何なる朝鮮の人に対して
も人格を尊重して行動してきたので，人の恨みをかうことはないと信じて」
いたという記述(93頁)と関連している。おそらく稲葉は，自らの勤務態度
に対して相当の自信をもっていたのであろう。保安隊長が警察署幹部の4人
を保護した目的は不明だが，隊として朝鮮人社会の治安維持という使命を果
たすという意志表示だったのかもしれない。しかし，平昌を離れて日本に引
き揚げる途中，釜山に向かう列車に乗るために滞在していた原州の駅前で，
稲葉ら日本人3人は見ず知らずの朝鮮人から暴行を受けてしまう。

　駅前広場で休んでいると，押川，辻本，私の三人は駅舎に呼び出さ
れ，さんざんなぐられた。

　なぐった男は，日本留学中，日本人からひどい屈辱を受けたり，暴行
されたという。

　「日本人は朝鮮人の生き血をすすってきた奴だ」などと暴言を吐きな
がら，私達に暴行を加えた。

　この人は日本留学中に，余程ひどい仕打ちを受けたものだろう。

　その復讐を私達に加えるのは，おかど違いではあるが，その心情も少
しはわかる気がした。(99頁)

　「巡査部長」という「植民地権力の象徴」を失った稲葉は，一般人引揚者
と同様に，朝鮮人からの暴力を甘んじて受けざるをえなかったのである。し
かし稲葉が，自分たちに暴行をはたらく朝鮮人に対し，「この人は日本留学
中に，余程ひどい仕打ちを受けたものだろう」「その心情も少しはわかる気
がした」と，共感しようとしていた点は興味深い。こうした発想は，解放直
後に目の当たりにした朝鮮人の「群集心理」や，警察官として勤務中で目撃

した各種の民族差別の存在を，稲葉なりに再解釈して導き出した答えなのかもしれない。

お わ り に

本章では，6 人の元朝鮮在住者が記した自伝資料を通して，彼ら・彼女らによって記憶されていた「植民地体験」がどのように語られたかについて見てきた。事例数の少なさと，筆者の分析の不十分さのため，本章で「植民地の記憶」に関する一定の構造を示すことはできないが，今後の研究課題として，ここである程度の見通しを示したい。

まず，年少期に朝鮮で過ごした[3 市川]と[9 硴月]では，記憶の内容はきわめて感覚的な水準にとどまっているか，家族などごく限られた範囲の記憶が大部分を占めていることがわかった。この理由としては，記憶した当時の生活環境や行動範囲などが限られていたこと，身の回りの社会現象を何らかの問題意識をもって観察し，把握し，理解するという基本的な教養を身につけていなかったことなどが考えられる。こうした記憶の内容や回想の仕方は，高崎による 3 つのタイプのうち「無邪気に朝鮮時代を懐かしむ」タイプに含まれるであろう。ただし，記憶者が植民地体験の記憶を「懐かしむ」心理的態度が「無邪気」であるか否かは，植民地に滞在した時期の年齢や，植民地で得られた体験の内容に依存するため，自伝の読者である第三者が「無邪気」だと安易に評するのは避けるべきであろう。

いっぽう，青年期を朝鮮で過ごした[3 市川]と[33 藤原]では，引揚後の「後付け」である可能性も否定できないが，日本人・朝鮮人間の民族差別や，民族運動に参加する朝鮮人の存在など，朝鮮在住当時の社会動向や背景などを踏まえつつ，自身の体験が「植民地体験」であることを彼らなりに理解したうえで回想していることがわかった。しかしながら，こうした彼らの記述を追う限り，高崎による 3 つのタイプのうち「自己批判している」タイプに該当するとはいえないようである。また，解放直後の朝鮮人の暴力的な行動に共感を覚えた[4 稲葉]も，自身の職務に対する明確な自己批判を示す

記述は残していない。これらの点を見ると，植民地体験を記憶し・記録するという作業と，植民地で体験したことに対する「自己批判」とは，必ずしも連関づける必要性はないのではないかと思われる。むしろ，第三者が「自己批判」を当然のこととして求めることによって，植民地体験者が「口をつぐむ」という回避行動をもたらすおそれすらある。

　これに対し，日本内地で高等教育を受けて朝鮮銀行のキャリア職員として勤務した[14 小西]と[16 白木]では，朝鮮人や朝鮮社会に対する認識がきわめて希薄であることがわかった。いずれの例でも，朝鮮銀行での勤務に関する記憶は，あくまでも自身のキャリアの第一歩が「植民地」であったという事実以上のものではなく，これは高崎による3つのタイプでは「自分たちの行動は立派なものだったとする」タイプであったと見ることができる。さらに，ノンキャリアの警察官であった[4 稲葉]も，自身の勤務態度に対しては相当の自信をもっており，上の2人と同様のタイプを見て取ることができる。

　以上のように，高崎による3タイプの分類に沿ったかたちで，「植民地の記憶」の傾向を大きく3つに整理してみると，植民地体験を記憶した年代や期間，渡航時の学歴や旧植民地での職歴によって，記録の記述に差が見られることがわかる。さらに[3 市川]，[4 稲葉]のように，同一人物でも記憶された内容の時期によって，朝鮮人に向き合う態度が変化してゆく様子も見られた。もちろん，高崎による分類も一種の分析概念であるため，それぞれのタイプを横断する事例が存在するのは当然であるが，こうした差や変化も含め，植民地体験の記憶の全体像を把握するにあたっては，より包括的な作業概念や基準の導入が不可欠であろう。そこで筆者は，新たな分析概念として，植民地における被支配民族——本章の事例では朝鮮人——に対し，記憶者たちが「共感」していたか否かという点に注目したい。植民地に渡った記憶者たちが支配民族の一員として暮らすなかで，被支配民族に対してどこまで向き合い，被支配民族側の立場について想像したり迷ったりしながら，その立場を理解しようとしたかを，1つの評価軸として設定することが可能だろうと筆者は考える。

　たとえば，高崎による3つのタイプのうち「自分たちの行動は立派なもの

だったとする」タイプについては，あくまでも関心の対象は自分自身のキャリアにあり，そのキャリア形成の場がたまたま植民地であったという点から，被支配民族に対する「共感」は限りなくゼロに近いと見てよいだろう。また，「無邪気に朝鮮時代を懐かしむ」タイプについては，「無邪気」さではなく「懐かしむ」態度に着目すれば，記憶された内容に込められた被支配民族への眼差しなどから，「共感」の存在やその萌芽を見出すことは可能であろう。一方，「自己批判している」タイプについては，その「批判」が，民族差別を受けた被支配民族に対する「強い共感」から導き出されたものか，または自分自身の職務上・社会上の行為に対する批判に基づくものかによって，「共感」の程度はかなり異なってくるだろう。もっとも，後者については[4 稲葉]のように，事前に自己検閲が働くことも少なくないが。

　以上はあくまでも筆者の仮説であるが，高崎によって3つのタイプに分けられていた心理的態度を，植民地と被支配民族に対する共感を軸に再整理してみた。もちろん，共感は同一の記憶者のなかでも常に変化しうるものであり，その程度を客観的に計測することも困難である。また，記録を読み解く側にも記憶者の共感を「共感的に」読み解く技術が確立されていない現状では，分析概念としての有効性をめぐっては批判を免れないであろう。しかし，旧植民地体験者のこうした属人的かつ心理的な領域を排除した状態で，はたして植民地体験の記憶を再構築することは可能だろうか。現在のわれわれは植民地を実際に体験することができないが，すでに植民地を体験した記憶者たちの当事者性を踏まえつつ，その体験によって生み出され，記憶された心理的態度に共感的に接することで，「植民地体験」に対する感受性を高めることは可能だと，筆者は考える。具体的な作業としては，自伝などの記録のなかから彼ら・彼女らの心理的態度や共感の痕跡をていねいに読み解くしかないが，こうした作業を積み重ねることによって初めて，個別の植民地体験の記憶は集合的な「知」へと高められるのである。

　1）　本章では，大日本帝国の統治領域のうち，日本本土および沖縄県を「内地」または「日本内地」と呼び，日清戦争以降に編入された台湾・朝鮮・関東州・南洋州，お

および満洲事変以降の軍事侵略により中華民国から分離された旧「満洲国」地域を，「外地」または「旧植民地」と呼ぶこととする。また，大日本帝国の内地および外地に居住していた人びとの国籍は原則として「日本」であるが，実際の統治体制には民族による差異や差別がモザイク状に存在していた点と，現在は「内地」と「外地」「旧植民地」が切り離されている現状を踏まえ，民族名称として「日本人」「台湾人」「朝鮮人」などを用いる。

2） 成田龍一は，［成田 2010］の第4章「「記憶」としての戦争（1990—）」において，歴史学・文学の分野で戦争の「記憶」の発掘が進められるとともに，「帝国」の視点から，旧植民地における空襲の体験を日本帝国内の地域における記憶として総合的に把握する試みを紹介している（266〜267頁）。さらに，オーラル・ヒストリーの導入にも着目しつつ，1990年代には「戦争，帝国—植民地の問題は，「記憶」の抗争の渦中にあり，歴史像として形成されようとしている。戦争体験が，「体験」—「証言」—「記憶」の時期を経て，いよいよ歴史化される過程に入りつつある」（270頁）と総括している。

3） 森崎和江は1927年に朝鮮の大邱で，公立中学校の校長である父のもとに生まれ，女子専門学校進学のため17歳で単身日本内地に渡るまで朝鮮で育った。森崎は戦後，福岡県の筑豊地域で文筆活動を続け，『奈落の神々——炭鉱労働精神史——』（大和書房，1973年），『からゆきさん』（朝日新聞社，1976年）など，日本社会の最底辺で働く人びとに焦点を当てたルポルタージュ作品を数多く世に送った。また，自らの植民地体験を文章化する活動も続けている。これらは著作集［森崎 2008］に収められている。

4） 『古文書資料目録 1〜18』（平成7〜平成24年度，福岡市総合図書館）。これらの資料のほか，福岡市が独自に収集した引揚関連資料コレクションの目録および資料実物の画像データが，福岡市が運営するサイト「引揚港・博多——苦難と平和への願い——」（http://hakatakou-hikiage.city.fukuoka.lg.jp/）で閲覧可能である（ただし2014年2月現在，資料実物の閲覧サービスは行われていない）。また，その一部は福岡市市民福祉プラザ1階の資料展「引揚港・博多」で展示されている。

5） 筆者は2014年3月，奈良県奈良市の奈良県立図書情報館「戦争体験文庫」でも同様の悉皆調査を行った。同文庫は「戦争体験」をテーマに，部隊史・戦史・軍隊生活・戦時下の市民生活などに関する資料を収集し，開架書庫による閲覧サービスを行っている。調査の結果，請求記号の下位分類のうち「捕虜・抑留」（46），「引揚」（47）に関する資料は豊富に収蔵されているのに対し，「戦時下の市民生活」のうち「韓国・北朝鮮・台湾」（33）に分類された資料の収蔵数は非常に少なく，調査を通じて「植民地体験」の記録だと判断された資料は9点にとどまった（雑誌2点を含む）。こうした刊行状況の「偏り」は，引揚や抑留という人生最大の「危機的状況」については，生存中に記録として書き残したいと考える体験者が多い反面，旧植民地での「平時」の生活全般に関しては，積極的に書き残そうと思う体験者が少ないことを意味している。

6） 農工銀行は，1906年の「農工銀行条例」に基づき朝鮮各地に設置された金融機関

であり，当初は各道に銀行が設置されたが，1908年までに6行に統廃合され，1918年に朝鮮殖産銀行に吸収合併された［金谷1980］。

7）　旧関東州では，債権と債務では朝鮮銀行発行の金券が法貨とされ，商品取引所では正金銀行大連支店発行の銀券が建値とされていた。この矛盾を解決するために朝鮮銀行側が山県伊三郎関東州長官を説得し，1921年4月16日，大連取引所の建値を10月14日以後受渡しの取引より金建とする旨が告示された。しかし，これに日本人・中国人商人が猛反発し，大連の商品市場と金融市場は大混乱に陥り，1923年9月1日に「但シ当分ノ内金円及円銀建ト為スコトヲ得」と金銀両建へと変更された。この一連の事件を「金建問題」という（朝鮮銀行史研究会編『朝鮮銀行史』1987年，318〜322頁）。小西の回想によると，「大連の実業界は日満を論ぜず銀建の方が好きである。内地と取引をする場合には従来馴れた銀を使うことは，物価の上がり下がりと，金と銀の世界的相場との問題が絡んで面白い取引ができる。而もこの二重の相場に対する計算にも馴れているだけ優越的な立場にある。これが金建になると単一的なものとなって商売の甘みが少なくなる。というようなところから金建には猛烈な反対の嵐が起」こったという（［14 小西］，30〜31頁）。

8）　光州学生運動とは，全羅南道の光州で1929年11月3日に発生した，日本人中学生と朝鮮人高等普通学校生との間で起こった大規模な衝突と，その後に半島全域へと拡大した各種の運動を指す。衝突の数日前，光州発の通学列車のなかで，日本人中学生が朝鮮人女子高等普通学校生を侮辱したことがきっかけとなった。衝突後，光州の朝鮮人生徒たちが言論・集会の自由などを主張するデモに突入すると，朝鮮民族運動の全国組織である新幹会や權友会などが連携したことから運動は朝鮮全土に波及し，各地の学校でデモや同盟休校が続発した。翌1930年4月までの参加学校数は194校，参加学生は5万4000名以上で，1万3000名あまりの学生が無期停学の処分を受けた［姜2005］。

9）　『朝鮮総督府作成　一万分一朝鮮地形図集成』〔復刻版〕柏書房，1985年，10頁。

10）　京城帝国大学（城大）は6番目の帝国大学として，1924年にまず予科が開設され，2年後の1926年に本科が開設された。開設当初は法文学部と医学部の2学部で構成されたが，1941年に理工学部が置かれ3学部体制となった［通堂2012］。

11）　1930年代の朝鮮人生徒・学生らによる民族運動は，「社会科学研究会」などの勉強会や読書会の形態で展開されており，高等普通学校，師範学校，農業学校などの組織が警察の摘発を受けた。趙東杰の調査によると，1930〜35年の5年間に朝鮮全土で59団体が確認され，うち43団体の構成員が検挙されている［趙1993］。

12）　「日帝強占期の残滓物が文化財ですって？　文化財登載の統営文化洞配水施設…撤去の世論」（『慶南日報』2013年9月10日付記事〔韓国語，ネット版〕などを参照。韓国南東部の統営市では，1933年に設置された水道施設の建物2棟が現在も使用されており，近代の配水施設建築様式を示す貴重な資料であるとして文化財150号に指定されていた。しかし，同施設の近くで壬辰倭乱（文禄の役）時代の遺跡が整備されると，水道施設の撤去を求める声があがった。こうした声に対し統営市の担当者は，

「撤去する場合は，現存する旧統営郡庁舎と海底トンネル，文化院の建物など4ヶ所の登録文化財も撤去しなければならない」と難色を示している。

13)　『絵葉書集1』のうち「朝鮮風俗」(福岡市総合図書館所蔵古文書資料「藤田道子資料」資料番号1，マイクロフィルム番号63)。なお，本章への掲載にあたり，筆者が画質の調整を行った。

14)　朝鮮住友軽金属元山工場の勤労部長だった佐々木祝雄は，日本敗戦後，朝鮮人労働者からなる「工場委員会」の命令によって，日本人社員用の「林檎園の社宅」を追われ，朝鮮人労務者用の「労務者住宅」に，家族らとともに収容された様子を回想している。佐々木によると，「労務者住宅」は「朝鮮戸」のついた長屋造であり，大量の南京虫がわく不衛生なものであったという[佐々木1958]。

15)　朝鮮殖産銀行は，1918年施行の朝鮮殖産銀行令により成立した金融機関である(前掲注6参照)。同行の頭取および副頭取は朝鮮総督が任命し(任期5年)，理事は株主総会で選出された候補者2名より1名を朝鮮総督が任命(任期4年)した。また相談役には，旧農工銀行の重役であった朝鮮人たちが委嘱された。なお，朝鮮殖産銀行では当初，日本人行員と朝鮮人行員を同一待遇することを原則としていたが，朝鮮銀行および官辺からの圧迫や昭和恐慌の影響などを受け，朝鮮人行員の給料を官庁や他の銀行並みに引き下げ，人件費の圧縮を行った[金谷1980]。

16)　金英達は，「氏設定届をする者は，当然に日本人式の氏が創氏されることになる。朝鮮総督府が盛んに氏設定届を宣伝奨励し，かつ末端の役人・警察があらゆる手段を使って強要したのは，たんに氏をつけることではなくて，日本風の氏を名乗らせようとしたのである」(67頁)と，「創氏改名」政策の真の狙いを看破している[宮田・金・梁1992]。

参 考 文 献

金谷1980：金谷要作『朝鮮の産業金融事情について』財団法人友邦協会。同書は，『朝鮮近代史料研究——友邦シリーズ　第四巻　財政・金融——』クレス出版，2000年に復刻，収録されている。

川村2001：川村湊『妓生　「もの言う花」の文化誌』作品社

姜2005：姜萬吉編著，太田修・庵逧由香訳『朝鮮民族解放運動の歴史　平和的統一への模索』法政大学出版会

佐々木1958：佐々木祝雄『三十八度線』全国引揚孤児育英援護会

佐野1993：佐野通夫『近代日本の教育と朝鮮』社会評論社

高崎2002：高崎宗司『植民地朝鮮の日本人』(岩波新書)岩波書店

通堂2012：通堂あゆみ「【解説】京城帝国大学時代の回顧」「未公開資料　朝鮮総督府関係者　録音記録(13)」，『東洋文化研究』第14号，学習院大学東洋文化研究所

成田2010：成田龍一『「戦争経験」の戦後史』岩波書店

宮田・金・梁1992：宮田節子・金英達・梁泰昊著『創氏改名』明石書店

宮本2004：宮本正明「【解説】朝鮮軍・解放前後の朝鮮」(「未公開資料　朝鮮総督府関係

　者　録音記録(5)」,『東洋文化研究』第 6 号, 学習院大学東洋文化研究所, 2004 年)

森崎 2008：森崎和江『森崎和江コレクション　精神史の旅』全 5 巻, 藤原書店

山田 2004：山田寛人『植民地朝鮮における朝鮮語奨励政策　朝鮮語を学んだ日本人』
　不二出版

李 2014：李正善「「内鮮結婚」にみる帝国日本の朝鮮統治と戸籍」『朝鮮史研究会論文
　集』第 52 集, 緑蔭書房

趙 1993：趙東杰『韓国民族主義の発展と独立運動史研究』知識産業社

第9章　第二次朝鮮教育令施行期（1922〜1938年）における女子高等普通学校卒業生の進路選択について

崔　　誠　姫

は じ め に

　1910年韓国併合により朝鮮は日本の植民地となり，朝鮮総督府（以下，総督府）による統治が始まった。総督府は3度にわたる教育令（①第一次朝鮮教育令―1911年，②第二次朝鮮教育令―1922年，③第三次朝鮮教育令―1938年）を公布・施行し，朝鮮人に対する同化教育を展開した。教育で重きを置かれたのは，「国語」つまり日本語教育の徹底であり，第二次朝鮮教育令公布時には「国語ヲ常用スル者」「国語ヲ常用セザル者」という表現で，在朝日本人と朝鮮人を「区別」していた[1]。また，在朝日本人に対しては日本と同一の制度で教育を行ったが，朝鮮人に対しては制度も名称も「区別」したうえで教育を行ったのである。一部の中等教育機関と高等教育機関を除き，日本と同一制度による教育を行ったり日本人と朝鮮人の共学いわゆる内鮮共学を実施することもなかった[2]。

　本章の時期設定である第二次朝鮮教育令施行期（1922〜1938年）は，朝鮮人中等学校生徒の多くが，初等教育開始時点から植民地教育を受け，日本語にも「熟達」した世代といえる。総督府からは植民地における政策の具現者，教員としての役割も求められていた。一方で彼ら／彼女らは，抗日運動やハングル運動などに参与し，朝鮮社会のリーダーとしてそのプレゼンスを示し，朝鮮人からも将来を期待されていた存在でもあった。男子生徒は中等学校卒業後，大学進学や社会への進出を果たすが，女子生徒のほとんどは

「家庭」に留まるという状況にあった。朝鮮人女性は総督府が求める女性の役割に加え，朝鮮社会における伝統的な家父長制度の双方から支配される立場にあったといえる。

　本章では，第二次朝鮮教育令施行期（1922〜1938年）における女子高等普通学校（高等女学校に相当，以下女高普）の卒業生の進路選択に主眼を置き，女子生徒が選択した進路から当時の朝鮮社会における女性の変容について検討する。女高普卒業者の進路希望と実際の進路から，進路選択における社会との関係，植民地支配と女子中等教育の位置づけを明らかにしたい。

1　第二次朝鮮教育令施行期の女子教育——初等教育と中等教育——

1.1　女子初等教育の状況[3]

　総督府は朝鮮の最小行政単位である面を基準とした初等教育拡充計画を立案し，1919年に三面一校計画，1929年には一面一校計画を推進した[4]。朝鮮全土に平均して一面一校の普通学校を設置し終えた後は，第二次朝鮮教育令最終年度の1937年より，第二次朝鮮人初等教育普及拡充計画を進めた。

　拡充政策を進めたものの，朝鮮人学齢児童をすべて収容するだけの設備は整えられなかった。そのため，朝鮮人児童は普通学校へ就学する場合にも選抜があり，選抜に合格して初めて初等教育を受ける機会を得られた。

　普通学校への就学率は6年制／4年制を合わせた推算値ではあるが，男女合計で第二次朝鮮教育令最終年度の1937年で約30％程度であり，男女別で算出すると男子約40％に対し女子約10％程度と大きく差が開いている[5]。就学率算出のためには，朝鮮人学齢児童数が必要となる。ところが，総督府が行った国勢調査では，年齢別に人口が区分されているのは1940年実施分のみで，植民地期全体を通じて学齢児童数を正確に把握することは困難な状況にある。総督府は朝鮮内の学齢児童推定方法を全人口の13.5％として推定したが[6]，これに対しては呉成哲氏[呉2000, 132]，古川宣子氏[古川1993, 35]らが，その問題点について指摘している。正確な学齢児童数，そして就学率の把握

は，学校数やそれに伴う予算，教員等の人員配置において非常に重要でなおかつ基本的な数値といえよう。基本的な数値を把握せずに，また普通学校設置の基準とした面にも教育行政に関する権限を与えないまま教育政策を進めていったことからも，総督府の杜撰さがあらわれている。三・一運動後の教育熱の高まり[韓1992]，教育令の改正にもかかわらず，初等教育の「拡充」は未だ不十分であったといえる。

　朝鮮人児童が就学しない／できない理由としては，経済的・地理的要因があった。経済的な要因としては，第二次朝鮮教育令施行下の朝鮮では義務教育が実施されていなかったため，朝鮮人児童は授業料を負担しなければならなかった。そのため子供を学校に通わせられない家庭や，長男のみを学校へ通わせるという状況にあった。地理的要因としては普通学校が都市部や郡の中心地に設立されることが多かったため，数値のうえで一面一校が実現したといっても，学校までの距離があまりにも遠い農村地区の児童の場合は，普通学校に就学できなかった。このように学校へ行けない，長男だけが通える，遠くには出せないという要因のため，女子は初等教育すらも受けられない状況にあったといえよう。

　就学状況とともに，一旦普通学校へ就学してもさまざまな原因で中途退学する朝鮮人児童が多数存在した。児童数の状況を知るための資料としては，まず総督府発行の『統計年報』がある。『統計年報』では毎年度の男女別入学者数・卒業者数・退学者数が記載されているが，普通学校については4年制と6年制を合算した人数となっているため，数値としての限界がある。ほかには総督府学務局学務課による『学事参考資料』(1937年)があり，1927〜1936年度の教育関係統計を扱っている。この資料では官・公・私立普通学校の卒業者数について，修業年限別に整理している。

　これによると，1927年度の公立普通学校卒業者数は4万5025名[7]で，『統計年報』の普通学校卒業者数6万946名とは約1万5000名程度の差が生じている。1936年度を見てみると，『統計年報』では公立普通学校卒業者数は10万5778名，『学事参考資料』では6年制卒業者数6万5105名，4年制卒業者数2万2022名の計8万7128名となり，6年制／4年制卒業者数の合計

表 9-1　6 年制普通学校卒業率

入学〜卒業年度	6 年制官立普通学校			6 年制公立普通学校			6 年制私立普通学校		
	入学者数	卒業者数	卒業率（%）	入学者数	卒業者数	卒業率（%）	入学者数	卒業者数	卒業率（%）
1927〜1932	135	122	90.37	81,620	49,960	61.21	3,804	2,552	67.09
1928〜1933	147	119	80.95	88,986	50,575	56.83	4,171	2,548	61.09
1929〜1934	146	146	100	93,831	52,645	56.11	4,650	2,957	63.59
1930〜1935	140	122	87.14	98,525	57,946	58.81	5,015	2,502	49.89
1931〜1936	109	122	111.93[注2]	98,775	65,105	65.91	4,692	3,831	81.65

注)1　卒業率は卒業者数を入学者数で除して算出し，小数点 3 桁以下は四捨五入した。
　　2　官立普通学校の 1929〜1934 年度および 1931〜1936 年度は，公私立普通学校からの転入等の理由で入学者数よりも卒業者数が上回った可能性が考えられる。
　　3　入学時の 4 年制と 6 年制を区分せず，全入学者から卒業率を換算する理由を説明したい。たとえば 4 年制普通学校卒業生が，高普・女高普への進学を希望した場合，6 年制の普通学校へ転校する必要があった。そのため，4 年制普通学校へ入学した児童が，必ずしも全員が 4 年で卒業するのではないことを勘案し，全入学者数を用いた。
出所)朝鮮総督府学務局『学事参考資料』1937 年，89，91，93，159，161，165 頁

においても約 2 万名の誤差が生じている[8]。両資料間に数値の違いがあるという問題点や，第二次朝鮮教育令施行時期すべてを網羅できていないという限界があるものの，本項では 6 年制普通学校卒業という中等教育機関進学要件の把握が必要であるため，『学事参考資料』掲載の官・公・私立普通学校の数値を根拠に卒業率を算出し，表 9-1 に整理した。

　表 9-1 を見ると，官立普通学校の卒業率が圧倒的に高い。これは，官立普通学校が京城師範学校附属普通学校と京城女子師範学校附属普通学校の 2 校のみで，師範学校附属の普通学校という性格上，朝鮮社会の上層で教育に熱心な家庭の児童が在籍していたためと考えられる。一方，公立普通学校の卒業率は大体 60% 前後で，私立普通学校の卒業率は年度によって開きがあるが，平均すると 65% 程度と公立を上回る。60% 以上は低い数値とはいえないが，朝鮮人児童全体の就学率から考えると，普通学校卒業者は圧倒的少数といえる。なお，6 年制／4 年制公立普通学校の合算となるが，1937 年における男女別卒業率は，男子・77%，女子・63% となり，女子の卒業率が低いことがわかる[9]。

　それでは普通学校を卒業した児童はどのような進路を選択したのだろう
か。普通学校卒業者の状況について，前掲の『学事参考資料』(1937 年)から
見てみよう。普通学校卒業者状況の項目は「官公署就職」「教員」「銀行会
社」「家事」「上級教育就学」「其他」で構成されている。卒業者数と対比す
ると，「家事」が最も多く全体の 7 割程度を占めている。「上級教育就学」
は，全体の 2 割〜3 割程度であった[10]。このデータは卒業者状況という性格
上，卒業時に決定している進路を示すものと考えられる。そのため，本来は
「上級教育就学」を志望であったが，中等教育機関等への進学が叶わず，結
果として「家事」等，「上級教育就学」以外を選択せざるをえない児童がい
たと考えることも可能である。これらは男女合わせての卒業者状況であり，
女子普通学校卒業者のみの進路状況については，推測の域を出ないがほとん
どが「家事」を選択したと考えられる。これは次項で詳しく述べるが，多く
の女子は社会への進出も進学も困難な状況にあったためである。

1.2　女子中等教育の状況

　第二次朝鮮教育令施行期には，朝鮮各地で初等教育機関・中等教育機関が
設立され，京城帝国大学もこの時期に開校した。中等教育機関としては，男
子を対象とする高等普通学校(日本の旧制中学に相当，以下高普)・農業，商
業，工業，水産などの実業学校，女子を対象とする女高普，男女とも対象と
する師範学校であった。女高普は 1937 年度中までに 21 校が朝鮮各地に設立
された(表 9-2)。

　当時の朝鮮は道(13 道)―府・郡―邑・面で区分されており，道は日本の
都道府県に相当する。公立女高普の状況を見ると，設置されている道とされ
ていない道がある。また，公立女高普の多くが第二次朝鮮教育令施行期中に
設立されている。また，私立女高普はソウルに 5 校，咸鏡南道に 2 校，ほか
に慶尚南道・平安南道と人口の多い地域に設置されていることがわかる。高
普が第一次朝鮮教育令施行期に 1 道に 1 校設立され，第二次朝鮮教育令施行
期には 1 道に 2 校目の設立を目指していく動きと比較しても，女子中等教育
の状況は大変乏しいことがわかる。

表 9-2　女子高等普通学校分布状況

道別	学校名	創立年月
京畿道	京城公立女子高等普通学校	1908 年　4 月
	○淑明女子高等普通学校	1908 年 12 月
	○進明女子高等普通学校	1912 年　4 月
	○梨花女子高等普通学校	1918 年 11 月
	○培花女子高等普通学校	1925 年　4 月
	○同徳女子高等普通学校	1926 年　4 月
	○好寿敦女子高等普通学校	1918 年　4 月
忠清南道	大田公立女子高等普通学校	1936 年　5 月
全羅北道	全州公立女子高等普通学校	1926 年　5 月
全羅南道	光州公立女子高等普通学校	1927 年　5 月
慶尚北道	大邱公立女子高等普通学校	1926 年　4 月
慶尚南道	釜山公立女子高等普通学校	1927 年　5 月
	○一新女子高等普通学校	1925 年　4 月
黄海道	海州公立女子高等普通学校	1932 年　4 月
平安南道	平壌公立女子高等普通学校	1914 年　5 月
	○正義女子高等普通学校	1920 年　5 月
平安北道	新義州公立女子高等普通学校	1936 年　4 月
咸鏡南道	咸興公立女子高等普通学校	1935 年　4 月
	○楼氏女子高等普通学校	1925 年　6 月
	○永生女子高等普通学校	1929 年 10 月
咸鏡北道	羅南公立女子高等普通学校	1935 年　4 月
計		21 校(私立：10 校)

注)学校名の前に○があるものは，私立を表す。また，創立年月は出典資料による。
出所)朝鮮総督府学務局『昭和十二年度編纂　朝鮮諸学校一覧』1938 年 3 月発行，121〜124 頁

　女高普は公私立ともに，道庁所在地などの都市部を中心に設置されている。特にソウルに学校が集中しているが，それは人口が多い分，女子教育への関心が高い層が多いこと，経済的な余裕のある家庭が多いこと，私立の場合は多くがミッションスクールであることから，キリスト教関係者の人口が多い都市部に集中したといえる。平安南道や咸鏡南道もキリスト教関係者の

表 9-3　公私立高等普通学校・女子高等普通学校生徒数(1922〜1937年度)

年度	公立高普	私立高普	高普合計	公立女高普	私立女高普	女高普合計	総合計
1922	2,966	3,546	6,512	479	621	1,100	7,612
1923	3,844	4,101	7,945	528	842	1,370	9,315
1924	4,324	4,322	8,646	560	982	1,542	10,188
1925	4,937	4,181	9,118	666	1,306	1,972	11,090
1926	5,413	4,382	9,795	827	1,684	2,511	12,306
1927	5,699	4,294	9,993	1,103	1,923	3,026	13,019
1928	6,671	4,786	11,457	1,413	2,347	3,760	15,217
1929	6,921	4,945	11,866	1,609	2,589	4,198	16,064
1930	6,666	5,283	11,949	1,625	2,929	4,554	16,503
1931	6,882	5,818	12,700	1,692	3,057	4,749	17,449
1932	6,948	6,245	13,193	1,822	2,948	4,770	17,963
1933	7,357	6,170	13,527	1,943	3,236	5,179	18,706
1934	7,664	6,245	13,909	2,057	3,446	5,503	19,412
1935	7,992	6,372	14,364	2,286	3,761	6,047	20,411
1936	8,368	6,463	14,831	2,542	3,972	6,514	21,345
1937	8,747	6,707	15,454	2,947	4,200	7,147	22,601

出所)朝鮮総督府『統計年報』各年度版より作成

多い地域であり，私立女高普の設置はその影響によるものと考えられる。

　都市部を中心に学校が設置されたことで，地方在住で女高普への進学を希望する児童は寄宿舎あるいは下宿で生活する必要が生じ，授業料に加えて自宅外での生活費を負担できる余裕が家庭に必要であった。また，日本でも同様であるが女子については父母が遠方の学校へ送るという選択をしないことが多く，女高普への進学が可能なだけの学力・経済力があったとしても，地元から出られない女子児童もいたといえよう。さらに，上記のような条件をすべてクリアできたとしても，厳しい入学競争が待ち構えていた[11]。

　入学試験に合格し，女高普へと進学した女子生徒はどれくらいいたのだろうか。表 9-3 では，第二次朝鮮教育令施行期における高普・女高普の生徒数を整理した。

表9-4　公立女子高等普通学校状況（卒業者）

入学年度	卒業年度	学校数	入学者	卒業者	卒業率(%)
1919	1922	2	80	91	113[注2]
1920	1923	2	171	140	82
1921	1924	2	203	44[注3]	22
1922	1925	2	209	161	77
1923	1926	2	208	134	64
1924	1927	4	210	175	83
1925	1928	4	217	176	81
1926	1929	4	441	238	54
1927	1930	6	573	317	55
1928	1931	6	527	344	65
1929	1932	6	530	353	67
1930	1933	6	505	374	74
1931	1934	6	521	394	76
1932	1935	7	608	477	78
1933	1936	7	607	501	83
1934	1937	7	609	515	85

注）1　卒業率（小数点以下，四捨五入）＝卒業者／入学者で算出。
　　2　1919年度入学，1922年卒業者の卒業率は100%を超えている。数値の誤り，あるい
　　　は旧制度（第一次朝鮮教育令施行期）の卒業生数等も加えられた数字と考えられる。
　　3　1924年度の卒業者数は前後の年度と比較して100名ほど少ない。統計上の誤りであ
　　　る可能性が高いが，該当年度以降の『統計年報』を確認しても44名のままであるた
　　　め，真相は不明である。
出所）朝鮮総督府『統計年報』各年度版より作成

　1922年度より男女とも，毎年全体の生徒数が増加している。また，私立
女高普の生徒数が公立女高普よりも多く，公立高普の生徒数が多い男子の場
合とは逆の現象が生じている。これは女子教育への理解のある層というのは
上層に多く経済的な余裕があり，カリキュラムなどで公立より自由度の高い
私立を好んだ結果と推測できる。とはいえ，女子中等教育を受けられる生徒
は朝鮮全体の人口を考えても，高普・女高普入学対象年齢の人口を考えて
も，非常に少ない。つまり，女高普に入学した生徒は，学力的にはエリート
であり経済的には上層に属し，家族から女子教育への理解と協力を得られる

表9-5　私立女子高等普通学校状況(卒業者)

入学年度	卒業年度	学校数	入学者	卒業者	卒業率(%)
1919	1922	4	70	55	79
1920	1923	5	327	137	42
1921	1924	5	321	148	46
1922	1925	5	353	214	60
1923	1926	5	390	172	44
1924	1927	5	434	293	66
1925	1928	8	676	307	45
1926	1929	8	915	409	45
1927	1930	8	921	531	58
1928	1931	8	945	563	60
1929	1932	8	935	545	58
1930	1933	8	1,041	593	57
1931	1934	9	1,070	666	62
1932	1935	9	1,010	680	64
1933	1936	9	1,151	768	67
1934	1937	9	1,254	871	69

注)出所)表9-4に同じ

態勢が整った状況にあったといえる。

　次に女高普生徒の卒業状況について整理したい。上記のように，女高普進学が可能な経済状況であったにもかかわらず，中途退学者が多数いることがわかる。

　表9-4，表9-5を見ると，卒業率は私立よりは公立が高い傾向にある。公立と比較した場合，私立は授業料が高く，寄宿舎などの学校施設を備えられていない学校もあった。また，1920年代においては同盟休校などの学生運動が私立において盛んであり，総督府の取締によって退学を余儀なくされる学生もいたこと等の影響が考えられる。普通学校中退の理由は，義務教育が施行されていないことによる授業料負担がその背景にあったが[12]，女高普へ進学したとしても中退する生徒が多数おり，中退者の続出は総督府当局にお

いても懸案となっていた。京畿道では中退者を減少させるための対策として，1930年から中等教育機関入学に際し納税証書の添付を義務づけた[13]。納税証書は女高普卒業を保証できる経済力を保有しているか否かの確認で，中退者を減らすための対策として用いられたといえる。また上述の同盟休校等が原因の思想的問題も，中退理由の重要なものとしてあげられていた[14]。総督府としては，経済的に不安定で，思想的に問題のある生徒を排除することで，中退問題を解決しようと考えていたのである。

2　女子高等普通学校卒業生の進路選択

2.1　全体の状況

まず，女高普卒業生全体の進路について見ていきたい。女高普の卒業生の進路を知るうえで重要な手がかりとなるのが，前出の『学事参考資料』（1937年）である。この資料に女子高等普通学校卒業者状況累年調（公私立）があり，1927〜1936年度の10年間の進路状況を網羅している。それ以前については，卒業者数以外のことはわからないため，1922〜1926年度および1937年度のデータを反映できないという資料的制約はあるが，限られたデータから分析を試みる。

卒業者についての項目は卒業者数および卒業者状況で構成され，卒業者状況の内訳は官公署就職・教員・銀行会社・家事・上級教育就学・其他・死亡となっている。家事とはいわゆる家事手伝い的なもの，結婚やその準備をしている状況といえる。上級教育就学，つまり高等教育機関等への進学の場合，女子を対象とするものとしては，朝鮮内においては私立の梨花女子専門学校のみであった。ほかには師範学校演習科，保育系私立学校への入学もあったが，朝鮮内での女高普卒業後の進学先はかなり限られていたため，日本へ留学するケースもあった。

朝鮮全体の女高普卒業者の状況については，公私立ともほとんどが「家事」である。次に多いのは，公立の場合1927年度，1929〜1931年度は教員

表 9-6　女子高等普通学校卒業者状況累年調(公立ノ分)

年度	卒業者数	卒業者状況						
		官公署就職	教員	銀行会社	家事	上級教育就学	其他	死亡
1927	135	1	31	1	64	38	−	−
1928	152	3	21	2	84	42	−	−
1929	144	−	31	−	85	28	−	−
1930	176	1	32	2	110	30	−	1
1931	238	−	32	4	161	38	−	3
1932	317	12	35	7	194	68	−	1
1933	342	1	17	3	270	51	−	−
1934	348	1	22	5	235	83	1	1
1935	374	−	22	11	256	79	4	2
1936	394	6	24	9	262	91	−	2

出所)表 9-4 に同じ, 173 頁

表 9-7　女子高等普通学校卒業者状況累年調(私立ノ分)

年度	卒業者数	卒業者状況						
		官公署就職	教員	銀行会社	家事	上級教育就学	其他	死亡
1927	230	1	81	5	76	56	11	−
1928	269	3	55	−	127	78	14	2
1929	306	−	39	2	149	92	21	3
1930	349	2	48	5	176	103	13	2
1931	422	−	40	7	249	109	14	3
1932	663	5	60	4	411	171	7	5
1933	750	3	55	5	500	182	1	4
1934	548	8	38	9	341	149	2	1
1935	588	6	28	8	395	142	7	2
1936	673	−	11	7	459	188	5	3

出所)表 9-4 に同じ, 174 頁

と上級学校就学がほぼ同数である。1928年度および1932年度以降は上級教育就学が教員を上回り，家事の次に多い進路となっている。私立の場合は上級教育就学が常に次点であり，1933年度に一旦ピークを迎え，1934年度に少し減少するものの，その後は増加の傾向にある。次いで教員となる。官公署・銀行会社の2項目は年度によって数値に違いはあるものの，公私立ともいずれも僅少である。つまり，女高普卒業生の多くは家庭に戻って家事手伝いをし，一部の卒業生が進学を果たし，もう一部の生徒が教員として社会に進出したことになる。

　多くの女子が家庭に戻ることになる要因としては，女高普における教育方針の影響がその一つとして考えられる。総督府は第二次朝鮮教育令第八条で以下のように述べている。

　　　第八条　女子高等普通学校ハ女生徒ノ身体ノ発達及婦徳ノ涵養ニ留意シテ，之ニ徳育ヲ施シ，生活ニ有用ナル普通ノ知識技能ヲ授ケ，国民タルノ性格ヲ養成シ，国語ニ熟達セシムルコトヲ目的トス[15]

　ここでは女高普の生徒に対して，日本語を十分習得し，日本の国民としての素養を身に付ける役割を求めている。それこそが女高普の生徒の心得であると説いているが，これをもう少し具体的に述べているものを紹介したい。全羅南道全州に設立された，公立の全州女子高等普通学校では，その教育方針を以下の通り示している。

　　　教育に関する勅語の御聖旨を奉戴し，日韓併合の大詔の御趣旨に基き，朝鮮教育令並びに女子高等普通学校規程の示す所に従ひ，将来，国家の中堅主婦として，充分なる実力と自信とを有する女性の育成に努む[16]

　資料的な制約から全州女高普のみの紹介となるが，公立女高普という性格上，総督府の方針が大いに反映されているといえよう。このような総督府の方針を反映させた教育方針は，「国家の中堅主婦」という表現にすべて集約されている。「国家の中堅主婦」は，総督府の植民地教育政策のもとで学び「国民」としての素養をしっかり身に付けた朝鮮女性として，家庭を営むことが求められたといえよう。主婦になるためには，上級学校へ進学する必要も，社会に進出する必要もなく，女高普を卒業してから結婚するまでの時間

を家庭で過ごせばよい。実際，高普や大学を卒業した朝鮮人男性の配偶者として，女高普を卒業した女性が選ばれることが多く[17]，総督府も父母も女高普を最終学歴として捉える場合が多かった。女高普卒業者は進路として，「家事」を選択せざるをえない／するしかない状況にあった。つまり，植民地朝鮮の女子生徒は総督府の良妻賢母の育成と，朝鮮人社会における地縁・血縁による伝統的な結婚から「学歴」を重視する結婚へとの変化のなかで，植民地支配と民族社会双方からジェンダー的に支配される存在であった。

2.2　学校別の進路状況

　前項では女高普全体の状況について言及したが，本項では限られた史料のなかから，学校別の進路状況を検討したい。学校別の統計としては，1926年度・1927年度のみが確認可能である。

　1926年度・1927年度の公立女高普卒業者状況から明らかになるのは，植民地統治初期から設立されていた2つの公立女高普における差異である。京城女高普が両年度とも家業従事が卒業生の大部分を占めているのに対し，平壌女高普では家業従事は半数程度で教員職に就く生徒が多い。両校ともに南北朝鮮の女子難関校といわれており，特に京城女高普は競争率も難易度も高い女高普と評されていた。京城女高普の生徒の多くは，ソウルおよび近郊在住の上層の家庭出身と考えられ，上級学校進学も十分可能な学力・経済状況と考えられる。しかし，そのほとんどが家業従事を選択するのである。

　一方，平壌女高普は家庭を進路としていた生徒がもちろん多いが，教員職に就いた者も多い。600年にわたり朝鮮王朝の都であった漢城—ソウル，そして平壌は古代の古都であり地方長官である観察使が置かれるなど，歴史的にも朝鮮半島における重要な地域であった。大日本帝国の大陸進出や朝鮮半島の植民地支配により，平壌は朝鮮半島を縦断する鉄道，京義線・京釜線をつなぐ要衝となり，工業地としての開発が進むなど，急激に発展していく。それは，これまで「辺境」であった咸鏡南北道・平安北道等，北部朝鮮地域全体でも，同じような状況が起きていた。それに伴い北部朝鮮の人口が増加し，あわせて学校の設立などが進んでいく。しかし，朝鮮内で師範学校は段

表9-8　公私立女高普卒業者状況表(1926年度)

	学校名	京城	平壌	公立計	淑明	進明	梨花	培花	同徳	好寿敦	楼氏	正義	私立計
	卒業者数	86	66	152	81	49	34	16	25	21	15	38	279
就職者	官公署	–	3	3	2	1	–	–	–	–	–	–	3
	学校教員	1	20	21	2	18	9		5	4	4	7	55
	銀行会社商店	–	2	2	–	–	–	–	–	–	–	–	–
家業従事		52	32	84	54	21	4	9	12	6	6	16	127
学校在学者	高等師範	1	–	1	1	–	–	–	–	–	–	–	1
	官立師範	13	–	13	9	–	–	–	–	–	–	–	9
	官立其他	–	2	2	–	–	–	–	1	–	–	–	1
	公立師範	9	3	12	9	–	–	1	–	–	–	–	10
	高女	5	–	5	–	–	1	–	–	–	–	–	1
	公立其他	–	–	–	–	–	–	–	–	–	–	–	–
	私立大学	–	–	–	–	–	–	–	–	–	–	–	–
	私立専門	–	3	3	–	–	–	–	–	–	–	–	–
	私立一般	4	–	4	2	–	–	2	–	4	1	–	9
	私立宗教	1	–	1	2	–	15	4	4	2	4	12	43
	私立其他	–	1	1	–	4	–	–	–	–	–	–	4
入学者計		33	9	42	23	4	16	7	5	6	5	12	78
死亡		–	–	–	1	1	–	–	–	–	–	–	2
其他		–	–	–	–	4	4	–	3	–	–	3	14

出所)朝鮮総督府『官報』第571号，1928年11月24日および第572号，1928年11月26日より作成

階的に設立されていくため，普通学校教員が不足する状況に陥ってしまう。そのため，平壌の高普・女高普卒業生が普通学校教員として，採用されたと考えられる[18]。このように顕著な地域差が，進路選択においてあらわれたといえよう。

　次に私立女高普の状況について述べると，第一に，進明，好寿敦，正義の3女高普で教員職に就く生徒が比較的多い。進明はソウルにある女高普で，好寿敦は京畿道開城に，正義は平壌に位置していた。1926年度の好寿敦は生徒の半数が教員職に就いており，初等教育拡充政策による教員不足に対応

表9-9　公私立女高普卒業者状況表(1927年度)

	学校名	京城	平壌	公立計	淑明	進明	梨花	培花	同徳	好寿敦	一新	正義	楼氏	私立計
	卒業者数	79	65	144	71	39	32	21	30	40	19	36	18	306
就職者	官公署	–	–	–	–	–	–	–	–	–	–	–	–	–
	学校教員	2	29	31	6	10	4	2	–	9	–	8	–	39
	銀行会社商店	–	–	–	2	–	–	–	–	–	–	–	–	2
家業従事		59	26	85	49	22	11	7	16	13	–	13	18	149
学校在学者	高等師範	1	3	4	1	–	–	–	–	–	–	–	–	1
	官立師範	10	1	11	–	–	2	1	1	–	–	–	–	4
	官立其他	–	–	–	–	–	–	–	–	–	–	–	–	–
	公立専門	7	1	8	–	–	–	–	–	–	–	–	–	
	公立師範	–	–	–	2	–	–	–	3	3	–	–	–	8
	高女	–	–	–	1	–	–	–	1	1	–	–	–	3
	公立其他	–	–	–	–	–	–	–	–	–	–	–	–	–
	私立歯専	–	1	1	–	–	–	–	–	–	–	–	–	–
	私立薬専	–	1	1	–	–	–	–	–	–	–	–	–	–
	私立医専	–	1	1	–	–	–	–	–	–	–	–	–	–
	私立体専	–	1	1	–	–	–	–	–	–	–	–	–	–
	私立大学	–	–	–	–	–	–	–	–	–	–	–	–	1
	私立専門	–	–	–	8	–	4	3	–	–	–	–	–	16
	女子高等	–	–	–	–	–	–	–	–	–	19	–	–	19
	私立一般	–	–	–	1	–	1	4	3	13	–	–	–	22
	私立宗教	–	–	–	–	–	3	5	–	–	–	10	–	21
	私立其他	–	1	1	–	–	–	–	–	–	–	–	–	–
入学者計		18	10	28	13	–	9	12	11	18	19	10	–	92
死亡		–	1	–	1	1	1	–	–	–	–	–	–	3
其他		7	4	–	–	6	7	–	3	–	–	5	–	21

注)1927年度から一新女高普の卒業者状況が追加されているが,「女子高等」は一新女高普以外に当てはまらないため,女高普への入学者数を誤って表に含めてしまったと考えられる。一新女高普は1927年度時点で卒業者はいない。

出所)朝鮮総督府『官報』第903号,1930年1月9日より作成

した結果といえよう。また，私立女高普の場合，たいてい女子普通学校を併設しているため，卒業生を新任教員として採用するという動きがあったとも考えられる。第二に，宗教系学校へ進学する生徒が多い。女高普の場合，ミッション系女高普が多いことから，神学校や聖書学院等への進学者が多かったものと考えられる。また，同徳女高普は朝鮮独自の宗教である天道教系の学校で，関連する学校へ進学した可能性が高い。

2.3　『東亜日報』による進路希望調査

　朝鮮人発行の『東亜日報』では，1920〜30年代にかけて，高普・女高普をはじめとする中等学校生徒の進路希望を掲載している。あくまでも希望であるため実際の進路とは異なるが，女高普卒業生がどのような進路を選択したかったのか，という状況は判明する。また，朝鮮においては中等教育機関卒業＝エリートといえることから，新聞購読層の彼ら／彼女らの進路に対する関心が，非常に高かったことをあらわしている。

公立女高普

　公立女高普の多くは第二次朝鮮教育令施行期に設立されたことは，前項でも指摘した通りであるが，公立女高普は11校中4校が1920年代後半に，5校が1930年代後半に設立されている。そのため1930年代後半設立の女高普の卒業生は，第三次朝鮮教育令施行期の卒業となる。そのため本項では第一次朝鮮教育令施行期に設立された京城・平壌を含む，6校の進路状況を検討する。

【京城女高普】京城女高普は上述の通り，1926年度・1927年度の卒業者状況のみ判明している。家業従事者が卒業生のほとんどを占めているが，進学先としては官立師範学校が多く，おそらく演習科へ進学したものと考えられる。1929年度・1932年度の進路希望においても家庭が多く，1929年度は師範学校希望者が多数である。1932年度は上級進学のみの記載であったため，詳細は不明である。

年度別進路希望

　　1929 年度—師範 24，東京音楽 1，京畿道師範 8，看護婦養成所 2，家庭
　　　40
　　1932 年度—家庭 45，就職 3，上級進学 45[19]

【全州女高普】全州女高普は 1926 年に設立されたため，最初の卒業生は 1929
年度となる。全州女高普の資料として，1936 年に発行された『本校教育の
実際　全州公立女子高等普通学校』があるが，卒業生の進路についての項目
はない。学校設立から 10 年経っているが，特記するほどの状況ではないと
いうことであろうか。新聞から確認できるのは，1930 年度と 1931 年度のみ
であるが，1930 年度には上級学校進学希望はほとんどなく，翌 1931 年度に
入ると家事とほぼ同数の上級学校進学希望がある。また，就職希望者が 6 名
と比較的多いのが特徴的である。

　　年度別進路希望

　　　1930 年度—奈良女高師 1，京城師範講習科 1，梨花専門 1，中央保育
　　　　1，その他は家事
　　　1931 年度—上級 32，就職 6，家事 35[20]

【光州女高普】光州女高普は 1927 年に設立され，最初の卒業生を 1930 年度に
出している。進路希望としては家業従事が多いのは女高普全体にいえるが，
就職希望者が比較的多いのが特徴的である。

　　年度別進路希望

　　　1931 年度—上級進学 4，就職 5，家事 14
　　　1933 年度—上級進学 8，就職 13，家庭 18
　　　1934 年度—上級進学 7，就職 5，家庭 32[21]

【大邱女高普】大邱女高普は 1926 年度に設立され，最初の卒業生を 1929 年度
に出した。大邱女高普の進路希望については 1934 年度のみ確認できた。家
庭希望に次いで進学希望が多く，師範学校のほかには日本への留学希望も

あった。また，教員予定者が7名と比較的多数で，教員養成校以外からの教員供給が1930年代にも継続していることがわかる。

　　年度別進路希望

　　　　1934年度―師範10，女子医専2，女子薬専2，実践女子専門1，梨花専門1，体操専門1，教員予定7，家庭21[22]

【釜山女高普】釜山女高普は1927年5月に設立され，1930年度に第一回卒業式を迎えたが，その1930年度のみの卒業者志望状況が明らかになっている。記事では上級学校希望者の状況のみ書かれており，京城師範学校の演習科希望が最も多い。

　　年度別進路希望

　　　　1930年度―奈良女高師2，体操学校1，女子医専1，京城師範演習科7[23]

【平壌女高普】平壌女高普は先述の通り，1926年度・1927年度卒業生は家業従事と教員職で大部分を占めていた。1926年度の進路希望においても，家事，教員が大部分となっており，生徒が希望通りの進路を選択していることがわかる。また，1929年度以降の進路希望を見ると，師範学校の演習科が最も多いが，加えて日本への留学希望者も多いことがわかる。実際にどの程度の生徒が留学したのかは不明だが，進路を考える際に留学が視野に入る環境にある生徒が多かったといえよう。他の公立女高普の詳細が不明ではあるため断言はできないが，留学を進路として選択できるだけの経済的余裕や父母の女子教育への理解度が平壌地域では比較的高かったと考えられる。

　　年度別進路希望

　　　　1926年度―家事，教員が大部分

　　　　1928年度―上級進学21，就職1，家庭41

　　　　1929年度―医学3，師範18，梨花専門5，保育1，家事26

　　　　1930年度―京城女子師範32，梨花専門4，家事37

　　　　1932年度―家庭13，京城師範演習科23，日本女子大3，音楽学校2，日本女子体育専門2，女子美術4，東京女高師1，東京女子大1，同志

社 1，梨花専門 1，東京医専 1，女子医専 1，薬専 1，歯専 1，女子大学 1，上級学校 1

1933 年度—帝国女子専門 2，東京女子薬学専門 1，京城師範演習科 19，教員 2，梨花専門 2，就職 3，家事 43，未定 4[24]

私立女高普

【淑明女高普】『東亜日報』では女高普の卒業状況や，女高普を卒業したいわゆる「才媛」を記事に取り上げている。1925 年には婦人向けの家庭欄に，「卒業まで1ヶ月——求職する者のために——」という特集を設け，淑明女高普・進明女高普の卒業者状況を掲載している。記事では 1923 年度および 1925 年年度の卒業生内訳が記載されている。これらは決定済みの進路である。

1923 年度—高等師範学校 1，広島女学校 3，同志社専門部 1，神戸女学院音楽部 2，京城師範演習科 9，普通学校教員 3，家庭 12

1924 年度—高等師範学校 5，東京音楽学校 1，神戸女学院音楽部 1，同志社専門部 3，実践女子専門 2，京城師範 11，高等女学校 5，広島女学校 1，家事 9[25]

淑明女高普内での対比となるが，1923 年度は決定済みの進路であり，上級学校就学が 16 名と最も多く，次いで家庭，普通学校教員は 3 名である。上級学校への就学は京城師範演習科への進学が最も多く，次いで日本への留学となる。

1924 年度は進路希望であるが，前年同様に上級学校への就学が 29 名，残りが家事 9 名となっていて普通学校教員は 1 人もいない。両年度ともに師範学校への進学が最も多く，日本への留学希望者も多いことがわかる。1926 年度・1927 年度に入ると，淑明女高普卒業生の多くは最終的に家業従事の進路を選択している。

以降の進路希望については，家庭が最も多いが，1931 年度までは上級学校進学に加え日本への留学希望も多い。

　　年度別進路希望

　　　　1928 年度—上級進学 21，家庭 19，就職 23，未定 4

　　　　1929 年度—留学 5，上級学校 17，就職 6，家事 40，未定 6

　　　　1930 年度—日本留学 7，京城師範演習科 24，梨花専門 3，就職希望 3，
　　　　　家庭 60

　　　　1931 年度—日本留学 3，師範 18，梨花専門 5，就職 5，家庭 53

　　　　1932 年度—家庭 38，就職 5，京城師範演習科 12，梨花専門 2，京城女
　　　　　子医学講習所 1，東京実践 1，同志社専門 2，神戸女学院音楽 1

　　　　1933 年度—師範 12，家事科 3，就職 5，家庭 52，その他 6[26]

【進明女高普】進明女高普も上記の淑明女高普同様，1925 年 3 月の家庭欄
で，1923 年度・1924 年度卒業生の進路が取り上げられている。その内訳は
以下の通りである。

　　　　1923 年度—教員 6，日本留学 1，京城師範演習科 3，家事 4

　　　　1924 年度—上級学校 15，教員 7，留学 5，家事 1[27]

　　これらの進路も，淑明女高普と同じく決定済みの進路であるが，卒業後そ
のまま家庭に入る生徒は少なく，ほとんどが教員となるか，あるいは上級学
校へ進学している。この 2 年度については進学志向が高かったといえよう。
1926 年度・1927 年度には先述の通り，家庭を選択した生徒に次いで，教員
職を選択した生徒が多かった。教員志望の傾向は進路希望にも反映されてお
り，多くの生徒が京城師範演習科を希望した。

　　年度別進路希望

　　　　1929 年度—家庭 39，師範 15，その他上級学校 7，保育 2，日本留学 5，
　　　　　就職 5

　　　　1931 年度—家事 53，京城師範 14，上級進学 5，医専 6，保育 5，日本留
　　　　　学 4，その他 8

　　　　1932 年度—家庭 38，就職 10，京城師範演習科 20，上級学校 12[28]

【梨花女高普】梨花女高普は 19 世紀末に宣教師が設立した梨花学堂を前身と

している。朝鮮近代女子教育のさきがけといえよう。1926 年度は家業が最も少なく，宗教学校への進学が 15 名，教員が 9 名であった。ミッションスクールらしく，宗教系の進路を希望する生徒が多かったものと考えられる。1927 年度は専門学校への進学者が増えるも，家庭へ入る生徒も増加している。年度別の進路希望としては 2 年度分が判明しているが，系列校の梨花女子専門学校も進路希望に含まれている。医学や薬学など医療系の進路を希望する生徒もいるのが特徴である。

　年度別進路希望

　　1929 年度—上級学校 19，就職 4，家事 2，未定 4

　　1933 年度—梨花女子専門(家政科 9，保育 7，看護 7，文学 3)，医専 3，
　　　音楽学校 2，薬専 2，体育 1，女子商業 1，家庭 18，就職 7[29)]

【培花女高普】培花女高普もミッション系の女高普であり，1926 年度・1927 年度卒業生中，宗教系学校を選択した生徒が比較的多い傾向にあった。1927 年度には家業従事の生徒より，上級学校へ進学した生徒が多かったことから，進学志向が高い年度であったといえる。1929〜1932 年度の進路希望は以下の通りであるが，梨花女子専門学校への進学希望，日本への留学希望者もいた。

　年度別進路希望

　　1929 年度—家庭 10，梨花専門 5，師範 3，保育 3，東京留学 2，就職 4

　　1930 年度—家庭 18，梨花専門 9，音楽 6，英文 2，神学 1，体育 1，美
　　　術 1，師範 4，保育 4，就職 2

　　1931 年度—家庭 23，上級学校 5，音楽 3，英文 3，医学 2，師範 2，保
　　　育 6，自営 1，就職 1

　　1932 年度—家庭 26，就職 3，梨花専門 18，日大 1，東京女子医専 2，東
　　　京薬専 1，看護師養成所 1[30)]

【同徳女高普】同徳女高普は，天道教系の女高普である。1926 年度・1927 年度とも宗教学校への進学者が一定数いるのもこの関係といえよう。以降の進

路希望としては，家庭が最も多く，次いで梨花女子専門志望者が多い。また，日本への留学希望もいる。特に帝国女子専門学校（相模女子大の前身）進学希望者が2名いる。帝国女子専門学校へは平壤女高普でも志望者があり，朝鮮での知名度が比較的高かったか，あるいは朝鮮人女子を積極的に受け入れたと考えられる。

　年度別進路希望

　　　1928年度―家庭15，上級進学10，未定5

　　　1932年度―家庭17，就職8，梨花専門6，京城師範2，中央保育専門1，日本女子大1，帝国女子専門2，上級進学9

　　　1933年度―京城保育・梨花保育5，京城師範4，東京音楽1，東京美術1，梨花専門4，その他2，就職10，家庭20[31]

【好寿敦女高普】好寿敦女高普は開城にあったミッション系の女高普である。先述の通り，1926年度・1927年度には教員職に就く卒業生が多かった。それ以降の進路希望としては，教員や師範学校への進学希望が多く，また保育系の専門学校を希望する生徒も多い。また，医師薬看護等の医療系に加え，日本への留学志向も高いことがわかる。保育や医療の現場など，1930年代においても女性が進出している職業を見据えての進学といえよう。

　年度別進路希望

　　　1930年度―日本女子大2，体育専門1，梨花専門2，京城師範6，梨花保育9，京城第一高女・中央保育各1，就職4，家事22

　　　1931年度―梨花保育5，同志社専門1，看護3，京城師範12，東洋女子歯科1，産婆学校4，梨花専門9，日本体育専門1，家庭9，中央保育専門1，上級1，未定20，奈良女高師1，教員2

　　　1932年度―家庭32，京城師範演習科10，同志社専門5，梨花専門5，女子薬専1，東京女子美術1，中央保育専門1，奈良女高師1

　　　1933年度―女子大学1，東京専門2，梨花専門12，京城師範演習科3，梨花保育5，進学校1，高等講習所7，看護科6，未定10，家庭34

　　　1934年度―日本女子大2，京城師範9，梨花専門11，梨花保育4，東京

　　家政専門 1，実践女子専門 2，東京薬学 2，セブランス産看科 2，家庭
　　37，就職 1[32)

【一新女高普】一新女高普は 1925 年に設立され，最初の卒業生は 1928 年度に
出た。一新女高普の進路希望も多くは家事であるが，1932 年度・1933 年度
には日本への留学希望者がいる。資料では名古屋安城職業校となっている
が，これはおそらく安城女子職業学校を指していると思われる。女子の場合
に東京・京阪神以外の地域への進学希望は珍しい。
　年度別進路希望
　　1928 年度—上級進学 11，教員 3，家事 5
　　1930 年度—朝鮮内上級 5，日本上級 1，就職 1，家庭 5
　　1931 年度—京城師範 4，中央保育 3，梨花専門 2，梨花保育 1
　　1932 年度—家庭 12，未定 1，同志社専門 2，京城師範演習科 3，京城薬
　　　専 1
　　1933 年度—帝国女子専門 1，京城師範 1，東京薬専 2，名古屋安城職業
　　　校 1，就職 8，家庭 18[33)

【正義女高普】正義女高普は平壌にあるミッション系女高普である。1926 年
度・1927 年度ともに教員と宗教学校への進学が多い傾向にあった。1926 年
度については，上級学校進学希望者は 17 名であったが，実際に進学できた
のは 12 名で比較的高い割合で進学が実現できている。同年度はその他に 3
名いるが，進学準備であると考えられる。進学できなかった残り 2 名が教員
あるいは家業従事になったといえよう。1929 年以降も教員職や師範・保育
専門学校への志望に加え，日本留学希望者もいることがわかる。
　年度別進路希望
　　1926 年度—上級進学 17，家事・教育 21
　　1929 年度—保育 8，医専 2，進学 1，日本留学 3，梨花専門 13，就職
　　　5，家事 3，未定 18
　　1930 年度—神学 2，教員 8，梨花専門 7，幼稚師範 7，米国留学 1，日本

　　　留学 3，師範学校演習科 12，家事 6，未定 9

　　1931 年度—上級進学 40，家事 10

　　1933 年度—師範 4，梨花専門 5，東京留学 7，家庭 23，未定 12[34]

【楼氏女高普】楼氏女高普は咸鏡南道元山府のミッション系私立女高普である。1926 年度は家庭・教員・進学がほぼ同数であったが，1927 年度には卒業生全員が家業従事という極端な傾向にあった。その後の進路希望が明らかになっているのは，1932 年度のみであるが，師範学校や就職，梨花女子専門学校を希望する生徒が多い。

　　年度別進路希望

　　　1932 年度—家庭 10，就職 7，梨花専門 8，京城師範 7，看護学校 2，平
　　　　壌崇実保育 1，東京女子美術 1，薬専 1，女子医専 1，技芸科 1[35]

【永生女高普】永生女高普は咸鏡南道の私立女高普で，ミッション系の学校でもある。1929 年度に設立が認可されたため，進路希望のみの分析となる。1931 年度は看護学校や師範学校を希望する生徒が多く，1934 年度は上級学校への進学希望者が多い。学校資料等も残っていないため，これ以上の詳細は不明である。

　　年度別進路希望

　　　1931 年度—セブランス看護 7，師範学校 9，音楽 1，就職 3，その他 8，
　　　　家庭 13

　　　1934 年度—上級進学 33，家事 29，教員 2[36]

　　掲載されている年度数，進路希望の項目が統一されていないが，上記の進路希望の各項目を合算すると，最も多いものが家庭・家事であり数値が判明している分を合算すると，1219 名である。次いで，師範学校進学が 382名，希望進学先を明記しない単なる進学が 323 名，就職が 184 名，梨花女子専門学校への進学が 162 名，次点が日本への留学である。進学を希望する場合には，卒業後の就職先が明確でありかつ授業料負担のない師範学校を希望

する生徒が多い結果となった。経済的な問題や女子生徒が自身の学んだ知識・技能を発揮できる場として，教員職を選択したといえよう。ほかにも進学を希望する生徒は多数いるが，希望者数をすべて合算しても家庭・家事を下回るということが明らかとなった。これは総督府が求める「中堅の主婦」と朝鮮社会が求める伝統的家父長制の双方が求める「女性」を，彼女たち自身が希望する，あるいはせざるをえない状況にあったといえよう。日本では1920～30年代にかけて官立の女子専門学校や日本女子大学校の設立，帝国大学の女子受け入れの開始など，女子高等教育の機会が拡大される時期であったが，朝鮮にはまだその機会は訪れていなかった。

おわりに

　以上，本章では第二次朝鮮教育令施行期における，朝鮮人女子の中等教育の状況および進路選択について検討を行った。京城帝大や日本への留学，官公庁への就職等，さまざまな進路選択が可能であった男子に対し，女子生徒の多くは女高普卒業後の進路において「家事」を選択した。つまり，女高普卒業生のほとんどが，女高普を最終学歴としたのである。進路における「家事」という選択は，あくまでも最終的な選択である。なかには「家事」を選択するまでの過程に進学や就職を断念した女子もいたであろうことは，進路における多様な希望からもわかる。エリートとして進学あるいは社会に出ていく男子に対し，同じくエリートに属する朝鮮人女子は，家庭の主婦たることを求められた。これは単に性別による差異だけではない。

　総督府は朝鮮人エリートを一定数育成する必要を感じ，男子に対しては実用を重視し，朝鮮の植民地統治を円滑に行うための指導層としての役割を期待した。女子に対しては家庭を重視し，家庭において日本語や日本式生活文化を伝え，日本の臣民をつくり出す育児と家庭教育の体現者としての役割を期待された。加えて朝鮮人社会においては植民地教育政策のもと，男性の学歴形成が行われていくなかで，彼らの学歴に見合った配偶者としての女性が求められた。伝統社会における地縁・血縁による婚姻から，学歴を基準とし

た婚姻に変化していったのである。

　植民地という状況でありながらも，未来への希望を抱いていた女高普卒業生にとって，その終着点は「家事」であった。「家事」という進路を最終的に選択した過程は資料からは見えてこないが，希望進路の多様性は彼女たちがさまざまな進路を選択しようとしていた姿が見てとれる。それはまさに，植民地支配と男性中心社会つまり民族とジェンダーによる支配からの脱却でもあったといえるのではないだろうか。

1）　第二次朝鮮教育令（大正11年勅令第19号）。

2）　第三次朝鮮教育令施行中に，学校名称の統一・初等および中等教育機関における内鮮共学は実行される。

3）　本節は拙稿［崔2013］の一部を要約したものである。

4）　三面一校計画・一面一校計画の2つを，第一次朝鮮人初等教育拡充政策という。総督府は普通学校の拡充を試みるものの，朝鮮人児童が就学するに十分な設備を整えることはできなかった。

5）　朝鮮総督府編『統計年報　昭和12年版』より算出。

6）　岡久雄『朝鮮教育行政』帝国地方行政学会朝鮮支部，1940年，96頁。［呉2000，132］より再引用。

7）　朝鮮総督府学務局学務課『学事参考資料』1937年，161頁。

8）　誤差の原因は定かではないが，誤差が生じているという事実から教育に関する統計の整理が杜撰であることは明確である。

9）　1937年度普通学校卒業者数は，男子9万7028名，女子1万9795名である。これらの数値を入学年度である1932年度の入学者数，男子12万5923名，女子3万1268名で除した数値である。

10）　朝鮮総督府学務局『学事参考資料』（1937年），159〜165頁。なお，1937年版以前の『学事統計』資料は現存が確認できていないため，卒業者状況について第二次朝鮮教育令施行期すべてを網羅できていない。卒業者状況は官立・公立・私立の別に統計が分かれているが，本項では合算して割合を算出している。

11）　第二次朝鮮教育令施行期の高普・女高普への進学状況については，拙稿［崔2013］を参照されたい。

12）　『東亜日報』1938年2月6日付。

13）　『毎日申報』1930年2月6日付。

14）　『東亜日報』1934年2月28日付。

15）　第二次朝鮮教育令（大正11年勅令第19号）。

16）　全州公立女子高等普通学校「本校教育の実際」1936年，1頁。

17）　東亜日報の記事などで，高普や京城帝大卒業生と，朝鮮の名門や知識人の令嬢で

女高普卒業生の結婚がたびたび報道されている(『東亜日報』1924 年 3 月 4 日付ほか)。

18)　普通学校においても師範学校卒業者が教員となったが，教員が不足している朝鮮では教員資格試験を受け合格することで普通学校教員として採用されることがあった。これについては，山下達也「植民地朝鮮における初等学校教員の確保形態——教員試験を中心に——」『九州大学大学院教育学コース院生論文集』第 8 号，2008 年に詳しい。

19)　『東亜日報』1930 年 3 月 23 日付，1933 年 3 月 7 日付。

20)　『東亜日報』1931 年 3 月 26 日付，1932 年 3 月 20 日付。

21)　『東亜日報』1932 年 3 月 22 日付，1934 年 3 月 26 日付，1935 年 3 月 28 日付。

22)　『東亜日報』1935 年 3 月 17 日付。女子医専は東京女子医専を表す。

23)　『東亜日報』1931 年 3 月 24 日付。

24)　『東亜日報』1927 年 3 月 27 日付，1929 年 3 月 28 日付，1930 年 3 月 27 日付，1931 年 3 月 25 日付，1933 年 3 月 7 日付，1934 年 3 月 20 日付。

25)　「卒業まで 1 ヶ月のみ　(三)求職する者のために　昨今年卒業生＝淑明女子高普＝」『東亜日報』1925 年 3 月 6 日付。

26)　『東亜日報』1929 年 3 月 13 日付，1930 年 3 月 14 日付，1931 年 3 月 19 日付，1932 年 3 月 19 日付，1933 年 3 月 7 日付，1934 年 3 月 20 日付。

27)　『東亜日報』3 月 11 日付。

28)　『東亜日報』1930 年 3 月 22 日付，1932 年 3 月 20 日付，1933 年 3 月 7 日付。

29)　『東亜日報』1930 年 3 月 22 日付，1934 年 3 月 9 日付。なお，音楽や体育については学校名は具体的に明記されていないため，詳細は不明であるが，朝鮮内に音楽や体育に関する専門学校はないため，日本への留学希望であると推測できる。

30)　『東亜日報』1930 年 3 月 22 日付，1931 年 3 月 21 日付，1932 年 3 月 19 日付，1933 年 3 月 7 日付。進路希望の音楽，英文，保育は専攻のみが記事に記載されていた。

31)　『東亜日報』1929 年 3 月 24 日付，1933 年 3 月 7 日付，1934 年 3 月 23 日付。

32)　『東亜日報』1931 年 3 月 12 日付，1932 年 3 月 16 日付，1933 年 3 月 7 日付，1934 年 3 月 17 日付。

33)　『東亜日報』1929 年 3 月 29 日付，1931 年 3 月 25 日付，1932 年 3 月 24 日付，1933 年 3 月 7 日付，1934 年 3 月 23 日付。

34)　『東亜日報』1927 年 3 月 22 日付，1930 年 3 月 22 日付，1931 年 3 月 25 日付，1934 年 3 月 20 日付。

35)　『東亜日報』1933 年 3 月 7 日付。

36)　『東亜日報』1932 年 3 月 18 日付，1935 年 3 月 19 日付。

参 考 文 献

①日本語

飯沼・姜 1981：飯沼二郎・姜在彦編『近代朝鮮の社会と思想』未来社

李 2006：李省展『アメリカ人宣教師と朝鮮の近代——ミッションスクールの生成と植

　民地下の葛藤——』社会評論社

稲葉 2010：稲葉継雄『朝鮮植民地教育政策史の再検討』九州大学出版会

梅根 1975：梅根悟編『世界教育史大系5　朝鮮教育史』講談社

太田 2008：太田孝子『海峡を越えて——京畿高等女学校の思い出——』春風社

梶村 1993：梶村秀樹『朝鮮史の方法』(梶村秀樹著作集第二巻)，明石書店

金 2005：金富子『植民地期朝鮮の教育とジェンダー』世織書房

木村 2005：木村元編著『人口と教育の動態史——1930年代の教育と社会——』多賀出版

駒込 1996：駒込武『植民地帝国日本の文化統合』岩波書店

駒込・橋本 2007：駒込武・橋本伸也編『帝国と学校』昭和堂

佐野 2006：佐野通夫『日本植民地教育の展開と朝鮮民衆の対応』社会評論社

武田 2000：武田幸男編『朝鮮史』山川出版社

崔 2013：崔誠姫「第二次朝鮮教育令施行期における中等教育機関への進学過程——高等普通学校・女子高等普通学校を中心に——」『朝鮮史研究会論文集』51集

崔 2014：崔誠姫「1920年代朝鮮における高等普通学校・女子高等普通学校の設立と「昇格」の事例研究」(『日本植民地研究』26号，2014年)

趙 2008：趙景達『植民地朝鮮の知識人と民衆：植民地近代性論批判』有志舎

韓 1992：韓祐熙「日帝植民地下朝鮮人の教育熱に関する研究」『四国学院大論集』81号

古川 1993：古川宣子「植民地期朝鮮における初等教育——就学状況の分析を中心に——」『日本史研究』370号(1993年6月)

古川 1996：古川宣子「植民地期朝鮮における中・高等教育」『日本植民地研究』8号(1996年7月)

本間 2010：本間千景『韓国「併合」前後の教育政策と日本』思文閣出版

弓削 1923：弓削幸太郎『朝鮮の教育』自由討究社

②韓国語(編著者名の가나다順，同一編著者によるものは刊行年順)

姜 1994：姜万吉編『韓国史』15巻，ハンギル社

姜 2013：姜明淑「1910年代私立高等普通学校の設立認可と運営」『韓国教育史学』35号

金 1999：金栄宇『韓国初等教育史』韓国教育史学会

金 1985：金允経『金允経全集2』延世大学校出版部

パク 1998：パク・ドゥクジュン『朝鮮近代教育史』社会科学出版社

朴 2002：朴哲煕「植民地期韓国中等教育研究——1920～1930年代高等普通学校を中心に——」ソウル大学校博士論文

呉成哲 2000：呉成哲『植民地初等教育の形成』教育科学社

呉天錫 1964：呉天錫『韓国新教育史』現代教育叢書出版社

ユ，キム 1998：ユ・ボンホ／キム・ユンジャ『韓国近／現代中等教育100年史』教学研究社

鄭 1960：鄭晋錫『日帝下韓国言論闘争史』正音社，1960

韓国教育史研究会 1992：韓国教育史研究会編『韓国教育史』教育出版社

玄 1998：玄敬美「植民地女性教育事例研究──京城女子高等普通学校を中心に──」
　　ソウル大学校碩士論文

〔付記〕

　　本章は『第二次朝鮮教育令施行期(1922～1938 年)における中等教育──高等普通学
　　校・女子高等普通学校を中心に──』(一橋大学大学院社会学研究科博士学位論文，
　　2015 年)の一部を再構成し，加筆・修正したものである。

第 10 章　植民地企業城下町の構築と変容
——日本窒素肥料の事例——

内　藤　隆　夫

は じ め に

　本章は，植民地期朝鮮における日本窒素肥料の進出地である興南等について，「植民地企業城下町」という視点[1] からその構築と実態および終戦後の変容まで検討し，あわせて当該期朝鮮工業化の一側面を示すことを課題とする。

　ここで扱う日本窒素肥料(朝鮮窒素肥料)の朝鮮での本拠地興南，あるいは永安や阿吾地という地域に関して，同社の事業に関する研究史[2] では本格的な分析対象としていない。一方，橋谷弘は興南を「日本の植民地支配とともにまったく新たに都市が形成されるタイプ」の植民地都市で，「鉱山や工場が開かれた産業都市」[3] だと位置づけた。しかし興南は，府[4] に昇格したのが戦時末期なので「都市」と呼べるか疑問なうえ，この記述にとどまらない特徴を有していたと思われる。この点に関し，外村大は興南を「企業城下町としての性格も加わった極端な」[5] 植民地都市と紹介している。しかし，そうであればこそ企業城下町が形成された背景や経緯，そこでの住民の生活，福利厚生や労働条件等における日本人と朝鮮人の関係および彼我の格差，そうした状況や条件の終戦後の変化等について，植民地の企業城下町であることを念頭に置いて分析すべきであろう。さらに，この分析のなかで朝鮮人労働者の成長，民族資本の形成の有無，終戦後の興南等の点において戦時戦後の朝鮮工業化の一側面を示しうると考えられる。以上の意味で，本章は植民地都市史および朝鮮経済史の研究史[6] に何らかの貢献を果たしたい。

1　日本窒素肥料の朝鮮における事業展開

1.1　日本窒素肥料の成立と展開

　はじめに，植民地企業城下町興南を建設した日本窒素肥料（日窒）の事業展開について略述する[7]。帝国大学工科大学電気工学科を卒業後，種々の事業に携わっていた野口遵が日窒の前身となる曽木電気を鹿児島県下に設立したのは1906（明治39）年であった。同社は水力発電を行い牛尾・大口等県下の金山へ電力を供給したが，供給力が消費量を大幅に上回った。このため電力を使用してカーバイドを製造すべく，野口は翌1907年頃に日本カーバイド商会を設立した。そして1908年に，曽木電気が日本カーバイドを合併して社名を変更するというかたちで大阪を本社に日本窒素肥料を設立した。同社は石灰窒素製造におけるフランク・カロー法の特許実施権をイタリアのシャナミッド社から購入し，三菱財閥の援助を得て設立された。日窒は翌1909年に建設した熊本県の水俣工場でカーバイドおよび石灰窒素を生産し，1910年に後者を原料とする変成硫安工場を大阪府下の稗島村に建設したが，水俣工場の操業不調のため稗島工場は1912年に閉鎖された。そこで，野口は自ら水俣工場の設備を改善したうえで1914（大正3）年に熊本県下に鏡工場を建設し，ここでカーバイド・石灰窒素・変成硫安の一貫生産を開始した。鏡工場の完成後，第一次世界大戦が勃発して硫安輸入が途絶したため価格が高騰して日窒は巨利を得た。それをもとに（新）水俣工場および内大臣川等の発電所を建設するなど設備を拡張し，国内硫安生産高の過半を占めるに至った。

　変成硫安は品質・コスト両面で限界があった。そこで，野口は1921年にカザレー式アンモニア合成法の特許実施権を購入して宮崎県延岡に工場を建設し，1924年頃からアンモニアと合成硫安の生産を本格化させることで，大戦後の外国製硫安の輸入再開に際しても一定の利益を確保できた。また，廉価で大量のアンモニア生産が可能になったことから，合成硝酸やベンベルグ絹糸などアンモニアを基軸とする多角的生産に乗り出し，後述する朝鮮での硫安生産の本格化後はこれらが国内事業の中心となった。

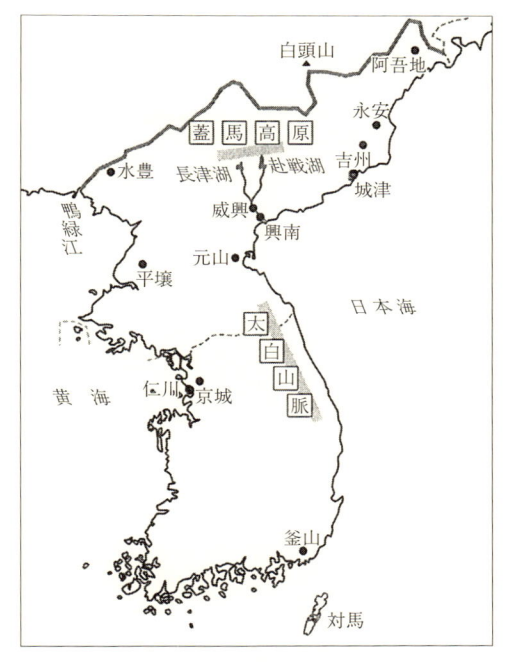

図 10-1　朝鮮半島全図

出所）『風雪の百年　チッソ株式会社史』2011 年，
64 頁を一部加工

1.2　日本窒素肥料の朝鮮における事業

興南地区の事業

　野口は本国における電源開発の限界から，安価かつ豊富な電力を求めて朝鮮に進出すべく，朝鮮北部の鴨緑江支流である赴戦江の水利権を得て，1926（大正 15）年に京城府を本社とする朝鮮水力電気を設立した。赴戦江発電所は，黄海に向かって流れる川をせきとめ巨大な人造湖を造り，トンネルを貫いてその水を一挙に反対側の日本海側に落とすことで，大量電力の低廉な供給を可能とした。以後，1933（昭和 8）年設立の長津江水電等によって同じく鴨緑江支流の長津江・虚川江，そして本流の水豊ダムに相次いで発電所が建

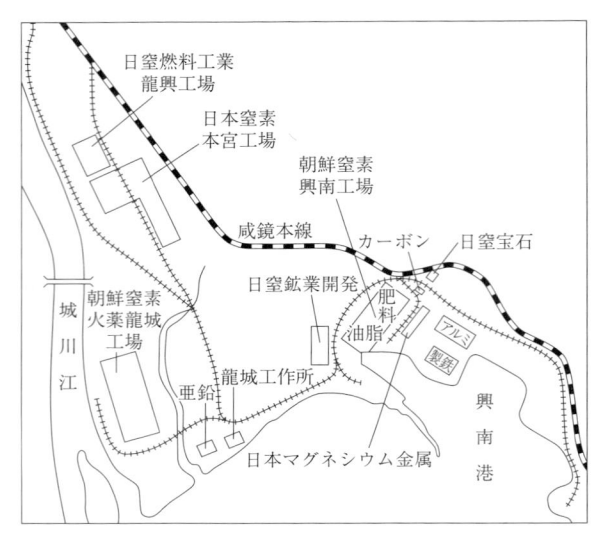

図 10-2　興南の工場群（1941 年頃）

出所）『風雪の百年　チッソ株式会社史』2011 年，100 頁

設された。その際，長津江開発の権利を得る過程で三菱の資金援助が期待で
きなくなり，日本興業銀行・朝鮮銀行等から金融を受けることになった。

　赴戦江開発に着手してから 1 年後の 1927 年に，日窒は咸鏡南道咸興郡に
本社を置く朝鮮窒素肥料（朝窒）を設立した。同年西湖津工場の名で建設が開
始され，翌 1928 年に改称された興南工場が朝窒の事業の中心となる。1930
年に，朝窒は赴戦江第一発電所から電力の供給を受けて興南工場で硫安生産
を開始した。これを受けて同社は朝鮮水電を合併し，また硫安や硫燐安等の
肥料生産を中心としつつ，多角的な生産を開始した。第一に，1932 年から
アンモニア合成の際に発生する水素ガスと朝鮮北部沖で捕れる鰯を原料に油
脂事業を開始した。当初の目的は延岡工場に送るグリセリンや，石鹸および
その原料となる脂肪酸等の製造だったが，その後朝鮮総督府の要請により
1935 年に朝鮮窒素火薬を設立し，翌年に興南工場の約 4 km 西南に龍城工場
を建設して朝鮮における火薬類の量産も開始した。第二に金属製造事業があ
げられる。この分野では，すでに 1929 年に朝鮮鉱業開発を設立して金銀銅

鉛等の電解製錬事業を行っていたが，1934 年にアメリカ金属マグネシウム社と共同出資で日本マグネシウム金属を設立し，興南工場隣に工場を建設して 1938 年から金属マグネシウムの製造を開始した。次いで朝鮮産明礬石を原料としたアルミニウム製造を計画し，1938 年に半製品を製造するアルミナ工場が操業を開始した。第三に，満洲の大豆を原料に調味料を製造すべく 1935 年に大豆化学工業を設立した。しかし，加工技術の開発が進捗しなかったため，朝窒が翌年同社を合併して興南工場の約 4 km 西に本宮工場を建設した[8]。同工場は，苛性ソーダ・カーバイド・塩安・アセチレン・研削材・カーボン等を生産する一大工場となった。第四に，高オクタン価燃料製造の改質剤となるイソオクタンの製造に乗り出し，1941 年に日窒燃料工業を設立した。翌年までに本宮工場の西北側に建設した龍興工場においてイソオクタン工場等が稼働し，生産が始まった[9]。

　以上のように諸事業・諸工場を次々と展開することで，興南地区における電力―化学コンビナートが形成された。そして，後述する白石宗城とともに朝鮮での事業の統括者だった大石武夫が，

　　　　興南は，家屋百数十軒の名もなき北鮮の一漁村であったが，終戦前に興南府（日本の市）となり，人口約 18 万，咸鏡南道第一位の大都市となり，内地人の人口からいえば，全鮮第三位であった……諸会社が有機的に一体となり，運営されていたのであるが，各会社間，各工場間は送電線はもちろん，水のパイプ，各種原料ガスのパイプで縦横に連絡され，また局鉄引込線，新興鉄道，トロ線（トロッコか―引用者注），トラック等の輸送網により，一日一万トンにおよぶ諸物資が運搬されていたのである。また対外的には朝鮮一と言われる専用港を持ち，岸壁には一万トン級の汽船が横づけされ，二，三千トン級なら十隻も同時横づけし得る状態だった[10]

と回顧したように，コンビナート内部は輸送網等を通じて連携し，興南港によって本国へも容易に通じていた。1930 年代以降，日窒コンツェルンの事業の中心は朝鮮に移行したのである[11]。そして後述するように，その中心であった興南地区の開発が急速に進んだ。

永安と阿吾地の事業

　日窒の朝鮮での事業は興南地区の比重が圧倒的に高かったが，他の地区の事業も重要な役割を果たした。代表例として咸鏡北道の永安と阿吾地を取り上げる。

a. 永安

　日窒（朝窒）は，それまでアンモニア合成等を通じて蓄積してきた高圧技術を生かすため石炭低温乾留の研究を始めた。そして1928年に咸鏡北道の石炭鉱区を入手し，次いで1931年に極洞（間もなく永安と改称）に工場を建設して1932年に操業開始した。日本初の工業規模のルルギ式低温乾留炉を運転し，年間10万トンの石炭を処理して低温タールを製造した。また，副産物の半成コークスをもとに石炭酸合成樹脂（チッソライト）を生産して工場の採算に貢献した。なお，低温タールは蒸留してピッチを除くことで重油に近い液体を得られたが，それは多量のパラフィン分・酸性油分を含んだため，これらを除かないと使用に耐えなかった[12]。続いて1935年に朝鮮石炭工業を設立し，永安に建設した低温乾留工場と原料炭田を吸収して事業を拡大した。

b. 阿吾地

　1936年に，日窒は創立30周年記念事業として石炭の直接液化事業を決定した。石炭に水素を添加することで石油類似の炭化水素に転化させて，液体燃料（人造石油）を製造する事業である。すでに1930年から工藤宏規[13]を中心に興南工場の一角で試験が開始されていたのを踏まえて工業化に乗り出し，1936年にソ連・満洲との国境を流れる豆満江から4kmほどの地点にある阿吾地炭田の灰岩洞（かいがん）で，朝鮮石炭工業が工場建設を開始した。当初名称は灰岩工場だったが，1941年同社が朝鮮人造石油と社名を変更したのにあわせて阿吾地工場と改称した。同工場は興南工場以来の日窒の方式を踏襲し，パイロットプラント試験を省略して初めから揮発油年産5万トンを目標とする大規模工場として建設された。石炭液化装置としては，有力とされた海軍式（ドイツ式）の外熱式反応塔ではなく，200〜300気圧・400〜450度の反応塔内部で石炭の水素添加反応が行われる内熱式反応塔を独自設計し，1938

年に工場の一部が操業を開始した[14]。

　阿吾地の石炭直接液化事業は順調に進捗しなかった。石炭からコークスが生成してしまう，鋼管が腐蝕するなど反応塔の故障が頻発し，なかなか連続運転に至らなかったのである。そこで事業のてこ入れのため1939年に宗像英二[15] が赴任し，翌年その強い主張で海軍方式の触媒（塩化亜鉛）に代えて水酸化鉄と硫黄の混合物という，新しい触媒を導入した。その結果1941〜1942年頃に反応塔の操業状況は好転したが，今度はそれに供給する水素ガスの不足に陥った。この頃，日本軍による大油田地帯のジャワ・スマトラ占領に伴い石炭液化の必要性が薄れたことを背景に，海軍燃料廠が介入して2年後の事業中止が決定された。そして，1943年に阿吾地工場はメタノール（代用燃料）製造工場に転換し，宗像は興南工場へ異動した。翌1944年に南方からの石油輸送が途絶したことに伴い，メタノール生産と並行して石炭液化を再開するよう指令されたが，再開に至らぬままソ連の侵攻を迎えた[16]。

「在鮮手当」の意味

　朝鮮に勤務する日窒社員には，本国での給料に加えて15％の「在鮮手当」が付加された。その事情については，元日窒社員の山野元造による以下の回顧が参考になる。

　　　朝鮮に転勤を命ぜられたとき，私は嫌な気持でした。おそらく当時の本社勤務者の気持は，私と同じであったかと想像されます……朝鮮の物価は，内地の物価より若干高いのです。内地出張の時，行く時は空カバンで，帰る時はカバン一杯になります（内地でシャツなどの雑貨を買い込む）……内地在住縁者，知人の冠婚葬祭（平均2年に1回ぐらいの由）のために全家族が内地に帰る時，旅費，土産などの出費が相当ある由を聞いたことがある[17]

　すなわち，朝鮮勤務は物価高と本国出張の際に多額の費用を要する点で不利だった。この補償の意味で在鮮手当を付すことで日窒社員の朝鮮での勤務が，したがって日窒の朝鮮での事業展開が可能になったと考えられる。

日窒の朝鮮における事業評価

　朝鮮での事業が成功したといえるか否かについては，戦前の事業全体を量

産化の可否と採算面から評価したと思われる，元日窒社員の柴田健三の回顧が参考になる。すなわち，技術的に見てベーシックなものは成功したが，技術が複雑で原料組成が錯雑なものほど成功度が低下し，高度な技術を要するものや原料が不適切なものは成功しなかった。時期的には，日窒発足後20数年間はベーシックな技術開発の成功と低廉な電力の開発により事業は成功した。しかし，それによって蓄積した技術・資本・人材・情報等をもって企画した後半10数年の事業はいずれも成功しなかった。具体的には硫安・硫燐安・油脂・金銀・火薬・ソーダ・メタノール等は事業として成功したが，石炭液化・過酸化水素・合成ゴム・塩安・イソオクタン等は時間をかければ量産化はできただろうが採算面は疑問で，酸性油・コーライト・マグネシウム・アルミニウム・大豆原料等は不成功であったとされる[18]。朝鮮での肥料以外の事業に失敗が多いとみなされたことが注目される。

2　企業城下町の形成

こうした朝鮮における事業展開に伴い，日窒は興南を中心とした朝鮮北部各地の開発を行った。本節では，企業城下町の形成という視点からこの点について考察する。

2.1　興　　南

工場建設地の決定

工場用地が興南に決定され，建設が開始されるまでの経緯は以下の通りである。まず，港湾の関係から咸鏡南道咸興郡湖南里と永興湾奥にある元山とが候補地として考えられた。赴戦江発電所からの距離に大差はなく，1925（大正14）年9月にはこの両地から誘致運動（「咸興繁栄会内・三郡聯合期成同盟会」および「元山商業会議所」）があった。いずれも日本人商工業者たちからと思われ，日窒による工場建設が地域の発展を促すと期待されたことがうかがえる。日窒は朝鮮総督府の意向を確かめ，湖南里海岸に良港を開発できる見通しもつけたうえで，1926年末頃に工場立地を湖南里一帯と内定し

て計画を進めた。野口遵は工藤宏規らを伴い西湖津から天機里・九龍里が一望できる小山に登り、半径約2kmを手で指して買収を命じたという。当時、この地域は農漁業を生業とする寒村で、工場敷地とされた一帯には百数十戸の人家があるだけだった。実際に買収した土地は工場敷地約23万坪と社宅および買い上げた住民への替地24万坪で、予算は18万円であった。さらに1929（昭和4）年に工場の拡張用地として本宮9万1000坪、内湖2万6000坪を5万8000円で買収した。1927年6月に工場の起工式を行い第1期工事に入り、7月には築港工事の起工式も行った[19]。

用地買収の経緯

　朝鮮の事業を大石武夫とともに統括した白石宗城は、「当時坪十銭ぐらいの土地を三十銭で、宅地は1円で買うというので、みんな喜んだ」[20]と述べ、用地買収が平和裡に行われたと回顧している。しかし一方で、朝窒による買収は詐欺紛いだったとする以下の強い批判がある。すなわちまず、用地買収の対象となった復興里・湖南里・内湖里の480戸に対し、咸興繁栄会・咸興郡守・咸南警察署長らが後援協力を表明した。日窒の進出への、期待の表れであろう。次いで1926年12月に、郡守・面長・署長らが80余名の地主を面事務所に招集して土地を売り渡すよう説得したため、仕方なく売渡承諾書に捺印する地主が続出した。そして、捺印をためらう地主は車で料理店へ連れていく、翌1927年1月からは各区長宅でさらに説得する等、会社・官憲が一体となり土地を売れば移転地は確保するという甘言を含めた説得が行われ、ほとんどの地主が承諾した。ところが、会社側が確保するといった移転先は九龍里に決定された。そこは風浪が少しでもあれば岸に船をつけられず、家を建てても雨が降れば水がたまり、裏は大きな山でさえぎられて農業もできない場所だったため住民は憤慨した。そこで彼らの代表者は2月に白石に対し、移転に際しては会社側があらかじめ漁船30隻程度が停泊できる防波堤を造る、地面を現在より3寸以上高くする、幅員6間の道路を裏山に造る、井戸を3ヶ所以上掘るという4つの条件を提示し、白石は承諾した。しかしその後の6月時点において、セメントで作るはずの井戸は板製となり道路の幅員は2間にとどまり、防波堤はまったく未着工の状態であっ

た。それにもかかわらず，会社側は早期移転を督促し測量を開始した。これに対し住民側は会社の約束不履行を理由に測量を拒絶して移転を拒否する同盟を組織し，総督府等への陳情も行った。こうした住民の動きに対し，会社側から諸種の切り崩し工作が行われたという[21]。

　上記の内容がすべて事実かどうか判然としないが，用地買収をめぐって住民との摩擦があったことは確かであろう。

企業城下町の建設

　工場とともに，諸般の施設が朝窒により建設された。白石は以下のように述べている。

　　　片や何分人跡稀な厳寒の北鮮の高原であり，片や名もない戸数百数十戸の北鮮の一寒漁村であるのでその準備工事がまた大変で，それだけでも立派な事業である。煉瓦工場の建設に始まり事務所，倉庫，居住設備はもちろんのこと娯楽設備，運動設備はもとより病院，学校，郵便局，役場，集会所，警察署から末は焼場に至るまで準備された。これらは全部煉瓦造りの耐寒建物で，水洗便所を持ち完全に電化され，冬は蒸気暖房の設備を完備していた。これらの福利厚生設備は終戦直前には約300万坪の敷地を占めていた[22]

　そのなかで，病院・供給所・娯楽施設・教育施設・公共施設・体育施設等は以下のように整備された。すなわち，工場の建設が始まった1927年に仮病院，翌年に附属病院の本館，その翌年に病棟が建設され，柳亭里・九龍里・本宮には分院が設置された。日常生活品の供給のために，いわば工場直営のスーパーマーケットである供給所が設置され，工場の本事務所の隣に本店が，その隣に付属商店（理髪店や会社食堂等を含む）ができた。ほかに三中井百貨店や丸善書店の支店も進出したという。娯楽施設としては倶楽部が2つ設置され，教育施設としては工場建設と同時期に興南小学校が建設された。小学校の敷地は社有地を無償供与し，建設費用も会社が寄附した。警察官駐在所や郵便局も会社の費用で建設された。そして，体育施設としてテニスコート・グラウンド・プール・ゴルフ場等が建設された[23]。このように，朝窒は教育・公共施設も含め諸施設を自ら建設することで，整備された企業

城下町をつくり上げた。「興南の建設は，いわば完全な都市計画であり，地域総合開発計画であった」[24]といわれるゆえんである。それは，「戸数百数十戸の北鮮の一寒漁村」にすぎない興南を急速に開発するために，必要な手段だったのであろう。

興南の生活

こうしてできた興南の町における日窒（朝窒）従業員の生活は，以下の通りであった。2名の回顧をあげよう。

　　　日本人はたくさんいても，社宅などに集結していて，従業員専用の社員クラブや，今でいうスーパーのような会社直営の供給所はあっても，日本人個人の店は本屋，カフェー，飲食店の他はほとんどなかった。学生時代，東京で時を過ごしたレコード喫茶店などは，もちろん一軒もなかった。日勤の独身社員は，寮で夕食を食べてから，勉強や読書に夜を過ごす人，レコードを聴いて過ごす趣味の人もいたが，寮の友人と雑談したりしたあげく，クラブや飲食店に飲みに行く者も多かった[25]

　　　飲みにゆくといえば，十二，三キロはなれた道庁所在地の咸興で，芸者をあげて飲んだものです……工場周辺は，排気のために，お世辞にも空気がよいとは思えませんでしたが，歩いて三十分も離れると，静かな小山が連なり，機動車といっていた新興鉄道の終点から歩くと，奇岩怪石の西湖津，白砂青松の麻田など，すばらしいところでした。鷹峰里の裏の三角山では，鈴蘭も自生していました。日曜日には，グループ単位で，コッフェルにすき焼の材料をととのえて，よく歩いたものです[26]

必要な施設は日窒がほぼすべて建設したため，従業員は生活の不便は感じなかったが，個人の店など生活を楽しむ施設は乏しかった[27]。一方，工場周辺から少し離れると豊かな自然に恵まれたことがわかる。

2.2　永　　安

他の地区も，日窒（朝窒）が企業城下町をつくり上げた点で興南と同様の性格をもつ。ここでは永安を取り上げる[28]。1930年代中頃における，永安工

場とその周辺の諸施設を含めた地理状況は以下のようであった。すなわち，日本海沿いに北へ向かう鉄道の急行で咸鏡北道に入ると，漁港で物資の集散地でもある咸鏡北道有数の町城津，国境の町恵山鎮への鉄道の分岐駅で日窒の採炭場もある吉州，永安を管轄する郡庁の所在地明川を過ぎて十数分で永安駅に到着する。鉄道の進行方向に沿って駅の左側，すなわち西に向かって市街が広がり，その先は蓋馬高原に連なる丘陵である。駅の右側は農地でそのなかを日本海に注ぐ川が流れ，その先も丘陵地帯だった。駅の西側に工場が続き，工場を越えた先が日本人町になっていた。そのはずれに社宅街が並び，山側から工場に向かって工場長・課長・係長・一般社員の順に赤煉瓦造りの平屋が整然と配列されていた。一般傭員向けには，明鏡寮という独身寮兼工場クラブがあった。これに対し，朝鮮人町は日本人町の北側の川を隔てた先に存在したという。後述する興南同様，植民地企業城下町永安では，住宅施設は日本人と朝鮮人とに截然と区別されていたと見られる。明鏡寮の横に郵便局，次いで工場社宅の自動電話交換所があり，道路を挟んで前に供給所・付属病院・日本人小学校が並び，小学校の横に広い運動場があった。上記の諸施設に加え警察署・神社・寺院等がいずれも日窒によって建設され，工場従業員とその家族が 2000 名，他の日本人 2000 名，朝鮮人 1 万人以上が居住した。供給所・病院・小学校は，従業員だけでなく地域住民の生活のよりどころであった。山あり，谷あり，高原あり，ほとんど無人の境を走る鉄道沿線に忽然として現れる一大企業城下町が永安であった[29]。

　こうした性格をもつために，永安地区における日窒の権威は非常に大きかった。元永安工場長芦村和人の回想はその点を如実に示している。

　　　（1945 年正月に―引用者注）鮮人小学校の式に出席した。式が始まろうとする時であった。私の来校を知り，どよめきが起こり，一度壇上に立った校長が，私のところに寄ってきた。一方，末席にあった椅子が最上席に運ばれ，私にすすめた。式が終り，宴会となった。永安工場長の来校は初めてといって，たいへんな喜びで，代る代る酒をすすめられた……

　各係の増産にともない，工員の不足をきたしたが，内地人の入社はな

く，鮮人に頼らざるをえない状況であった。優秀な鮮人を求めるには，鮮人社宅の必要が感ぜられた……これを毎年の継続事業として，鮮人工員の上席より，順次入宅を許すことを発表した。これが鮮人間にたいへんな好評となり，地整し工事には，多くの奉仕もあった。鮮人小学校は，一学級が六十人を越す教室もあり，これを五十人にしても，四教室の増設を要することは聞いていたが，来年の入学期までに，ぜひ増加したいので，ご援助を願いたいと，邑長より要請があった。会社では社宅建設に使用した後の残材が，なお相当あったので，これを寄贈することに稟議書を提出し，通過した[30]

「鮮人小学校」の式に出席した際の周囲の反応は，永安工場長の権威の大きさを示すが，それは教室の増設や「鮮人社宅」の建設など，朝鮮人の福利厚生に関する権限も日窒が保持したことに基づいていた。

3　植民地企業城下町の実態とその変容

3.1　1930 年代における朝鮮人の労働運動

興南工場では，発足当初から朝鮮人労働者を採用した。当初は通勤工を中心としたが，次第に社宅住まいが増え，戦時期には彼らを中心とした多数の朝鮮人に依存するようになった。それは他面では，当該期の朝鮮で広汎に発生・展開したと思われる朝鮮人の労働運動への対処の歴史であり，研究史によれば運動は 3 期に分けられる。第 1 期は 1926（大正 15）～1933（昭和 8）年頃で，この時期は興南工場での労働組合運動の開始と，多数の労働者の逮捕・投獄を特徴とする。すでに工場建設中から，低賃金・長時間労働や無権利状態に対する朝鮮人労働者のストライキが発生していたが，1930 年代に入ると平壌・新義州・釜山はじめ朝鮮全土で労働運動が展開するなかで，1931 年 2 月に組織された朝鮮赤色労働組合咸興委員会の傘下で興南赤色化学労働組合が活動し始めた。同組合は，工場内で合成班・硫酸班・硫安班など 10 余個の下部組織を擁し秘密裡に運動を展開するとともに，親睦会・体

育会など合法的団体での活動を通じ組織を拡大した。しかし，その後興南では1933年まで3次にわたり1000余名の労働者が検挙され（「興南赤色労組事件」），運動は一頓挫した。

　第2期は1933～1936年で，1934年9～10月の争議をはじめ大規模なストライキ闘争が行われた時期である。赤色労組事件で一時破壊された組織は赤色読書会等を通じて再建され，小規模な争議を繰り返しながら1934・1935年にはメーデー，社会主義革命記念日等でビラ撒布等を行った。そして，運動は興南工場製錬部門朝鮮人労働者の一斉ストライキで頂点に達した。その直接的契機は賃金引上げ要求であった。当時の物価上昇により生活苦に陥った朝鮮人労働者は，1934年9月初旬に12名の代表を立てて待遇改善を要求する申請書を会社に提出した。これに対し会社側が陳情員の解雇を宣言したことを契機に，製錬部門労働者600余名は10月1日朝の出勤時から差別待遇撤廃・賃金引上げ・労働時間短縮等，12ヶ条の要求を提示してストライキに入った。争議の拡大を望まない総督府および朝窒は解決に乗り出し，翌2日興南警察署の調停に基づき首謀者の解雇と引換えに労働者の要求を容れる案を出した。これを受け，「解雇か就業か」という二者択一状況のなかで多数の労働者が就業していった。この争議は，むしろ朝窒の労務管理体制あるいは朝鮮人職工対策を強化する契機となったと見られ，以後大規模な争議は起こらなかった。なお第3期は日中戦争期以降で，この時期は朝鮮民族解放同盟の運動が興南にも広がり，肥料工場はじめ多数の労働者を組織化したとされるが，あくまで地下活動にとどまったと思われる[31]。

　以上のように，発足時から朝鮮人の労働運動に直面した朝窒は警察等と協力してこれに対抗した。その結果，1934年の大争議後は運動の沈静化に成功した[32]。

3.2　朝鮮人労働者の徴発

産業報国隊の徴発

　このように朝鮮人の労働運動を抑え込んだ日窒（朝窒）は，戦時期には労働力不足に対処するため産業報国隊，徴用工の順に朝鮮人を徴発した。その背

景として，1938 年 4 月公布の国家総動員法が，5 月の勅令により朝鮮にも施
行されたことがあげられる。さらに，翌 1939 年 7 月同法をもとに公布され
た国民徴用令は 1944 年 9 月まで朝鮮では正式適用されなかったが，事実上
は徴用が行われたと見られる[33]。日窒における産報隊の徴発の経緯は，同社
で朝鮮での労務管理を担当した鎌田正二によれば以下の通りである。戦時後
期には日本人はもちろん朝鮮人の募集も難しくなったため，農村から朝鮮人
を強制的に工場に連れ出すことになり，最初に 2 ヶ月を期限とする産業報国
隊が徴発された。工場の雇傭係が産報隊の出動を総督府に申請すると，総督
府から道以下の行政単位に順次割り当てられ，面が出動可能者の名簿から隊
員を選び，順番を決めて送り出した。

　産報隊が面を出発する時は，工場から雇傭係の係員が迎えに行く。面の事
務所や小学校に集めて産報隊の結成式を行い，式が終わると「産業報国隊○
○郡第一隊」等と旗を立て，面の役人が付き添い出発した。彼らを乗せた汽
車が興南駅に到着するのは，真夜中か早朝が多かった。管理係の係員たちは
彼らを駅に迎えて合宿所に連れていき，六畳の部屋に 4〜5 人を割り当て，
作業服の上下と地下足袋を支給し，翌朝入場式を行い各課係に配属した。そ
して日本人従業員のなかでも優れた者を指導員に充て，職場での指導や生活
の世話をさせた。また，職場の課長や係長も産報隊の宿舎に泊まり込んで指
導にあたった。しかし，産報隊員にとって工場の生活は快適ではなかった。
そもそも彼らは日本語を話せなかった。学校教育が普及して青少年は日本語
を読み書きできたが，農村から産報隊に出された人びとは年配者が多かった
からである。農村の静かな雰囲気で育った彼らには，郷里を離れ合宿所で集
団生活を送ることも難しかったが，それ以上に工場の作業が苦痛だった。亜
硫酸ガス・アンモニア・塩素などの臭気，機械の騒音，突然動いてくるト
ロッコ等に接し，工場は恐ろしいと感じたに違いない。その結果トロッコの
間に挟まれての死亡，デッキから下に落ちての死亡等，通常考えられない事
故が産報隊には月に 1〜2 度も起きた。死体は付属病院の死体安置室に運ん
で棺に入れた。亡くなった産報隊の面からは，役人とともに遺族が来て号泣
する。鎌田らはその応対に苦労したが，次第に慣れていった。

　産報隊はこうした状態だったため，逃亡者が後を絶たなかった。興南到着前や到着して数日の間にかなりの逃亡者が出て，2 ヶ月の期限が来る前に誰もいなくなる隊もあった。そこで，鎌田らは逃亡防止に努力した。食事に気を配り焼酎や煙草の配給を増やし，たびたび慰安会を開いた。ブラスバンドがトラジを演奏すると彼らは大合唱し，舞台に上って踊る者もいた。やがて徴用令が適用されて産報隊は徴用工へと名称を変えたが，その実態は変わらず逃亡者も減少しなかった[34]。

徴用工の徴発と終戦翌日の状況

　徴用工の徴発は，日窒では以下のように行われた。すなわち，当時日窒社員の小山謙一は 1944 年初頭頃に興南金属工場に朝鮮人を徴発すべく，総督府に要請に行った。担当の局長がいうには，徴用工の成績は朝鮮では非常に悪い。三菱鉱業の採鉱所・鉄山に申請通り 300 名ずつ入所させたところ，2 ヶ月経たずに大半が逃亡し，残留者は 10 名前後という有様である。もし，そのうえに日窒に徴用工を出して同様の歩留まりになると，朝鮮では徴用は事実上不可能となる。興南工場の重要性はわかるが，歩留まり向上の見通しがつくまで見合わせたいという意見であった。そこで小山は三菱鉱業を紹介してもらい，まず会社側の見解を聞き，次に鉱員合宿で残留徴用工の話を聞いた。徴用工は食べ物がまずい，宿舎が汚い，作業服や靴の予備がない，家庭の事情で当人が抜けられぬのを無視して連れてこられた等と主張した。これを踏まえ小山は総督府に対し，申請数に満たなくとも無理に徴用しないでほしい，徴用工の待遇は会社として善処する，その他の要望もできるだけ配慮すると述べて申請書の提出を願い出たところ，本府で検討したうえで道庁を通じ連絡すると返答された。3 日後に申請書を提出するよう連絡があり，早速道庁を通じて提出した。1944 年 2 月，100 名の申請に対し 50 名が興南に到着した。一般工のなかから優秀な者を指導に充て，現場の課長にも経緯を話し，仕事の指示を明確にするよう依頼した。その結果，ともかくも 1 ヶ月後まではほぼ全員の残留に成功したという[35]。

　しかし，このように必ずしも本人の意に沿わぬ徴発と労働だったため，徴用工は終戦翌日にはいち早く退去した。道庁からの徴用解除の通知を受けて

旅費を払って帰郷させたが，それを待たずに退去した者もいた。その他囚人や英国兵・豪州兵の捕虜も就労を中止した結果，労働力の大半を占めた従業員以外の労働者はすべて工場を去ったので，出勤する者は従業員だけとなった。朝鮮人従業員のなかには故郷に帰る者も，出勤しない者もいたが，概して日本人も朝鮮人もその日は通常通り工場に出勤した[36]。

3.3　朝鮮人労働者の増加とその態様

朝鮮人労働者の増加と待遇の格差

　鎌田によれば興南工場の従業員は当初日本人のほうが多かったが，戦時期に朝鮮人労働者を強引に集めた結果その比率が次第に上昇し，1940 年頃から日本人を上回った。特に戦争末期には，日本人従業員の入営・応召者が急激に増加して在籍者の 3 分の 1 を超え，各工場における日本人の比率が 2 割以下となったことから，朝鮮人労働者の量的重要性が増した。そして，彼らのみで工場の通常の操業を行うことも可能になっていた[37]。しかし，日本人と朝鮮人の待遇には差別的な格差があった。まず賃金について，1934〜1935年頃の日本人労働者の 1 日の最低賃金 65 銭に対し，朝鮮人の賃金は 45〜55銭であったとされるが，日本人には朝鮮の僻地に呼び寄せるため本国での賃金に加え既述の 15％の在鮮手当がついたが，朝鮮人にはもちろんなかった。そして残業手当も存在しなかったため，両者の賃金は倍ほど違っていたという。さらに，ある年 10 月の事例では朝鮮人労働者のみ道路維持・修繕費として 40 銭差し引かれる等，種々の名目の税金を役場と会社だけの了解で賃金から無断で控除された。次に，職制においても興南工場の肥料部門ではその中枢部門から朝鮮人は排除され，一方日本人の多くは労働過程を指揮・監督する立場に立つことができた。この傾向は，1944 年 10 月現在の興南工場群の民族別職階別人員構成表でも確認でき，10 段階に分類された人員構成において工長の大半は日本人で朝鮮人は 1 名にすぎず，さらに役付職工（工長・工員長・工員副長）では日本人は 1872 名で日本人工員全体の 34％を占めたが，朝鮮人は 495 名で朝鮮人工員全体のわずか 3％であった。そして朝鮮人職工の大半は，2 等職工と試工員という最低ランクに留め置かれた

という[38]。

朝鮮人への在鮮手当の試み

　もっとも，日窒がこうした格差を固定化させていたわけではない。鎌田によれば，興南工場では1945年に朝鮮人従業員にも在鮮手当をつける措置がとられようとした。既述のように朝鮮人労働者の比率が上昇して工場を運転するうえで不可欠の存在となり，質のうえでも日本人に劣らなくなってきた。日本人従業員のなかに役に立たぬ者がかなりいる反面，朝鮮人従業員は産報隊等を除き選択が利くだけ優秀な者が多かったという。そこで，興南工場勤労課次長の山田一夫は「内鮮一体」のため朝鮮人にも在鮮手当をつけるべきだと主張し，鎌田も賛成した。この問題は興南地区の勤労関係者の会議で討議され，7月21日から実施と決まった。この内容は8月15日の『京城日報』で報道されたが，それは奇しくも終戦の日だった。そして，朝鮮人従業員への初の在鮮手当を含んだ8月分給与は工場の接収によって従業員の手には渡らなかった[39]。

朝鮮人間の関係

　日本人と朝鮮人の関係のほかに，朝鮮人間の問題が存在した。すなわち元日窒社員の鈴木音吉の回顧によれば，仕事の能力や態度等に優れた朝鮮人従業員でも，ひとたび上司に認められて昇級や役付等への昇進が判明すると，周囲の同僚たちが一転して非協力的となった。出世を嫉妬したのか，あるいは出世して日本人と接近するのを民族的な裏切りと考えたのか判然としないが，日本人との待遇格差は朝鮮人自体の問題にも起因していると鈴木は指摘している[40]。

3.4　社宅の建設とその内容，そして強制移住

　日窒（朝窒）は朝鮮北部に企業城下町を構築する一環として，社宅（寮，合宿所）を建設した。それは既述した朝鮮勤務の条件面での問題を補うため，あるいは特に阿吾地など厳寒の地という気象条件を考慮して，概して本国よりも豪華・快適であった。興南を中心に見ていこう。

間組による社宅の建設

　社宅等の居住施設は，主に建築業者の間組によって建設された。すなわち同社員の宮塚利雄によれば，1927 年 6 月に同社朝鮮支店は創立間もない朝窒から「西湖津工場社宅新設工事」を 24 万円で受注した。朝窒の建築工事は他の単発的なものと異なり今後も継続的な受注が期待できたので，それに対応すべく間組は 12 月に朝鮮支店建築部を設置した。

　朝窒発足以来急速な発展を遂げる興南は，1930～1931 年頃に人口 2 万 5000 人を擁する興南邑となり，市街地形成もあわせて進んでいた。当時約 8000 人にのぼった朝窒関係の従業員は，2000 戸の世帯と 1000 人の独身者を収容する社宅に居住した。煉瓦建ての社宅は工場に隣接して，あるいは海浜近くに整然と棟を並べ上下水道・蒸気暖房・汚水浄化装置等の諸設備が完備した住宅街を形成した。社宅は日本人と朝鮮人，社員・準社員・傭員の身分によって異なり，社員でも職位によって単独社宅か連立（アパート）式に，さらには住宅構造やサイズが 1A・B から 5A・B までの 10 クラスに厳密に区別された。いずれの建物も耐寒性を重視してコンクリートか赤煉瓦造りであったが，土地代が廉価で，工程が一貫した同一規格の大量建築のため建築費用も安くついた。1 世帯あたりの建坪は 30 坪くらいが平均で，職位が上がるほど大きくなった。これら日本人の社宅は湖南里・九龍里・雲城里・柳亭里・本宮にあった。炊事には安い電気を豊富に使うことができ，スチーム暖房とスイッチ一つで蒸気が噴き出す自動風呂を備えたため冬でも室内は春のようであり，便所はもちろん水洗だった。日本人従業員は他人が想像するほどには冬の生活を苦痛に感じず，むしろ火鉢に縮こまる本国の冬を気の毒がったというが，豊富な暖房設備を駆使した快適な生活は興南の象徴であった。これに対し，朝鮮人従業員の社宅は当初はなかったが，自宅から通勤する朝鮮人だけでは不足してから興徳里・鷹峰里・西本宮・龍興里・雲中里等に社宅が，荷徳里・徳里・復興里に独身寮が建設された。朝鮮人の社宅は，水道も便所も共同で暖房もスチームではなくオンドル式だった[41]。

　こうした社宅は興南をはじめ阿吾地・永安・青水・吉州など各地で見られたが，耐寒性を最優先した構造，資材および建築工程の一貫組立システム化

等の点で本国の社宅よりも近代的だったとされる。そして，職位・民族によって社宅の大きさが厳然と区別された住宅構造であり，日本人のみが会社から供給される豊富な湯と廉価な電気を使用できるという特徴を有していた[42]。

社宅の内容

　興南の社宅は既述のように1Aから5Bまでの10クラスに分かれ，1区が社員用，2区が準社員用，3〜5区が傭員用であった。1区の社員社宅はさらに工場長級・部長級・課長級・係長級，そして一般の社員級に分かれていた。社員住宅は全部一戸建てで工場長級は7部屋ほど，部長級は4部屋ほどあり，ほかに食事部屋・女中部屋もあった。一般の社員社宅は通例八畳が2間，六畳が1間だった。2区の準社員社宅は2戸建てで六畳2間と四畳半1間であり，3，4，5区は傭員社宅で3区は組長が，4，5区は一般の工員が入居したが六畳と四畳半の2間しかなく，組長たちは自費で1間継ぎ足していた。傭員社宅は1人入って炊事するぐらいの狭い炊事場があり，その横に男女兼用の水洗便所がついていたが洗面所はなかった。準社員社宅は炊事場が少し広く，便所も男女別々となり，廊下と洗面所があり窓も洋式であった。風呂があるのは社員社宅だけだったが，準社員社宅ではスチームの湯を使うことができ炊事場の土間も広かったので，風呂桶を自分で用意して入浴できた。このように興南の社宅は階級によって格差があり，傭員社宅は「よくあんな所で生活ができたと思うぐらい」狭かったが，電気が豊富に使えるという共通の利点があった。社宅料は水道料・暖房料等を合わせ普通工員で5円55銭／月程度であった。これに対し朝鮮人社宅は2円35銭と日本人社宅よりも安かったが，日本人とはまったく別の居住区があてがわれ，造りも泥壁の四畳2間に既述のオンドルがつき，窓もガラスではなく障子であった。

　朝窒の従業員やその家族による社宅の評価については，宮塚が紹介する以下の聞き書きが参考になる。

　　　　社宅はどこも冬の間スチームが入ってるし，住みよかったですよ。暖かくて暖かくて，真冬に浴衣でよかった。洗濯と風呂が楽ですよ。3区住宅でも，思い思いブリキで風呂桶作って炊事場に据えて，外のドレンの熱湯をバケツで2，3杯汲んで来て薄めて入ったあとで，洗濯しより

ましたもんな。部屋の中に下げとけば，朝はもう乾いてます。それで私
は，晩にばっかり洗濯しよりました。外にでも干したことなら，冬は
凍ってしまって，2 日しても 3 日しても乾かんですよ

　うちも 3 区でした。炊事は電熱器ばかりです。もう薪物焚くこともい
らん。朝起きて釜にスイッチさえ入れとけば，もう御飯ができましてで
すねぇ。1 キロワットと 500 ワットの電熱器 2 台でした。使ってる人は
何台も使ってなった……釜はユートピアといって，御飯ができたとき切
れるようになっているのがありました。今の自動炊飯器みたいな釜で
す[43]

　日本人社宅にも社員・準社員・傭員という職位により住宅に格差があった
が，狭さが強調される傭員社宅でも，在来式の朝鮮人社宅とは異なり低廉な
電気料のもとでスチームや電熱器を自在に利用でき，概ね快適と感じられた
ことがわかる。

強制移住の概要

　社宅がこのように快適で，また朝鮮人社宅との格差が大きかっただけに，
敗戦後の後者への強制移住は日本人従業員には衝撃であった。興南地区にお
ける強制移住の概要は，森田芳夫によれば以下の通りである。すなわち，
1945 年 9 月 15 日午前 9 時頃，突然社宅移転の命令が朝鮮人労働組合から九
龍里および雲城里の日本人地区事務所に通達された。雲城地区は水西里の朝
鮮人社宅に，九龍里地区は龍岩里・雲中里・九龍里海岸社宅・西本宮朝鮮人
工員社宅に移転すること，社宅は本日午後 3 時までに明け渡すこと，家具・
書籍は全部残すこと，当座の生活用品および 15 日分の食糧のもち出しは許
可するという命令であった。本日午後 3 時という期限は，のちに翌日午後 3
時に延期された。この時に 3500 名が移動した。次いで 20 日に湖南里に住む
3500 名が興徳里に，柳亭里の 8500 名が厚農里・柳亭里の日本人工員合宿・
庄司社宅・鷹峰里社宅・松ヶ枝町遊郭に移り，21〜23 日に本宮社宅の 7000
名が西本宮・龍興里・興徳里・徳里に移転した。この時は先の条件が緩和さ
れて，家具を除いて衣類は全部運んでよい，運搬に牛車を使用してよいこと

になった。移転先では1坪3名を原則とされ，四畳2間の1戸に2世帯から3世帯が雑居した。さらに，柳亭里の日本人工員合宿が日本人捕虜の収容所になったので，21日にそこに移転してきた450世帯2273名は，10月18日に立退きを命ぜられた。また11月中旬には，松ヶ枝地区に伝染病院を設けるためそこに移っていた約500名が移動を命ぜられ，一部が富嶽寮（元製錬所の朝鮮人合宿）に収容されたほか，厚農里・鷹峰里・九龍里の社宅および庄司合宿に割り込んだ。これらには，さらに避難民が割り込み収容された[44]。このように，強制移住は敗戦1ヶ月後の9月15日に突然通達・実行され，地区ごとの差異を伴いつつ23日頃まで続き，10〜11月にも散発的に行われた。

強制移住の経緯

　次の鎌田正二の記述は，強制移住はその経緯自体が日本人にとって悲惨な体験となったことを伝えている。

　　興南工場の日本人従業員をひとりのこらず避難民の状況に追いこんだのは，9月15日から9月22日にかけての社宅追放だった……9月15日午前9時ごろ，社宅移転の命令はとつぜん労働組合から九竜里と雲城里の地区事務所に通達された……この命令が各社宅に伝えられたのは，午前11時ごろであった。人口およそ三千の九竜里，雲城里地区は，混乱のるつぼと化した。

　　どの家も口惜しさで焼けるような胸をいだいて，もって出る品物の選択，その荷造りに大わらわだった。男はどなり，女は泣き，子供たちはわめいた。どの家具も，どの着物も，どの書籍も，すべて営々として働いて得た収入で，ひとつひとつ買ってきた大切な品である。敗戦国民とは言え，こんな無法な方法で置いてゆかねばならぬとは，だれもが胸がはりさける思いであった。

　　家の外では，家具類をもって出させまいと歩き廻る赤腕章の自衛隊員，投げ売りする品物を二束三文で買いとろうとするもの，何かうまいことはないか，隙があったらとってやろうとするものたちが，社宅の外にむらがった。その群のなかで，あとに入宅する朝鮮人が，家財道具をなるべく多く置いて行かせようと監視していた。

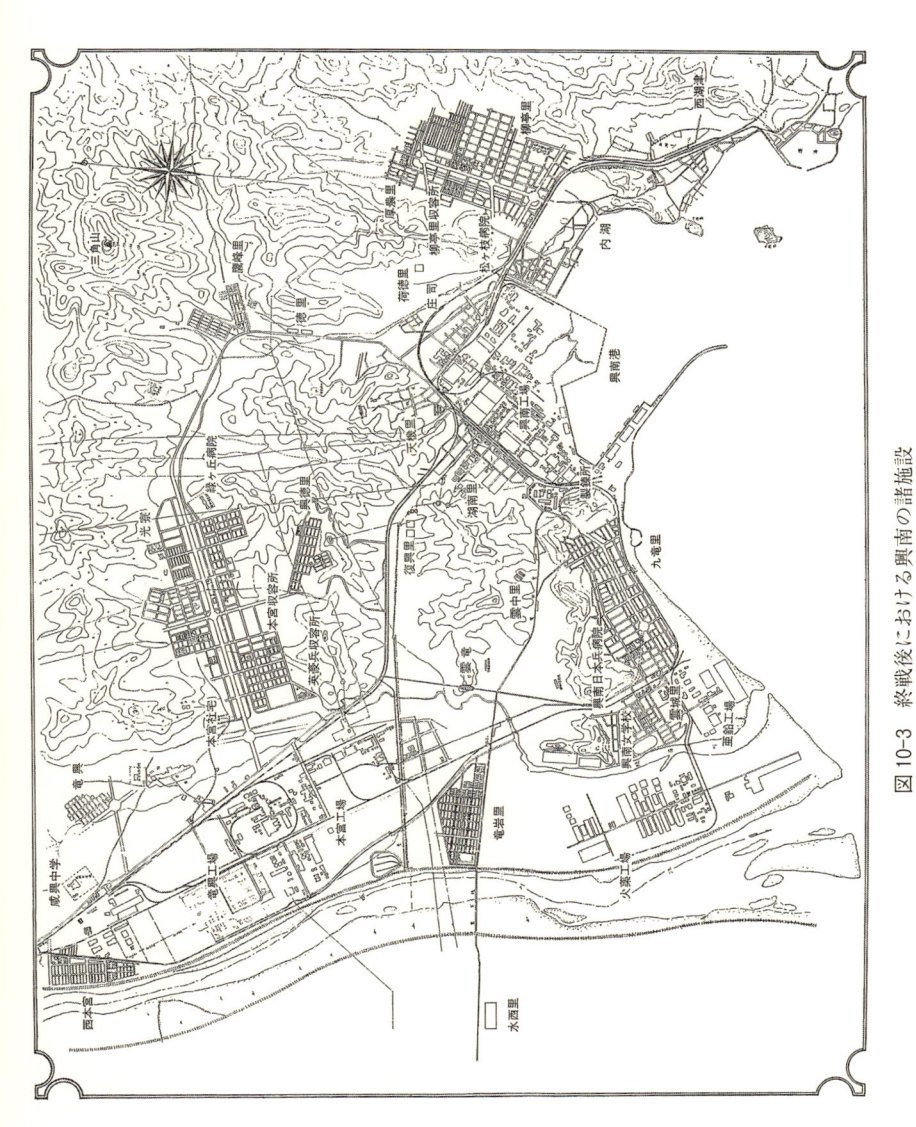

図10-3 終戦後における興南の諸施設

出所) 鎌田正二『北鮮の日本人苦難記』時事通信社, 1970年, 76～77頁

　まことに過酷な命令だった。五，六キロもある水西里や西本宮に，一回で持ってゆけるものなど，ほんとうにわずかである。牛車やリヤカーも使ってはいけないという。朝鮮人の手伝いをたのむこともできない。人々は泣く泣く外へ出た。あとはすぐ自衛隊員がやってきて釘づけにし，あるいは朝鮮人が間をおかずに入宅した……混乱のなかで気の顛倒した日本人は，荷物を家からできるだけ運びだすと，荷物を道路においてつぎの荷物を運ぼうと家のなかにはいってゆくと，そのあいだに朝鮮人に道に置いた荷物を盗まれるという被害が続出した……

　新興鉄道の線路にそって，九竜里から本宮方面に通ずる道は，竜岩里，水西里，西本宮に移ってゆく人たちが蜿々（えんえん）と長蛇のごとくつづいてひしめきあった。ある人は奥さんの帯で行李（こうり）を引っぱってゆく人もいた。背にリュックサックを負い，前に乳呑児をいただいてゆく婦人もいた。そこへソ連兵がトラックでやってきて，りっぱなトランクがあると奪いとっていった……

　かくして日本人従業員は朝鮮人社宅に押しこめられた。せまい一戸の家に，二家族も三家族もつめこまれ，昨日にかわる惨めな生活におちた。そしてこの家でソ連兵の掠奪暴行と，そして寒く食糧のたえた冬を迎えるのである[45)]

　このように，9月15〜16日に唐突に無茶な方法で行われた強制移住の際，朝鮮人・ソ連兵の略奪によって日本人は家財道具のほとんどを奪われた。そして移住先で再度の打撃を受けることになる。

朝鮮人社宅の生活

　鎌田は狭い朝鮮人社宅に数家族が押し込められ，しかもオンドル住宅の炊事・暖房に必要な燃料が欠乏した様子を以下のように述べる。

　　ひとつの部屋に，一家族が東に頭をむけると，別の家族は西をむくという具合に，いくつもの家族が入れちがいに寝たり，押入れの中に寝るものもいたりして，ひしめきあった。この窮屈なつめこみは，やがて発疹チブスが流行しだしたとき，収拾のつかぬ状態をまねいた。

　　燃料の不足も甚だしかった。前には暖房はスチームで，炊事は電熱だっ

たので，家庭で燃料の心配はあまり必要でなかったが，この温突の住宅に移ってからは，炊事にも暖房にも燃料が必要であった。しかし燃料は高価であった……飯をたくのにさえことかき，温突をあたためる燃料どころではなかった[46]

また，同様に強制移住の当事者の一人であった元日窒社員の原田卓夫は，移住先での食糧確保の苦労を以下のように伝えている。

　　職場を追われ，給料はもらえず，貯金は凍結され，食糧の配給も止まり，どうすることもできない。持ち物を売ったり，物々交換で朝鮮人から食糧を得るよりほかに，方法はないのである。市場でもっとも安い食べものは，青かびの生えた豆粕，つぎが精白してない高粱である。いずれも半日ぐらい水をかえながら煮て，あくぬきをしないと，下痢をおこす。しかしこれらも，お金がなければ手に入れることはできない[47]

強制移住の結果，日本人はそのままでは生活あるいは生存自体が成り立たない状態に追い込まれたのである[48]。

3.5　朝鮮戦争における興南工場群の爆破とその後の復興

第二次大戦中を通じて興南は大きな戦場とならなかったため，諸工場に福利厚生施設も含め企業城下町興南は北朝鮮政府にそのまま引き継がれた。そして，第 11 章で述べる日本人技術者等の指導により，興南工場群は一時期の混乱から復旧した後は終戦前と比較的近いかたちで操業されたと見られる。それらを破壊したのは朝鮮戦争であった。その経緯と戦争後の復興について，鎌田は以下のように述べている。1950 年 6 月 25 日に北朝鮮軍が 38 度線を越えて韓国に侵入し，朝鮮戦争が始まった。アメリカ軍はこれに応じ翌 26 日から行動を起こしたが，北朝鮮軍の進攻の前に米軍は 7 月末には釜山に追い詰められた。そこで戦局を挽回すべく，北朝鮮各地の工場へ向けて B29 による戦略爆撃が始まった。それは城津の製鉄所・平壌の兵器廠・元山の製油所・羅津のドック・鎮南浦のアルミ工場にも向けられたが，最大の爆撃先は興南諸工場であった。7 月 30 日に最初の爆撃が火薬工場へ行われ，500 トンの高性能爆薬が投下されて工場の 80％が破壊された。次いで，8 月

1日にB29 50機は400トンの爆薬を肥料工場に投下した。工場は1万フィートに達する黒煙を上げて爆発し，埠頭設備を除き完全に破壊された。さらに，3日に本宮工場に400トンの爆薬が投ぜられ，電解ソーダ工場・カーバイド工場が破壊された。24日には興南製錬所に282トンの爆弾が投下され，91の大穴があいた。こうして興南諸工場は4回にわたり1500トンの爆弾に見舞われ，ほとんど壊滅した。

　勢いを得た米軍が9月15日に行った仁川上陸作戦によって戦局は一変し，北朝鮮は後退を余儀なくされ，今度は米軍が38度線を越えて鴨緑江を目指した。すると10月末に中国共産党軍が介入し，朝鮮北部は中国対米国の主戦場となった。米軍第一海兵師団は興南から咸興等を経て長津湖南岸のハガル里に達し，さらに北進して柳潭里に達した時に強力な中国軍と遭遇し，11月27日その重囲に陥った。興南に後退した海兵師団は12月11日から乗船を開始し，全兵力資材の搭載を終えた24日に興南港は爆破された。こうして7〜8月の爆撃を凌いできた興南港の埠頭設備を最後に，終戦前無傷だった興南工場群は朝鮮戦争で徹底的に破壊された。

　しかし，それらは間もなく復興した。日窒が築いた水力発電がその原動力となったが，日窒時代に興南工場で働いた，あるいは終戦後日本人技術者等によって指導・教育された朝鮮人労働者が復興の担い手となった。北朝鮮政府の刊行書によると，その後興南地区では肥料工場で硫安のほか硝安・過燐酸石灰を年間70万トン生産した。元の本事務所の建物は興南工業大学に使われ，湖南里の社員クラブは職場静養所となり，邑事務所は工場の託児所になったという。本宮地区では，調味料工場の城川江寄りの空地に塩ビ工場が建設され，龍興工場は政府が最も力を入れるビナロン工場となり，カーバイド・苛性ソーダ等の諸工場が同地区の主要部分を構成した。このほかに製薬・農薬・炭酸ソーダ・フェノールの樹脂の工場もあり，龍城工作所は北朝鮮で最大の機械工場となった。なお興南以外では，阿吾地は窒素肥料やメタノールを生産するほか原油加工の工場となり，永安ではホルマリンが生産されたという[49]。

　復興後の興南等の諸工場群の生産のあり方について詳細は不明だが，戦前

と大きくは違わない化学工業が展開したと見られる[50]。

おわりに

　本章の分析結果を要約し，興南等の植民地企業城下町の構築と実態および
その変容のなかに見出される特徴を示すと，以下のようになる。

　日本窒素肥料は 1920 年代後半から朝鮮に進出し，興南を中心とした工場
群で化学コンビナートを形成した。興南の開発は用地買収における住民との
摩擦を経つつ行われ，同社は公共施設も含め整備された企業城下町を構築し
た。そこでは，次第に比重を高めた朝鮮人の労働運動を 1930 年代半ばまで
に鎮圧し，戦時期に徴発した産業報国隊・徴用工を含め待遇に差別的格差を
設けた。福利厚生施設についても，廉価な電気を使用する快適な日本人社宅
とオンドル使用の朝鮮人社宅を区別した。しかし敗戦後に前者から後者への
強制移住が行われ，日本人は移住先の劣悪な環境に苦しむこととなった。そ
の社宅や工場を含め興南は北朝鮮に引き継がれ，朝鮮戦争で破壊された後も
復興したと見られる。

　以上の要約からわかるように，興南等は植民地朝鮮に進出した企業日窒
（朝窒）の利害に基づいて建設された町であり，いわば朝鮮を支配した日本人
による日本人のための町であった。興南では化学工業関連の諸産業・工場が
造られたが，それはすべて日窒によるもので，朝鮮人民族資本による関連産
業の形成を喚起はしなかった。ただし事業の展開に伴い，特に戦時期には日
本人の応召等もあり朝鮮人の雇用が次第に増え，彼らのみで工場を操業でき
るレベルに達した。しかし日本人従業員との待遇格差は大きく，特に住宅の
差は歴然としていた。一方，この企業城下町は日本の敗戦により北朝鮮に引
き継がれ，朝鮮戦争を経つつも基本的に継承されたと見られる。ただしその
際に，日本帝国による支配の終了に伴う，支配する側とされる側の残酷な逆
転の過程を経ていることは見逃せない。

　以上の分析結果は日窒（朝窒）の一事例に基づくものにすぎず，今後他の都
市や企業城下町との比較・検証が必要である。

1）　ここでいう「植民地企業城下町」とは筆者が仮説的に設定した視点である。「特定の大企業や関連企業が集積することで，住民が主たる雇用機会を与えられる等，その企業が地域社会に対し政治的・経済的・社会的に大きな影響力をもつ町」というのが「企業城下町」の一般的な定義と思われるが，そこに「植民地の」という要素が追加されることで新たな性格——具体的には日本人と朝鮮人との格差等——が加わると想定し，その意味で用いている。

2）　主なものとして，下谷政弘『日本化学工業史論』御茶の水書房，1982年，姜在彦編『朝鮮における日窒コンツェルン』不二出版，1985年，大塩武『日窒コンツェルンの研究』日本経済評論社，1989年，堀和生『朝鮮工業化の史的分析』有斐閣，1995年，宇田川勝『シリーズ情熱の日本経営史⑨日本を牽引したコンツェルン』芙蓉書房出版，2010年，『風説の百年　チッソ株式会社社史』チッソ，2011年等があげられる。

3）　橋谷弘『帝国日本と植民地都市』吉川弘文館，2004年，11頁。

4）　本章が対象とする時期の朝鮮は概ね道—府・郡・島—邑・面—洞・里という行政区画をとっており，道が本国の都道府県に，以下府が市，邑が町，面が村，洞が字に相当した。

5）　外村大「植民地朝鮮に暮らした日本人」原尻英樹・六反田豊・外村大編著『日本と朝鮮　比較・交流史入門』明石書店，2011年，198頁。

6）　朝鮮経済史に関する膨大な研究史を整理する余裕も能力も現在の筆者にはない。差し当たり，金洛年『日本帝国主義下の朝鮮経済』東京大学出版会，2002年，5〜11頁の整理を参照されたい。

7）　以下，日本窒素肥料および朝鮮窒素肥料の事業展開については前掲注2の諸文献に依拠した。

8）　朝鮮の地名については便宜上日本語読みで統一した。

9）　朝鮮半島における興南および後述する永安・阿吾地の位置については図10-1を，興南の諸工場の位置関係は図10-2を参照。なお，1943年に水豊ダムの下流8kmの地点に建設した青水工場（日窒燃料工業龍興工場の分工場）でカーバイド等の生産を開始した。また合成ゴム製造を目的に1942年に日窒ゴム工業を設立し，1943年には青水の隣接地に南山工場を建設した。

10）　大石武夫「興南工場の終焉とソ連抑留」（『日本窒素史への証言』第20集，1983年10月）10〜11頁。大石は日本窒素肥料の常務取締役・興南本部長の時に終戦を迎え，ソ連抑留を経て帰国後新日本窒素肥料副社長・会長を歴任した。興南が邑から府に昇格したのは1944年である。新興鉄道は赴戦江工事用鉄道が1930年に独立し，興南を拠点に以後拡張を重ねたと見られる。「局鉄」は不明。また，「北鮮」等の差別用語は資料引用の際はそのまま使用した。

11）　なお，1941年12月に朝鮮窒素肥料は日本窒素肥料に合併された。本章で時折「日窒（朝窒）」等と記すのはこの点を考慮している。

12)　この点については，岡田時夫「日本窒素のプラスチックスと私」(『日本窒素史への証言』第 5 集，1978 年 11 月)122～123 頁に依拠した。

13)　工藤宏規は 1920 年東京帝国大学工学部応用化学科卒業後日窒に入社し，興南工場・永安工場の建設や阿吾地工場の設計等にあたった。のち日窒取締役・野口研究所理事長等を歴任する。

14)　なお，1939 年に舒蘭炭の液化を目的として満洲に吉林人造石油を設立したが，阿吾地同様不振で，1943 年に南満州鉄道の管理下に移され合成メタノールの製造へ転換した。

15)　宗像英二は 1931 年東京帝大工学部応用化学科卒業後日窒に入社し，延岡工場勤務を経て阿吾地に赴任して石炭液化に従事した。のち旭化成を経て日本原子力研究所理事長となる。

16)　以上の経緯については，宗像英二「阿吾地(石炭液化)工場の思い出」(『日本窒素史への証言』第 4 集，1978 年 5 月)23～88 頁，前掲注 2『風説の百年　チッソ株式会社史』116～120 頁を参照。なお，この石炭直接液化事業の評価については渡辺徳二編『現代日本産業発達史　XIII　化学工業　上』交詢社出版局，1968 年，388 頁を参照。

17)　「あとがき」(『日本窒素史への証言』続巻第 4 集，1989 年 4 月)中の，山野元造の手紙166～167 頁。なお興南へは，釜山からも「乗換時間を入れて，三十時間以上かかった」(昆吉郎「よきころの興南」(『日本窒素史への証言』第 11 集，1980 年 10 月，104 頁)とされる。

18)　以上は柴田健三「過ぎにし五十年間の反省」(『日本窒素史への証言』続巻第 1 集，1987 年 11 月)8～9 頁に依拠した。

19)　以上の経緯については，前掲注 2『風説の百年　チッソ株式会社史』67～68 頁，川村和男「日本窒素古書雑感」(『日本窒素史への証言』第 11 集，1980 年 10 月)209～215 頁に依拠した。なお，工場および周辺一帯が興南と命名された経緯については，宮川門「『興南』命名の由来」(『日本窒素史への証言』第 21 集，1984 年 2 月)104～106 頁を参照。

20)　白石宗城「日本窒素の思い出」(『日本窒素史への証言』第 1 集，1977 年 4 月)10～11 頁。白石は 1913 年東京帝大工学部電気工学科卒業後日窒に入社し，朝窒専務取締役を経て日窒専務取締役の時に終戦を迎える。のち新日本窒素肥料社長。

21)　以上は，堀内稔「朝鮮民衆との摩擦・抵抗」(姜編前掲注 2『朝鮮における日窒コンツェルン』)289～291 頁に依拠した。同論文では永安・本宮工場の用地買収にも言及している(296～300 頁)。

22)　白石宗城「特集興南工場(1)概説」(『化学工業』第 2 巻第 1 号，1950 年 12 月)38 頁。

23)　以上は辻原万規彦「旧朝鮮窒素肥料興南工場の社宅街について」(『日本建築学会九州支部研究報告』第 49 号，2010 年 3 月)492 頁に依拠した。なお，病院の整備の経緯については村上竜男「日本窒素の医師三十四年」(『日本窒素史への証言』第 10 集，1980 年 6 月)38 頁を参照。

24)　吉岡喜一『野口遵』フジ・インターナショナル・コンサルタント出版部，1962

年，176〜177頁。

25)　草間潤「興南時代の回想」(『日本窒素史への証言』続巻第14集，1991年10月)19頁。

26)　中川幸夫「興南の企画のころ」(『日本窒素史への証言』第2集，1977年11月)102〜103頁。

27)　この点について，鎌田正二も「従業員も土地の人も供給所で買い物をしたので，商店はあまり発達せず，わずかに天機里に料理屋やバーとともに二，三十軒の店があって商店街をなしているくらいであった」(「一　興南工場」同『北鮮の日本人苦難記』時事通信社，1970年，10頁)と述べている。鎌田は1939年東京帝大経済学部卒業後日窒に入社し，翌年から興南工場勤務となる。終戦後はチッソ石油化学等を経て千葉ファインケミカル社長。

28)　阿吾地については柴田健三「興南赴任から積水転任まで　三十年間の日本窒素生活を顧みて」(『日本窒素史への証言』第13集，1981年7月)80〜81頁を，青水は北川勤哉「青水工場の記」(『日本窒素史への証言』第3集，1978年4月)48頁および田代三郎「特集興南工場(14)青水，南山工場」(『化学工業』第2巻第1号，1950年)96〜97頁を参照。

29)　以上は深沢英一郎「興南，永安時代のことども」(『日本窒素史への証言』第30集，1987年5月)46〜47頁および佐々木保「特集興南工場(13)永安工場および阿吾地工場」(『化学工業』第2巻第1号，1950年)92頁に依拠した。

30)　芦村和人「鏡，延岡，興南，永安の思い出」(『日本窒素史への証言』第8集，1979年11月)53〜54頁。

31)　以上は，小林英夫「1930年代日本窒素肥料株式会社の朝鮮への進出について」(山田秀雄編『植民地経済史の諸問題』アジア経済研究所，1973年)154〜160頁に依拠した。

32)　この点については，堀内前掲注21「朝鮮民衆との摩擦・抵抗」も参照されたい。

33)　以上の労務動員の制度については春田哲吉『日本の海外植民地統治の終焉』原書房，1999年，42頁に依拠した。なおその実体については外村大「戦時下朝鮮の労務動員」(原尻他前掲注5)が詳しい。

34)　以上は鎌田正二「思い出の記　その三　興南肥料工場勤労課時代」(『日本窒素史への証言』続巻第10集，1990年10月)123〜129頁に依拠した。なお，トラジはアリランと並ぶ朝鮮民謡の代表曲。

35)　以上は，小山謙一「入社より興南を脱出するまでの思い出」(『日本窒素史への証言』続巻第9集，1990年8月)98〜100頁に依拠した。

36)　以上は，鎌田正二「三　敗戦」(同前掲注27『北鮮の日本人苦難記』)35頁に依拠した。

37)　この点については第11章で改めて触れる。

38)　以上は，鎌田「一　興南工場」(同前掲注27『北鮮の日本人苦難記』)13〜15頁および小林前掲注31，179頁に依拠した。なお朝鮮人労働者の差別待遇については，糟谷

憲一「戦時経済と朝鮮における日窒財閥の展開」(『朝鮮史研究会論文集』第12集,
1975年3月),安秉直「朝鮮窒素における朝鮮人労働者階級の成長に関する研究」(同
第25集,1988年3月)も参照。

39)　以上は鎌田前掲注34,132〜133頁に依拠した。

40)　以上は鈴木音吉「九年間の興南生活断片(その一)」(『日本窒素史への証言』第28
集,1986年8月)33頁に依拠した。

41)　これらの社宅の位置については図10-3を参照。なおオンドルは朝鮮の伝統的な床
下暖房設備で,台所の窯で炊事をする際に発生する煙を床下に通すことで床から部屋
全体を暖めた。

42)　以上は宮塚利雄「日窒の朝鮮における事業展開と間組(二)社宅,半島ホテル,朝
鮮石油元山工場の建設」(『日本窒素史への証言』続巻第5集,1989年9月)73〜82
頁,鎌田「一　興南工場」(同前掲注27『北鮮の日本人苦難記』)9頁に依拠した。なお
野口遵の伝記の著者である吉岡喜一は,社宅や諸施設の建設が従業員の生活に特に留
意するという野口の強い意向に基づいていたと指摘している(前掲注24,277〜278
頁)。

43)　以上は引用を含め,宮塚利雄「日窒の朝鮮における事業展開と間組(五)半島ホテ
ル,社宅建設」(『日本窒素史への証言』続巻第13集,1991年5月)57〜62頁に依拠し
た。なお,「社員」「準社員」「傭員」の区別の詳細については確認できていない。ま
た,ドレンとは蒸気が液体に戻ったものを指す。

44)　以上は森田芳夫『朝鮮終戦の記録』巖南堂書店,1964年,226〜227頁に依拠した。

45)　鎌田「七　社宅追放」(同前掲注27『北鮮の日本人苦難記』)74〜82頁。ルビは原文
のまま。なお,強制移住先での「ソ連兵の略奪暴行」については同前掲注27「九
ソ連兵」87〜97頁を参照。「自衛隊員」の詳細は不明。

46)　鎌田「十一　生活の脅威」(同前掲注27『北鮮の日本人苦難記』)122頁。ルビは原
文のまま。発疹チフスの流行については第11章で触れる。

47)　原田卓夫「敗戦後興南よりの引揚余聞　カムチャッカ渡航団」(『日本窒素史への証
言』第15集,1982年5月)65〜66頁。ルビは原文のまま。

48)　こうした避難民生活を経ての38度線以南への彼らの「脱出」「引揚」については
第11章で詳述する。

49)　以上は鎌田「二十九　その後の興南工場」(同前掲注27『北鮮の日本人苦難記』)
414〜420頁に依拠した。なお,ビナロンはビニロンの北朝鮮での呼び名。また,「北
朝鮮政府の刊行書」の詳細は不明。

50)　戦後の朝鮮経済においてこうした「帰属財産」が果たした役割については論争が
あるが(堀前掲注2,300〜301頁,金前掲注6,217〜218頁を参照),本章ではこのよ
うに評価している。

第 11 章　朝鮮北部残留日本人の活動と「脱出」・「公式引揚」
—日本窒素肥料の事例—

内 藤 隆 夫

は じ め に

本章では日本帝国崩壊期から北朝鮮の成立期における朝鮮北部を対象とし，当地に一定期間残留した技術者等の日本人の活動，そこからの日本人の「脱出」と「公式引揚」，前者と関連した日本人世話会の活動等について，日本窒素肥料（日窒）を事例に検討する。

日窒の朝鮮での事業に関する研究は少なくない[1] が，敗戦後に同社の日本人従業員が人夫や技術者等として行った活動について，立ち入って言及したものはほとんどない。本章ではこの点を検証することで，当該期の朝鮮工業化の一面を示したい。また，植民地等からの引揚に関する研究も枚挙にいとまがない[2] が，そのなかで本章では以下の 2 つの課題に取り組む。1 つは，朝鮮北部からのそれを「脱出」と「公式引揚」に区別して論じる。GHQ とソ連の合意に基づき日本から派遣された引揚船による公式引揚以前は，悲惨な生活状況に置かれていた残留日本人が，引揚が認められないなかで闇船・鉄道・徒歩等の手段で 38 度線以南へと命がけで移動しており，それは「脱出」と呼び公式引揚と区別すべきであろう[3]。2 つ目は，これに関連して日本人世話会が果たした役割を考察する。その際，従来の分析が京城等南部の世話会中心であること[4] を考慮し，南部と比較しつつ興南等北部の世話会（居留民会）の活動を具体的に分析する。この 2 つの課題の検討を通じて，引揚研究の一事例を提供したい。

図 11-1　朝鮮北部

出所)『風雪の百年　チッソ株式会社社史』2011 年，165 頁を一部
加工

　以上の問題意識をもとに，本章では敗戦直後の 1945 年 8 月から公式引揚
が完了する 1948 年 7 月頃までの時期を対象に，日窒の事例に即して検討す
る。

1　敗戦と日本人世話会

1.1　ソ連の侵攻と敗戦，北朝鮮政府の成立

　1945(昭和 20)年 8 月 9 日，ソ連は日ソ中立条約を一方的に破棄して満
洲・南樺太・朝鮮北部の三地方に侵攻した。たとえば朝鮮最北部の咸鏡北道
羅津では，同日午前 0 時 30 分頃にソ連軍用機約 30 機が雄基を経て侵入し，
1 時間ごとに数編隊で羅津埠頭および市内要所に爆弾や機銃掃射等によっ

て，夜に至るまで攻撃を繰り返した。羅津府尹は翌 10 日に約 2 万人の府民一般に退去命令を発し，同じ頃に阿吾地等の地方住民約 5 万 5000 人も後方安全地帯へと緊急避難を開始したという[5]。14 日に日本はポツダム宣言受諾を連合国側に通告したが，朝鮮北部では日本側が停戦命令を各部隊に徹底できなかったこと，ソ連軍側が日本軍の抵抗を理由に空襲・進撃をやめず積極的に占領地域の拡大を図ったことから，19 日頃まで戦闘が続いた。その後 21 日に延吉で停戦協定が締結され，以後ソ連軍は朝鮮北部各地に続々と進駐し，8 月末までに日本軍を武装解除した。そして行政権の接収について，当初は 25〜27 日頃にソ連軍将校が「道行政は現在の道庁の機構に依り運営すべく，治安に付ては，特に責任を負荷す」[6] と申し渡したにもかかわらず，2〜3 日後に行政権はいっさい後述の人民委員会に引き継ぐべき旨の指示があり，日本側はそれに従うことになった。日本窒素肥料の朝鮮での事業の中心地であった興南を含む咸鏡南道では，25 日に成立した朝鮮民族咸鏡南道執行委員会が，「ソ連軍の命令の下に，同執行委員会が咸南の治安・行政いっさいをつかさどる」[7] ことを宣言し，行政権に加えて工場・事業場等を接収した。そしてあわせて日本軍人・警察官・幹部行政官等が拘引され，9 月下旬以降，彼らはソ連軍により反ソ活動者としてソ連に抑留された。

　この間，8 月 15 日に京城（ソウル）で朝鮮建国準備委員会が結成されると，以後北部でも各地でその支部ができ，ソ連進駐後は人民委員会と改称された[8]。その後 9〜10 月頃に，満洲で抗日ゲリラ活動を行った後に日本軍の掃討作戦で追われ，ソ連で政治教育と軍事訓練を受けていた金日成がソ連軍に迎えられ平壌入りした。そして，11 月に平壌で朝鮮北部五道（咸南北・平南北・黄海）の連絡機関として北朝鮮行政局が成立した。翌 1946 年 2 月には，平壌で朝鮮北部の各政党・行政局・道市郡人民委員会の代表による拡大協議会が開かれ，その結果これらを統一した北朝鮮臨時人民委員会（委員長金日成）が発足した。朝鮮民主主義人民共和国が成立したのは 1948 年 9 月である。それに伴い北朝鮮駐留ソ連軍は 10 月から撤退を開始し，12 月 26 日に最後の部隊が平壌を撤退した[9]。

1.2　日本人世話会の結成

敗戦から 1946 年前半頃までの興南の状況

　ソ連侵攻後の 1945 年 8 月〜1946 年前半頃に朝鮮北部に在留した日本人は，概して悲惨な状態に置かれた。興南の状況に関する次の報告を見よう。

　治安状況

　終戦後興南の治安は極度に悪化し，8 月 25 日「ソ」連軍の進駐と共に「ソ」連軍或は保安隊は拳銃を□して徹底的掠奪し，掠奪物資は貨物自動車により運搬せる有様で，9 月 10 月頃は特に酷く……

　日本人の集結状況

　終戦当時興南には約 1 万 9 千の邦人が居住していたが，其の後咸北会寧方面よりの避難民が集結せるため一時は 2 万 7 千に達したるが，9 月より 10 月の間に日本窒素鮮人専用社宅，産業報国隊員宿舎，寺院等に集結を命ぜられ，大体畳 1 枚 1 人位の割当で集団生活をしている

　生活状況

　終戦後興南在留邦人は朝鮮側機関より一人 1 日 2 合 5 勺（6 才以上）の配給を受けていたが，最近に於ては欠配が多く 1 ヶ月の中僅か 1 週間位しか配給されない日があるため，自然と各人が衣類其の他家財を売って生活しているような状態で，これも終戦直後の徹底的な掠奪を受けたため売るに物もない貧困者も相当に多く，又咸北会寧方面よりの避難民は途中に於て掠奪された上に，興南に到着して後は本年 2 月頃迄は全然配給がなく，僅かな家財を売っては漸く糊口を凌いでいる有様で栄養の失調により死亡する者も多く，その困窮振りを黙視するに忍□して 2 月より「ソ」連軍が一人 1 日 4 合の主食を配給している……

　衛生状況

　衛生状況については昨年 11 月頃より本年 3 月頃までの間発疹チフスが流行，栄養失調と共に 1 万近く死亡せるが，之等死亡者は埋葬されることなく附近の山や野原に其の儘放棄されている状態である[10]

　すなわちソ連軍の進駐後，彼らや朝鮮人保安隊による物資の略奪が相次

ぎ，住居も奪われた日本人は咸鏡北道からの避難民の到着後，「日本窒素鮮人専用社宅」等に集結を命ぜられて「畳 1 枚 1 人位の割当で集団生活」を余儀なくされた。そして朝鮮側から 1 人 1 日 2 合 5 勺の配給を受けることになったが，実際には欠配が相次ぎ，翌 1946 年 2 月にようやくソ連軍により 1 日 4 合に増配された。この間発疹チフス等の伝染病により死亡者が続出したが，その埋葬すら困難な状況に置かれた。

日本人世話会の結成とその活動

こうした状況に対処すべく，終戦直後から民間日本人の連絡機関として世話会が結成された。まず，京城で 1945 年 8 月 17 日に穂積真六郎[11]を会長として京城内地人世話会（のち京城日本人世話会と改称）が結成された。この模様はラジオで全朝鮮に伝えられ，24 日には朝鮮総督府企画課長が各道知事に促し，南部北部を通じた各地で結成されていった。

世話会の活動は，朝鮮南部と北部とで大きく異なった。京城を中心とした南部では，まず米軍による日本人の送還への協力，次いで北部からの脱出者の受け入れが任務となった。これに対し北部では，ソ連軍が日本人送還に当面まったく関心を示さないなかで，日本人を南部へ脱出させることが最重要任務となった。この点を詳しく見ていこう。まず，京城における世話会結成の当初の目的は穂積によれば，「京城在住者の保護，並びに財産に対する考慮」「南鮮及び北鮮引揚者の世話」「やがて進駐する米軍との交渉」[12]等とされる。そして，10 月頃に早くも開始された米軍政庁の日本人送還（「計画輸送」）に全面的に協力することとなり，日本人の引揚の世話の一環として 9 月から『京城内地人世話会会報』をほぼ毎日発行するなど情報の発表に努め，また日本人向けの医療活動等に従事した。京城では翌 1946 年 4 月頃に京城日本人の引揚業務は終了し，以後は北部からの避難民の受入送還の拠点としての業務が中心となった。すなわち京城に到着した脱出者を案内所で登録して戦災証明書を発行し，収容所に入れて注射を行い，援護物資と救済金および乗車券・乗船券を与え，釜山行きの列車に乗るまで面倒を見た。そして釜山の世話会は，京城から送られてきた脱出者の援護と日本への送還業務に従事した。北部からの集団脱出は後述のように 10 月頃で終了し，これを受け

て京城日本人世話会は今後脱出者が来た場合の世話を朝鮮仏教連合会本部に託し，12月27日に穂積の後を継いだ古市進会長以下職員が京城を撤収した[13]。

　これに対し北部の世話会は，住民をまとめつつ南部へ避難させる，端的には脱出させることが最重要任務となった。しかしそれは非常に困難であり，そのため世話会は内部で主導権争い等の紛争を経ながら任務を遂行した。以下では興南の事例について，鎌田正二[14] の記述に依拠して見ていこう。興南でも8月20日頃から興南府尹や警察署長が話し合いを始め，26日頃に世話会の結成を決めた。前府尹の坂口寅男を会長として世話会設立の許可願を興南人民委員会に提出し，その許可を得て9月1日に興南日本人世話会が発足した。当初主導権を握ったのは日窒従業員以外の町の人（「地方側」）で，両者は別個の動きを示した。発足当時の主な仕事は咸鏡北道からの避難民の処理だったが，10月に入るとその到着は減る一方，9月中旬には日窒従業員は社宅から，地方側の人たちは住居から追放され，ともに集団生活を強いられた。そこで，冬になる前に引揚を行うため，日窒従業員を幹部にして世話会を強化すべきだという意見が強くなった。10月に本部機構強化案が決定され，新会長に日窒運輸支店長で地方側の人とも交際の多い速見源治が選ばれ，日窒関係者が中心を占める陣容となった。しかし，当面引揚は望めないことが明らかになり，その間人びとは窮乏していたため世話会のなかに宗像英二[15] を中心として勤労班を設け，働き場所の開拓に力を入れた。そして，後述のようにこの頃から工場の人夫や近隣農村の手伝いに就労できた。一方，朝鮮側が政治権力を握ると警察官・興南工場幹部等が次々と検挙され，世話会幹部も10月27日に速見らが拘引された。そこで世話会は陣容を改変する必要に迫られ，勤労部を強化しつつ，新たに衛生部を設けてこの頃猛威を振るい始めた発疹チフスの対策に取り組んだ。こうして，世話会は越冬も含め長期の滞留を念頭に置くようになり，避難民救済のための衣類・布団の供出や病院の開設にあたった。

　この頃興南近傍の咸興では，11月にソ連軍の咸興地区警備司令官にスクーバー中佐が就任したが，スクーバーは市内の巡視をした際の日本人の悲

惨な生活状態に驚いてその改善に取り組もうとし，世話会も活動を促進するよう命令した。そして，朝鮮共産党咸興市党部日人部の磯谷末次[16]らによって新たに咸興日本人委員会が発足した。これに刺激されて，興南でも敗戦前から興南工場労働組合の朝鮮人と交際のあった日窒社員の中西進等によって，1946年1月に日本人世話会は日本人居留民会に改組され，あわせて綱領が可決された。中西の起草による綱領は，「困窮のどん底にある同胞を救済し，その生活の確保を期する」という日本人の救済とともに「世界プロレタリヤ革命の前衛としての素質の向上」「朝鮮の建国に誠意ある協力をなす」といった左翼的な思想と朝鮮建国への協力を特徴としたため，朝鮮人側にもソ連軍にも好影響を与えた。日本人も，ソ連の占領下で朝鮮共産党が実権を握っている実情を踏まえてこの転換を支持した。

　その後，居留民会委員長の伊東祐義が連浦（れんぽ）に拘引される事件が起きたのを契機に，2月末居留民会幹部は総辞職して新幹部を決めた。そこでは日窒関係者がほとんど退く一方，新委員長となった菅公義なる人物が最高委員会を設置して独裁体制をとった。しかし，菅らは立場を利用して脱出を図っていると判断されたため，中西が居留民会の建て直しに乗り出し，4月に幹部が総辞職して日窒長老の坂口徳蔵が後継の委員長となり，元龍興工場幹部を中心とした新陣容が発足した。坂口委員長のもとで，後述のように6月半ばまでに興南3万5000人の日本人の大部分が脱出した。任務を果たした坂口も25日に興南駅から鉄道で脱出し，中西が会長代理となり鎌田らを合わせ9名が幹部として残った。未だ病人やその家族および医療従事者等が残されており，彼らを無事脱出させることが居留民会の最後の仕事となった。ちょうど，興南で保安署長らが転勤となったのを機会に船を出すことが許可された。興南日本人居留民会は，1945年9月発足以来1年にして任務を終え，9月17日第1船は午前10時に出発し，続いて出発した第2, 3船は途中ソ連警備艇に捕まり引き返させられたが，2日後に出発できた。こうして，後述の技術者を除き興南の日本人の脱出は完了した[17]。

　以上のように，京城を中心とした南部の世話会が米軍の日本人送還への協力と北部からの脱出者の受け入れに従事したのに対し，興南の世話会は咸鏡

北道からの避難民の受け入れ，引揚の促進，越冬対策，そして脱出促進へと業務を変化させ，その過程で内部の主導権争いを経つつ名称も居留民会と改めた。そして業務を終えた興南居留民会は1946年9月に解散し，京城日本人世話会も同年12月に撤収した。

北部各地から興南への避難

　興南世話会の当初の活動対象となった北部からの興南への避難民の様子を，日窒関係者に即して見ると以下の通りである。咸鏡北道の永安では，8月15・16日に日窒永安工場の周辺にソ連軍の爆撃を受け，16日夜日本人従業員およびその家族1300名は永安を鉄道で出発し，18日に興南に到着して柳亭里・湖南里の合宿所に入った。朱乙・吉州の日窒鉱業所の従業員は20日前後に興南に到着した。阿吾地人造石油工場関係者は茂山山中に入った後に逃避行を続け，9〜10月頃にかけて興南に入ってきた。その他小集団を合わせて興南に流入した避難民の数は，8月末に約7300余名，9月に約2300名，10月末に約300名，計約9900名を数えたという[18]。

　以上から永安の関係者は鉄道で約2日，朱乙・吉州・阿吾地の関係者は徒歩等で最長3ヶ月かけて興南に避難したとわかる。この避難のあり方の差異が，その後の生活環境さらには生存に大きく関係した。元永安工場長の芦村和人は以下のように回想している。

　　阿吾地，朱乙，吉州より徒歩で，リュックサックも空で興南に到着する者多く，近くの寮に集った。永安の一戸柳行李一個，寝具一揃いの家庭に比べると，たいへんな格差で，これが生活にも差をつけたことは，当然であった……

居留民会の調べでは，興南在住民より転入者の死亡率は，数倍も高かった。しかるに永安の死亡率は興南の在住者に近く，阿吾地，朱乙，吉州その他の転入者の死亡率をひきはなし，良好であった……お医者の意見では……汽車による避難が，大いに関係しているとのことだった。このお医者たちは，近くの寮の病人も，たくさん診断したが，永安の病人との体力の相違に驚いた由。長距離の徒歩による避難で，食事もよくとれず，病弱者，老人，小児では，体力を減退する者多く，これを恢復する

に充分な食事もとれず，罹病すると高熱に耐えるほどの体力なく，死亡を多くした[19]

　すなわち，永安関係者の鉄道による避難は例外的な幸運に恵まれた事例だった。それ以外の咸鏡北道からの避難民の興南到着時の様子を，鎌田は以下のように記述している。

　　9月にはいってから，毎日いく百人となく，咸鏡北道からの避難民が興南にたどりついた。陽やけとほこりで，まっ黒になった顔は，眼だけがギョロリと光り，衣服はやぶれて，ぼろぼろとなり，靴はすりきれて底がなく，痩せたからだは，この世の人とも思われなかった。女は老いも若きも，男のように髪を切っていた。乳呑児を前に抱え，背には荷物を負い，片手に幼児の手をひき，片手には鍋などを下げた母親の姿も多かった。そういう避難民は，山を越えて，あるいは海岸ぞいに興南のまちにたどりついた。その光景は惨憺目をおおうものがあった[20]

　1945年8月に咸鏡北道茂山郡円峰を出発して20日後に咸興に到着し，そこでの避難民生活を経て翌年6月に興南へと移動した浅井仁平の回想は，避難民の過酷な体験を余すことなく伝えている。

　　咸鏡北道茂山郡楡坪洞円峰，ここは西頭水堰堤工事現場で，海抜二千米（メートル）の山間の社宅，妻28歳，長男3歳，長女2歳，預かってきた甥6歳，そして30歳の私の5人家族。再会の喜びも束の間「ソ連軍清津上陸」の噂に追われる如く，交戦か降伏か一切不明のまま，避難の準備に取りかかった。状態は次第に悪化，私達も最早致し方なく，昭和20年（1945年—引用者注）8月28日住み馴れた山の宿円峰を，ふりかえりふりかえり，もう二度と帰ることのない，長い逃避の旅に出た……端川（たんせん）よりは，朝鮮保安隊に懇願して，貨車によって咸興まで出ることができた。円峰を出発してから野宿20日，長い長い苦しい旅からの後，やっと到着した咸興ではあったが……南下して来た避難民は咸興駅前に集結を命ぜられた。縄張りの中での一夜，一歩縄張りを出れば銃撃という厳しさ。夜が明けた9月20日，私達一行は，咸興より郊外の咸州郡川西面の河原に追い出されてしまった。橋の下での露営，9月21日よ

りは雨また雨，持ち物はすべて雨でびしょ濡れ。台風の余波か，7日間の露営に5日間の雨，腰まで水につかる始末に，下痢患者が続出した。9月29日，河原からやっと，咸興本町の……元遊郭の避難宿舎に入ることができた……大部屋の八畳間に，24名が雑居，布団の代りに叺を使ったりの酷しさだった。咸興到着時にはすでに衣料，時計その他目ぼしいものは剥ぎ取られ，まったくの着たきり雀といったていたらく，現金900円を持っているだけ。

10月中旬ごろより，同居者全員栄養失調と下痢，そして虱の攻撃に，まったく頭も上らぬ状態となった。収容された24名のうち，生き残っているのは11名のみ。便臭と死虱，まったくの生地獄，全員下痢で，便所の通路は足の踏場もなかった。給食は開始されたが，とてもとても飢えを満されるものではなかった……11月に入り，私も妻も発疹チフスに罹り，高熱のため頭も上らず，子供たちの衰弱も日増しにつのるばかり。11月18日，長女洋子(2歳)麻疹より肺炎を併発し死亡。11月23日，長男慎一(3歳)も衰弱と肺炎により死亡。咸興郊外の墓地の，目につきやすい大きな椎の木のふもとへふらつく足で妻と二人して，みかん箱に詰めた屍を埋めた。万斛の涙と祈りをこめて。

11月28日，この作業のあと，私と妻は意識朦朧となり，ソ連済啓病院へ入院を強制された。この現実の前には如何ともすることができず，残る甥康志(6歳)のことを同居のお婆さんに懇願，待っていた収容トラックに投げ上げられた。12月1日，この康志も発疹チフスのため，馳馬町(はせばまちか―引用者注)東病院に収容された由を聞き，私は12月11日，入院中の済啓病院を脱出，康志の安否如何にと東病院に駆けつけたが，発疹チフス後の衰弱と下痢のため，翌12日遂に死亡した。洋子，慎一，康志と，幼い順に相次いでの死亡，生きる気持も失せ，夢遊病者のように朝夕妻の病床を見舞っていた。この間まったく乞食同然，幾度興南の同僚にどれだけ迷惑をかけたか分からない……

(1946年―引用者注)2月16日，私は今度は恐ろしいロシアの風土病"再帰熱"に罹り，再び入院した。42，3度という熱が，1週間以上も続くと

いう再帰熱。3月8日，妻菊代もこの再帰熱の上に肋膜炎を併発，私と同じ東病院に入院した。同じ屋根の下に。そのころ，私の収容されている病室で火災が発生，本能的に意識不明のまま逃れる途中で転倒挫傷したのか，以来右肩胛関節動かず，激痛が続いた……5月27日東病院閉鎖のため，道立病院へ私も妻も移動した。朝な夕な妻の病床を見舞っていたが，肋膜炎悪化のため，6月9日遂に妻菊代も不帰の人となった……日本への帰国が，もう間近に迫っているというのに。

6月19日道立病院閉鎖のため，興南松ヶ枝病院へ移動した。日本人世話会の人々の奔走によって南鮮への脱出の計画が進んだのか，9月17日咸興を経由，呂湖へと移動して行った。右肩胛関節の激痛はつづく。何のために日本へ帰るのか，只一人，失望と自棄の中に，事態のみ進行して行く……9月22日，船は38度線を突破，南朝鮮注文津に到着，米軍幕舎に収容された……右肩胛関節の痛みは，今はまた亡き妻や子供たちを思いおこす苦しい痛みに変ってきた[21]

興南日本人世話会（居留民会）は，こうした惨憺たる逃避行の末にたどり着いた人びとを受け入れて世話し，南部へ送り出していた。

2　日本人の工場締出しと再入場

2.1　日本人の工場締出し（工場接収）

終戦後間もなく興南の工場群は接収され，日窒日本人従業員は工場から締め出された。1945（昭和20）年8月26日午前1時頃，突如ソ連兵25名ほどが接収部隊として興南工場に乗り込んできたため，警備係から知らせを受けた大石武夫興南本部長[22]は急遽工場に戻った。本事務所に入ると廊下にソ連兵が数名，自分の部屋にソ連将校らしき者1名と朝鮮人2，3名および日本人通訳が1名いた。そして，接収書に朝鮮人労働組合長林忠錫とともに署名を強制された。その後，肥料工場・金属工場・製錬所等と順次接収が行われ，朝までに終了した。

　朝になり昼勤の従業員が出勤しようとすると，各通用門に「日本人従業員入場禁止」の貼り紙があった。そこで，各工場の幹部は本事務所に集まり大石を中心に協議した。そして労働組合の幹部に対し，日本人を入場させないと工場は運転が止まるから禁止を解くようにと交渉した。しかし翌27日に林忠錫らは，ソ連軍との打ち合わせの結果，工場は全部朝鮮人が運転するので入場は必要ないと返答してきた。ソ連軍は工場運転のためには日本人が必要ではないかと再三念を押したが，労働組合は朝鮮人のみで十分であると答えていた。戦時末期には労働者の大半を朝鮮人が占めたため，彼らは日本人がいなくても工場運営ができると確信しており，またそれを示すことが政治的な独立を表現する意味で重要だったのである[23]。

2.2　日本人の人夫としての再入場

　こうして興南工場を締め出された日本人従業員は，10月に再入場を果たした。その経緯について，再び鎌田の記述に依拠して見ていこう。日本人世話会は農村に住み込みや通いで手伝いに行く世話をしていたが，幾千人を働かせるためにはどうしても工場に入る必要があった。世話会で繰り返し工場側に交渉を行った末，農繁期に朝鮮人の人夫が集まらなくなると日本人の入場が許可された。すなわち，10月11日に世話会救済部の伊東・宗像らが興南人民工場（興南工場）の朱鐘宜工場長らと交渉し，「硫安荷造係100名，蒸気係100名」「18歳より40歳まで」「旧日窒従業員に限ること」等の条件で，日本人人夫が働くことが決まった。日窒従業員に限ったのは，警察官等の出身者が工場を破壊する可能性を考慮したからであった。世話会では，今後日本人を多数工場に送り込む試金石になるので人選を慎重に行うよう地区事務所に連絡した。そこでの申込受付を経て，14日に日本人は工場に入った。本事務所の前で荷造係と蒸気係に分かれて集合し，隊長の号令で工場自衛隊に敬礼して人員を報告した。荷造係の仕事は叺に硫安を詰める作業で，作業量は最初の5日間は1日50俵だったが次第に増加して70俵となった。また，蒸気係はボイラーに炊く石炭を海岸の貯炭場からダンプで運び，燃やした後の石炭殻を海岸の捨て場にもって行く仕事だった。1日の請負数量は

決まっていたため，作業に習熟してくると時間内に終了して人夫控所でストーブを囲み休息できた。自衛隊はずっと銃をもって監視し，帰りには門までついてきた。退場の時も人員点呼をして報告し，さらに物品のもち出しを防ぐため身体検査も行われた。賃金は 10 日ごとに支払われ，当初は一律 4 円であったが間もなく最高 6 円・最低 4 円となり，12 月には最高 8 円となった。人夫にはそれまでの配給に加え 2 合 7 勺の米（粟・麦・高粱等の場合もあり）が増配された。

　人夫の集団には電工・保線工・溶接工など各種の経験者がいたため，やがて各係はこの便利な日本人人夫を争って用い始めた。そして 10 月 23 日からは興南人民工場に加え本宮・龍興里の工場等にも日本人が入った。本宮工場は敷地が広いうえに輸送の機械化が遅れ，終戦前も膨大な数の産業報国隊を使っていたので，日本人人夫の需要は大きかった。もっとも，その要求人員を西本宮・龍興・興徳里等の日本人居住区に割り当てたものの，徒食に慣れて働く意欲を失い，しかも朝鮮人のもとで働くことを嫌う者が多かった。そういう態度をとる者は生活に困っているはずの下級職員や工員等にかえって多く，各地区の指導者は人員の調達に苦労した。こうした一面を含みつつも日本人人夫は次第に増加し，1946 年 3 月末には興南 1200 名，本宮・龍興 1000 名，製錬所・火薬工場 500 名を合計して 2700 名の人夫が働くに至った[24]。

2.3　満洲撤去品荷役

　日窒従業員の働き口は基本的に工場が中心であったが，それ以外に満洲からの撤去品の荷役という仕事があった。1945 年 10〜12 月に，ソ連は大量の貨車を使用して満洲の重工業施設の撤去品を朝鮮北部に運んだ。この頃興南に到着するどの列車も機械を満載しており，それを工場の引込線や興南港の埠頭近くの空地に下ろすと引き返し，また運んできた。運ばれてきた機械は本渓湖製鉄所・昭和製鋼所のもの等であった。ソ連軍は中国との合意によって間もなく満洲から撤退することになったため，急いで上記の諸機械類をもち去るべく鉄道でシベリアに運んだが，その一部をとりあえず朝鮮北部にも

ち込んだと推測された。1946 年 1 月になると，幾隻もの貨物船が興南に来て撤去品を積んで出帆した。この荷役は 2 月までかかり，積込みの作業に日本人が使われた。

　すなわち，1946 年 1 月 1 日に発足した興南日本人居留民会の伊東委員長は咸興警備司令官スクーバーに面会し，日本人の急迫した状態を述べ，働き場所を与えてほしいと要請した。すると 7 日に興南警備司令部より，翌朝から興南港の荷役の仕事に 60 名の日本人を使用したいと連絡があった。そこで，8 日に永安・阿吾地からの避難民 60 名が出動し，次いで 9 日に居留民会労働部長の鎌田が通訳らとともにソ連軍の埠頭事務所を訪ね，詳細な打合せを行った。ソ連の要求は機械技術者，ロシア語の通訳，英・仏・独・露語のいずれかを解する技術者，大工，電工，蒸気機関車の運転手など総数 500 名で，日給は技術者が 40 円，他は 20〜30 円であった。居留民会では早速全地区で募集を行ったが，当時工場人夫の日給は既述のように 4〜8 円だったので多数の日本人が募集に応じた。この積込みの仕事は 2 月 25 日まで昼夜兼行で続けられ，労働者は二交代で就労した[25]。

　このように，ソ連が満洲撤退前にその諸設備・機械類をもち去ろうとする際の中継地として興南港が使われ，そこでの作業に日本人が従事して生活の糧とした。

3　技術者の役割

3.1　「指名就労者」の就労

指名就労者の入場とその急増

　興南の諸工場では既述の人夫に続いて，技術者およびおそらくは若干の事務職員も工場に入り，次いで工員も技能者として採用された。彼ら日本人技術者らは人夫と対比して「指名就労者」と呼ばれた。その入場と増加そして待遇等について，自らは指名就労者ではなかった鎌田正二の記述に依拠して見ていこう[26]。

　1945（昭和 20）年 8 月 26 日に朝鮮側に経営権が移ると，工場は労働組合の生産管理のかたちとなった。朝鮮共産党員や一部の朝鮮人従業員が指導者となったが，経験のない彼らのもとで工場経営は順調に進まなかった。そこで，既述の人夫の採用に先立ち，まず嘱託（技術顧問）として日本人を雇うことになった。元日窒興南工場の燐安係で，その後労働組合の書記となった朝鮮人李範一がその人選を命ぜられ，李は元燐安係の中西進に相談した。中西は，現場の知識があり朝鮮人と衝突しないという見地で人選を行い，選ばれた 12 名が 10 月 20 日から工場に入った[27]。彼らは九龍里や柳亭里の元日本人社宅が与えられ，朝鮮人従業員と同じ配給を受けた。その後，11 月 25 日に宗像英二ら 16 名の技術者らが工場支配人直属の中央諮問機関である調査企画部に入ったのを契機として，指名就労者は急増した。その経緯は以下の通りである。先の 12 名の工場入りと同じ頃に，人民委員会から鄭濂守が支配人として工場に派遣された。鄭は，かつて京城にいた朝鮮人技術者たちを新設の調査企画部に配し経営のブレーンとした。彼らは日本人技術者の援助が必要と考え，京都帝大出身とされる李在業らが以前京城にいた時に宗像が京城帝大の講師だったことから，11 月 10 日頃宗像に工場再建について意見を聞き，次いで 20 日頃に技術者の推薦を依頼した[28]。そこで宗像は坂口徳蔵らと協議して 16 名を選び，彼らは 25 日から調査企画部に所属した。彼らを日本人たちは「16 人組」と呼んだ。その後，宗像が「ここにもあそこにも技術的援助が必要であるとの口実をもうけて朝鮮側を説得」[29] したことから，指名就労者は 12 月末には調査企画部・管理部・総務部および各工場を合計して 70 名に達した。さらに，16 人組の一人でやはり日窒の田鍋健らが尽力した結果，

　　　田鍋さん達が作成した興南工場の生産計画を持って，平壤での 1946 年度の北朝鮮の生産会議に出席した工場首脳部は，興南工場の計画とその資料が整然としていることを（12 月の―引用者注）会議で賞賛され，大いに面目を施した[30]

ことが契機となり，1946 年 1 月以降指名就労者および人夫が多数工場に入るようになった。

　当初指名就労者は主に計画や実験を担当したが，日本人技術者が現場で指導した課・係は成績が非常に向上したので，現場のほうでも次第に日本人を受け入れる気運となった。4月に入り1946年度の生産計画が実施されると，指名就労者は直接現場の所属となった。一方，技術者だけでなく工具クラスの労働者も「技能者」として工場に採用され，指名就労者の一員となった。また，蒸気係の人夫もボイラーの運転に従事し始め，他の係でも電気課・油脂課の各係，マグネシウム係，燐安係などが日本人を運転に入れた。初めは人夫の待遇であったが，間もなく技能者すなわち指名就労者の扱いとなった。こうして4月には指名就労者は技術者450名・事務職員90名・技能者1956名，合計で2496名に達した。既述のように一般に米穀の配給は途絶えがちで，人夫の2合7勺の配給米でも家族まで養うのは難しかったため，家族も3合の配給をもらえる指名就労者になることを皆が望んだ。

　指名就労者の増加とその好待遇は，人夫の日本人との間に亀裂を生んだ。すなわち，旧朝鮮人社宅に移住させられた一般の人たちが，燃料のないオンドルの部屋で寒さに震えている時に，旧日本人社宅に入った指名就労者は畳の上にスチームの通る部屋で暖がとれた。前者が配給がなく粥をすすっている時に，後者は家族も3合の配給を受けた。ボロボロの服に破れた地下足袋を履き，手拭か防空頭巾をかぶって点呼を受ける前者の列の前で，後者は新しい工場服と地下足袋を履き，ハンチング等をかぶって工場に入っていった。指名就労者やその家族のなかにこうした自分の境遇を得意がって話す者がいたため，次第に一般の人たちの反感が強まった。このような亀裂は次第に深刻化する可能性があっただろうが，実際はそうならなかった。後述のように好待遇の指名就労者たちも次々と朝鮮を去ったからである。しかし，それは朝鮮人経営者の意向とは逆であった。すなわち，彼らはしきりに宗像らと接触して長く興南にとどまるよう求めた。宗像らも生活が安定し始めた頃には，朝鮮側に協力するよう日本人に呼びかけもした。しかし，1946年春頃には南部への脱出が活発になり，指名就労者のなかにも早く日本に帰りたがる者が増え出した。宗像自身，「時には……迎合するように見せかけてその場をうまくとりつくろったが……本心では帰国を思っていた」[31]という。

　以上のように，既述の人夫と同時期の 1945 年 10 月に嘱託として入場した事例を先駆とし，工場再建の必要を支配人らが痛感したことから 11 月に宗像ら 16 人組が工場に入り，田鍋らによる生産計画の策定を経て翌年 1 月以降日本人の採用は急増した。人夫として入った者たちのなかにも指名就労者の扱いを受ける者が増え，4 月までに 2500 名弱に達した。その結果，その他の人びとと指名就労者との待遇格差が明らかとなり，後者への反感も生まれた。一方，彼らは工場の復興に貢献したため幹部から長くとどまるよう要請されたが，次第に早期の帰国を望み始めた。

指名就労者の仕事内容

　指名就労者の仕事内容を，技術者と事務職員に分けて具体的に見ていこう。まず多数を占めたと見られる技術者について，最も早く 1945 年 9 月 26 日に龍興人民工場に入った元日窒の草間潤の回想に依拠する。この頃元日窒社員の都宿浩が工場次長になっていたことから，草間ら 5 名は顧問として工場に入り年俸 3000～3600 円と本宮東区の準社員社宅を与えられた。最初の仕事はエチルアルコールの製造で，草間が企画し若い技術者が装置の改造や運転を行った。最初にできたものが局方アルコールに合格するレベルだったので，工場側から大変喜ばれた。

　その後，草間らは李在業が研究課長を務める本部の研究課に移った。そこではまず，龍興工場の各製造設備の運転要領を記録にまとめる仕事を担当した。次に連続式の酢酸の製造法の基礎研究を担当したが，その量産化を図るよう求められたので，同年末頃に実験データを基礎として取り組み始めた。しかし，その方法は世界でも経験がなかったうえに計画が杜撰だったため事故を起こした。試運転で朝鮮人の係長を連れてデッキの最上部に昇った時に反応塔が爆発して下方は火の海となり，間もなく火勢が衰えたため辛うじて蒸し焼きになるのを免れたという[32]。

　次に，比較的少数と見られる事務職員の仕事について，人事や教育制度を担当した近藤博の回想を用いる。近藤は，1945 年 12 月に興南人民工場に嘱託として採用され調査企画部に所属し，当初は能率給の問題を担当した。工場は接収の混乱が収まると従業員の階級廃止に着手し，全従業員を技術者・

工員・事務員に分けた以外はまったく平等とした。工員の場合，基本給は日給3円・物価手当3円の合計6円で，そのほかに能率給が1日3円まで認められた。その計算は百点満点の点数制であり，係長は毎日採点して1ヶ月の平均点を出し，能率給を支給した。そして平均点80点以上を3ヶ月続けると，1割5分の昇級が約束されていた。ところが，その結果各課からの能率給支給申請書が高得点揃いとなり，2年も続くと全員の給料が倍になると予想された。採点者の係長が公選のため辛い点がつけにくく，皆当たり障りのない80点程度に収斂したことが原因であった。そこで，近藤らは能率給制度の採用は進歩的ではあるが，円滑な実行は難しい旨の意見書を出したという。ただし，これをもとにいかなる改革が行われたかは明らかでない。

　翌1946年2月に近藤らは企画課の教育係に異動し，そこで教育制度を担当した。まず図書館でソ連の事例を研究し，これに準拠して工場教育体系を編成した。そして，この全体計画をもとに職工学校から大学まで個々の教育制度を作成していった。速成の技術員養成所をつくり技術者のいない工場に対応させ，移動式の労働学校を開いて工員の資質の向上を図り，新入者の教習所・高等工業学校・機械工養成所等を計画した。このように矢継ぎ早に提出された計画を，朝鮮人は支持して実現させた。その理由を近藤は，「建国ということに感激した人々が，何か勉強せねばならぬと学ぶことを求めたからであろう」と推測した[33]。

　以上から，技術者は計画や実験にとどまらず量産化の指導にまであたり，事務職員は人事や教育制度の研究・企画等を担当したことがわかる。発足当初の社会主義国の工場における，人事管理制度の理念と実態のずれもうかがえる。

技術者の直面した限界とその評価

　先の宗像の事例に限らず，朝鮮北部に残留した日本人技術者は当初は経済の再建を通じて朝鮮建国に協力しようとしたが，次第に種々の限界に直面した。日本人の優越感は簡単に消えず，一方技術レベルの低い朝鮮人は彼らを十分に使いこなせなかった。また，朝鮮側の責任者は若年者が多く日本人から習おうとする謙虚さが少ないため，感情的な離齟をきたしがちだった。さ

らに，共産党が朝鮮人の人事に干渉して技術を習得した者をほかに異動させたので，彼らは後継者になれなかった。そして，1946 年の春頃から日本人の脱出が本格化すると残留者である技術者の焦燥感は大きくなり，北朝鮮の建設との狭間で割り切れない立場に置かれた。結局，1948 年 7 月までに日本人技術者はほぼすべて引き揚げた[34]。当時の朝鮮北部の実態が日本人技術者の技能の伝達を阻むなか，彼らは帰国を選択していった。

　とはいえ，既述の磯谷季次が宗像らの活動について，「興南工場では一定期間かなりの人員が工場の再建に加わっていた。中でも宗像……らを筆頭とする一部最高技術陣は，朝鮮側にとってはまさに国宝的存在だった」[35] と評価したように，日本人技術者は朝鮮北部の経済復興に貢献したといえよう。

3.2　興南における技術教育機関の設立

　指名就労者は，技術教育機関の設立と教育活動も行った。設立を主導したのは，先の 16 人組の一人の高草木伊達[36] だった。高草木は 1945 年 11 月に調査企画部に迎えられた時に，朝鮮人教育問題を志願した。日本人がいずれ全員引き揚げる前に，その技術と文化を教育を通じて朝鮮人青年に伝えたいと考えたのである。この進言は工場首脳部に容れられ，高草木が設立要項を起案した興南技術員養成所が翌年 4 月に開設された。場所は当初金属工場近くの元工手養成所が充てられ，のち湖南里の興南国民学校に移った。機械・電気・化学の 3 科を設け，生徒の定員は各科 40 名であった。所長は工場支配人の鄭濂守で，教師は上記の 3 科に高草木および日窒の小林五夫ら各 3〜4 名が配置された。

　開始にあたって高草木は日本人教師陣の結束に重点を置き，自分は最後まで残るが個人の自由は束縛しないと述べた。教師の待遇は他の日本人技術者と同じで，旧日本人社宅と月 400〜600 円程度の俸給が与えられた。朝鮮人教師は週 2 時間の社会科学だけで，ほかの科目はすべて日本人教師が担当した。授業科目は小林が科長を務めた化学科では，数学・物理・無機化学・有機化学・製造化学等であり，教科書は教師が自分で作成した。生徒は工手養成所卒業者が多く，学校での教育 1 年と実習 1 年の合計 2 年で卒業後，すぐ

工場に復帰する予定であった。鄭所長は開所にあたって，「ここは日本人教師であるが日本人という区別はなく，正当な教師として尊敬すべきである」と訓示した。この趣旨に沿って授業はすべて日本語で行われ，教師は遠慮なく厳しく教え，生徒もよく勉強したという。

　1946年2月の北朝鮮臨時人民委員会成立後に学制が統一され，同養成所は9月から1年制の興南技術専門学校となり，校長は興南工場長が兼務した。場所は先の建物を修築して使用し，中学卒程度の者を男女共学で募集して応募者600名のうち150名が入学した。問題の作成も採点も日本人が行ったが，合格者は共産党員による口頭試問を経て決定された。女子生徒2名を含めた生徒の年齢は17歳から39歳にわたり，生徒1人あたり500円が支給された。同年春頃から一般日本人と同様に教師も脱出し始めたため，補充を余儀なくされた。その後引揚船が1947年5月に来ると発表されたため，急に卒業を切り上げて4月30日とした。生徒は相当の学力をつけ，「金日成大学」の2年生に入る資格を認められたという。

　これとは別に，1947年9月に興南工業大学が開設された。そこでは，もと城津に所在した日本高周波の技師長の成田亮一が深く関与した。成田は大学創立を起案したうえで教授として物理を担当し，同大研究部の責任者ともなった。同大は建築・鉱山・機械・電気化学の各科に約200名の学生を受け入れ，さらに研究部は専門学校卒業以上の者を3年間教育して大学教授にすることを目的とした。おそらくはそれに伴い新たに興南高等工業技術員養成所が昼間部の学校として設立され，一方全国的に技術専門学校は夜間の技術教育が中心となるなかで，興南技術専門学校も3年制の夜間学校となった。授業は9月から始まり，工場従業員約200名が生徒となり作業後に授業を受けた。1日3時間で日本人教師と朝鮮人技師が教育にあたり，教授要目案は日本人が作ったが，授業開始前の7月に引揚船が来て多数の教師が引き揚げたため，朝鮮人技術者で補充した。高草木らも11月に引き揚げたが，その際には生徒が荷造りを手伝い，出発の際は港に並んで見送ってくれた。

　以上のように，高草木の提言をもとに1946年4月に2年制の興南技術員養成所が開設され，同年9月には1年制の興南技術専門学校へと変更され

た。その後翌年 9 月の興南工業大学の成立に伴い，同技術専門学校は 3 年制の夜間学校になった。教師は日本人が中心だったが，その脱出・引揚が進むなかで次第に朝鮮人教師に代替されていった。つまり，日本人が教鞭を執った期間は 2 年に満たず，しかもその間学校制度は頻繁に変更されたが，日本人教師の集団は結束して指導した。それには，「興南技術専門学校は，文字通り終始高草木氏の努力の連続によって，成立していた」とされるように，高草木の果たした役割が大きかったと見られる[37]。

3.3　北朝鮮工業技術総連盟日本人部

　既述の興南の事例のように，1946 年 9〜10 月頃までに一般の日本人はほぼ脱出し，興南居留民会も解散していたが，指名就労者等の技術者は依然多数が残留していたと見られる。そうしたなか，10 月に北朝鮮臨時人民委員会の認可団体である北朝鮮工業技術総連盟の傘下に日本人部が結成され，興南の日窒関係の技術者はその咸鏡南道支部興南分科会の一員となった[38]。以下では，日本人部の結成と解散そしてその影響について元日窒の後藤績の回想を軸に見ていこう。総連盟日本人部は，平壌特別市の日本人居留民会本部において常塚秀次[39] らにより結成され，総連盟と提携して北朝鮮の工業技術の発展に協力することになった。本部長は常塚で支部を各道に設け，咸鏡南道支部には既述の成田亮一が配された。同部の事業は「連絡会議・技術研究会の開催」「出版物の刊行」等であり，各地の世話会（居留民会）の残務も引き継いだ。北朝鮮政府の期待は大きく業務遂行に要する経費は潤沢に支給され，同部は休転していた各地の工業施設を復興させる等でこの期待に応えた。興南人民工場では，周辺の過剰電力をもとにボイラーを作って人員を節約し，またアセトアルデヒドに水素添加して 95％の純アルコールを生産し，これを希釈して朝鮮焼酎等として販売することで政府の収入に貢献した。その結果日本人技術者の待遇は上がり，朝鮮人技師の給料 3000〜4000 W（ウォン）に対し日本人技師は 5000〜6000 W，同技能者 4000〜5000 W へと引き上げられた。1947 年に日本からの引揚船が元山や興南へ来航すると，興南工場では日本人技術者の慰留に努め，一度に全員帰国しないよう興南分科会に要請し

た。分科会はそれに応え，引揚船の連絡が来るたびに残留人員を定め，それ以外を帰国させることで合意した。工場側は，残留人員に対し給料を上げ，宴会・観劇等を行い，日本人小学校を設置するなど厚遇した。後藤は妻の死後子供2人を抱えていたので帰国を希望したが，工場側の残留要請にやむなく従った。

　ところが，1947年12月に人民委員会が日本人部の事務検閲を行い，翌年1月に常塚らが拘引され，国際スパイの嫌疑でソ連特務機関に移され取調べを受けるという事件が起きた。さらに，2月に咸鏡南道支部の成田，平壌本部の滝本英雄（元日窒）ら11名がソ連による拉致を経て平壌刑務所に収容された。そのうえで，2月14日に総連盟委員長から「日本人部は2月14日付で解散を命ずる」と通達された。こうして日本人技術者の中央組織は壊滅した。彼らが北朝鮮の産業技術の枢要部分に関与したことが，帰国後に情報を漏洩する等のおそれを同国政府あるいはソ連に抱かせたと思われる。前記の者たちの拘引後，その家族は日本人社宅から朝鮮人社宅に移され，給料停止に加え就業も移住も禁じられて悲惨な生活に陥った。この頃，興南の残留技術者は後述の引揚により10名まで減少していたが，彼らはこの事件以来残留して協力する意欲を減退させた。また自分たちの技術的使命もほぼ終了しており，操業も順調なので仕事が手につかなくなった。朝鮮側でも事情を察して朝鮮人技術者を集め会議を開き，日本人技術者を今後も必要とするか否かを質疑したところ，それほどは必要ないという結論に達して政府に上申した。そこで北朝鮮政府は日本人技術者の全員帰国を認め，赤十字社を通じて日本政府に連絡した。日本からは6月に最後の引揚船を元山に差し向けると回答があり，後藤を含め興南在住の日本人技術者のほとんどは6月14日鉄道で元山に向かった。

　以上のように，1946年10月に発足した北朝鮮工業技術総連盟日本人部は北朝鮮の経済復興に貢献したが，それが逆に本部長らの拘引と日本人部解散の背景となった。またそうした北朝鮮政府の対応が，技術者の引揚欲求を一層強めたことがわかる。

4　「脱出」と「引揚」

4.1　「脱出」から「公式引揚」へ

　既述のように朝鮮北部ではソ連軍が日本人の送還に当面関心を示さなかったため，厳しい生活環境にあった日本人は 1946（昭和 21）年 3～10 月頃に，世話会に助けられつつ南部への集団的な「脱出」を繰り返した。それが実現した背景として，冬が過ぎて山野での宿泊が可能になったことに加え，以下の 2 点が指摘されている。1 つは，同年 3 月頃に北朝鮮・満洲の生産設備のソ連移転完了と，親ソ的な北朝鮮臨時人民委員会の成立により，ソ連・北朝鮮両国の大きな目標が達成されたことである。もう 1 つは同年初頭頃に，朝鮮人に配給がないにもかかわらずソ連軍の命令で日本人避難民に米の配給がなされたため，朝鮮側の指導者が日本人のいないほうが負担が軽くなると考え始めたことである。この背景下で，ソ連・北朝鮮ともに各地の日本人の脱出を黙認するようになった。もっとも，その後も時々の事情や警備担当者によって脱出は黙認されたり抑えられたりした。

　一方で，日本人の送還に関する GHQ と対日理事会ソ連代表との会談が 1946 年 6 月からようやく開始され，9 月 26 日の GHQ による「ソ連占領地区日本人引揚に関する声明」発表を経て，12 月に GHQ・ソ連間に日本人の引揚に関する協定が成立した。次いで GHQ から日本政府に，「ソ連ならびにソ連管理地域からの日本人の引揚げ及び日本より北緯 38 度以北の朝鮮への朝鮮人の引揚げ」覚書が伝えられた。そして，この 12 月から引揚船を用いた公式引揚が始まり，1948 年 7 月に完了した[40]。

4.2　脱　　出

興南の一般日本人の脱出

　北部からの日本人の脱出の具体的な様子について，興南の事例に即して見ていこう。それが行われ始めたのは 1945 年 12 月頃からで，西湖津・内湖・九龍里から 1 人 1000 円の船賃で漁船を雇って南部に向かう方法であった。

この漁船を当時闇船と呼んだが，船賃が一般の日本人には高額だったため，富裕な興南の商人など高所得者だけが利用できた。1946年3月になり北部の寒さが緩み始めると工場人夫や技術者も含め脱出者が増え，4月には急増した。特に，4月10日以降は闇船が毎日何隻となく西湖津等から出発した。人びとは寝具や家財道具を売り払って金を工面し，ソ連からの配給米を換金して船賃とする者もいた。ところが，21日のマグネシウム技術者の一斉脱出が朝鮮側を刺激し，24日頃から海岸線の警戒は急に厳重となり，脱出を試みた者は相次いで捕らえられ金を没収された。そのため，闇船による脱出は減少した。

　一方，4月25日に日本人居留民会の坂口徳蔵委員長がソ連軍の興南警備司令部に呼び出され，翌日午前10時興南駅出発の予定で定平・栄興・高原に生活困窮者3000名を移動させ，彼らの生活はソ連軍が世話をするので，人員を集めるよう命令された。これは食糧・住宅事情の緩和を目的としていた。この第1回の国内移動は疎開の意味をもったが，そのうち栄興・高原への移動は実際には脱出のための南方への移動となった。そして5月8日の第2回の安辺郡への国内移動では，興南の日本人ははじめから脱出を目的として参加した。続いて，14日には孤児・幼年工・見習看護婦など400名が咸興から襄陽への移動と一緒に出発し，襄陽から南部の脱出先の拠点である注文津へと無事に越境できた。このように第1回と第2回の国内移動は成功し，特に後者の安辺に向かった一団は三防峡まで汽車で行き，そこからただちに国境を越えたことがわかったので，居留民会はさらに第3回の移動が行われるようソ連軍に交渉した。そして，17日安辺に2000名を移動させる許可を得た。こうして，国内移動では第1回3600，第2回8000および孤児輸送400，第3回2000と合計1万4000名が鉄道によって南下できた。そのほかに海路による者7000名，陸路徒歩5000名を加えて3〜5月の3ヶ月間に合計2万6000名が脱出し，興南の日本人の大部分は脱出を終えた。その結果5月末の在留邦人は，指名就労者およびカムチャッカ行き漁業労働者の家族が中心となった。ソ連軍の募集に応じて興南から五百余名（ほかに咸興から三百余名）が5月末以降カムチャッカへと出発した後，その家族が残され

ていたのである。前者の指名就労者はこの頃後述するように残留者と脱出者が決定され，また後者も契約の米および前渡金を受け取ったので，いよいよ6月11・13日に最後の大規模な脱出が行われた。そこでは，当時南部でコレラが流行したためソ連軍が出した南下禁止令が，偶然興南では不徹底だった幸運にも恵まれ，内湖より17隻の漁船で2400名の日本人が南部へ脱出した。この時なお残されたカムチャッカ家族も，その居住する西本宮地区から一度徳里に移動した後，7月24・25日に3隻の船で西湖津から脱出できた。こうして興南では3万5000名を数えた日本人の大部分が脱出し，残留技術者や医療関係者を中心とした約2000名が残った[41]。

　以上のように，興南では1945年12月頃からの事例を先駆とし，1946年3〜4月に闇船による集団脱出が行われた。その後一時警戒が厳重になったが，ソ連軍による生活困窮者の国内移動命令に乗じて4月26日・5月8・14・17日に，次いで6月11・13日，7月24・25日に脱出に成功し，一般日本人の大部分が南部へ移動できた。

指名就労者（技術者）の脱出

　指名就労者（技術者）の脱出は他の日本人よりも遅れて始まったが，興南では1946年6月に集中して行われた。朝鮮北部の現実に幻滅し始めた技術者たちは，3〜4月には脱出を始めた。しかし，既述の4月21日の脱出後は保安署等を中心に技術者の脱出が極度に警戒され，5月8日に国内移動の列車が出る時も9日に船の出る時も，工場から係員が現れて技術者の有無を調べた。こうして厳重に止められるなかで，取り残されてしまう不安や焦り等の強い動揺が彼らの間に起こった。もっとも，朝鮮側でも技術者の必要度については意見が異なり，現場の朝鮮人労働者は自分たちに直接助けになる熟達した技能者を残したいとする一方，中央の幹部は企画能力のある高級技術者の残留を希望した。また幹部のなかでも，一部の技術者だけを残せばよいか全員残すべきかで意見が分かれていた。

　技術者たちの帰国希望は強まり，どうしたら脱出できるかが日本人の指導者たちの大きな問題となった。そこで居留民会委員長の坂口徳蔵が解決に乗り出し，まず残留者と脱出者の代表を投票によって決定したうえで残留者代

表が残留者を指名し，次いでそれ以外の者の脱出を進めることになった。投票の結果残留者代表は宗像英二ら5名となり，その指名によって約300名の残留者が決定された。そして，6月11・13日に脱出者と決定した技術者は先の一般日本人とともに脱出に成功した。残留した技術者は，この後一部が残り他を脱出させるやり方を繰り返し，時間を要しつつも円滑に全員の脱出およびその後の引揚を完了した[42]。

指名就労者（事務職員）の脱出

　既述の16人組のなかで唯一の事務職員として指名就労者となり，1946年度の生産計画に貢献した田鍋健の脱出の経緯は，指名就労者の脱出の困難さと脱出一般のありようをよく伝えている。興南から闇船で脱出することになった田鍋は，その際残留技術者からその家族を連れて帰るよう依頼されたが，そもそも田鍋自身も本来帰れる立場ではなく顔も知られた存在だった。そこで，出発前夜に眼鏡をかけ変装して乗船し，船底に潜り荷物やリュックの下に隠れ，当日船が岸を離れた頃を見計らって荷物の下から這い出した。ただし，この闇船の船頭はまだ船が南部に達しないうちにここが南部だと皆をだまし，全員が下船すると荷物を積んだまま沖へ逃げてしまった。その結果，田鍋は50〜60名の女・子供を連れて徒歩で38度線を越えることになった。その途次にソ連兵が来て女を出せという。手持ちの軍票を多数握らせて通過すると，また別のソ連兵がやって来る。その都度軍票を渡しようやく越境できた[43]。

　この田鍋の事例から，当初から指名就労者になるような日窒社員の脱出は一般の日本人よりも困難だったこと，闇船による脱出の際の苦労等を具体的に知ることができる。

興南の一般日本人による最後の集団脱出

　1946年6月までに大部分が脱出した後もなお残されていた一般の日本人も，10月頃にほぼ脱出を完了した。松ヶ枝病院の事務職員として，最後の大規模な脱出の一員となった元日窒の綿引純一郎によれば，その経緯は以下の通りである。日本人が工場・住宅から追放され難民生活に入った後，栄養失調と不衛生により発疹チフスが大流行したため，日本人世話会は松ヶ枝の

元遊郭の跡地に臨時病院を開設した。当初は医療機器も薬品もほとんどない状況下で，医師 10 名・看護婦 88 名・事務職員 50 名が多い時は 630 名の入院患者に対処した。しかし，厳しい冬を挟んで患者は死亡と退院により次第に減少した。1945 年秋に 3 万 5000 名を数えた興南の日本人が翌年 7 月には約 2000 名へと減少し，その大部分を技術者が占めるなかで，同病院にはなお 138 名の患者がおり，残った医師 3 名・看護婦 10 名・事務職員 10 名は善後策を話し合った。

　その後，入院患者は次第に回復して 9 月初めには 40 名に減った。しかし，これまで病院に連れてこられた孤児やそこで母親に死別して孤児になった者のうち，5 歳以上の子供たちは日本人居留民会が最も安全と思われる移動の際に次々と送り出したが，まだ幼児を中心に 12 名が残されていた。綿引らは居留民会の残留責任者の中西・鎌田らと連絡を取りながらソ連軍・保安隊・ソ軍病院と折衝し，ようやく暗黙の了解を得た。そして孤児 1 名につき母親代わりに看護婦 1 名，父親代わりに事務職員 1 名を割り当て，9 月 17 日に西湖津から小さな船で脱出し，注文津の米軍テントを経て日本からの引揚船に乗り込むことができた。10 月 18 日呉軍港近くの大竹港に上陸した際，係員たちから最も哀れな引揚者だといわれながら消毒を受けたという。こうして一般日本人の脱出はほぼ完了した[44]。

4.3　公式引揚

興南日窒従業員の引揚

　朝鮮北部からの公式引揚が 1946 年 12 月に開始されるに先立ち，興南では 11 月 2 日に，咸興警備司令官スクーバーが興南在住日本人を湖南里の人民会館（元武徳殿という演武場）に集め，それを発表した。当時なお残留していたのは主に指名就労者（技術者）であり，引揚に関する諸業務は既述の北朝鮮工業技術総連盟日本人部咸鏡南道支部興南分科会が担当した。同分科会は工場支配人と折衝して，すでに 10 月 25 日に残留技術者のうち興南 55 名・本宮 25 名，家族を含めて合計 218 名を内湖から 3 隻の船で脱出させていた。次に，公式引揚発表に伴うソ連および朝鮮側との交渉に取り組み，第 1 回の

引揚船栄豊丸には興南35名・本宮24名・火薬工場10名が乗船した。栄豊丸は12月18日に元山を出航し，またそこで乗船を止められ興南に送り返された技術者たちも，31日に興南から第一大海丸・大瑞丸・信洋丸などが出航した時に，信洋丸に乗船して引き揚げることができた。その後興南には約250名の技術者が残った。

　工場は日本人技術者を優遇したが，それでも彼らの帰国希望は抑えられなかった。翌1947年3月下旬に，収容所の軍人3168名を送還すべく大安丸が興南に入港したが，分科会ではこの機会に技術者も帰そうと考え，新たに約50名を選び名簿を作りソ連側の諒解まで得たが，大安丸は22日に出航してしまった。この乗船予定者約50名は「4次組」と呼ばれたが，その後彼らは工場にほとんど行かず，用があれば聞きに来いという態度を取り始めた。その後就労の契約期限とされた5月1日が過ぎると，4次組以外でも出勤しない者が増えた。契約期間が満了した以上，日本人全員の帰還を認めてほしいという要求が激化したのである。そこで，朝鮮側も35名を残し，ほかは全員帰国してもよいと認めたため，分科会は5月下旬引揚予定者の人選を行い，彼らを「5次組」と称した。引揚船が6月下旬に入港すると伝えられたので，5次組の名簿を用いて工場側と折衝し承認を得た。無理に引きとめても能率が上がらないので，帰りたい者は帰そうと考えたのだろう。乗船に際しては政治的書籍・重い家具・金の延べ棒等を除き，ほかはもち込み自由とされたが，これまでのソ連兵や朝鮮人の略奪と売り食いでほとんど荷物はなかった。この船に乗ったのは興南からの378名と，青水・水豊・城津等からの技術者およびその家族を合計して510名であった。船は7月3日に興南を出航し翌日舞鶴に入港した。

　この1947年7月の引揚の後で興南に残ったのは技術者27名・教師4名・医師1名・看護婦1名・事務職員2名の合計35名で，その家族は83名であった。次いで11月には引揚船宗谷丸の興南入港を受け，高草木伊達ら技術者を中心に535名が乗船して8日に興南を出航した。そして翌1948年には，既述の総連盟日本人部幹部の拘引や日本人部の解散を経て，7月4日に宗谷丸が1279名を乗せて元山を出航した。終戦後約3年を要した末に，興

南地区の日窒従業員は引揚を終了したのである[45]。

　以上のように，1946 年 10 月 25 日の脱出を経て，公式引揚発表後の同年 12 月 18・31 日，1947 年 7 月 3 日，11 月 8 日，1948 年 7 月 4 日 の 引 揚 に よって，興南地区の日窒従業員は引揚を完了した。

指名就労者の最後の引揚

　興南地区の指名就労者のなかで，1948 年 7 月の最後の引揚者の一人であった元日窒の中村一誠は，そこに至る経緯を以下のように回顧している。中村は 1946 年 2 月に興南人民工場の勤務となり，5 月末に社宅へ引っ越した。水道・電気・スチーム暖房および要求通りの配給もなされ，生活は安定していった。ところが，その後 9 月に生まれた次女が生後 40 日で百日咳にかかり甚だしく衰弱した。引揚船が来るという連絡を受け周囲が騒然とするなか，医師から来春までとどまるよう忠告された。解散した居留民会の薬品・吸入器等をもらい，医師のワクチン注射も受け回復させることができたが，その結果興南に残留となり，翌 1947 年 8 月に社宅を移動した。待遇は改善され，隣家で正月の餅つきを行うなど周囲の人びととの関係も良好であった。しかし，1948 年 2 月頃に総連盟日本人部幹部の吉田隆およびその家族らが突然社宅を追われ，以後不安な日が続いた。

　1948 年 6 月に宗谷丸が元山に入港した報を受け，ほとんどの技術者が出発した。今回が最後の引揚船であるが，中村はこの時点ではなお興南に残留する技術者数名のなかの 1 人として残されていた。そこで，帰国を願うべく平壌の日本人会本部に赴いたところ許可を得ることができた。6 月 30 日早朝，工場長以下の幹部がトラックで社宅まで迎えに来てくれて，興南駅へ向かった。そこから鉄道で元山へ行き，7 月 3 日に 1 人ずつ写真と照合して引揚船に乗った。その時，すでに家族とともに乗船していた知人の残留技術者で，やはり日本人部の元幹部であった桑原正・滝本英雄が北朝鮮の公安員に囲まれ拉致された。あっという間の出来事だった。急に恐ろしくなり，祈るような思いで出航を待った。日本国籍の者は誰彼を問わず船倉へ押し込められ，蒸し風呂のように汗を噴き出しながらも，6 日に船は無事舞鶴に上陸した[46]。

　なかなか引揚できなかった指名就労者の事情はさまざまであろうが，本人や家族の健康状態が理由だった事例も少なくないと思われる。1948年7月の最後の引揚では，当初中村ら数名はなお残留となっていたが，のち追加されて引き揚げたとわかる。また，拘引された総連盟日本人部の元幹部の3人はいずれも中村の知人であり，日窒の技術者にとって彼らの拘引は他人事ではなかったであろう。

お わ り に

　冒頭で掲げた課題に対応させて，本章の分析結果を要約する。第一に，終戦後の興南等における日窒日本人従業員の活動について以下の諸点が判明した。日本人は1945(昭和20)年8月末に工場を追放されたが，10月中旬から人夫・指名就労者として復帰し，そこで生計の糧を得つつ朝鮮の経済復興に貢献した[47]。なかでも宗像英二ら16人組を中心とした指名就労者は計画・実験あるいは量産化の指導，人事や教育制度の研究・企画等を担当し，技術教育機関の設立・指導等も行った。彼らは概して朝鮮建国への意欲をもっていたが，技能の伝達が十分に行われない，北朝鮮工業技術総連盟日本人部の幹部が突然拘引される等の事態に直面して次第に幻滅し，結局脱出・引揚を行うに至った。

　第二に，朝鮮北部の「脱出」と「公式引揚」の実態が解明された。すなわち北部の日本人の悲惨な状況を背景に，1946年3〜10月頃一般人を中心とした闇船・鉄道・徒歩等による集団的な脱出が行われた。そしてそれがほぼ終了した12月頃から，残留技術者等を対象に日本からの引揚船を利用する公式引揚が開始され，1948年7月に完了した。北朝鮮臨時人民委員会の成立を見るなどした1946年春以降に脱出が本格化したこと，一般日本人の脱出は黙認が多い一方で技術者は厳重に警戒され，公式引揚開始後も残留が要請されたこと等が，その際の特徴として指摘できる。

　第三に，南部の世話会が米軍の日本人送還への協力と北部からの脱出者の受け入れを主業務としたのに対し，興南等北部の世話会(居留民会)は咸鏡北

道からの避難民の受け入れ，越冬対策，そして南部への脱出促進等へと，業務内容を変化させつつ遂行したことが判明した。

　本章の分析結果は以上の通りであるが，基本的に日窒の事例が中心で，依拠した資料も日窒関係者の回想等に偏した嫌いがある。今後は，より広汎な事例や資料を用いて本章の内容を修正・拡充する必要がある。

1） この点に関しては，とりあえず第10章注2を参照。

2） 本章に関連するものとして，成田龍一「「引揚げ」に関する序章」『思想』No.955，2003年，森田芳夫『朝鮮終戦の記録』巌南堂書店，1964年，加藤聖文「大日本帝国の崩壊と残留日本人引揚問題」(増田弘編著『大日本帝国の崩壊と引揚・復員』慶應義塾大学出版会，2012年)，李淵植「朝鮮における日本人引揚げのダイナミズム」(蘭信三編『帝国崩壊とひとの再移動』勉誠出版，2011年)，同「朝鮮半島における日本人送還政策と実態」(蘭信三編『帝国以後の人の移動』勉誠出版，2013年)があげられる。

3） なお，木村由美「「脱出」という引揚げの一方法」『北海道・東北史研究』第9号，2014年3月は，「脱出」を「引揚げ」の一つの方法とみなしたうえで，ソ連支配下樺太からの脱出の様相を解明している。これに対し，本章では時期と移動のあり方の違いに注目して「脱出」と「公式引揚」を区別している。

4） 京城世話会に関する研究として，永島広紀「朝鮮半島からの引揚と「日本人世話会」の救護活動」(増田前掲注2)があげられる。

5） 以上は旧朝鮮総督府官房総務課長山名酒喜男手記『朝鮮総督府終政の記録(一)』財団法人中央日韓協会・財団法人友邦協会，1956年，1～2頁に依拠した。府尹は各府に置かれた地方官で，本国の市長に概ね相当した。なお，この時「阿吾地の人造石油工場を遂に自爆せしめ」たという。

6） 前掲注5，3頁。

7） 森田前掲注2，170頁。

8） 咸鏡南道でも，既述の執行委員会は8月30日に人民委員会となった。

9） 以上の経緯については，春田哲吉『日本の海外植民地統治の終焉』原書房，1999年，143～153頁，戦後強制抑留史編纂委員会編『戦後強制抑留史』第1巻，独立行政法人平和祈念事業特別基金，2005年，242～243頁に依拠した。

10） 「北部朝鮮在留邦人の動静と脱出の状況」(加藤聖文編『朝鮮篇七「終戦前後に於ける朝鮮事情概要」／「朝鮮引揚同胞世話会特報」他』海外引揚関係史料集成(国外篇)第24巻，ゆまに書房，2002年)261～264頁。報告時と報告者名は不明だが，1946年春頃の報告かと思われる。□は判読不能。保安隊は終戦後各地で生まれた私兵集団を解散・再組織してつくられた北部の警察組織。なお，「鮮人」等の差別用語は資料引用の際はそのまま使用した。また引用者の判断で適宜読点を付した。

11)　穂積真六郎は東京帝国大学法学部卒業後朝鮮総督府に入り，殖産局長を最後に依願免官して朝鮮商工会議所会頭等を務めた。帰国後は朝鮮同胞世話会会長・参議院議員を経て友邦協会理事長となる。

12)　穂積真六郎『わが生涯を朝鮮に』ゆまに書房，2010年，190〜192頁。

13)　以上の経緯については森田前掲注2，130〜728頁。なお『京城内地人世話会会報』の内容については，今村勲『私の敗戦日記　京城六ヵ月』(自費出版か，1981年)138，163頁を参照。

14)　鎌田については第10章注27を参照。

15)　宗像については第10章注15を参照。

16)　磯谷季次は朝鮮窒素肥料興南工場勤務時に共産主義運動に入り，1932年に検挙され9年の実刑を経た後，咸興合同木材で働いていた。

17)　以上の興南の世話会(居留民会)については，引用も含め鎌田正二「五　日本人世話会」「十七　日本人居留民会」「二十七　最後の居留民会」(同『北鮮の日本人苦難記』時事通信社，1970年)56〜59，187〜205，380〜393頁に依拠した。

18)　以上は，森田前掲注2，243頁に依拠した。なお，永安・朱乙・吉州らの位置については図11-1を参照。

19)　芦村和人「鏡，延岡，興南，永安の思い出」(『日本窒素史への証言』第8集，1979年11月)60〜63頁。

20)　鎌田第10章注27，「十　咸北避難民」98頁。

21)　浅井仁平「私の追想記」(『日本窒素史への証言』第17集，1982年12月)42〜47頁。引用者の判断で適宜ルビを付した。

22)　大石については第10章注10を参照。

23)　以上は鎌田第10章注27，「四　工場接収」49〜53頁に依拠した。

24)　以上は鎌田第10章注27，「十二　日本人人夫」124〜131頁に依拠した。なお興南以外の就労の事例としては，青水については森田前掲注2，527〜528頁を，阿吾地は同436頁を参照。

25)　以上は鎌田第10章注27，「十六　満州撤去品荷役」179〜181頁に依拠した。

26)　以下は鎌田第10章注27，「十三　指名就労」135〜144頁に依拠した。

27)　なお，龍興工場では元日窒勤労課の社員で終戦後同工場次長になった都宿浩(韓村春燮)の計らいで，後述のように9月26日から5名の技術者が嘱託として工場に入った。

28)　この点について宗像の回想では，「経営のブレーン」の一人と見られる金斗三が，「最初は私一人で技術顧問の役が果たせるぐらいに考えていたらしいが，初めての話合いの席で，数名の専門家よりなる技術顧問団を容易に認めた」(宗像英二「戦後の北鮮の思い出」『日本窒素史への証言』第21集，1984年，22頁)とされる。

29)　宗像前掲注28，22頁。

30)　鎌田正二「思い出の記　その二　興南工場企画課および京城支社時代」(『日本窒素史への証言』続巻第9集，1990年)142〜143頁。

31）宗像前掲注 28，26 頁。

32）以上は，鎌田第 10 章注 27，「二十　日本人技術者の仕事」244〜247 頁に依拠した。

33）以上は引用を含め，鎌田第 10 章注 27，「二十　日本人技術者の仕事」248〜253 頁に依拠した。

34）　以上は森田前掲注 2，761〜762，808 頁に依拠した。

35）　磯谷季次『朝鮮終戦記』未来社，1980 年，182〜183 頁。磯谷はまた，日本人鉄道技術者が一定期間残留したことが，鉄道の停止による社会生活の混乱を防いだと指摘した。

36）　高草木は日窒社員と思われるが，詳細は不明。

37）　以上は鎌田第 10 章注 27，「二十　日本人技術者の仕事」253〜257 頁，鈴木音吉「九年間の興南生活断片（その二）」（『日本窒素史への証言』第 29 集，1986 年 12 月）60〜75 頁，小林五夫「興南技術専門学校のこと」（『日本窒素史への証言』続巻第 11 集，1990 年 12 月）52〜63 頁〔引用は 63 頁〕に依拠した。なお，「金日成大学」とは金日成総合大学のことかと思われる。「工手養成所」の詳細は不明。

38）　以下は，後藤績「日本窒素の思い出（遺稿）」（『日本窒素史への証言』続巻第 2 集，1988 年 3 月）88〜99 頁，および森田前掲注 2，767〜793 頁に依拠した。

39）　常塚の詳細は不明。

40）　以上は，森田前掲注 2，572〜573 頁および李前掲注 2「朝鮮における日本人引揚げのダイナミズム」，25 頁に依拠した。

41）　以上は，鎌田第 10 章注 27，「十八　脱出」209〜227 頁，同「二十四　カムチャッカ第三船」307〜308 頁に依拠した。

42）　以上は，鎌田第 10 章注 27，「十九　技術者の脱出」234〜243 頁に依拠した。なお，宗像前掲注 28，40〜87 頁からは，宗像が非常な苦心をして脱出した経緯を知ることができる。

43）　以上は，田鍋健「私の歩んだ道」（『日本窒素史への証言』第 25 集，1985 年 5 月）14〜18 頁に依拠した。

44）　以上は，綿引純一郎「興南の孤児姉弟」（『日本窒素史への証言』第 19 集，1983 年 6 月）23〜25 頁に依拠した。なお，綿引は脱出日を 9 月 16 日と記しているが，鎌田らの証言を踏まえ 17 日とみなした。

45）　以上は，鎌田第 10 章注 27，「二十八　正式引き揚げ」397〜413 頁に依拠した。なお，日窒関係者も含め拘引された総連盟日本人部の幹部は，「シベリヤのラーゲル（収容所—引用者注）の生活を送り，あるいは朝鮮事変中に米軍機による爆撃にさらされて死亡」（同 413 頁）したとされる。

46）　以上は中村一誠「日窒に育まれた人生」（『日本窒素史への証言』続巻第 11 集，1990 年）68〜73 頁に依拠した。

47）　この点に，旧満洲における「留用技術者」が果たした役割との類似性が想起されるが，詳細は今後の課題としたい。

第12章　日本の植民地下における
生漆「国産化」の展開過程

湯 山 英 子

は じ め に

　本章の目的は，近代における生漆貿易・生産過程のプロセスを，その担い手を通して解明し，日本の植民地下で生漆（きうるし）「国産化」に向けてどのような分業体制が形成されていたのか，あるいは形成しようとしていたのかを示すことにある。

　ここで扱う生漆（以下，漆）は漆器製造だけでなく，第一次世界大戦以降の日本の工業化の進展に伴い工業用塗料（汽車，自動車，紡績木管の塗料，のちに砲弾用錆止め）として注目されるようになり，調査・研究が進められたアジア特有の林産物である。特にここでは，日本，中国，仏領インドシナ，台湾，朝鮮について各地域の漆栽培に至るまでの社会的背景と，栽培の担い手について検討する。従来の研究では見過ごされていた漆の分野で，アジア地域間分業の新たな一側面を示したい。

　近年の帝国・植民地研究では，日本帝国圏地域の農林資源開発に関与した諸アクターの関係を検討した野田公夫らの研究が［野田 2013］，進出先の中小商工業者の役割を明らかにした柳沢遊や塚瀬進のものがある［柳沢 1999］［塚瀬 2004］。また，アジア域内貿易の多様な担い手については籠谷直人らによって検討が進められてきた［籠谷 2000，籠谷・脇村 2009］。これらの研究では，アジア間貿易と原料獲得の構図およびそれに伴う人的移動・役割を解明する努力がなされてはいるものの，林産資源に分類される漆原料獲得における諸ア

クターについては扱っていない。本章では，漆貿易・漆生産過程の全体像の解明を第一の目的としたい。

　一方，従来の漆工芸史では，伊藤清三の研究が代表的であり，近年の台湾では翁群儀の漆工技術伝播の研究がある［伊藤 1979］［翁 2006, 2014］。しかし，どの工芸史研究においても，日本が原料を輸入に依存していたにもかかわらず，原料の確保に関してそれほど重要視されてこなかった。原料の漆を誰がどのように入手しようとしたのかは，研究の空白部分でもある，この部分を埋めることが第二の目的である。

　第三は，台湾における産官学の役割を示すことにある。従来の研究では，林業関係の調査・研究機関である「官」と，「学」となる帝国大学附属演習林での研究，さらに「産」である商人の役割を，一つの産品について横断的に捉えられていない。台湾の南方調査の過程や全体像は解明されているが，地域別および各調査資源についての検討は課題として残っている［中村 1988］［後藤 1987］［横井 1999］。台湾において各調査機関や関連商人がどういった協力関係にあったのかを検討する意味はあるだろう。もう一つ，日本の生漆取引が戦後へどうつながったのか，その連続性についても若干言及したい。

1　漆「国産化」の背景

1.1　漆 の 用 途

　アジアにおける漆は，主に漆器というイメージが強い。たしかに日本をはじめとするアジア各地域には伝統工芸としての漆器が数多くある。かつての日本では，ハレの日用の重箱や椀などの器，茶道の道具類などがそうであり，また弁当箱や椀など日常の食事の器としても欠かせないものであった。漆は，木の樹液を採取して沈殿させた後に精製し，塗料となる。その塗料を天然木に何度も塗り重ね，そこに螺鈿や金などの加飾をすることで美しさや高級感が増すことになる。この原料となる漆は，山で採取したばかりの液を荒味漆（あらみうるし）と呼び，ゴミなどの異物をろ過して取り除いたものを生漆（きうるし）という。

表 12-1　漆器輸出先

(単位：円)

年	満洲	関東州	蘭領印度	オランダ	フランス	イギリス	アメリカ
1929	–	92,000	73,000	56,000	191,000	341,000	426,000
1930	–	73,000	73,000	61,000	131,000	274,000	374,000
1931	–	76,000	46,000	44,000	125,000	166,000	262,000
1932	13,000	84,000	40,000	61,000	100,000	75,000	558,000
1933	46,890	130,846	92,310	137,177	124,532	164,945	1,239,209
1934	52,925	104,312	60,371	103,147	104,569	272,380	1,343,841
1935	78,884	160,522	47,130	88,729	76,835	213,049	1,134,091
1936	104,001	134,817	30,134	71,823	100,873	387,577	677,280
1937	112,849	125,202	40,730	90,096	111,533	539,532	750,138
1938	183,387	157,210	20,710	70,565	56,994	230,162	200,687
1939	376,544	218,727	19,432	78,687	18,285	191,121	123,193

出所）磯部喜一『日本漆器工業論』有斐閣，1946 年，224 頁より作成

　ここで扱う漆は，この生漆のことである。今や，プラスチックに合成塗料を塗ったものが数多く市場に出回っているため，現在はこちらのほうに馴染みがあるかもしれない。

　話を戦前に戻そう。日本の製品を海外に積極的に紹介するため，博覧会や見本市などには工芸品として漆器が常に出品されていた。欧米への輸出品としても販路を広げていたのである。また，関東州をはじめ，1932 年以降には満洲への移出が年々増えていたことからも，日本製漆器が日本の勢力圏の需要をも支えていたことがわかる（表 12-1 参照）。表 12-2 は，日本における漆器産地と供給先を示したものである。産地によって国内向けのみ，あるいは海外および日本の植民地に販路をもつ地域に分かれていた。

　しかし，冒頭で述べたように，第一次世界大戦を機に工業用塗料としてこの漆が注目されるようになった。資料の制約があり，1910 年代，1920 年代の用途を示せないものの，1936 年の漆の用途比率は，漆器 42.3％，軍需11.5％，紡績品 9.6％，家具および文具 6.7％，下駄履物 5.8％，車両 3.8％，建築 3.8％の順になっており，工業用と軍需が 3 割を占めていた[1]。これ

表 12-2　漆器産地と主な供給先(1937 年頃)

府県	取扱額 (年額・円)	工場数	職工数	主な供給地	備考
秋田	728,940	33	1,200	関東，関西，北海道，東北5県	
山形	643,873	378	816	県内，北海道，関東，大阪，南洋，米国	
福島	3,195,653	537	1,699	全国各地	
宮城	180,303	121	249	東京，大阪，横浜，神戸，県内	
岩手	133,125	114	280	北海道，東北地方	盛岡市外
東京	312,501				
茨城	50,000			地元，東京	
栃木	304,047	35	156	東京市，三重県，鹿島県	
群馬	145,000	54	95	東京市，県内	
神奈川	1,008,000	130	770	欧州各地，南北米，南阿印度，南洋及海峡植民地	
静岡	7,757,500	92	400	東京，大阪，北海道，九州，朝鮮，支那	
愛知	4,385,704	1,162	3,596	東京，関西，朝鮮，米国	
岐阜	200,000	103	205	関東，関西地方	
新潟	982,000	638	1,153	県内，東北，北海道，東京，大阪，長野	
富山	1,350,000	家内工業	1,250	関東地方，関西地方	
石川	3,730,000		2,352	阪神地方，名古屋地方，九州及中国地方，朝鮮，満洲	
福井	1,200,000	31	923	中部地方，近畿地方，中国地方，九州地方，四国地方	
京都	4,104,215	484	1,040		
三重	438,638	270	700	関東地方，京阪地方	
奈良	469,904	131	286	京都，名古屋，東京地方	
和歌山	4,315,000	950	4,200	全国各地，満洲，英国，米国，佛國，伊國	
兵庫	456,380	79	255	南洋，ハワイ，印度，山陰，山陽，九州，台湾，中国，関西地方	
岡山	6,600	6	23	地元，山陰，京阪神地方	
山口	80,000	20	70		
島根	160,000		50	東京，名古屋，関西地方，九州	
鳥取	103,107	45	120	京阪地方，四国地方，満朝方面	満鮮出荷組合
香川	400,000	80	560		
愛媛	192,800	41	265		
高知	29,303	29	65	県内，東京其他	
徳島	31,400	9			
福岡	300,000	2	100	東京，満洲，其他	
長崎	71,117	45	82		
宮崎	300,000	2	50	九州，中国，朝鮮，満洲	
熊本	54,000	56	103		
大分	114,220			県内，北九州，阪神，朝鮮，満洲	
沖縄	216,887	142	224		

原注)調査府県 37，未回答府県：北海道，千葉，滋賀，大阪，佐賀，該当なし：山梨，埼玉，
　　広島，鹿児島。
出所)桜井繁香「漆器の生産調査」『漆と工芸』第 442 号，1938 年 2 月，5〜25 頁より作成

表 12-3　漆液使用製品輸出額（1936 年）

製品	額（円）
漆器	2,098,000
和傘	609,000
洋傘	2,632,000
傘柄及傘手木製品其他類似品	1,070,000
缶詰用空缶	214,000
万年筆	1,701,000
自動車及車体	5,247,000
自動車部品其他	10,653,000
紡績機木管其他	10,153,000

出所）「輸入生漆ニ付陳情」『漆と工芸』
第 440 号，1938 年 12 月，4〜7 頁

　は，表 12-3 の漆液使用製品輸出額にも表れている。これらは，漆の用途が
漆器以外にも広がっていたことを示す。しかし，原料となる国産漆はわずか
しかなく，ほとんどを輸入漆に頼る状態だった。ここでいう国産漆は，日本
で生産される日本漆のことである。日本の植民地朝鮮で生産される朝鮮漆と
日本漆，台湾で生産を推進した仏領インドシナ産の安南漆については，のち
に日本の植民地での「国産化」へと変化していくことになる。
　国産漆の生産量は，表 12-4 に示すように 1912 年の自給率 10％が，
1926〜1937 年平均で 3％程度に落ち込み，大部分を輸入漆に依存してい
た[2]。当初は，圧倒的に中国からの輸入で賄っていたが，1920 年代初めから
仏領インドシナ産の漆が，徐々に日本での輸入量を増やし始め，1935 年を
境に中国産を凌駕することになったのである（表 12-5 参照）。そして，1930
年代になると日中関係の悪化に伴い供給地が仏領インドシナへとシフトして
いった。これは中国の漆の産地である重慶が蒋介石率いる国民党の勢力圏内
にあるため，排日運動や盗賊の出没などで日本商が取引に打撃を受け，それ
が価格にも跳ね返ってしまったという理由がある。そこで仏領インドシナ産
漆（安南漆）が注目されるようになった。筆者はこれまで，仏領インドシナの
日本商が対日漆貿易に大きな役割を果たしていたことを明らかにしてき

表12-4　漆の国産率　　　　　　　　　　　　（単位：kg）

年	輸入数量	国産数量	合計	国産率（%）
1897	525,060	258,840	783,900	33.02
1902	314,993	213,000	527,993	40.34
1907	608,861	176,873	785,734	22.51
1912	767,824	92,220	860,044	10.72
1916	790,058	53,400	843,458	6.33
1921	1,002,446	54,240	1,056,686	5.13
1926	1,341,919	45,000	1,386,919	3.24
1927	1,413,274	41,250	1,454,524	2.84
1928	1,535,220	37,500	1,572,720	2.38
1929	1,499,280	37,500	1,536,780	2.40
1930	1,429,200	38,325	1,467,525	2.61
1931	1,566,180	37,703	1,603,883	2.35
1932	1,256,940	36,683	1,293,623	2.83
1933	1,463,400	41,486	1,504,886	2.76
1934	1,698,300	61,613	1,759,913	3.50
1935	1,846,440	65,625	1,912,065	3.43
1936	2,094,060	71,025	2,165,085	3.28
1937	1,528,845	78,750	1,607,596	4.90

出所）「林業試験報告　漆液採取試験」朝鮮総督府林業試験場30号（1939年3月），2頁，「第2
表　本邦生漆の輸入高及生産高」より作成

た[3]。では，仏領インドシナで最初に漆に着目したのはいったい誰だったの
であろうか。

　1910年代に仏領インドシナ産漆を日本に売り込もうとした高月一郎は，
東京帝国大学法科卒業後に台湾総督府に勤め，その後に愛久澤直哉の経営す
る三五公司に転職し，1905年には三五公司を退職して仏領インドシナへ
渡った人物である。高月は，三五公司時代に培った仏領インドシナ調査を生
かし，現地で農園および貿易商を営み，そこで漆を扱っていた。そして，
1920年代になると，高月は自ら漆樹農園経営を画策するなど，早くから漆
に商機を見出そうとした。仏領インドシナ産漆の種類は「安南漆（Rhus suc-

表 12-5　日本の漆輸入量（中国と仏領インドシナ）　　（単位：kg）

年	中国	仏領インドシナ	その他の地域	輸入総数
1913	699,780	20,400		720,180
1915	727,920	7,500		735,420
1917	733,140	18,780		751,920
1919	1,095,720	7,920	1,080	1,104,720
1921	977,280	25,140		1,002,420
1923	999,600	121,920	720	1,122,240
1925	963,180	337,560		1,300,740
1927	1,127,940	280,680	4,680	1,413,300
1929	1,307,400	165,180	26,700	1,499,280
1931	1,195,320	361,320	9,540	1,566,180
1933	805,020	543,840	114,540	1,463,400
1935	932,520	913,920		1,846,440
1937	373,560	1,162,380	1,080	1,537,020
1939	250,680	1,219,260		1,469,940
1943	900	614,220		615,120
1944	35,700	57,900	200	93,800

出所）『大日本外国貿易年表』（1913〜1928年），『日本外国貿易年表』（1929〜1958年）より作成

cedanea L.）」であり，北部フートー省を中心に農家の副業として栽培・採取されており，ここに高月は注目した。しかし，高月自身は漆樹園の開園を目前に病死してしまい，漆の取引は在仏領インドシナの下村洋行，渡部洋行，菊地漆行，大南公司，斉藤漆店が引き継ぐかたちで終戦まで続くことになる[4]。

1.2　国産漆奨励会の発足

　一方，日本でも供給地の確保と同時に，国産漆増産（日本漆）のための国内奨励策を施していた。漆工業界では，1924年3月には漆樹栽培奨励に関する建議案を作成し，政府請願への準備を進めていた[5]。翌1925年5月には国産漆奨励会を発足させるに至った。発足時の会幹事は，山崎尚三郎（東京

漆商同業組合長），手塚千代吉(日本高級塗料会社専務），六角紫水(東京美術学校教授），中村嘉十(静岡漆器同業組合長），武田泰輔(山形・漆栽培家），澤口悟一(商工省工業試験所技手)らが担った[6]。

　この国産漆奨励会発足に先立ち，東京漆商同業組合が主体となって全国の同業者向けに国産漆奨励協議会開催趣意書とともに，国産漆奨励会の発足の会合案内を送付した。この趣意書の内容は，次のような文面であった。

　　今，我々漆業者は過去明治年間に於ける支那漆使用に盲進したるため，此の窮境に陥ったことを痛切に観取する處であります。故に此の際に於いて，我々一般の誤算を改め，漆業をして日本漆を中堅とした常態に復帰せしめたいのであります。依つて此場合は業者全体の協力一致を以て，国産保護奨励の目標に進みたいのであります[7]

　このように，業界全体の賛同を促す内容であった。こうした経緯を経て発足した国産漆奨励会は，大日本山林会の協力を得て，政府に栽培奨励の請願運動，漆栽培農家を増やすための啓蒙活動を行った[8]。しかしながら，目に見えるような増産とはいかず，1934 年からわずかに日本産漆が増えたものの，あくまで輸入漆の補充的なものでしかなかった。増産に至らなかった理由として，他の商品作物と比較してもいわゆる「儲からない」作物だったことが指摘されていたのである。栽培したとしても採取段階で漆掻き職人(掻工)が必要になり，工賃と専門の掻工を呼び寄せる旅費などの費用がかさむため，それが商品価格に跳ね返り利益が少なくなることが研究者や業界関係者から指摘されていた[9]。採取しても，割に合わない作物であり，そのため日本漆を増産することよりも，輸入漆を安定的に確保することが業界では重要課題となっていた。そこで注目されたのが日本の植民地台湾だったのである。

2　台湾における安南漆導入過程

2.1　総督府による試験栽培の始まり

　台湾の産業としての漆器作りは，日本植民地時代から始まったとされている。建築塗料としての漆は，まず台湾総督府本庁舎建設の内装として使われた。庁舎建設は，1912 年に着工し，完成したのは 1919 年である。工事に伴い，日本高級塗料株式会社の手塚千代吉（日本漆工会理事）が庁舎内装を受注し，日本で精製した日本漆を台湾にもち込んでその塗装にあたった。その際，総督府に対して日本領土内，すなわち台湾での漆樹栽培を提案している。背景には，すでに海外漆輸入途絶への危機感をもち，中国産漆に対する品質の問題を抱えていたからである[10]。しかし，台湾が実際に動き出すのは，1910 年代末からになる。

　では，どのように台湾総督府が漆に注目し，安南漆の「国産化」が進められていったのだろうか。それにはまず，気候の問題がある。日本漆を移植することも考えられたが，日本と台湾とでは気候が異なっており，そのためにも調査・研究が必要となった。その結果，日本漆を台湾で栽培するには成長が遅く，植林として適木ではないことが判明した。そこで，注目されたのが仏領インドシナで栽培されていた安南漆だったのである。日本ではすでに仏領インドシナ産の安南漆がわずかながら輸入されていた。そこで，輸入だけでなく，台湾で栽培し「国産化」を試みようとしたのである。成功すれば，日本領土内での自給が可能になるはずであった。

　台湾へは，1921 年に台湾総督府殖産局技手の山下新二が仏領インドシナから安南漆の種子をもち込み研究が始められたというのが通説となっている[11]。しかしながら，1918 年 4 月 30 日には，蓮華池試験地（台中州）から苗木を取り寄せて北埔林業試験地（新竹州）に植栽され試験栽培が行われていた[12]。台湾では，漆栽培試験の初期段階には，蓮華池と北埔の両方で試験栽培が実施されていたことになる。では，いつ山下新二が，どのように仏領インドシナへ渡り安南漆を入手することができたのだろうか。

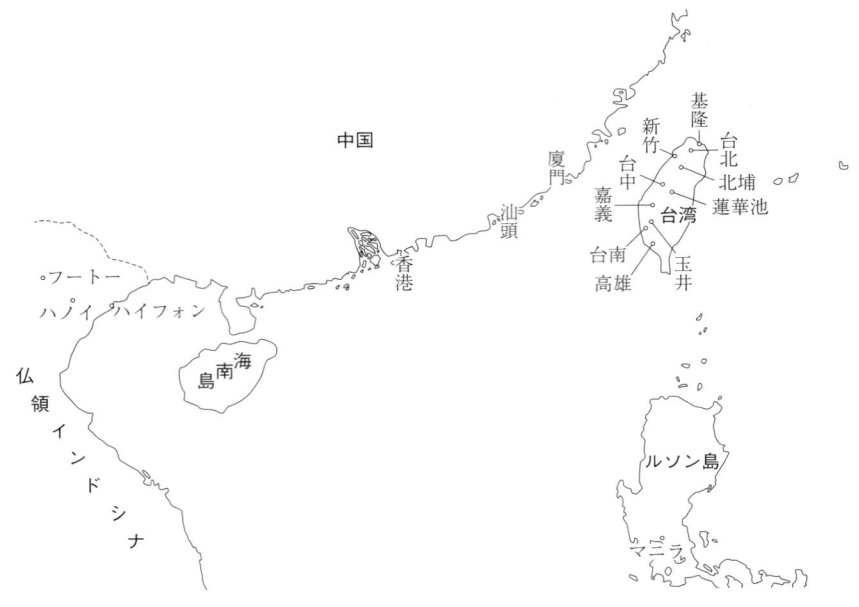

図 12-1　台湾および仏領インドシナ周辺地図

　総督府殖産局商工課の調査書にある「南支南洋邦人助成事業一覧表」によ
ると[13]，1918 年報告に印度支那企業組合（代表者：斉藤参吉）が 7500 円の補
助金を受けている。事業内容は，仏領インドシナ東京地方，および雲南国境
の森林調査，カンボジアの綿花，米，製糖事業の調査となっており，調査メ
ンバーには，横山正脩，岡本要八，岡新六，辻勝次郎，山下新二，綱野寿
一，増田五郎の名前が連ねられていた。翌 1919 年にも同様に 7500 円の補助
金を受けているが，内容の記載はない。前述した総督府殖産局商工課の
1918 年報告によると，山下新二が仏領インドシナの調査のメンバーとして
森林調査に参加したことになっている。代表者の斉藤参吉は，1913 年 6 月
まで台湾総督府秘書官として働いていた人物で，すでに 1916 年から仏領イ
ンドシナの森林調査を行っていた[14]。山下新二は，前述したように台湾総督
府殖産局林務課の技手で，林業の専門家である。また，横山正脩は，仏領イ

ンドシナ在住で，新聞社の通信員，鉱山請負人，農園管理者などの仕事に携わり，この頃は通信員と推測できる[15]。横山は，仏領インドシナの事情に精通しており，この時期は台湾とのパイプ役だった。

印度支那企業組合はどういった組織か不明ではあるが，こうした資料から山下新二あるいは他のメンバーが仏領インドシナの森林調査の際に安南漆の苗木や種子を入手したと推測できる。通説では種子がもち込まれたとされる1921年以前には，すでに林業試験地での試験結果が出始めていることから，台湾では1910年代末には苗木による調査・研究に着手していたことになる。日本における国産漆奨励会の動きにいち早く呼応したものと考えられるのではないだろうか。次に，日本の植民地朝鮮，そして台湾では，どのように試験栽培が実施され，どういった機関がそれを担ったのかを検討してみたい。

それにはまず，官と学による試験栽培を見ていきたい。台湾では，台湾総督府中央研究所林業部による試験栽培を皮切りに，続いて北海道帝国大学農学部附属台湾演習林によって調査・研究が進められた。図12-2は，台湾と朝鮮で行われた試験栽培を時系列にまとめたものである。

台湾総督府中央研究所林業部による試験栽培は，1918年にはすでに実施していたことは前述した通りである。図12-2にあるように，1928年に安南漆の第一回報告が福本林作によってなされた。第一回報告書の冒頭では，中国産漆に関しては将来の産出量に対し危惧を示し，日本産漆の保護奨励を意識して，台湾で安南漆の試験栽培を実施したことが強調されていた。試験の結果，日本種と比べると安南漆のほうが発芽および成長が早く，台湾農家の閑散期の副業とすることで，採漆費用が抑えられ，将来的にも有望な事業であることが報告された[16]。次の1931年と1934年の試験報告は，松浦作治郎が担当した。松浦は，1920年に北海道帝国大学農学部林学科を卒業し，1920年から台湾総督府専売局造林課技手，続いて台湾総督府中央研究所林業部技師として勤務していた人物である[17]。

さらに，北海道帝国大学農学部附属台湾演習林でも1924年から安南漆が植えられ，調査が進められた。1929年度末の成苗一覧表では，1924年に

台湾総督府中央研究所林業部

・「安南漆」試験報告(福本林作・松浦作治郎)

＊1918 年 ・・・・・・・▶①1928 年 ━━━━ ②1931 年 ━━━━━━▶③1934 年

北海道帝国大学農学部附属台湾演習林

・「安南漆」試験報告(渡辺磯治)

＊1924 年 ・・・・・・・・・・・・・・・・・・・・・・・・・・・・・・・・▶①1936 年

朝鮮総督府中央試験所

・「朝鮮漆」試験報告(木村伊三次郎, 山本隆次, 五十嵐三次, 安田邦譽)

①1917 年 ━━━━▶②1919 年 ━━━━━━▶③1928 年

　　　　　　　　　　　　　　　　　━━━━▶1939 年

　　　　　　　　　　　　　　　△ 朝鮮総督府林業試験場(野崎伸三・尾石元興)

＊・・・・・・▶は，試験栽培開始からを示す。

図 12-2　漆林業試験の系譜

出所)「安南漆栽培試験」『中央研究所林業部報告』1928 年，1931 年，1934 年。渡辺磯治「安
南漆採液試験報告」『演習林彙報』第 4 号(1936 年 4 月)，渡辺磯治「北大演習林に於ける安
南漆の生長就いて」『日本林学会誌』第 18 巻第 7 号(1936 年 4 月)。木村伊三次郎「採漆試
験成績(第一報)」(第 2 回 1917 年)，山本隆次「採液採集試験報告(第二報)」(第 3 回 1919 年
3 月)，五十嵐三次・安田邦譽「漆汁採集試験成績」(第 10 回 1928 年 5 月)『朝鮮総督中央試
験所報告』。「漆液採取試験」『林業試験場報告』(第 30 号 1939 年 3 月)

152 本，1927 年には 6950 本，1928 年には 1300 本，合計 8402 本による成長
調査が行われた[18]。それらの報告書は 1936 年に北海道帝国大学農学部附属
台湾演習林の嘱託(副手)の渡辺磯治によって試験結果が発表されている[19]。
同報告書のなかで，松浦の試算した 1 人 1 日あたりの採液本数が，人夫の熟
練度の違いから渡辺の試算と異なっていることが指摘されており，このこと
から松浦の試験結果を受けて実験がなされていたことがわかる。渡辺もま
た，北海道帝国大学農学部林学科(1926 年卒)出身で[20]，1936 年には『日本
林学会誌』に「北大演習林に於ける安南漆の成長に就いて」という研究論文
を発表している。北海道帝国大学で同窓の松浦，渡辺の両者が，台湾で安南
漆の栽培試験に取り組んでいたのである。

2.2　朝鮮と台湾

　一方，同じく日本の植民地である朝鮮においては，図 12-2 に示したように朝鮮総督府中央試験所による朝鮮漆の試験栽培報告書が 1917 年，1919 年，1928 年の 3 回，林業試験場からは 1939 年に発表された。1 回目の内容には，朝鮮在来式による採漆方法に問題があることが指摘されている。1928 年の報告書には，平安北道泰川郡長林面で大阪の斎藤漆店が採漆事業を展開していることが報告されていた。また，1923 年の新聞記事によると，この平安北道では泰川漆組合が組織され，補助金を受けて漆樹の増殖と採漆法の改善を図っているものの，漆生産が貧弱であるという指摘を受けていた[21]。この平安北道は，朝鮮最大の漆産地であり，すでに 1910 年代には日本の漆商・斉藤商店（大阪）が参入していた。この斉藤漆店は，1911 年から朝鮮平安北道泰川郡で日本漆の造林を始めていたのである[22]。さらに 1916 年 4 月には同地で，漆液採集研究所を設置して，朝鮮漆についての調査・研究を試みている。続いて 1918 年には精製漆の販売を目的に京城支店（京城府永楽町）を開設した。ただし，斎藤漆店が日本漆と朝鮮漆をどの比率で栽培していたかは現資料では不明である[23]。斎藤漆店の海外展開については，後述する。

　この朝鮮漆については，常に品質への不安がつきまとっていた。林業試験場の 1939 年報告書によると，「極めて幼稚なる採液法のため産出量が少なく品質粗悪である。新用途に対する認識を欠き僅かに薬用，笠子，木器，家具等に使用する以外は，廉価に立木として売却される」と消極的な見解を示している[24]。

　台湾での安南漆栽培と比較して，冬季間の採集ができないことや採漆法に問題があることが，前述した 1917 年の試験栽培報告書からも指摘されており，それが改善されないまま 1939 年報告に至っていることから，朝鮮内での漆の自給は不可能に近かった。そのため，朝鮮内での需要は，日本からの移入に頼っていたのである。

　話を台湾に戻そう。1930 年代になると，台湾での安南漆栽培が本格化

し，新聞紙上でも奨励記事が掲載されるようになった。特に，新竹州では具
体的な奨励策が始まった。前述した1925年発足の国産漆奨励会からは，啓
蒙活動の一環として大日本山林会を通して1930年2月，生産者向けに小冊
子『うるし栽培の勧め』が配布された。配布は各地の山林会を通してのもの
で，日本だけでなく，台湾山林会，朝鮮山林会へも送られた。印刷総数1万
1000部のうち台湾へは235部，朝鮮へは300部の配布となっており，その
小冊子の内容は，漆増産が急務であること，漆栽培の利益，漆かぶれ対策な
ど「漆栽培家の心得」が示されたものだった[25]。

　台湾の新竹州では，1932年7月に「樹苗養成奨励規則」が公布された。
安南漆の苗を養成する市街庄または組合に対して奨励金が交付されるという
内容だった[26]。また，実際に1933年になると，新竹州の民行造林補助に
よって相思樹と安南漆の混合林による造林が報告されている[27]。新聞紙上に
おいては，1934年8月に安南漆の経済的造林方法が紹介され，中央研究所
林業部の松浦作治郎の談話が掲載された。内容は，新竹州北埔の茶園に依頼
して茶樹と漆を混植したところその成績が良好だったこと，風に強い相思樹
と漆（風に弱い）を混植することで防風林となること，茶園とともに漆栽培を
行うと種代と苗木代だけで済み，造林費がほとんどかからないといった栽培
を促すものだった[28]。翌年の新聞紙上にも，「儲かる漆栽培　育苗と植付の
コツ」が紹介されている[29]。

　では，日本の商業界からどういった会社が，どのように台湾に事業展開を
することになったのかを次に見ていこう。

3　斎藤漆店の海外展開

3.1　漆取扱業者

　ここではまず，日本における外国産漆取扱商社の概要を見てみよう。昭和
初期，漆に特化した輸入業者は，株式会社斎藤漆店（大阪），水田漆行（大
阪），株式会社岡谷塗物店（名古屋），田島漆店（海南），株式会社加藤洋行（大

阪），三井物産株式会社名古屋支店（名古屋）の6軒があった。中国と仏領イ
ンドシナの漆取扱業者は，中国には斎藤漆店漢口支店，水田漆行漢口支店，
田島漆店漢口支店，三井物産株式会社漢口支店，仏領インドシナに株式会社
斎藤漆店ハノイ出張所，同じくハノイには下村洋行，渡部洋行，田島洋行，
大南公司，菊地洋行（漆行）があった[30]。下村，渡部，大南，菊地は現地で営
業展開をしている商店であり，それぞれ日本での荷受会社（発注会社）が決
まっていた。

　なかでも老舗格の斎藤漆店は，中国の漢口，仏領インドシナのハノイ，台
湾に進出していた。その進出は，1897年から中国漢口に支店を開設し，漆
の直接買付を始めたのが海外展開の始まりで，前述したように朝鮮へは
1911年から平安北道湊川郡に日本漆の造林に着手している[31]。

　一時期，斎藤漆店は，塗料製造会社である日本ペイントの漆工部と合弁で
新会社，大日本漆株式会社を設立した。1917年12月に資本金100万円（払
込50万円），本社大阪，支店中国漢口として大日本漆株式会社となったもの
の，1年後には合弁を解消している[32]。合弁の背景には，日本ペイントは漆
を使った塗料「光沢漆（つやうるし）」を開発し，原料である漆を確保するために社員を
中国に派遣するなど，中国産漆の安定供給を図ってのものであった。そのた
め，斎藤漆店と利害が一致し，中国産漆の買付ルートの強化を目的に合弁に
踏み切ったが，合弁解消の理由は不明である。

　1918年の中国漢口では，水田漆行，斎藤漆行（漆店），武林洋行，三井洋
行の4漆商が現地で漆取引を行っていた[33]。この漢口は，中国における漆の
一大集積地であり，日系商人が早くからここを拠点に漆の取り扱いを行って
いたのである。

　一方，斎藤漆店の仏領インドシナでの事業展開は，1926年にハノイに出
張所を開設したが，それ以前の取引は，ハイフォンの保田洋行を介して買付
を行っていた。1924年時点で保田洋行に5％の手数料を払っての取引だった
が，1930年には金7500円と銀7500ピアストルを支払い，保田洋行から漆
商権を得ることになった[34]。

　台湾には，1920年代末から1930年初めにかけて斎藤漆店がいち早く進出

し，台湾総督府中央試験所林業部に対して安南漆の払い下げを要求してい
る。この斎藤漆店は前述したように中国，朝鮮，仏領インドシナにも進出
し，漆の買付を行っていた。中央試験所林業部としては，この要求について
「一個人の経営事業者に研究中の材料を渡すことはできない」と断ったもの
の，1920年代末に斎藤漆店の社員塩見角治を同林業部に嘱託として受け入
れることになった。塩見は，林業部で漆の分析などを手伝うかたわら台湾各
地を回って調査を進め，1934年には栽培用地として新竹州苗栗郡山の手方
面の土地を買収した[35]。その後も斎藤漆店は栽培地を拡大して，1939年に
は安南漆の樹が50万本に達していた[36]。とはいえ，台湾もまた中国や仏領
インドシナから漆を輸入していたのである[37]。

3.2　台湾殖漆株式会社

そうしたなかで日本の対外関係が変化することになった。日中戦争勃発に
よる戦時経済統制が始まったことで1938年には，生漆輸入配給統制組合が
設立された(のちに東亜漆統制株式会社に継承)。これによって漆の輸入，配
給が国によって管理されるようになったのである。これを受けて台湾では，
特殊会社が設立された。1940年に斎藤漆店を主要株主として，台湾殖漆株
式会社(新竹市榮町三丁目一番地)が設立されたのである。台湾殖漆株式会社
の営業目的は，台湾での安南漆の生産および管理の向上であり，漆液の安定
供給を目指していた。主要株主は斎藤漆店関係者で占められ，そのほかには
漆輸入商社および漆器産地に近い関西，和歌山県海南市，台湾島内では新竹
州の在住者が多い(表12-6参照)。朝鮮でも同様に，朝鮮漆工業株式会社が
1941年に設立されている[38]。

台湾殖漆株式会社の業務内容は，漆樹の造林と採取であり，自前の精製工
場を設置していた。台湾で初の精製工程を有する工場だったのである。ま
た，1942年には台南州玉井地域に漆樹林の植林を始めている。これは，風
水害や疾病からの被害を分散するためのものであった[39]。流通経路は図
12-3のように構成され，台湾殖漆株式会社は植林から精製まで一貫した自
社生産を目指していた。採集夫は台湾人を賃労働者として雇い，漆掻きにあ

表 12-6　台湾殖漆株式会社主要株主名簿
　　　　　　（1944 年 3 月 31 日現在）

株数	住所	株主氏名	備考
2,600	大阪市	斎藤嘉兵衛	
1,400	芦屋市	斎藤作造	
965	大阪市	斎藤嘉兵衛	株式会社斎藤商店　社員
750	大阪市	三鼓幸三郎	
500	東京都	山崎英三郎	合名会社山崎英三郎商店　代表社員
350	富山市	佐伯治一郎	
300	大阪市	前澤政治	合名会社斎藤漆店　代表者
300	海南市	中村常七	
250	布施市	平野梅吉	
200	堺　市	太田寛	
200	東京都	山崎新太郎	
200	新竹市	塩見角治	
200	大阪市	出口庄治郎	
200	大阪市	京極興作	
150	大阪市	垣岡金蔵	
125	東京都	京極興四一	
115	新竹市	大南昇平	
100	東京都	山崎英三郎	
100	大阪市	衣川豊三	
100	台北市	菅谷武	
100	福井県	河野善一	
100	京都市	片山建造	
100	海南市	南方涛雄	
100	海南市	中田芳次郎	
495	その他		
10,000	合計	38 名	

出所）台湾殖漆株式会社「第四期営業報告書」（自昭和十八年四
　　月一日至昭和十九年三月三十一日）より作成

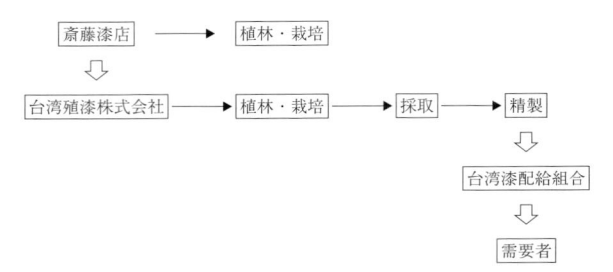

図12-3　台湾の漆会社(1940年代)

出所)台湾殖漆株式会社「第四期営業報告書」(自昭和十八年四月一日至昭和十九年三月三十一日)，磯部喜一『日本漆器工業論』有斐閣，1946年より作成

たらせていた。しかし，「第四期営業報告」[40] によると，漆樹の病害や採集夫の人材不足による収量の減少と賃銀高騰の影響で，思うような営業利益を得られていないことから，準備時期を脱していないとみなされていた。同営業報告書の損益計算書によると，精漆売上金(5万8049円97銭)が収入の大部分を占めているが，台湾島内の供給にとどまっている。日本への移出を目指し漆の「国産化」への思惑があったものの，軌道に乗るまでには至っていなかったのである[41]。

　このように，斎藤漆店は日本における漆の需要増大に伴って，中国，朝鮮，台湾，仏領インドシナへ事業展開を進めていった。特に，台湾では民間企業として官と連携しながら，率先して漆の栽培に関与していったのである。戦時期には，斎藤漆店が主要株主となって台湾殖産漆株式会社が設立され，台湾における安南漆の「国産化」に向けて精製工場を有する会社として，島内の生産・流通が一元化することになる。

4　戦後への連続

4.1　漆業界の再編

戦時中の貿易統制について，ここでもう一度整理しておこう。まず，日本

では 1938 年に生漆輸入統制組合が株式会社斎藤漆店(大阪)，水田漆行(大阪)，株式会社岡谷塗物店(名古屋)，田島漆店(海南)，株式会社加藤洋行(大阪)，三井物産株式会社名古屋支店の 6 軒によって結成された。これは，のちの貿易統制令の施行によりこの組合が東亜漆統制株式会社に継承された。この東亜漆統制株式会社が戦時中輸入漆の中心的な統制機関となる。また，軍需(陸海軍)と鉄道車輌用については，国内精製業者の再編が行われ，特定漆精製会社が 3 つ設立された。陸軍用は興亜漆塗料有限会社(資本金 10 万円)，海軍用に東洋漆工業株式会社(資本金 15 万円)，鉄道車輌用に東亜車輌精漆株式会社が 1941 年に相次いで組織されたのである。一方，海外では，こうした統制を受けて仏領インドシナに仏印漆輸出組合，中国に支那漆輸出組合，朝鮮に朝鮮漆工業株式会社，台湾には前述した台湾殖漆株式会社が設立された[42]。しかし，これら組合などに加盟していた漆関連の会社および商店は，1945 年の日本の敗戦によって日本に引き揚げ，在外資産は凍結されることになった。台湾においては，台湾殖漆株式会社が台湾省行政長官向署日産処理委員会に接取され，台湾油脂工業股份有限公司に引き継がれた[43]。

　戦後の日本では，1946 年 8 月に統制規則は廃止されたものの，原料不足から政府の指定生産資材となり，再び統制の対象となった。外国産漆の輸入については，GHQ との交渉・承認によって，1947 年にベトナム産漆 60 トンが初の輸入漆となった。同時に漆業界の再編が行われ，1952 年になって漆輸入業者によって「麗友会」が組織化された。会員は，株式会社斎藤商店(大阪)，株式会社水田漆行(大阪)，有限会社島田漆店(和歌山)，に 1952 年に創業した天成株式会社(東京)が加わり，計 4 社によって香港生漆輸出同業聯誼会(代理店)を通じて，中国産漆とベトナム産漆の輸入が可能になった[44]。斎藤，水田，田島の 3 社は戦時中，輸入統制組合員の会社である。しかし，中国，ベトナムの政治的不安定などの理由で，安定した輸入量を確保することは難しかった。そこへ，1958 年の日中貿易中断という事態に陥ったのである。

4.2　東南アジア漆樹植林調査団

　そうした状況のもと，1959年6月〜8月に東南アジア漆樹植林調査団が組織され，現地調査を実施した。その報告書として『東南アジアの漆資源』[45]にまとめられた。この調査には，前述した1958年の日中貿易途絶に直面し，台湾産漆やベトナム産漆が再び注目されたという背景がある。当時の漆業界は，輸入原料不足に陥り，「年間800トン以上の原料漆を必要とする日本の漆産業界が，その97％を中共および北ベトナムの共産国に依存するという不自然な状態から脱却し，それ以外の東南アジアから原料の供給を得たい」[46]という危機感をもっていた。冷戦時の対応として漆の安定供給が最優先課題となっていたのである。この東南アジア漆樹植林調査団結成に伴い，戦前から仏領インドシナで対日漆貿易に関わっていた人材が団員，協力者として加わった。そのメンバーは，松田敏調査員（戦前はハノイ斎藤漆店），現地協力員として，ベトナム漆開発事業促進協議会の渡部統一（同，渡部洋行），横山正幸（同協議会現地代表・元公使）が参加した。ベトナム漆開発事業促進協議会は，1958年から南ベトナムで漆の植林，漆液研究などを行っている民間の組織であり[47]，戦前からベトナムの漆を扱っていた漆商関係者が関わっていた。さらに，現在のODAの始まりとされているコロンボ・プランの経済援助で南部に漆栽培技術者として渡部統一（戦前の渡部洋行）を派遣したのが1962年からである[48]。また，戦前から台湾で栽培されていた安南漆が再び注目されるようになるのもこの時期である。

　このように，1950年代後半から1960年にかけても，戦前・戦時中に漆に関わった日本人が再び関与することになった。

まとめと課題

　本章では，①植民地での漆「国産化」の過程，②台湾での安南漆栽培における産官学の役割，③斎藤漆店の海外事業展開，④戦後への連続，この4つを通してアジア域内での漆貿易におけるそれぞれの地域の役割と位置づけを

示すことを目的にしてきた。①の「国産化」の過程については，台湾では日本の漆奨励策に早くから呼応して，調査・研究が進められてきたことを明らかにした。1918 年には台湾総督府中央試験所林業部によって仏領インドシナ産の安南漆の苗による試験栽培が実施され，1920 年代後半からは本格的な試験報告が発表されるに至った。そこに大学の研究機関である北海道帝国大学が加わり，中央研究所林業部の調査・研究を踏まえたうえでの調査結果が報告された。両機関では，北海道帝国大学農学部林学科の卒業生が携わっていたのである。これは②の課題である，官学の役割にあたる。

　ここに産業界が加わり，奨励活動としては，台湾山林会が漆栽培の啓蒙書を配布した。また，大阪に本店がある斎藤漆店が，漆栽培に積極的に関与した。さらに，日中戦争勃発によって，漆の輸入においては仏領インドシナ産漆（安南漆）の対日貿易が活発化し，同時に中国産漆の輸入が激減することとなった。また，漆は軍需にも不可欠な原材料であるため日本政府は配給統制を図った。これを受けて台湾でも特殊会社の台湾殖漆株式会社が設立され，株主には斎藤漆店関係者が大部分を占めた。台湾殖漆株式会社は植林から精製まで一貫した自社生産を目指していたのである。しかし，それは台湾島内の供給だけにとどまった。日本への移出を目指し漆の「国産化」への思惑があったものの，軌道に乗るまでには至っていなかったのである。③の斎藤漆店の海外展開は，漆の需要を反映して，中国，朝鮮，仏領インドシナ，台湾へと拡大していった。④については戦前・戦時中に漆に関わった日本人が，戦後のアジア漆調査や貿易に関わっていたことを示した。

　このように，本章では，台湾での産官学それぞれの漆「国産化」に向けた関与を示すことができた。アジア域内における対日漆貿易の展開過程の中で，台湾においては産官学が協調関係を保ちながら，将来的に仏領インドシナに代替する安南漆の産地を目指していたことになる。台湾での漆の「国産化」は，実験段階で幕を閉じたことになるが，その後も台湾の人びとの手によって戦後も栽培が続けられたことは記しておきたい。現在は，価格の問題で台湾での採取はほとんど見られないものの，台中の南投県埔里鎮にある龍南天然漆株式会社では，斎藤漆店および台湾殖漆株式会社で使われた精製機

械や道具類が今も残っている。

　今後の課題としては，朝鮮における栽培過程の解明が不十分で，他地域との比較に至らなかった。また，戦後への連続性についても同様で，これらについては稿を改めて論じたい。

1 ）　日本漆工会『漆と工芸』第 440 号，1938 年 12 月，5〜6 頁。

2 ）　伊藤清三によると，1936 年の国産漆は，国内消費量のわずか 2.2％との記述がある［伊藤 1979, 449］。また，翁群儀は，昭和時代初期の日本国内自給率を 3.5％と計算している［翁 2006, 96］。

3 ）　［湯山 2011］。

4 ）　［湯山 2011］。湯山英子「台湾の仏領インドシナ調査と事業経営——南亜公司と日仏製糖会社を中心に——」『台湾学研究』（国立台湾図書館）第 20 期，2017 年 12 月。

5 ）　国産漆奨励会『国産漆奨励会設立に就て』1925 年。

6 ）　国産漆奨励会『国産漆奨励会十年史』1936 年，10 頁。

7 ）　同上，9 頁。

8 ）　前掲注 6

9 ）　木村修三「仏領印度支那産漆及本邦産漆に就いての考察」吉川教授在職二十五年記念會編纂『作物学論集』1935 年 12 月，16〜18 頁。朝鮮総督府林業試験場『林業試験報告　漆液採取試験』第 30 号，1939 年 3 月，1 頁。

10）　前掲注 5，63〜65 頁。

11）　［吉井 1934, 15］。翁徐得・黄麗淑『尋根與展望——臺灣的漆器（傳統藝術叢書 19）——』國立傳統藝術中心，2000 年，37 頁。

12）　新竹州『安南漆ニ就テ附民行造林奨励関係規程』1934 年，11 頁。

13）　「南支南洋ニ於ケル邦人企業ノ助成」台湾総督府殖産局商工課編『熱帯産業調査書』1935 年 8 月。

14）　台湾総督府には 1895 年から奉職していたとあり，退職にあたり 1100 円の退職金が支給された（JACAR（アジア歴史資料センター）Ref. A04010261800「台湾総督府秘書官斉藤参吉外七名同上（内務省宗務局長斯波淳六賞与ノ件）」大正 2 年 6 月 13 日，国立公文書館）。また，1916 年には総督府営林局の嘱託である河合林学博士とともに仏領インドシナの森林調査を行っていた（「台湾日日新報」1919 年 5 月 7 日）。

15）　柏木卓司「戦前期フランス領インドシナにおける邦人進出の形態」『アジア経済』第 31 巻第 3 号，1990 年 3 月，93 頁。

16）　福本林作「安南漆栽培試験（第一回報告）」『中央研究所林業部報告』第 6 号，1928 年 3 月。同報告書冒頭に，中央研究所の試験地では 1922 年から安南漆の苗木養成に着手したとの記述がある。

17）　〈資料〉「渡台した札幌農学校・東北帝国大学農科大学・北海道帝国大学農学部卒業生一覧」北海道大学大学文書館年報，第 6 号，2011 年 3 月，138 頁。『北海道大学卒

業生名簿』北海道大学同窓会 1964 年，184 頁。

18)　北海道帝国大学農学部附属演習林編『北海道帝国大学農学部附属台湾演習林概要』
　　1931 年，15 頁。

19)　渡辺磯治「北大台湾演習林に於ける安南漆の生長に就いて」『日本林学会誌』第
　　18 巻第 7 号，1936 年 4 月。渡辺の報告書では，安南漆の本数は 1924 年に 152 本，
　　1927 年に 2860 本，1928 年に 570 本となって前述した本数と異なるが，前掲注 18
　　『北海道帝国大学農学部附属台湾演習林概要』では改植を含めた本数と考えられる。

20)　前掲 17『北海道大学卒業生名簿』，225 頁。

21)　『京城日報』1923 年 10 月 6，7 日。

22)　日本漆工協会『現代日本漆工総覧』1976 年，454 頁。

23)　『斎藤株式会社社史』社内用，年不詳，44 頁。

24)　朝鮮総督府林業試験場報告『林業試験場報告──漆液採取試験──』第 30 号，
　　1939 年 3 月，1 頁。

25)　前掲注 6，40～41 頁。

26)　前掲注 12，附 7 頁。

27)　同上，附 23 頁。

28)　『台湾日日新報』1934 年 8 月 20 日。

29)　『台湾日日新報』1935 年 3 月 23 日。

30)　前掲注 22，458 頁。

31)　同上，452 頁では 1906 年となっているが，前掲注 23『斎藤株式会社社史』では
　　1897 年になっている。

32)　前掲注 23，46～47 頁。

33)　外務省資料「農産物関係雑件漆ノ部」(3-5-2-115-2)。

34)　前掲注 23，45 頁。

35)　『台湾日日新報』1934 年 6 月 3 日。「安南漆栽培試験(第二回報告)」『中央研究所
　　林業部報告』第 11 号，1931 年 8 月，1 頁。

36)　『中外商業新報』1939 年 2 月 1 日。

37)　熱帯産業調査会『林業に関する調査書／殖産局山林課二巻十八編・漆』1935 年，
　　32 頁。

38)　前掲注 22，461 頁。同書によると，朝鮮にはほかに精製漆の配給機関として朝鮮
　　漆配給組合があった。朝鮮漆工業株式会社への出資比率は，全国の漆精製工業組合
　　40%，京城化学工業株式会社 40%，東亜漆統制株式会社 10%，朝鮮漆販売業者 10%
　　となっている。

39)　前掲注 1，2006 年，99 頁。

40)　台湾殖漆株式会社「第四期営業報告書」(自昭和十八年四月一日至昭和十九年三月
　　三十一日)1944 年 4 月(翁群儀所蔵)。

41)　国立公文書館閉鎖機関清算関係「昭和 20 年 9 月出張所駐在員発翰綴・台湾殖漆
　　㈱」。

42)　［磯部 1946, 268］。前掲注 22, 460〜462 頁。
43)　国史館台湾文献館　行政長官公署檔案(典蔵号 00326610026119, 00326620135006)。前掲注 23, 61 頁の斎藤漆店の 1947 年 9 月末の財産目録によると在外資産としては, 中国漢口支店分 70 万 1986 円 8 銭, ベトナムハノイ支店分 18 万 4821 円 74 銭, 台湾殖漆株式会社分 28 万 4656 円 51 銭となっている。
44)　前掲注 22, 462〜463 頁。
45)　アジア協会『東南アジアの漆資源』, 1960 年。
46)　同上, 137〜138 頁。
47)　同上, 74〜75 頁。
48)　渡部統一『技術協力効果調査に対するコメント』(私家版)1967 年 8 月。

参 考 文 献

伊藤 1979：伊藤清三『日本の漆』東京文庫出版部

磯部 1946：磯部喜一『日本漆器工業論』有斐閣

翁 2006：翁群儀『日本領有時代の台湾における工芸文化の振興に寄与した日本人に関する調査・研究』千葉大学大学院自然科学研究科博士論文

翁 2014：翁群儀「近代台湾の漆芸と沖縄の関係」(『南の風　沖縄・台湾——近代沖縄の美術・工芸——』浦添市美術館)

籠谷 2000：籠谷直人『アジア国際通商秩序と近代日本』名古屋大学出版会

籠谷・脇村：2009：籠谷直人・脇村孝平編『帝国とアジア・ネットワーク』世界思想社

河原林 2003：河原林直人『近代アジアと台湾』世界思想社

河原林 2011：河原林直人「熱帯産業調査会開催過程に観る南進構想と現実」『名古屋学院大学論集社会科学篇』第 47 巻第 4 号

後藤 1987：後藤乾一『原口竹次郎の生涯——南方調査の先駆——』早稲田大学出版部

鍾 1997：鍾淑敏「明治末期台湾総督府の対岸経営——「三五公司」を中心に——」『台湾史研究』第 14 号

塚瀬 2004：塚瀬進『満州の日本人』吉川弘文館

中村 1988：中村孝志『日本の南方関与と台湾』天理教道友社

野田 2013：野田公夫編『日本帝国圏の農林資源開発』京都大学学術出版会

馮 2011：馮赫陽「清末における中国漆の日本輸出について」『東アジア文化交渉研究』第 4 号

柳沢 1999：柳沢遊『日本人の植民地経験——大連日本人商工業者の歴史——』青木書店

山本 2011：山本美穂子「台湾に渡った北大農学部卒業生たち」『北海道大学大学文書館年報』第 6 号

古田 2000：古田和子『上海ネットワークと近代東アジア』東京大学出版会

吉井 1934：吉井隆盛「安南漆」『台湾の山林』第 93 号

湯山 2011：湯山英子「仏領インドシナにおける対日漆貿易の展開過程——1910 年代〜

　　1940 年代初めの現地日本人商店からの考察──」『社会経済史学』第 77 巻第 3 号

横井 1999：横井香織「日本植民地期台湾における「南洋」調査活動の展開」『現代台湾
　　研究』第 17 号

〔付記〕

　　本章は，北海道クラーク記念財団新渡戸基金研究助成(2013 年度)による研究成果の
　　一部である。また，拙稿〈研究ノート〉「戦前アジア域内における漆の貿易・生産過程
　　─植民地台湾を中心に」『アジアデザイン文化学会論文集』(第 7 号，2013 年 3 月)に
　　大幅加筆・修正したものである。

第13章　日本領期の樺太における温泉開発と温泉をめぐる人びとの精神誌

池田貴夫

は じ め に

　本章は，日本領期の樺太における温泉開発とその後の変遷について，まとめたものである。概ね，樺太におけるいくつかの温泉地の変遷をたどることになるが，樺太島民の温泉に対する精神誌（ここでは，「人びとの心，および心の動きや変遷を扱う民俗誌」の意で使用する）についても，若干ながら踏み込んでいる。

　周知の通り，日露戦争を終えた1905（明治38）年からアジア・太平洋戦争の終結する1945（昭和20）年までの約40年間，現在のロシア・サハリン州南部（北緯50度以南）は，日本領下にあった。日本領下になると，農業開拓者の招来を図り，また林業，水産業，鉱業，工業などの産業振興を行い，樺太庁の統計によると，1906（明治39）年末に1万2361人だった人口は，1936（昭和11）年12月末現在40万6557人に達していたとされる［社団法人全国樺太連盟編1978, 329］。その内，先住民や諸外国の人びとを除いた人口は40万5826人で，その内訳は「内地人」が38万6058人，朝鮮人が1万9768人であったとされる［社団法人全国樺太連盟編1978, 331-332］。なお，朝鮮人人口は，それ以後さらに増加していく。

　筆者は，北海道や樺太への開拓移住者がつくりあげてきた文化，あるいは伝承してきた民俗のなかから人の生きざまとその精神誌を導き出すという立場から，これまで温泉好きの日本人といわれてきた人びとが樺太に渡り，温

泉をめぐりどのような営みが行われてきたのか，関心をもち続けてきた。温泉を発見し，浴場や宿泊施設を建て，その温泉を利用する行為自体，筆者は民俗と称するに値すると確信しており，また，その温泉を求める民心は，いわば民俗精神誌とでもいうべき精神性を備えていると考えている。そして，過酷といわれる日本北辺の開拓地において，湯治，温泉行楽といったいわば癒しの文化要素は，人びとの生きざまや樺太という地域の精神誌を明らかにするうえで，恰好の分析対象になるだろうと想起したのである。

　資料としては，北海道立図書館所蔵の『樺太日日新聞』マイクロフィルムに見られる温泉関連記事（表13-1）を中心に据え，筆者の近年におけるサハリンや韓国でのフィールドワークで得た情報を加味する。新聞は，当時の日本政府および樺太庁の考え方の影響を受けたり，また社説などで知識人的な階層の論調が優位を占める可能性のある資料であるが，それを考慮しても，記事の総体を整理・吟味することにより，これまで断片的にしか見えてこなかった樺太における温泉開発，湯治，温泉行楽の変遷とその様相を確認することができ，また樺太という地域に暮した人びとの温泉に対する思いを汲み取れる部分がある。ただし，表13-1作成後においても，いくつかの温泉関連記事が確認されており，収集漏れもあるかと思うが，本論の大勢に影響を及ぼすものではないと考えている。また，筆者のフィールドワークによる情報の大部分は，日本領期樺太の生活を経験し，戦後サハリンに残され，地域の移り変わりをつぶさに見てきた朝鮮人によって支えられている。

　以下，日本領期に開発した主な温泉地を概観したうえで，樺太島民の温泉に対する精神誌の一端に考察を及ぼしていく。

　なお，各所に括弧で記した記事番号は，表13-1『樺太日日新聞』から収集した「温泉関連記事一覧」の通し番号と一致する。なお，新聞記事の引用にあたっては，原則的には，旧字体は新字体に改めた。また，引用記事の傍線は筆者による。

　さらに，「温泉」と「鉱泉」という用語については，温泉法や鉱泉分析法指針では，温度や含有成分を根拠として，それほど違いのないものとして定義されているが，本章の執筆にあたっては，「鉱泉」を加温しなければ浴用

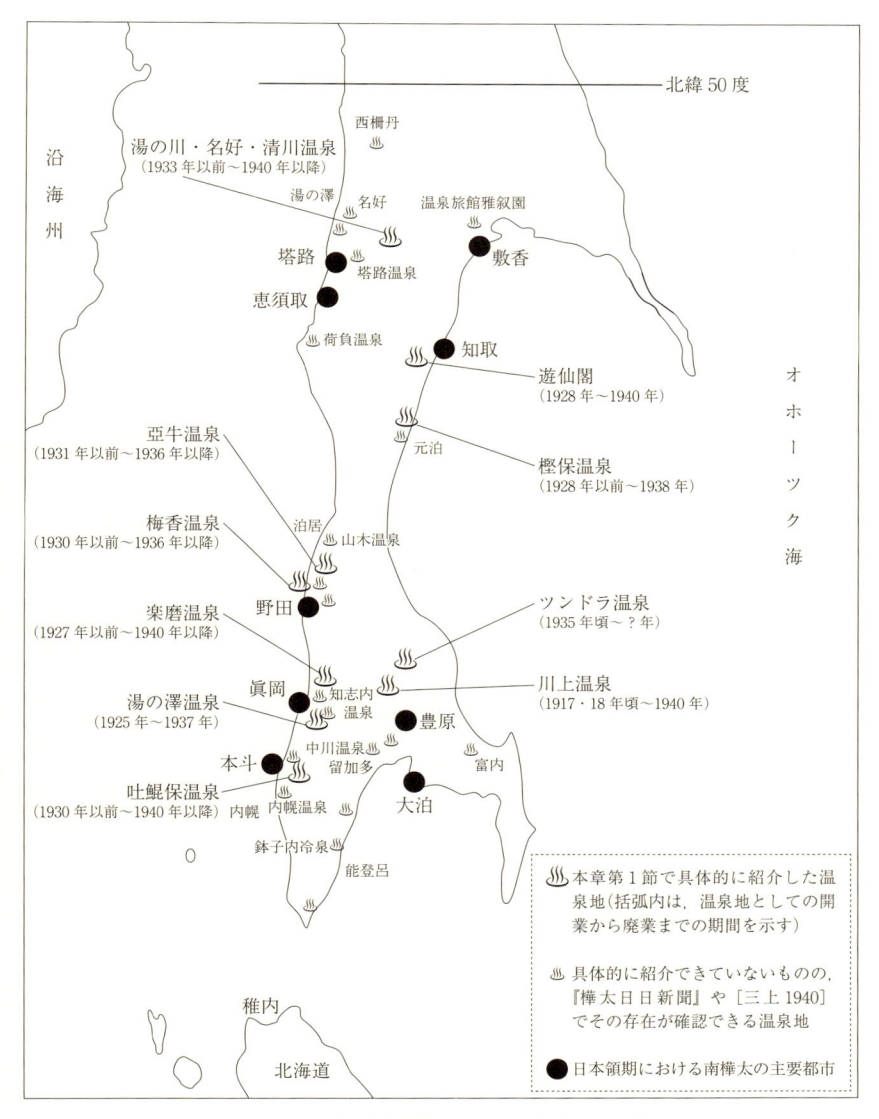

北緯 50 度

沿海州

西柵丹

湯の川・名好・清川温泉
（1933 年以前〜1940 年以降）

湯の澤　名好　温泉旅館雅叙園

塔路　塔路温泉　敷香

恵須取

荷負温泉　知取

遊仙閣
（1928 年〜1940 年）

元泊

亞牛温泉
（1931 年以前〜1936 年以降）　樫保温泉
（1928 年以前〜1938 年）

梅香温泉
（1930 年以前〜1936 年以降）　泊居　山木温泉

楽磨温泉
（1927 年以前〜1940 年以降）　野田　ツンドラ温泉
（1935 年頃〜？年）

眞岡　知志内
温泉　川上温泉
（1917・18 年頃〜1940 年）

湯の澤温泉
（1925 年〜1937 年）　豊原

本斗　中川温泉　富内
留加多

吐鯤保温泉
（1930 年以前〜1940 年以降）　内幌　内幌温泉　大泊

鉢子内冷泉　能登呂

稚内

北海道

オホーツク海

本章第 1 節で具体的に紹介した温
泉地（括弧内は，温泉地としての開
業から廃業までの期間を示す）

具体的に紹介できていないものの，
『樺太日日新聞』や［三上 1940］
でその存在が確認できる温泉地

日本領期における南樺太の主要都市

図 13-1　日本領期の樺太における温泉地の所在

表 13-1　『樺太日日新聞』から収集した温泉関連記事一覧

	年	月	日	頁	見出し	内容	備考
1	1919 (大正 8)	10	28	3	川上鉱泉へ	昨年以来の宿案であった川上鉱泉に汽車で向かう。途中の車窓。	著者：湖畔生
2	1919 (大正 8)	10	29	3	川上鉱泉へ	汽車は徐々に坊主山に近づく。川上鉱泉に到着。	著者：湖畔生
3	1919 (大正 8)	10	30	2	川上鉱泉へ	豊陽館という 2 階建ての丸太造りの温泉旅館。伊太利などの中古時代の建築物を偲ばせる。鉱泉の色はあまり上等ではないが，肌触りがよい。	著者：湖畔生
4	1920 (大正 9)	2	3	3	鉱泉遊記（一）	川上鉱泉行きを企て，汽車に乗る。車窓の風景。鉱泉停車場に到着。露助の上等小屋を彷彿とする豊陽館。	著者：高田生
5	1920 (大正 9)	2	4	3	鉱泉遊記（二）	一浴し，昼食後また一浴。鉱泉の絵葉書。旅館の前にそびえる風光明媚な坊主山。異国情緒みなぎる小沼。チハンスキーを訪問。	著者：高田生
6	1920 (大正 9)	2	5	3	鉱泉遊記（三）	チハンスキーの隣家カステーラを訪問。小沼郵便局を訪問。小沼駅に去る。小沼の原野。	著者：高田生
7	1920 (大正 9)	2	21	4	湯／樺太一品	「神経ノ療養ト諸病ノ根治トハ当鉱泉ノ誇トスル處」など。湧出元：「アルカリ性食塩泉／涌出元奥川上／入浴場／豊陽館」。取次販売並貸風呂：山際商店（大泊楠渓町），吉居取次店（豊原西二条南一丁目）。	広告
8	1920 (大正 9)	10	22	4	天下一品／川上温泉	「庭前汽車乗降の便あり／豊原より賃金四十五銭」。名称：「豊原郡奥川上／豊陽館」。	広告
9	1920 (大正 9)	11	5	2	薩哈嗹（十五）／有望な温泉／天に沖するものあり	南樺太には温泉は無く，冷泉もそう多くないのに比べ，北樺太は温泉もあり優良な鉱泉も多いこと。	著者：半田生
10	1921 (大正 10)	6	12	3	銭湯めぐり（五）	現在，浴場経営者は大泊に 19 軒あるが，豊原にはわずか 4 軒あるにすぎないこと。東京のような刺青をした粋な哥兄などは 1 人も見られなかったことなど。	著者：きみを
11	1921 (大正 10)	6	22	3	川上温泉行（上）	豊原発奥川上行きの汽車に乗る。農家はいずれも柾葺にストーブ装置で，農家的色彩に欠き，詩興を殺がれること。	著者：きみを
12	1921 (大正 10)	6	23	2	川上温泉行（中）	豊陽館で湯に浸かる。大変濁っていて，少し小臭く感じたこと。坊主山あってこそ一層温泉の風致を価値づけていること。	著者：きみを
13	1921 (大正 10)	6	25	3	川上温泉行（下）	豊陽館は裏に大きな 2 階建てを目下増築中のこと。熱情を込めた待遇方法を講じてもらいたいと思ったこと。経営者鈴木榮吉の詳しい説明など。	著者：きみを
14	1921 (大正 10)	8	13	3	豊陽館紀念祭／登山会を兼ねて	本年をもって開業満 4 周年。明日 14 日の午前 10 時に，紀念祭を兼ねて坊主山登山会を催すとのこと。	記事
15	1921 (大正 10)	8	16	3	温泉行／兼ねて坊主山登山（上）	8 月 14 日に，川上温泉湯之神の祭礼を期とし，坊主山登山会が温泉主催で決行されるというので，坊主山を登る。	著者：喜三男

	年	月	日	頁	見出し	内容	備考
16	1921 (大正10)	8	17	3	温泉行／兼ねて坊主山登山(中)	舌を巻きながら坊主山頂上を目指す。坊主山頂上からの遠望。晴れた日には亜庭湾も見えるが，この日は靄が深かった。	著者：きみを
17	1921 (大正10)	8	18	3	温泉行／兼ねて坊主山登山(下)	坊主山を降り，新築の階上八畳間に陣取る。近く，浴室も浴槽を増設し，病人用と一般健康者用を男女別に区分するとのこと。	著者：きみを
18	1921 (大正10)	10	19	2	温泉行／川上へ(上)	10月16・17日の休日，川上の温泉へと志す。列車途中単調な森林に飽きるなど，車窓の風景批判混じる。	著者：蛇苺生
19	1921 (大正10)	10	20	2	温泉行／川上へ(中)	豊陽館に入る。鈴木という宿の主人が明治31年に渡樺し，明治40年に川上温泉を発見，大正7年に開店したことを語る。	著者：蛇苺
20	1921 (大正10)	10	21	2	温泉行／川上へ(下)	朝入浴していると，豚の群れを連想するような婦人軍に責められ，蒼惶として風呂を上がる。坊主山登山は1時間で登って下りられるというので，つまらなく思い中止。豊原に帰る。	著者：蛇苺
21	1922 (大正11)	1	10	3	川上温泉に静養帰りの酒井内務部長サン／該湯の効能を語る	塩分多く，神経痛，リウマチス，皮膚病等に特効。さほど不潔ではない。諸設備不完全で不便だが，客が少なくやむをえぬ。川上温泉を宣伝するとともに，自分も利用したい，などと語る。	記事
22	1922 (大正11)	5	9	3	モータカーで川上温泉へ(上)	庁鉄事務所が米国製「モータカー(ガソリンカー)」を購入。川上温泉に突進したいという気分になる。小沼駅に着く。	著者：金
23	1922 (大正11)	5	10	3	モータカーで川上温泉へ(中)	川上駅へ全速力で進行。その後川上鉱泉ホームへ。さらに奥川上駅へ。	著者：金(推定)
24	1922 (大正11)	5	11	3	モータカーで川上温泉へ(下)	豊陽館の一室に詰める。入浴終って，お定まりの酒宴。翌午後1時，モーターカーは川上鉱泉を発車し，同2時20分に豊原に帰る。	著者：金
25	1922 (大正11)	10	3	3	霜枯の川上行(上)	豊原発川上炭山線試行運転のため，列車に乗る。同行者の紹介など。	著者：金子生
26	1922 (大正11)	10	4	3	霜枯の川上行(中)	川上鉱泉駅を発車。運行の様子。川上炭山駅に到着。	著者：金子生
27	1922 (大正11)	10	5	3	霜枯の川上行(下)	川上炭山の景勝について。列車出発。豊原に帰る。	著者：金子生
28	1923 (大正12)	5	9	3	川上温泉行(上)	去る5月6日，庁通信課の春季清遊会が豊陽館で行われるので，記者も誘われ同行。	著者：金子生
29	1923 (大正12)	5	10	3	川上温泉行(中)	通信課員の組織する春季清遊会の開会の辞の紹介。	著者：金子生
30	1923 (大正12)	5	12	3	川上温泉行(下)	豊陽館の2階大広間での宴会。	著者：金子生
31	1924 (大正13)	2	1	3	川上行(上)	朝鮮の極北，朱乙温堡という温泉を紹介しつつ，樺太の川上温泉と対比。	著者：酔古逸民

	年	月	日	頁	見出し	内容	備考
32	1924 （大正13）	2	2	3	川上行（中）	初めての川上方面への旅行。樺太の模範農村の風景など。	著者：酔古逸民
33	1924 （大正13）	2	3	3	川上行（下）	温泉駅に着き，豊陽館に飛び込む。「留湯の臭ひがあるに拘らず，ばかに塩辛く，そして浴槽のふかいのも心地がよかつた」と評価。殖民地談など。	著者：酔古逸民
34	1926 （大正15）	7	6	3	同行七人／川上温泉へ（一）	7月4日日曜日，本社編集局一行7人が川上温泉へ日帰りの清遊。列車で豊原から川上温泉へ。	著者：藩角才造生
35	1926 （大正15）	7	7	5	本社編集局同人一行／川上温泉へ（二）	川上線沿線の車窓。温泉駅に下車。	著者：◎○□△▲生
36	1926 （大正15）	7	8	5	本社編集局同人一行／川上温泉へ（三）	改札口もない温泉駅。豊陽館の新築の部屋に入る。釣りに向かう人，坊主山に登山する人。	著者：◎○□△▲生
37	1926 （大正15）	7	9	5	本社編集局同人一行／川上温泉へ（四）	鉄道線路をふみ切り，道は二路に分かれ，片方は神社へ，片方は西国八十八ヶ所へ行くようにできている。八十八ヶ所へ行く。	著者：◎○□△▲生
38	1926 （大正15）	7	10	5	本社編集局同人一行／川上温泉へ（五）	坊主山を登ろうという元気はなくなり，温泉へ。一行が2つの湯槽を占領。一物の検閲。	著者：◎○□△▲生 写真あり
39	1926 （大正15）	7	11	3	本社編集局同人一行／川上温泉へ（完）	風呂から上がり，麻雀。酒を飲み始める。麻雀を打ち切り，勘定を済ませて豊原に帰着。	著者：◎○□△▲生
40	1926 （大正15）	7	14	3	眞岡川の上流／貯水地畔に鉱泉／此程に至り発見さる／風光明媚温浴場に適す	眞岡支庁の者が硫黄の臭気ある水の湧出を発見。分析の結果のよっては，浴場経営を行わせたい意向。	記事＋写真
41	1926 （大正15）	7	24	6	天然湧出／鈴谷河岸／豊原温泉	「附近風景佳，旅館ノ設備アリ」「数多目全治者ニ依テ証明セラル其ノ諸病ニ良シ」など。妙見湯（豊原西6条北1丁目）の広告。	広告
42	1927 （昭和2）	6	22	5	知取川口に冷鉱泉／温泉場許可	知取河口から約18町上流に冷鉱泉が発見され，温泉場を建設すべく知取町の2名が許可を得，建設にとりかかる。	記事
43	1927 （昭和2）	6	25	4	豊中生修学旅行記（一）／出発から川上温泉まで	6月17日，一路川上温泉へ向かう。雨降り続く。旧市街→草野小学校→鈴谷小学校→川上部落→川上小学校→川上温泉。	著者：二C石永博吉
44	1927 （昭和2）	6	26	3	豊中生修学旅行記（二）／温泉到着より出発まで	川上温泉到着。貝化石拾い。入浴。夕飯。菓子の籤引。消灯。翌朝山登り。炭山に向かい出発。	著者：二A中村正元
45	1927 （昭和2）	6	29	3	豊中生修学旅行記（三）／川上温泉より豊原まで	4時起床。朝食。炭山へ出発。釣竿をたれる。炭山の小学校で昼食。炭鉱見学。列車で豊原へ。解散。	著者：二B岡一清
46	1927 （昭和2）	6	30	3	豊中生修学旅行記（四）／豊原発から川上炭山まで	学校を出発，小沼へ。小沼から列車で川上炭山へ。炭山見学。宿に入る。消灯。	著者：一A伏見勲

	年	月	日	頁	見出し	内容	備考
47	1927 （昭和2）	7	1	3	豊中生修学旅行記（五）／川上炭山から豊原帰着迄	川上炭山の宿で起床。朝食。列車で川上温泉へ。ボウズ山登山。入浴。湯船は豊原の東湯より小さい。汽車で豊原へ。	著者：一Ｂ志村文俊
48	1927 （昭和2）	8	30	3	川上温泉紀行　（一）	編集同人など8名で川上温泉に日帰りの麻雀旅行へ。列車に乗っている旅芸人らしい婆さん，女学生，若い女性のこと。	著者：青児
49	1927 （昭和2）	8	31	5	川上温泉紀行　（二）	豊陽館へ入る。坊主山登山へ。途中，鎮守様の祠。やせ我慢をしながら，三角点に到着。	著者：青児 写真あり
50	1927 （昭和2）	9	1	5	川上温泉紀行　（三）	坊主山の三角点でハンカチを振る。坊主山からの雄大な風景。	著者：青児
51	1927 （昭和2）	9	2	5	川上温泉紀行　（四）	三角点での記念撮影。下山。入浴。浴場に湯槽が3個あり，男女混浴。若い女性と入れ違いになり残念至極。脱衣所には長髪のむさくるしい老人。	著者：青児
52	1927 （昭和2）	9	3	5	川上温泉紀行　（五）	座敷に帰り，麻雀。ゆで卵の取り合い。旅館においているたばこはバットのみ。一日中遊んで，8人で12円50銭。	著者：青児
53	1927 （昭和2）	9	13	3	楽磨の奥に温泉／無論冷鉱泉であるが／土地の繁栄上地方民得意	すでに旅館が建っていたが，近く新築し，道路も整備するという計画。塩分その他の鉱物質を多分に含有した泉質。	記事
54	1927 （昭和2）	10	5	2	明牛村湯の澤温泉	1925（大正14）年に小森仁三郎が創設。開業以来入浴客など殺到。この年に建物を増築，庭園を設備。	記事＋写真
55	1928 （昭和3）	1	12	5	知取郊外に鉱泉／宿は名も『遊仙閣』と称し知取耶馬渓に臨み風光絶佳	大きな冷鉱泉浴場が開業し，遊仙閣と称す。知取付近ではほかにない恰好の場所としての評価。	記事
56	1928 （昭和3）	9	5	5	明牛温泉の仮駅／一分間停車を許可され「湯の澤」と命名される	入浴客の便宜を図るため，手井駅や明牛駅の間に仮駅を設置し，1分間の停車を許可される。	記事
57	1928 （昭和3）	9	25	3	風光明眉な／樫保温泉	広告記事。元泊郡にある温泉。風光明媚な地。効能高く，医者に見放された人びともここで回復し，礼状を送ってくる人も多いとの旨。	広告
58	1929 （昭和4）	2	9	5	島内の温泉場荒しの賊／久春内で捕はる／大きな荷物を背負ふて／川上温泉から逃げた男も是	川上温泉でカケ蒲団3枚ほかを，元泊温泉小田島旅館で入湯客の衣類等を，樫保温泉根岸旅館で客の衣類を盗んだ男が逮捕される。	記事
59	1929 （昭和4）	7	13	1	豊中修学旅行記（五）	楽磨の村落に「ラヂユーム温泉」と書かれた看板が目にとまる。	著者：五Ａ高杉一夫
60	1930 （昭和5）	2	4	2	南船北馬	「川上温泉が焼けた，先に元泊の温泉を失つて又か」という，川上温泉の火災をめぐる感想。	読者寄稿かぐる感想。
61	1930 （昭和5）	4	16	2	粂子舞の海岸と野田は梅花温泉	「西海岸の行楽地としては見逃すことの出来ない景勝の地」との評価記事。	記事＋写真
62	1930 （昭和5）	4	18	2	西海岸風景／明牛，湯の澤温泉	梅香温泉とは異なり，壮快な海の眺望は欠けるが，眞岡町から近く，仮停車場も設置されて便利。庭園などもよい。	記事＋写真

	年	月	日	頁	見出し	内容	備考
63	1930 (昭和5)	8	2	6	知取町遊仙峡／温泉／遊仙閣	紙面中段に掲載された遊仙閣の広告。「山紫水明／樺太ノ耶馬渓」「新緑ノ仙境ト霊湯ノ効」のコピーあり。	広告
64	1930 (昭和5)	9	3	5	樺太唯一の温泉に／名好村で道路を開鑿／摂氏四十度で傷には大効験／将来は樺太の一名所	樺太にも相当の温度のある温泉が湧出する。それは名好村で，村は小屋掛けを行い，道路整備を急ぐ。	記事
65	1930 (昭和5)	12	20	5	専売特許／六一〇バスハップ家庭温泉	「浴卓効万病ニヨシ」など。代理店：高橋薬品部。特約浴場：丸伊湯(豊原西1条南4丁目)，東湯(豊原東1条南3丁目)。	広告：入浴剤
66	1931 (昭和6)	5	2	5	野田管内亞牛澤の温泉	湯治客も少ない状況だったが，この度佐々木館主が仮停車場の設置を申請。一般遊客の誘致に意気込む。	記事＋写真
67	1931 (昭和6)	6	21	5	北名好湯の川温泉／愈よ村営計画書成る／堤防道路費等四万三千円を計上	名好村の湯の川温泉村営計画が具体化し，設計予算を編成し，当局に認可方申請した。	記事
68	1931 (昭和6)	8	7	5	放射機能／ラヂウム素温泉	「大自然の賜／神秘の配剤／計知り難き不思議の霊泉／先般来左記特約浴場に於て試浴中奇績」など。特約浴場：豊原町に3軒，大泊町に3軒，留多加町に1軒，落合町に1軒。	広告：湯の花
69	1931 (昭和6)	8	20	1	社説／知取川畔	知取川河畔を題材として知取町の移り変わりや現況を記した社説。	社説
70	1931 (昭和6)	9	8	1	湯の澤温泉／渓泉閣旅館	「諸病特効／新浴場完成／演芸場あり／遊園地あり」「西海岸唯一の風光明媚」などのコピー。	広告
71	1932 (昭和7)	10	29	夕2	ツンドラ湿布帯／シライス温泉	「学界の驚異，責任ある各大学／教授実験，推奨と証明」など。販売：樺日代理部(大通り樺太日日新聞社)。	広告：湿布と入浴剤
72	1932 (昭和7)	12	4	夕3	豊原温泉妙見湯	「右記患者は一日三回以上入浴三週間にて効果なき御方は入力料は申受けません」など。	広告
73	1933 (昭和8)	1	15	3	バスハッピー	「樺太廰免許／化学温泉の素」「自宅湯治の最適薬」「種田化学研究所製」など。豊原販売所：奥瀬商店(西1条南2丁目)。	広告
74	1933 (昭和8)	6	29	3	能登呂岬附近／昆沙譜鉱泉／ラジウムの含有量は日本でも有数／大泊から定期船の便	1919(大正8)年，能登呂村毘沙讃で平岡彦六が鉱泉を発見。湯屋を建築。近在の人びとに供す。今度温泉宿として公開予定。	記事
75	1933 (昭和8)	7	1	3	冷味趁ふて／樺太の耶馬渓／巌を噛む渓流／幽境『遊仙閣』／途中に三百尺の石山の奇勝／知取附近の清遊境	遊仙峡および遊仙閣の紹介記事。遊仙閣にいながらにして木材流送の壮観を目の当たりにすることができ，湯あがりにヤマベ，イワナ，フナなどの川料理でくつろげば，涼味気分百パーセントであろうという所見。	記事＋写真

	年	月	日	頁	見出し	内容	備考
76	1933 (昭和8)	7	23	1	論説／避暑客を招け／夏の樺太へ	樺太の夏を全国の人びとに有効に利用してもらうために，たとえばハルピンのように娯楽設備の整備，景勝地の美化作業などを行うことを説いた論説。	論説
77	1933 (昭和8)	7	30	夕3	本島唯一の湯の川温泉／最近入湯の客多し	湯の川温泉の位置，泉質，効能などの説明。近年は，来客も多くなっている。	記事
78	1933 (昭和8)	9	21	3	時は今，観楓シーズン／行楽境『遊仙閣』／三宅町長の計ひで自動車道路完成／連日遊覧客で賑ふ	観楓会の季節とあって，連日大小の団体が訪れる。道路も修理された。	記事＋写真
79	1934 (昭和9)	4	22	1	ローカルカラーを行く16／湯の澤／渓流を聞き湯に浸る感傷／大漁を語る濱の漁師	湯の澤温泉を実際に訪れての評価の高い体験談。硫黄臭い香りと渓流の音。	記事＋写真
80	1934 (昭和9)	11	22	夕2	白姫ゲレンデに温泉宿建設／ツンドラ水の分析中／庁鉄の新計画	庁鉄旅客科が，白姫山スキー場に温泉宿を建設するために，この地域の湧水「ツンドラ水」の成分分析を依頼。	記事
81	1934 (昭和9)	12	16	3	白姫山の家を温泉宿に改造／庁鉄で実施調査終る	「ツンドラ水」が温泉として効力を有することが立証され，ヒュッテを改造し温泉を造ることになった。	記事
82	1934 (昭和9)	12	23	3	白姫山ヒュッテに湯の煙り立ち罩む／本邦唯一のツンドラ温泉設置	白姫山ヒュッテの紹介や，ツンドラ温泉設置への期待。	記事＋写真
83	1935 (昭和10)	2	16	2	貸す・売る／元豊原妙見鉱泉湯	「御希望ノ御方ハ左記ノ者へ御申込ヲ乞フ／豊原町／大隅定蔵」など。	広告
84	1935 (昭和10)	3	25	1	温泉気分と其の効果(上)	欧州諸国に比べ日本は温泉に恵まれるも，樺太は鉱泉ばかりで，鉱泉では休養の効果も半減すること。	著者：福家勇
85	1935 (昭和10)	3	26	1	温泉気分と其の効果(下)	温泉を求めるならばやはり北海道に行かねばならないこと。北海道の温泉リストと泉質により異なる効能の説明。	著者：福家勇
86	1935 (昭和10)	7	28	夕2	樫保の冷鉱泉／近く改良／東海岸唯一の温泉場に	元泊郡樫保浜に湧く冷鉱泉。同地の郵便局長が温泉旅館を経営しようと申請中。	記事
87	1935 (昭和10)	12	6	夕3	ラヂユウム含有／浸透温熱療法／豊原療養所を訪ねて	1934(昭和9)年，東京で蒸風呂式のラジウム含有浸透温熱療法が発表され，全国に20余カ所の療養所が展開。この度，豊原にもこの療養所が設置される(東1条南3丁目)。経営者：落合善一。	記事
88	1935 (昭和10)	12	10	3	新時代が生んだラジユウム含有温熱蒸風呂式湯治	「愈々豊原へ出現」など。名称：東京市東大久保療養所豊原支部(東1条南3丁目)。	広告
89	1936 (昭和11)	2	13	夕3	新名所／素晴しい鉱泉とスキー場を発見／これなら全島に誇つてい、／殊勲の江良野野田署長	野田町久良志で，スキー場に適したスロープが発見されるとともに，スロープを下りた所で鉱泉も発見される。一大温泉スキー場へ。	記事
90	1936 (昭和11)	3	21	1	温泉紀行	北海道の登別温泉を訪れた際の紀行文。第一滝本に泊まり，その規模に驚かされる。	著者：岡本文子

	年	月	日	頁	見出し	内容	備考
91	1936 (昭和11)	5	15	夕2	華やぐ今夏に応へて梅香温泉も更／海辺の景勝を生かし八月迄に新装する	海浜道路の完成後，うらぶれ果てた姿が放置されてきたが，この年の樺太拓殖共進会を機に，新装予定。	記事＋写真
92	1936 (昭和11)	5	26	3	敬遠されてる川上温泉を昔へ／豪華な歓楽境に盛り返さう／鹿又署長粋な計ひ	かつては華やかだった川上温泉も，すでに名勝として忘れられようとしている。再び盛り返したいと願う人びと。	記事
93	1936 (昭和11)	7	19	3	敷香の温泉旅館／雅叙園落成式	風光明媚，閑静な容室は全島でも誇るに足るもの。今後の発展が期待できる。	記事
94	1936 (昭和11)	10	8	3	地方色彩々／名勝地／遊仙峡	前年募集して選ばれた「知取小唄」の一節を紹介。温泉宿も含め遊仙峡の様子を説明。	記事＋写真
95	1936 (昭和11)	11	25	夕1	話房	公衆電話のなかった遊仙閣に三宅町長の斡旋で電話が設置される。アベック逃避行には格好の場所なので，「誰と誰が行ってないか」などの電話がよくかかってくる。	記事
96	1937 (昭和12)	2	7	夕3	温泉場巡り／登別温泉にて(1)	北海道の登別温泉を訪れた際の紀行文。豊原から登別へ。市街，各旅館のこと。	著者：上田生 写真あり
97	1937 (昭和12)	2	9	夕3	温泉場巡り／登別温泉にて(2)	第一滝本館の紹介。樺太方面からの湯治者も最近非常に多くなったこと。	著者：上田生
98	1937 (昭和12)	2	10	夕3	温泉夜話／のぼりべつのおもひで(1)	登別温泉行を決行。眞岡から大泊。宗谷丸で稚内へ。急行に間に合う。	著者：石川澄水
99	1937 (昭和12)	2	11	夕3	温泉場巡り／登別温泉にて(3)	地獄谷，大湯沼など，登別の各名所の案内。五色温泉を訪問。	著者：上田生 写真あり
100	1937 (昭和12)	2	14	夕3	温泉場巡り／登別温泉にて(4)	五色温泉の薬効。五色温泉の歴史と現況。樺太の湯治者について記述あり。	著者：上田生 写真あり
101	1937 (昭和12)	2	16	夕3	温泉場巡り／登別温泉にて(終)	カルルス温泉場の訪問。北大分院の訪問。ネオンと三味線の音。	著者：上田生 写真あり
102	1937 (昭和12)	2	17	夕3	温泉夜話／のぼりべつのおもひで(2)	夜が明け，旭川で下車。近文のアイヌ部落へ。アイヌ記念館にて。旭川の軍事記念館を訪問。	著者：石川澄水
103	1937 (昭和12)	2	18	夕3	温泉夜話／のぼりべつのおもひで(3)	軍事記念館を出て，上川神社詣で。旭川市街の料亭。滝川に1泊。急行で，登別駅へ。第二滝本に入る。	著者：石川澄水 写真あり
104	1937 (昭和12)	2	20	夕3	温泉夜話／のぼりべつのおもひで(4)	第二滝本の思い出。第二滝本にて。自らを回顧。	著者：石川澄水 写真あり
105	1937 (昭和12)	2	27	夕3	温泉夜話／のぼりべつのおもひで(5)	登別温泉の景気のよさ，華やかさ。芸者や女給のこと。	著者：石川澄水
106	1937 (昭和12)	2	28	夕3	温泉夜話／のぼりべつのおもひで(6)	頼まれて，第一滝本館で演芸会の役員会に出る。登別小唄の合唱。	著者：石川澄水
107	1937 (昭和12)	3	3	夕3	温泉夜話／のぼりべつのおもひで(4)	樺太の人と多く出会う。	著者：石川澄水
108	1937 (昭和12)	3	7	夕3	温泉夜話／のぼりべつのおもひで(5)	1月19日の温交会における演芸。樺太の優勢さを誇らかに感じる。のちに滝ノ家で二次会。騒ぎまわる。	著者：石川澄水

	年	月	日	頁	見出し	内容	備考
109	1937 (昭和12)	9	29	夕2	新国道の開鑿で大温泉郷出現か／浮びあがる湯川温泉	道路整備により，湯の川温泉が大温泉郷となるのは必至の勢い。河中で温泉が湧出しているところにコンクリートの浴槽。	記事
110	1937 (昭和12)	10	27	夕1	話房	遊仙峡および遊仙閣に対する批判。特に，遊仙閣の建物が古くなるなどしても，経営者は修繕しようとしないことに対する批判。	記事
111	1939 (昭和14)	2	2	夕3	白姫紀行／ツンドラ湯	「ツンドラ湯」を実際に利用しての体験談。	著者：鈴木大二
112	1940 (昭和15)	1	23	1	雪の温泉行（上）	年末年始を豊富温泉で過ごす。稚内へ。稚内から普通列車で豊富へ。馬橇の便がない。	著者：香川綾山
113	1940 (昭和15)	1	24	1	雪の温泉行（下）	豊富温泉ホテルを選び，滞在する。豊富温泉の紹介。樺太からの来客は多いこと。	著者：香川綾山
114	1940 (昭和15)	8	27	1	社説／名好温泉の開発と樺太廳	樺太に温泉がないという弊害を改善するために，名好温泉の開発を説いた社説。	社説
115	1940 (昭和15)	8	27	3	名好温泉を開発／樺太唯一の保養地に	樺太庁が名好温泉の開発に着眼し，ボーリングにより地下温泉の湧出を図ろうとする模様であること。	記事
116	1940 (昭和15)	9	7	3	消える川上温泉／駅名も中川上と改めて／過去十九年の歴史に終止符	長らく繁栄してきた川上温泉が，火災，経営難，経営者の死亡などを理由に営業を中止。それに伴い，駅名も改称。	記事
117	1940 (昭和15)	11	10	3	名所に秋風落莫／知取遊仙閣遂に廃業	収支の関係から温泉旅館遊仙閣は閉鎖。温泉あっての遊仙峡も人が来なくなるであろうことから，町民惜しむ。	記事＋写真
118	1940 (昭和15)	11	13	4	療養地に好適（上）／名好温泉全貌／病患者，虚弱者に福音	名好温泉の紹介。樺太庁衛生課調査による地勢，地質，湧出の場所の地形，風光，湧出量および温度。	記事
119	1941 (昭和16)	7	6	7	名好に一大温泉境！／世に出る清川温泉	清川温泉を世に出すべく，恵須取自動車会社が開発経営を計画。清川温泉の紹介。	記事＋写真
120	1941 (昭和16)	8	12	5	鵜巣温泉／医療効果百％	鵜巣炭鉱の廃業後，温泉郷として発展させようとする計画。成分の有望性が確認されれば，樺太唯一の温泉郷へ。	記事

＊これらの記事の収集については，山田伸一氏（北海道博物館）より多大な協力をいただきました。ここに改めて，感謝の意を表します。

利用が困難な温度のものを指す用語として使用する。そして，本章でいう「鉱泉」であることが論点となっている部分や，資料原文に即して表記する必要のある部分を除き，原則として，本章でいう「鉱泉」を含む広い概念として，「温泉」という用語を使用する。

　また，本章は，2010(平成22)年に筆者が公表した「日本領期の樺太における温泉文化誌・覚書」(『北海道開拓記念館研究紀要』第38号所収)を初出とし，その後の調査で得られた新たな知見や，本書著者グループとの議論を踏まえ，加筆修正したものである。

1　日本領期に開発された主な温泉地

川 上 温 泉

　豊原駅から樺太東線で北へ3つ目の小沼駅から川上炭山に通じる川上線の中途に位置する鉱泉。温泉宿は「豊陽館」と称され，近くには川上温泉駅が設けられていた。豊原に近いことから，樺太で最も知名度のある温泉地であったようだ。また，川上温泉に関する新聞記事も，他の温泉地に比して格段に多い。

　いつ開湯したのか，筆者は確固たる情報をまだもち合わせていないが，1940(昭和15)年9月7日にその廃業を報じた記事では，「大正十一年樺太における唯一の温泉として小沼川上炭山中間に開業した川上温泉」(記事116)とあるので，これに従えば，1922(大正11)年の開業ということになってしまう。

　一方，1919(大正8)年10月28日から30日にかけ，湖畔生なる人物が「川上鉱泉へ」と題し川上温泉の旅行記を連載しており(記事1〜3)，そのなかで川上鉱泉入浴について「昨年以来の宿案であつた」(記事1)と告白していることから，少なくとも1918(大正7)年以前には，この鉱泉のことが人びとに認知されていたであろう。1921(大正10)年8月13日の記事には，「豊陽舘紀念祭」と題し，「奥川上所在温泉豊陽館にては本年を以て開業満四週年に相当する」とある(記事14)。また，1921(大正10)年10月20日の記事

では，「鈴木と言ふ其温泉宿の主人」が1907（明治40）年にこの温泉を発見し，1918（大正7）年に開店したと語ったとしている（記事19）。これらに従い，概ね1917（大正6）年から1918（大正7）年頃に豊陽館が開業したと考えてよさそうである。

　よって，前述の1940（昭和15）年9月7日の記事が，なぜ開業を1922（大正11）年とし，「過去十九年の歴史に終止符」（記事116）と報じたかは，依然不明である。

　なお，1922（大正11）年，樺太庁の酒井内務部長が，川上温泉で実際に静養し，その効能を述べている。それによると，塩分が多いため，体を温め，リウマチや皮膚病などに特効があるとしている（記事21）。また，各記事を読み合わせると，川上温泉は鈴谷平野を見渡すことのできる温泉近くの坊主山登山と結びつき，発展していったようだ。

　しかしながら，1938（昭和13）年に経営者が死亡するなどの事件が起こり，1940（昭和15）年，ついに廃業したもようである（記事116）。

ツンドラ温泉

　樺太東線で豊原から落合方面に向かい，5つ目の深雪駅から西方に3粁（記事82）ほどの，白姫山スキー場のヒュッテに配置された浴場である。また，ここの湧水は「ツンドラ湯」と総称されるようになった。

　1934（昭和9）年11月22日の記事で，樺太庁鉄道旅客科が，白姫山スキー場に温泉宿を建設するために，この地域の湧水「ツンドラ水」の主成分を明らかにする分析を依頼したことが報じられる（記事80）。同年12月16日には，「ツンドラ水」が，神経系統や樺太の風土病である痔疾に最も効果があるなど，温泉として効力を有することが立証され，ヒュッテを改造し温泉を造ることになったと報じられる（記事81）。同月23日にも，「本邦唯一のツンドラ温泉設置」と，その紹介と期待を記した記事が掲載されている（記事82）。

　この計画は順調に進んだのであろう，1939（昭和14）年2月2日には，「白姫紀行／ツンドラ湯」と題して，鈴木大二なる者が，

　　湯殿には二人位一度に這入れる様な丸い湯ぶねに所謂ツンドラ湯が堪へ

られてゐる，濛々とめるち立こ湯気の中に薄暗いランプの光が滲んでゐ
るのも山へ来たといふ気をしみ〴〵感じさせ淡い感傷的な気持さへ胸の
中へ運び込んで来る（記事 111）

と，「ツンドラ湯」の体験談を寄稿している。

樫保温泉

　元泊村樫保浜に湧く鉱泉。いつからこの温泉が開湯したかは明確でない
が，1928（昭和 3）年 9 月 25 日の記事に，風光明媚な地で，効能高く，医者
に見放された人びともここで回復し，礼状を送ってくる人も多いとの広告記
事が掲載されている（記事 57）。

　1935（昭和 10）年 7 月 28 日の記事によると，もともとは細入炭鉱が片手間
に経営していたために，長逗留して養生しようとする人の便を欠き惜しまれ
ていたが，同地の郵便局長山田準造が「樫保温泉望洋荘」という名の温泉旅
館を経営しようと許可申請中とある。泉質はラジウム硫黄，カルシウム，鉄
を多分に含んでいたとされる。「東海岸唯一の温泉場」として名声を上げる
見込みが書かれているが，すでにある知取の遊仙閣との関係はどのようなも
のだったのであろうか（記事 86）。

　『昭和六年管内要覧』によると，このあたりの地勢として，突阻山をはじ
めとする樫保三ツ富士などの奇峰がそびえ，山麓，海浜，河岸などの随所に
冷鉱泉を湧出し，いずれも薬湯として相当な価値を有するものと紹介してい
る［樺太庁元泊支庁編 1931,89］。また，他の記事でも見られる元泊の温泉（記事
60）とは，この樫保温泉のことかもしれない。

　なお，経理の関係上，1938（昭和 13）年に，廃業したとされる［三上 1940,
101］。

遊仙閣

　知取町知取停車場から約 15 町上流（記事 55）に入ったところに位置する河
畔の温泉宿。知取川の南側河畔に鉱泉が湧出しているのを発見され，1927
（昭和 2）年に，知取町の清水金作，奥山吉両が，温泉場を建設すべく許可を
得，早急に建築に着手（記事 42），翌 1928（昭和 3）年に浴場が完成し開業，
名称を遊仙閣とした（記事 55）。また，この付近の渓谷は，「知取耶馬渓」と

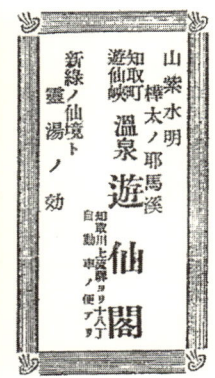

図 13-2　絵葉書に見る遊仙閣（1931 年頃）および新聞の広告（記事 63）
出所）北海道博物館所蔵

称する景勝地として位置づけられていた（記事 55）。硫化水素を含む泉質で
あったとされる（記事 75）。

　その後，1936（昭和 11）年頃まで，渓谷や奇岩などの景勝とセットとなっ
た遊仙閣の紹介記事（記事 75），「観楓会」の行楽客で賑わう状況の記事（記
事 78）などが散見される。

　1937（昭和 12）年になると，古びた設備や経営に対する批判記事も見られ
るようになり（記事 110），1940（昭和 15）年，経営難のために閉鎖された（記
事 117）。

湯の川温泉・名好温泉・清川温泉

　名好村北名好川河口から上流へ約 6 里，そこから湯の川支流を約 2 里半
（記事 64）遡った川中および河岸に湧出していた温泉。

　その発見は，日露戦争中後の 1904〜1905（明治 37〜38）年頃とされ，狩猟
者が偶然発見したとの言い伝えがあったようである［三上 1940, 88］。1930（昭
和 5）年の段階ではすでに付近の住民が傷の治療などに有効に利用していた
とされ，名好村役場が小屋掛けや道路整備に乗り出す（記事 64）。怪我を
負った杣夫などの湯治場となったが，1933（昭和 8）年の記事によれば，冬季
の入浴客で繁昌し，紅葉の美観を求めて来遊する客も逐年増加していったと

され，また，湧出温度は 40 度前後で，泉質は透明無味にして，硫化水素を含んでいたという(記事 77)。

　以降，それ以上の発展はなかったのか，常時十数人から数十人の湯治者のいる湯治場として存続していたようであるが，1940(昭和 15)年になると，再び，樺太庁による開発の必要性と計画に関する記事が見える(記事 114)。一方，同年の『樺太時報』にも，「樺太の温泉」と題する報告が掲載され，温度から考えて樺太唯一の温泉といえるこの温泉をさらに開発し，「真に療養泉として健全なる温泉地」とすべきとの考え方が，樺太庁衛生課の温泉分析表付きで伝えられている[三上 1940, 90-91]。1941(昭和 16)年には，恵須取自動車会社により一大温泉郷へと開発を進める計画がもち上がり，記事に掲載される(記事 119)。

　なお，1940(昭和 15)年の記事では，樺太庁が開発すべきは「名好温泉」(記事 114, 115)と，また，『樺太時報』第 24 号「我が村を語る　名好村」や同 44 号「樺太の温泉」でも「名好温泉」[落合 1939, 40，三上 1940]と，1941(昭和 16)年の記事では，恵須取自動車会社が開発を計画しているのは「清川温泉」(記事 119)と呼称している。川中のコンクリート浴槽の存在などを含め，名好村をめぐる一連の記事を照合した結果，この名好温泉も清川温泉もいわゆる湯の川温泉と同じ場所のことを指しているものと推定される。のちに「湯の川温泉」は「名好温泉」などと呼ばれるようになっていったものと思われる。

　また，1940(昭和 15)年段階で名好村には，湯の川温泉以外にも，大字西柵丹字西柵丹番外地の瀧ノ澤付近に北海道庁が分析中の温泉が，大字諸津字諸津番外地に俗称「湯ノ澤」といわれ集落の人びとが汲んで薬湯としている硫黄泉があったとされる[三上 1940, 97-98]。

亞牛温泉

　野田町の北，久良志駅より徒歩で約 1 里(記事 66)のところに位置する湯治場。

　その開湯は定かではないが，1931(昭和 6)年 5 月 2 日の記事に，「佐々木館主の宣伝不行届きと徒歩里程の長い」との理由で，「僅に二三諸病者が湯

治する位にとどまつてゐる」状態であったため，佐々木館主は鉄道当局に仮停車場の設置を申請し，許可が下り次第自費を投じて一般遊客を誘致しようと意気込んでいる状況が報じられている(記事66)。

『樺太の旅』には，「亞牛には小さな温泉もある。」と，さらりと記されている[阿部1936, 304]。

梅香温泉

野田町野田駅から19町ほど(記事91)北の海岸沿いに位置する鉱泉。1935(昭和10)年当時には，「梅香屋旅館」という旅館があったとされる(記事84)。

1930(昭和5)年4月16日の記事には，「西海岸の行楽地としては見逃すことの出来ない景勝の地」との評価が見える(記事61)。また，樺太音頭には，「野田で待つのは湯の煙り」という一節が含まれていたという(記事91)。

1936(昭和11)年5月15日の記事には，海浜道路の完成後，海浜景勝が破壊され，うらぶれ果てた姿が放置されてきたが，この年の8月に樺太拓殖共進会に来島する視察団が来町するというので，町当局を中心に，「古典でモダン味のある温泉宿」を新築し，また道路の地ならしを行う機運が具体化したとある(記事91)。

『樺太の旅』によると，相当古くからやっている温泉で，湯については強烈な礦の香が鼻を突くとされる[阿部1936, 305]。

楽磨温泉

眞岡町の北，蘭泊村楽磨の楽磨水産試験場から6町ほど(記事53)山に入った場所に位置する鉱泉。1935(昭和10)年当時，「楽磨温泉旅館」という旅館があったようだ(記事84)。

1927(昭和2)年9月13日の記事では，この頃にはすでに旅館が建ち，冷泉を沸かして入浴客を集めていたが，設備が十分ではないので，近く立派なものに新築し，旅館に至る道路も整備するという計画が報じられている。また，泉質は「塩分其他の鉱物質を多分に含有せる冷泉」であり，「創傷を始め種々の内症にも効験」としている(記事53)。

1929(昭和4)年7月13日の「豊中修学旅行記(五)」では，楽磨の村落に「ラヂユーム温泉」と書かれた看板が目にとまり，もの珍しい感じがしたと

の感想が書かれている(記事59)。

　なお，1940(昭和15)年現在においても，「風光佳良にして以前神経痛患者の全治の例あり」[三上1940,95]と評価されるなど，浴場等の経営は存続していたものと思われる。

湯の澤温泉

　眞岡町の南，樺太西線の手井駅と明牛駅のほぼ中間(記事56)の渓谷沿いに位置する鉱泉。水平線上の夕日がきれいとのことなので(記事54)，海岸からそう遠くはない位置にあったものと思われる。1931(昭和6)年から1935(昭和10)年にかけての頃は，「渓泉閣旅館」と名乗る旅館があったようだ(記事70，84)。

　1927(昭和2)年10月5日の記事によれば，一昨年，すなわち1925(大正14)年に小森仁三郎なる者が創設したとされる。眞岡のすぐ近くということもあり，開業以来入浴客や清遊団が殺到したので，この年に洒落た2階建ての建物を増築し，また「外家族風呂」や庭園を設備している(記事54)。

　1928(昭和3)年9月5日の記事では，手井駅や明牛駅から17〜18町歩かなければならなかったので，小森が再三樺太庁鉄道当局に嘆願し，仮駅を設置し，1分間の停車を許可されたことを報じている(記事56)。『樺太の旅』でも，「湯の澤」という仮停車場があったことが記されている[阿部1936,321]。

　1934(昭和9)年4月22日には，湯の澤温泉を実際に訪れての評価の高い体験談が掲載される。硫黄臭い香りが鼻を突いたという。また湯の香と渓流の音が伴っているという点では，樺太では川上温泉とここが一番良いと，また，湯槽に浸りながら漁師の鰊大漁の話を聞くのも悪くないと評している(記事79)。

　しかしながら，1937(昭和12)年秋より，経理上の関係から休業するに至ったようだ[三上1940,96]。

吐鯤保温泉

　本斗町の南近郊，吐鯤保川河畔の山間にある鉱泉。1935(昭和10)年当時，「小番旅館」という旅館があったことが記されている(記事84)。

　新聞での具体的な掲載記事を見出せてはいないが，『樺太の旅』に次のよ

うな問答形式で，比較的詳しく紹介されるなど，知名度や人気の高かった温泉場と考えられる。

　『吐鯤保——このへんはさう云ふ土地なのだが，ここも樺太名物の石油試錐地だ。附近には鉱泉が湧出してゐる，吐鯤保温泉と云ふ。他の温泉と同じやうに四季，浴客の絶えることがない。樺太の温泉としては最も南方にあり，気候も珍らしくよいから，殊に繁昌してゐる。

　『温泉と云へば，どんな主治効果があるかい。

　『多量に良質の硫黄を含有してゐて皮膚病によいさうだ。レウマチスなどにも効くと云ふことだが——効く効かぬはとに角，温泉としてのおあつらひむきの風景が先づあるところだね。[阿部 1936, 333]

　この吐鯤保温泉も，1930（昭和5）年頃は利用者が相当あったものの，1940（昭和15）年段階では，利用者はいなくなったとされる[三上 1940, 94]。

その他

　このほか，たとえば1920（大正9）年の段階で，川上温泉以外に，富内村喜美内や，豊原市内から亜庭湾に流れる中ノ川にも冷泉が発見されていると書かれているが（記事9），これらに関わる具体的な資料はもち合わせていない。

　また，1933（昭和8）年6月29日の記事では，1919（大正8）年に能登呂村大字知志谷字毘沙讃で平岡彦六がラジウム鉱泉を発見し，そこに湯槽と湯屋を建築し，難病に悩む近在の人びとにほとんど実費で供してきたが，今度改めて温泉宿として公開することとなったと報じている（記事74）。その後どうなったかは不明である。

　1926（大正15）年には眞岡川上流で鉱泉が発見されたことが（記事40），1936（昭和11）年にも，野田町久良志で鉱泉が発見され，浴場経営や温泉宿建設を見込んでいることが（記事89），同年7月19日には敷香での温泉旅館雅叙園の落成が（記事93），また，1941（昭和16）年には，鵜巣炭鉱の廃坑に際し温泉郷として発展させようという計画が（記事120），それぞれ報道されているが，これらについても，その後の動向を把握できる資料はもち合わせていない。

　なお「樺太の温泉」によると，1940（昭和15）年段階で，上記以外にも次

の位置に温泉が存在していたとされる[三上 1940, 92-101]。

・能登呂村大字雨竜字雨竜(名称なし。硫黄泉。浴場施設なし。利用者なし)

・能登呂村大字古江字鉢子内川支流(名称「鉢子内冷泉」。硫黄質。浴場施設なし)

・留加多町大字河東字小里中川牧場(名称「中川温泉」。酸性泉。浴場施設なし。わずかな地元民の利用にすぎず)

・本斗町大字阿幸字阿幸(名称不祥。硫黄泉。温泉旅館あり)

・内幌村大字内幌字下内幌澤基線 28 番地(名称「内幌温泉」。弱アルカリ性泉。浴場あり)

・眞岡町大字宇遠泊字知志内区画外地(名称「知志内温泉」。浴場と宿泊設備あり)

・泊居町大字元澤区画外地(名称「山木温泉」。硫黄冷鉱泉。浴場施設なし。1930(昭和 5)年より廃止し，家屋腐食)

・塔路町大字千緒字千緒基線 45 番地(名称なし。無色透明。所有者は分析結果次第で施設を企画)

・塔路町大字塔路基線 34 番地(名称「塔路温泉」。アルカリ性硫黄泉。浴場と宿泊設備あり)

・鵜城村大字鵜城字荷負番外地(名称「荷負温泉」。アルカリ性泉。浴場と宿泊設備あり)

・元泊村大字元泊字婦禮無番地(名称不祥。硫化水素含む。自家用設備のみ)

2　21世紀初頭のサハリンにおける川上温泉と遊仙閣跡地

　2009(平成 21)年 9 月，幸いにも，筆者はかつての川上温泉があった場所を訪ねる機会に恵まれた。そこまでは，ユジノサハリンスク(日本領時代の豊原)の市街地から車でシネゴルスク(日本領時代の川上炭山)方面に向かい，40 分ほどの距離であった。現在は韓国ソウル特別市に永住帰国しているが，日本領時代から 2001(平成 13)年 5 月までサハリンに暮らしたウ・ダルスン(禹達順)氏に，案内いただいた。

**図 13-3　かつての川上温泉付近（鉄橋は，旧川上線の名
残），2009 年**
出所）筆者撮影

　まず，川上温泉の源泉，および豊陽館のあった場所は，もはや確認不可能
であるが，森の中に 1 ヶ所，鉱泉の汲み上げ場がロシア的な小屋で覆われ，
確保されていた。ウ・ダルスン氏によれば，以前はこの建物の壁の穴から鉱
泉が流れ，ウ氏も，かつて胃を悪くした経験から，この鉱泉を汲みに来てい
たことがあったという。そして，ユジノサハリンスクから，この鉱泉を汲み
に来る者は少なくなかったという。調査当日は，鉱泉は掛け流されてはいな
かった。

　調査当時，昔の川上温泉の付近には，2 棟のサナトリウムがあった。サナ
トリウムは，簡単にいうならば，医者が駐在し，温水浴，飲泉，泥治療，水
圧治療などの設備が整い，病気中ないしは病後の人びとが通い，また滞在で
きる療養所のような存在である。訪れると，玄関前には，治療を終えたとこ
ろなのか，多くのロシア人が集まり，世間話などをしている。

　1 棟は「サナトリー・サハリン」といい，1965（昭和 40）年頃に建てられた
施設である。ウ・ダルスン氏も，建設当初頃，胃を極度に悪くし，この施設
に 24 日間滞在し，療養したという。その時には，飲泉，泥治療，マッサー
ジなどの治療があったそうである。調査当時，飲泉治療は行われていなかっ

たが，ここの鉱泉（温度約20度）にお湯を加え，温度を36度から38度にした塩泉に浸かる治療は行われていた。主に，心臓や関節の病気を患った患者を専門とする施設のようだ。民営化され，改築中とのことであった。

　もう1棟は，「サナトリー・シニゴリヤー」といい，胃や腸など消化器系の患者を専門とする施設である。温水浴，水圧治療，泥治療，洗腸，飲泉など，さまざまな治療設備があった。そのなかでも，温水浴，洗腸，飲泉には，ここの鉱泉が使用されていた。筆者も，飲泉を体験したが，塩味と苦味の強い鉱泉であった。ちなみに，2棟とも，泥治療に使用する泥は，トンナイ湖で採取し，運んで使用していた。

　次に，遊仙閣についてである。筆者は，2005（平成17）年10月に，かつて遊仙閣のあった場所を訪れている。

　遊仙閣の場所を詳細に教えてくれたのは，キム・ジョンゲル氏という1936年生まれの古老である。キム氏は，父の徴用の関係で，1940（昭和15）年に樺太の名好村西柵丹に住み，マカロフ（日本領時代の知取）には，1948（昭和23）年から暮らしてきた。キム氏は，遊仙閣を直接見たり，利用したりしたわけでもないが，かつて遊仙閣のあった場所から湧き出る硫化水素水のことをよく知っていて，調査当時でも汲みに行って飲んだりするとのことであった。

　実際に行ってみると，マカロフの市街から車で川沿いに10分ほどの距離であった。山裾のどこからか湧き出しているのだろう，硫化水素臭のする水が小さな沢となって，本流に合流していた。

　同じく日本領時代からサハリンに暮らし，子供の頃知取に住んだことのあるキム・サンヨン（金相龍）氏とアン・ミョンファン（安孟煥）氏（2人とも現在は韓国安山市に永住帰国している）によれば，遊仙閣には弁当をもってよく行ったという。また，玉子の腐った臭いがしたことをよく覚えていた。そして，ソ連時代になってからも，治療のために朝鮮人やロシア人が汲みに行って飲んでいたことを語ってくれた（2010年）。

　いずれにせよ，川上温泉と遊仙閣については，戦後の再利用といってよいのか，川上温泉はその土地の鉱泉を利用したサナトリウムが建設され，また

図 13-4　かつての遊仙閣付近(2005 年)
出所)源泉近くから筆者撮影

遊仙閣の鉱泉は，その後もマカロフの住民の喉を潤してきた。日本領時代の樺太で開発された鉱泉は，その後のサハリン鉱泉利用誌のなかに，引き継がれていった面がある。

3　樺太島民の温泉をめぐる精神誌

大温泉郷のある樺太へ

　第 1 節で，樺太の主な温泉地を概観してきたが，これらを見ると，樺太の温泉のほとんどが，規模の小さな 1 軒宿であったり，浴場のみが設備されていたり，あるいは地元民が汲んでいくだけのものであったりという，小規模なものであったことがわかる。そのような，樺太での温泉事情を反映したものであろう，1930 年代半ば以降に至っては，樺太における大温泉郷の出現を切望する記事が，散見される。それらを見ていこう。

・野田町久良志でのスキー場に適したスロープと鉱泉の発見に際し，1936（昭和 11)年 2 月 13 日の記事

　　其の結果町で管内の新名所として温泉宿，料理店，其の他の施設を急ぎ廳鉄と共力全島に宣伝一大温泉スキー場を建設する筈である(記事 89)

・湯の川温泉の今後をめぐって，1937(昭和12)年9月29日の記事

　　特に島内唯一の温泉名好村大字清川にある湯川温泉の存在価値は愈々世
　　に問はれ大温泉郷の出現を見る事は必至の勢である(記事109)

・名好温泉の開発をめぐって，1940(昭和15)年8月27日の社説

　　ボーリングの結果同温泉の湧出量と温度が理想的なものとなるであらう
　　事は必至と見その周囲に殷賑炭礦地を持つてゐること，交通機関の発達
　　は一挙に大温泉場を現出するものと予想され，名好温泉が樺太の登別と
　　して飛躍的発展をする時代を想像することも出来るのである(記事114)

・清川温泉の開発をめぐって，1941(昭和16)7月6日の記事見出し

　　名好に一大温泉境！
　　世に出る清川温泉(記事119)

・鵜巣炭鉱の廃業後，温泉郷として発展させようとする計画をめぐって，
1941(昭和16)年8月12日の記事

　　衛生課の分析結果によつて有望性が確認されゝば温泉としての設備を整
　　へることゝなつて居りこれが実現すれば樺太唯一の温泉郷となるわけで
　　ある(記事120)

　北海道の登別にたとえた表現が端的に示しているように，これらは，規模
の大きな旅館が複数立ち並び，その他の施設も備えた温泉町の不在を憂い，
その出現を望む樺太島民の代弁のように思われる。そして，その論調は，川
上温泉や遊仙閣など，島内の主要な温泉地が廃業していく現実とは裏腹に，
1940年代に至るまで続くのである。

**　鉱泉であることに対する精神誌**

　『樺太の旅』では，川上温泉の紹介を次のような問答形式で表現している。

　　『この小沼から川上炭山行きの支線が岐れてゐる。(中略)途中に川上温
　　泉つて温泉もある。
　　『樺太に温泉は珍しいぢやないか。
　　『温泉とは云ふけれど，本当は湧出してゐるのはアルカリ性の冷鉱泉で
　　それを普通の風呂のやうに沸かすのだ。樺太の温泉と云ふのはみんな湧
　　く温泉ぢやないのだ。

『そんなものだらうと思つてゐた。［阿部 1936, 185］

この『樺太の旅』の著者は，元樺太日日新聞社の社員であったが，概ね，この会話調の樺太案内本の一節が，樺太島民の温泉に対する精神誌の一端を表現しているものと思われる。すなわち，源泉の温度が高く，沸かすことなく浸かることのできるいわゆる「温泉」の欠如に対する憂慮の精神である。

たとえば，1927（昭和 2）年 9 月 13 日の記事では，「楽磨の奥に温泉」と題し，楽磨温泉の旅館を近く新築し，道路も整備するという計画を報じているが，一方で，見出しに「無論冷鉱泉であるが」（記事 53）と但し書きを添えるほどである。

その他の記事から，樺太の温泉のほとんどが鉱泉であることに対する論調を，いくつか確認してみよう。

鉱泉であることを意識した温泉論は，1920（大正 9）年 11 月 5 日に登場する。半田生なるものが書いたもので，南樺太には温泉がなく，鉱泉も少ない一方で，目線を北樺太に向けると有望な鉱泉や温泉があることを次のように記している。

◆<u>南樺太には温泉といふものは今日迄発見されない。恐らくは将来も発見され相に思はれぬ。冷泉は喜美内，中の川，川上等に発見されて居るが之れとても余り多くはなさ相だ。</u>然るに北樺太には冷泉は有望なるものが多く温泉までも発見されてゐる。◆東海岸のガルマイ川流域に於て炭酸泉を発見したのはアネルトといふ人であるが畧ぼ喜美内の鉱泉と同質のものらしい。ルーンフスキー湾の沿岸には温泉が発見さ^{ママ}たた。アクネボ温泉は最も有望なるもので孔口に於ける温度は摂氏四十一度を有してゐる。西海岸のゼールイ岬附近に在る灰色泉も中々有望なる鉱泉であるが此の外にも優良なる鉱泉が少からずあつてタウラン附近に於ける灰色泉の如きは其の噴湧の有様は恰も天に沖するが如く雄大なるものもあるとの事である。（記事 9）

1935（昭和 10）年 3 月 25 日から 26 日にかけ，福家勇は「温泉気分と其の効果」（上・下）を連載している。そのなかには，温泉のない樺太は恵まれていないという樺太人としての感情，そして鉱泉では得られない温泉気分を望

むならば北海道まで行かなければならないことを記した箇所が見受けられる。

　　然るに我が国には九百五十の温泉と，百五十の冷泉とがあるのでこの点
　で可成り恵まれてゐる。併しそれは日本全国から大観した時の事で我々
　樺太人としては強ち余り恵まれてゐるとは言へぬ，何故ならば樺太の島
　内には一つの温泉もなく，島から一足も出ないで其の気分に浸る事は不
　可能だからである。元来此の温泉は前述の様に静かに休養する事の外
　に，従つて其の心身を爽快にし，兼て宿痾を癒す事が出来るので老幼婦
　女，疾病虚弱何人も宜しい。（中略）即ち右の五ケ所が挙げられてゐる
　が，尚実際は其の外にも冷鉱泉は可成りある筈であり効果としてはその
　水中に含まるゝ物の作用だけはある訳である従つて湯治としては可能で
　あるが，悲しい哉それは冷泉で，温泉でない處に気分がピツタリ来ず人
　生に喘ぐ人の休養場所としては，其の半分の効果をしか発揮せぬ事にな
　るのである。（以上，上）（記事84）
　　されば温泉らしい温泉となればやはり北海道迄出かけて行かねばならぬ
　が，然らば北海道にどんな温泉があるかと調て見ると次の様な事に掲出
　されてゐる（以上，下）（記事85）

　1940（昭和15）年8月27日の社説でも，次のように樺太の温泉をめぐる論
が展開されている。

　　温泉国と言はれる日本の一部でありながら，樺太は温泉の恩恵を与へら
　れてゐなかつた。国民性的に温浴を愛好する島民にとつて，温泉を島内
　に持たぬといふことは非常な淋しさを覚えるばかりでなく，亜寒帯生活
　を続ける島民が健康保持或は疾病療養に温泉を利用する事は，内地府県
　住民の夫れに比して極めて切実なものがあり，之がため島民が島外に於
　て費消する温泉療養費は遊興旅行的温泉巡りを除いて算定しても相当な
　額に達する筈である。此の意味に於て最近樺太廳関係当局が，島内唯一
　の温泉と云はれる名好温泉の開発に関心を持つて来たことは喜ばしき現
　象と云はねばならぬ（記事114）

　そして，1936（昭和11）年から1940（昭和15）年頃にかけては，これらの論
調に並行するかのように，北海道の温泉を訪ねたことを綴った紀行文が掲載

される。

　1936(昭和11)年3月21日には，岡本文子が「温泉紀行」と題し登別温泉行を寄稿(記事90)，1937(昭和12)年2月7日から2月16日にかけては，上田生が「登別温泉にて」を5回連載(記事96, 97, 99, 100, 101)，同年2月10日から3月7日にかけては，石川澄水が「温泉夜話——のぼりべつのおもひで——」を8回連載(記事98, 102, 103, 104, 105, 106, 107, 108)，1940(昭和15)年1月23日から24日にかけては，香川綾山が「雪の温泉行」と題し，年末年始の豊富温泉行を2回連載している(記事112, 113)。

　それらのなかで，樺太からの来客について触れている部分がある。

・1937(昭和12)年2月9日「登別温泉にて(2)」

　　次に帳場で地方別の湯治者を調ると近い室蘭方面は勿論だけど北海道の遠近を問はず小樽，旭川が大多数を占めそれに内地あたりからも多く，我が樺太方面も最近非常に多くなつたとの事で現在百余名の男女が来てゐるやうだ，(中略)仮に豊原からとすると，汽車賃往復で二十円，三週間の湯治料が一日一円五十銭と見て三十二円合計五十五円か六十円もあれが湯治が出来るわけだ(記事97)

・1937(昭和12)年3月3日「温泉夜話—のぼりべつのおもひで—(4)」

　　何んだか樺太の人とよく会う日だと思つて樺太から来た人を数へて見ると，豊原の近江屋主人の澤さん，四平薬局の未亡人，柳本氏令嬢樺太印刷の宮地君，敷香の庄司君夫妻，眞岡では松村，岡崎，村尾，石井，西川，井本，本斗の佐々木，大泊の猪股夫妻等等ざつと挙げても十余人だ。恐らく此の温泉宿に来合して居る樺太人を拾つたならば数十人に上る事だらう。(記事107)

・1940(昭和15)年1月24日「雪の温泉行(下)」

　　そしてお客は旭川以北の人で，樺太の人と利尻，礼文等の島の人とで，半数を占めるとのことだ。(記事113)

　このように，樺太の温泉のほとんどが鉱泉であることに対する憂慮に始まり，源泉温度が40度ほどを有する名好の温泉の開発に対する期待は続き，ある時期から，温泉に行くならば(そしてその金銭的余裕があるならば)，ど

うせならば北海道まで足を延ばそうといった風潮が生じていった経過を確認することができる。特に，登別温泉や豊富温泉における樺太島民の利用者に関する記述を見ると，樺太から北海道に渡る湯治客や温泉行楽客は，1930年代半ば以降，かなり増加していったものと思われる。ちなみに，北海道八雲町の見市温泉では，樺太への出稼ぎ者で賑わったなどの記録も残されていた（2010年　筆者調査）。

そして，そのような樺太島民の心の動きは，1930年代半ば以降の樺太において主要な温泉場が次々と廃業していった現象と，決して無縁の関係にはなかったものと思われる。

川上温泉や遊仙閣などの廃業

1930年代半ば以降，それまで樺太の主要な温泉地とされてきた温泉旅館の休業や廃業が目立つようになってくる。最も知名度があり豊原からも近かった川上温泉，そして樺太の耶馬渓とも称された知取川河畔の遊仙閣が廃業となったのは，両者とも1940（昭和15）年のことである。これらの廃業は，樺太の温泉事情をめぐる象徴的な出来事であったろう。

川上温泉の廃業への道のりをたどってみよう。どうやら川上温泉の経営の陰りは，1930（昭和5）年に起きた豊陽館の火災に発端があるようだ。1930（昭和5）年2月4日の「南船北馬」の欄（時勢を記したものか？）に，ポツリと書かれている。

　　川上温泉が焼けた，先に元泊の温泉を失つて又か（記事60）

元泊の温泉とは，先に述べた通り，樫保温泉のことかもしれない。ちなみに，樫保温泉は1938（昭和13）年に，廃業している。

以降，川上温泉の経営を取り巻く状況は芳しくなくなる。1936（昭和11）年5月26日の記事の見出しは，「敬遠されてる川上温泉を昔へ」というもので，そのような状況が読み取れる。

　　曾ては樺太唯一の温泉郷として華やかなりし川上温泉，西海岸では共進
　　会の今夏を契機に野田町当局で梅香温泉の更生を計画してゐると云ふに
　　豊原を距たる近郊自動車で約三十分の川上温泉が何等顧みられず既に名
　　勝としても昔語りとして忘れられようとし同地住民は勿論，曾ての温泉

郷を知る者の間から<u>何とかならぬかと惜</u>まれている，（記事 92）

そして，1940（昭和 15）年 9 月 7 日の記事に，「消える川上温泉」と題し，川上温泉廃業の様子が報じられる。

> 今を去る大正十一年樺太における唯一の温泉として小沼川上炭山中間に開業した川上温泉は造材事業勃興の波と冷泉であるがゝ目があるといふので<u>一時は隆昌を極め四季湯治客が絶へた事がない程の繁栄ぶり</u>であつたが当時の経営者鈴木榮吉氏は<u>昭和五年二月火災のため</u>旅館は<u>全焼</u>のうき目に遭つたのが原因となつてその後消極的な□□旅館としての経営を続けてゐる中に<u>漸次湯治客の足も途絶へ</u>一昨年二月<u>経営者の死亡</u>と共に<u>全く営業を中止</u>するに至つたので茲に過去十九年の長い間島民に馴染まれて来た川上温泉も栄枯衰盛を一聯の糸に繋ぐ変遷符も茲に<u>終末をを告げる</u>ことになつたこの温泉の休業に□つて廳鉄当局でも温泉のない川上温泉の名称は妥当を欠くものとして愈々十月一日を期して<u>駅名も「中川上」と改正</u>することになり，名□ともに島民の脳裡から姿を消すことになつた（記事 116）

このように，1917（大正 6）年から 1918（大正 7）年頃以降，樺太随一の知名度を誇ってきた川上温泉は，1930（昭和 5）年の豊陽館火災を機に湯治・行楽客が減少し，島民からの憂慮の念を受けつつも，1938（昭和 13）年の経営者鈴木榮吉の死去，休業を経て，1940（昭和 15）年に廃業し，川上線川上温泉駅の名称変更も行われていった。川上温泉が樺太の代表的な温泉としてもてはやされていたのも，わずか 10 年余の期間にすぎなかったのである。

次に，知取の遊仙閣の廃業を見てみよう。1937（昭和 12）年 10 月 27 日夕刊に掲載された，遊仙渓や遊仙閣に対する批判めいた文章をから見てみよう。

> ▲知取小唄にまで謳はれてゐる遊仙峡は今では完全に知取名所の王座に指を屈されてゐるが，名所にうまいものはなしと云ふやうに名所と云はれる所も実際に見て案外つまらぬところが多いものである▲其處で正直な事と云ふと<u>知取の遊仙峡なんかも聞くと見るとは大変な相違があつて第一此處に通ずる道路が三，四年前迄の如きは全くお話にならなかったものだ</u>（中略）▲しかし此處の温泉宿遊仙閣も今では公衆電話もとりつけ

たし道路も去年あたりからバラスをどし〳〵入れて修繕したので昔とは比較にならぬ程良くなつたが，<u>今度は建物がだん〳〵古臭くなつて来た</u>，この温泉宿もかれこれ出来て十年近くにならうから古臭くなるのは当り前で<u>浴槽なんかも苔むして来たし流し湯がヌラ〳〵して頗る気持ちが悪い部屋の畳なんかも非常によごれて感じが良くない</u>経営者に云はせると修繕するには相当の費用がかゝるからと云ふけれ共，<u>資本をかけずに金を儲けるなどは虫の良過ぎる話</u>で濡れ手に粟と云ふやうなことは今時滅多にあるものでない▲いくら便利を良くしても<u>肝心の温泉宿が我武者羅のことを云つたのでは町でばかり金をかけることはどうかと思ふ</u>（以下略）（記事110）

「知取名所の王座」といわれながらも，遊仙峡や遊仙閣に通じる道は長らく不便を呈し，道が良くなると，今度は建物が古くなり，浴槽も苔むして流し湯も気持ち悪く，畳は汚れているなどと評価される。経営が悪いといわれているようなものである。温泉旅館の経営というものは，今も昔も，そもそもそのようなものなのかもしれない。こまめな改修，清潔感の維持が求められる。しかしながら，それができなかった当時の樺太の温泉経営事情も，この記事は反映しているのではないだろうか。

　そして，1940（昭和15）年10月をもって廃業に至る。その記事は，「名所に秋風落莫」と題し，1940（昭和15）11月10日に，次の通り掲載される。

　　（知取発）東海岸の一名所として人口に膾炙されてゐた知取遊仙峡（別名知取耶馬渓）における温泉は創業も十五年の久しきに亘つたが<u>収支つぐなはぬため遂に去月限り閉鎖するに至つた</u>以来温泉あつての遊仙峡であり温泉がなくなると単に探勝のみで杖をひくものもなくなることは予想に難くなく結局知取から一名所を失ふこととなるので温泉が閉鎖されたことは<u>一般町民は非常に惜んでゐる</u>（記事117）

遊仙閣の経営も10年強の期間しか続かなかった。廃業の理由は，やはり収支をめぐる経営難にあったようである。知取町民は，遊仙閣の廃業を非常に惜しんだという。

　1940（昭和10）年前後に廃業・休業した温泉はこれらばかりではない。先

に述べた通り，樫保温泉は 1938（昭和 13）年に廃業，湯の澤温泉は 1937（昭和 12）年に休業，吐鯤保温泉は 1940（昭和 15）年現在において実質的に利用者がないなど，かつての著名な温泉が多く廃業・休業に追い込まれ，その多くは「経理の関係上」とされる［三上 1940, 91-101］。

　このように，日本領になって発見・開発のたびに希望を託されてきた南樺太の温泉場も，実質的には 1940（昭和 15）年頃には，支えきれない存在となっていった。樺太での温泉経営が時流に乗っていたのは，概ね 1910 年代後半から 1930 年代後半までの約 20 年間であり，日本領期の南樺太における温泉開発は，期待度とは裏腹な結果に終わった。いくつかの理由が複合的に作用しての結果と考えられるが，これまでの引用資料と議論過程で示されているように，樺太島民の民心が樺太の温泉を支持しなくなっていった一方で，北海道では温泉街が各所に形成されていき，樺太島民の間にも北海道へのツーリズムが浸透していったことが，大きな要因として考えられる。

　さまざまな資料から把握できることであるが，たとえば吉田初三郎が 1936（昭和 11）年に描いた『北海道鳥瞰図屏風』（北海道博物館所蔵）には，登別温泉や定山渓温泉をはじめとして，北海道内各地に温泉街が形成され湯けむりが立ち上がっている様子や，大泊と稚内を結ぶ航路，宗谷本線，稚内と北海道各地を結ぶ道路網などが見える。このように 1930 年代半ばにおいて，北海道の温泉開発は進展し，樺太と北海道を結ぶ交通の利便性は向上していったのである。

おわりに

　手元にある資料をもとに，日本領期の樺太における温泉事情とその変遷について，樺太島民の温泉に対する精神誌を踏まえながら，たどってきた。

　最後に，その精神誌について，構造的なるものを想起し，まとめにかえたい。

　すなわち，樺太移民は温泉好きといわれる日本人の気質を背負ったまま樺太へ渡った。そして，樺太でも，労働の癒しは温泉で行いたいと思った。し

かしながら，樺太の地勢は北海道以南とは異なり，発見されるのは鉱泉ばかりであった。ないよりはよかったので，湯治や行楽に向かうが，ほとんどが設備の不完全な一軒宿や浴場のみで，そのうち物足りなくなってきた。そうしているうちに，ようやく生活も安定し，金銭面の余裕も出てくると，目は「温泉」が豊富で，登別などの大温泉郷がある北海道に向かった。樺太から北海道への湯治や行楽は，一つのブームにもなった。概ね，以上のようなものではなかっただろうか。

　一方で，小さな源泉を有する集落では，地元の人びとによって細々とではあるが，鉱泉が薬用などに利用され，管理されていた事例が，いくつか散見される。これは，樺太でいわゆる温泉開発が時流に乗った 1910 年代後半から 1930 年代後半という時代幅を超え，村落のなかで行われてきた民の営みである。このような営みのなかから，樺太領有 40 年という時間のなかで，鉱泉をめぐるさまざまな民俗の生成と継承が行われたことであろう。

　しかしながら，それらを全体的に探るのは，もはや叶わない。むしろ，そのような樺太の天然資源を，その後ロシア人や朝鮮人がどのように引き継いでいったか，その再利用の経過をできる限り調べてみたいと思っている。

参 考 文 献

阿部 1936：阿部悦郎『樺太の旅』(改訂再版)，樺太時事新聞支社
千葉 1940：千葉多賀治「我が村を語る　川上村」『樺太時報』第 34 号，112〜117 頁
樺太庁元泊支庁編 1931：樺太庁元泊支庁編『昭和六年管内要覧』，樺太庁元泊支庁
三上 1940：三上正之「樺太の温泉」『樺太時報』第 44 号，85〜101 頁
落合 1939：落合宇七「我が村を語る　名好村」『樺太時報』第 24 号，36〜41 頁
社団法人全国樺太連盟編 1978：社団法人全国樺太連盟編『樺太沿革・行政史』，社団法人全国樺太連盟

あ　と　が　き

　本書は，科学研究費補助金基盤研究 B「北東アジアにおける帝国のプレゼ
ンスと地域社会」(2011〜2014 年度，研究代表者：白木沢旭児)による共同研
究の成果である。同科研は，それ以前の科学研究費補助金基盤研究 B(海外
学術調査)「日中戦争下の中国東北農民と日本人「開拓団」との関係史，および
び残留帰国者の研究」(2006〜2009 年度，研究代表者：寺林伸明)の共同研究
組織が前身となっている。前身にあたる満州移民に関する共同研究の成果
は，寺林伸明・劉含発・白木沢旭児編『日中両国から見た「満洲開拓」──
体験・記憶・証言──』(御茶の水書房，2014 年)として上梓されているの
で，ご参照いただきたい。寺林が勤務する北海道開拓記念館(現在の北海道
博物館)が長年積み重ねてきた中国・黒竜江省社会科学院との研究交流を基
盤として，これに吉林省社会科学院を加えて中国・現地調査を行ったことが
特徴である。日本側の共同研究メンバーは，北海道開拓記念館，北海道大学
に在籍する研究者が主であったが，科研終了後には次の研究課題として，満
洲移民に限らず，より広く日本帝国の周辺地域支配・植民地支配の問題を取
り扱う，という構想がもたれるようになった。

　北海道開拓記念館，北海道大学に限らず，札幌において知りあった樺太，
朝鮮，台湾などを専門とする研究者に加わっていただくことによって今回の
科研メンバーが集まることとなった。ここに科研による研究会記録(研究発
表)を掲げておく。

　　第 1 回研究会(研究打ち合わせ)(2011 年 5 月 14 日)

　　第 2 回研究会(2011 年 8 月 1 日)

　　　池田貴夫「サハリン朝鮮民族の暮らしと文化」

　　　竹野学「引揚げ研究の現状および樺太引揚げについて」

　　　杜穎「「中国残留日本人孤児および中国養父母問題研究」に関する調

査報告——東京・埼玉県を中心に——」

第3回研究会（2012年2月23日）

　内藤隆夫「北海道近代史研究のための覚書」

　劉含発「中国残留者帰国後の生活状態」

　白木沢旭児「日本における満洲研究の現状と問題点」

第4回研究会（2012年8月15日）

　東俊佑「北蝦夷地における蝦夷地政策の展開とアイヌの動向」

　崔誠姫「広島大学文書館における植民地期朝鮮関係資料調査の結果報
　　告書及び朝鮮の中等教育」

　寺林伸明「第一次鏡泊湖義勇隊訓練所，同開拓団等の日本人引揚者
　　（鏡友会員）」,「北海道関係の二つの「満洲開拓団」——鏡泊湖義勇
　　隊開拓団と阿城・八絋開拓団の日中関係者調査——」

　湯山英子「函館の中国残留孤児を訪ねて」

第5回研究会（日本植民地研究会と共催）（2013年1月13日）

　白木沢旭児「趣旨説明」

　劉含発「日本人「満洲開拓団」の入植による中国人の被害」

　寺林伸明「「満洲開拓団」の日中関係者に見る"五族協和"の実態」

　辻弘範「在朝日本人の記憶と記録」

第6回研究会（2013年8月20日）

　及川琢英「満洲国軍と国兵法」

　白木沢旭児「「北東アジアにおける帝国のプレゼンスと地域社会」に
　　関する覚え書き」

　内藤隆夫「戦時期朝鮮における日窒コンツェルンの人造石油事業」

　朴仁哲「朝鮮人「満洲」移民の記憶に関する一考察——移民一世の
　　「植民地体験」の語りを通して——」

第7回研究会（2014年2月14日）

　内藤隆夫「日窒・興南工場と地域社会」

　秋山淳子「南満州電気株式会社関係資料の整理と企業合同」

　胡慧君「胡適と日本——日本人との交流および日中交渉における胡適

　　の役割を中心に──」

　及川琢英「満洲国軍と中国人軍官」

　湯山英子「台湾における安南漆の生産──北海道帝国大学農学部附属
　　演習林の役割──」

　白木沢旭児「日本による華北占領体制の変化と現地社会」

　崔誠姫「ソウル資料調査報告」

　辻弘範「引揚関係資料調査」

第8回研究会（2014年8月11日，13日）

　白木沢旭児「「北東アジアにおける帝国のプレゼンスと地域社会」に
　　関する覚書（改訂版）」，「安東地域経済史」

　東俊佑「北蝦夷地における大野藩のプレゼンスとアイヌ支配──ウ
　　ショロ場所経営帳簿《北蝦夷地用》について──」

　池田貴夫「大豆から落花生へ──節分文化の地域性──」

　寺林伸明「『東北日本移民档案（黒竜江巻）』に見る日本移民と現地住
　　民」

　及川琢英「満洲国崩壊後の満洲国軍軍校出身者の動向」

　秋山淳子「営口水道電気株式会社の経営展開──《事業「合同」と日
　　中合弁企業》──」

　胡慧君「日中関係を改善するための模索──胡適の日記を中心に──」

　崔誠姫「植民地期朝鮮における地域社会と中等教育──平壌地域を中
　　心に──」

　張暁紅「戦時期奉天における機械器具工場の集積と生産実態」

　朴仁哲「朝鮮人「満州」移民のライフヒストリーにみる「戦争の記
　　憶」の継承──あるシベリア抑留体験者の語りを中心として──」

　湯山英子「近代アジアと漆貿易──日本・中国・仏領インドシナ・台
　　湾・朝鮮における地域間分業の展開──」

第9回研究会（2014年10月26日）

　張暁紅「1938-1943年の奉天市における中小機械器具工業の変容」

　辻弘範「植民地在住日本人の記憶と記録」

内藤隆夫「朝鮮北部からの引揚げ——興南の朝鮮窒素肥料関係者を中心に——」

劉含発「二十一世紀以降の満洲移民に関する研究動向」

第 10 回研究会（2015 年 3 月 23 日）

秋山淳子「日中合弁企業：営口水道電気株式会社の経営」，「「今井榮量文書」の整理と目録記述作成」

及川琢英「満洲国崩壊後の満洲国軍校出身者の動向」

白木沢旭児「2 つの帝国——植民都市・安東の地域経済史——」

崔誠姫「植民地期朝鮮における地域社会と中等教育——1920〜30 年代平壌地域を中心に——」

辻弘範「旧植民地在住日本人の記憶と記録」

寺林伸明「『東北日本移民档案（黒竜江巻）』に見る日本移民と現地住民」

内藤隆夫「朝鮮北部在住日本人の戦時と戦後〜日本窒素による工業都市社会の建設と変容，そこからの脱出〜」

朴仁哲「朝鮮人「満州」移民のライフヒストリー（生活史）を読み解く——対話的構築主義アプローチを用いて——」

湯山英子「近代アジアと漆貿易——日本・中国・仏領インドシナ・台湾・朝鮮における地域間分業の展開過程——」，「中国残留孤児・聞き取り調査【國井榮治氏】」

劉含発「二十一世紀以降の満洲移民に関する研究動向」（補論）「西暦 2000 年以前の満洲移民史の研究概況」

第 11 回研究会（原稿検討会）（2016 年 9 月 11 日，12 日）

　また，2011 年度から 2014 年度にかけて，科研メンバーが訪問した主な資料所蔵機関は以下の通りである。

〈国内〉

旭川市立図書館，外務省外交史料館，学習院大学東洋文化研究所，京都大学経済学部図書室，京都大学農学部図書室，神戸市立中央図書館青丘文庫，国

立公文書館，国立公文書館つくば分館，国立国会図書館，東京経済大学図書館，東京大学経済学部図書室，東京大学東洋文化研究所，東洋文庫，奈良県立図書情報館，一橋大学附属図書館，広島大学附属図書館，福岡市総合図書館，北海道大学附属図書館，北海道博物館，三井文庫

〈中国〉

吉林市図書館，吉林省社会科学院満鉄資料館，吉林大学図書館，大連図書館，東北師範大学図書館，遼寧省図書館，遼寧大学歴史学部

〈韓国〉

国史編纂委員会，国立中央図書館，国家記録院，ソウル市立図書館，ソウル大学校中央図書館，木浦近代歴史館，延世大学校図書館

〈台湾〉

国立台中図書館，国立台湾大学図書館，国立高雄大学，中央研究院図書館

　当初は，統一的なテーマを設定せず，各自の個別研究を進めるかたちでスタートしたが，2013 年 8 月の研究会において，「帝国のプレゼンス」という用語の意味を明確にするべきとの意見が出され，研究代表者の白木沢が「「北東アジアにおける帝国のプレゼンスと地域社会」に関する覚え書き」を報告し，今回のような帝国研究の方向に進むことになった。また，研究会では報告をしていただいたが，原稿執筆を辞退した方もいたので，結果として本書の執筆メンバーとなっている。科研事業期間終了後にも第 11 回研究会を開催し，各自の原稿をすべて集団的に検討している。本書の特徴として，第一に，植民地史研究としては複数地域，すなわち満洲，朝鮮，樺太，台湾を対象とし，時期的にはいわゆる帝国主義の時代を中心としながらも，それ以前の 19 世紀から説き起こし，戦後の引揚までをも対象としていること，第二に，日本帝国のみが支配権力となっているのではなく，複数の帝国——とりわけ中国の存在に留意したこと，である。このことが，十分に成功しているかどうかは，読者諸氏の判断にゆだねるほかないが，単独ではなしえない，大規模な共同研究ができたことは間違いない。

　本書の刊行に際して，北海道大学大学院文学研究科から出版助成金（50 万

円)を交付された。記して感謝したい。また，北海道大学出版会の今中智佳子氏には，細部にわたるチェックもしていただき，完成度を高めていただいた。改めてお礼を申し上げたい。

白木沢旭児

事 項 索 引

人 名 索 引

さ 行

た 行

執筆者一覧

白木沢旭児（しらきざわ　あさひこ）　北海道大学大学院文学研究科教授

〈主な研究業績〉『大恐慌期日本の通商問題』御茶の水書房，1999 年，『日中両国から見た「満洲開拓」──体験・記憶・証言──』御茶の水書房，2014 年（寺林伸明・劉含発と共編），『日中戦争と大陸経済建設』吉川弘文館，2016 年

東　俊佑（あずま　しゅんすけ）　北海道博物館学芸員

〈主な研究業績〉「幕末カラフトにおける蝦夷通詞と幕府の蝦夷地政策」『北海道・東北史研究』第 2 号，2005 年，「幕末蝦夷地の経営帳簿『土人勘定差引帳』」『東京大学史料編纂所研究紀要』第 20 号，2010 年，「幕末のサンタン交易について」『北方の資源をめぐる先住者と移住者の近現代史──北方文化共同研究報告──』2010 年

及川琢英（おいかわ　たくえい）　北海道大学大学院文学研究科専門研究員

〈主な研究業績〉「満洲国軍と国兵法」『歴史学研究』第 921 号，2014 年，「『満洲国軍』創設と『満系』軍官および日系軍事顧問の出自・背景」『史学雑誌』第 125 巻第 9 号，2016 年，「『満洲国軍』の発展と軍事顧問・日系軍官の『満系』統制」『北大史学』第 56 号，2016 年

秋山淳子（あきやま　じゅんこ）　札幌市公文書館専門員

〈主な研究業績〉「戦前期オーストラリアにおける日本人人口分析」北海道歴史研究者協議会『道歴研年報』第 11 号，2010 年，「「満洲国」成立以降における土地商租権問題」寺林伸明・劉含発・白木沢旭児編『日中両国からみた「満洲開拓」──体験・記憶・証言──』御茶の水書房，2014 年，「札幌市公文書館の開館と今後の課題」記録管理学会『レコード・マネジメント』第 67 号，2014 年

張　暁紅（zhang xiaohong）　香川大学経済学部准教授

〈主な研究業績〉「1920 年代の奉天市における中国人綿織物業」『歴史と経済』194 号，2007 年，「『満洲国』期における奉天の工業化と中国資本──機械器具工業の分析を中心として──」柳沢遊，木村健二，浅田進史編著『日本帝国勢力圏の東アジア都市経済』慶應義塾大学出版会，2013 年，「『満洲国』の都市における民族資本の戦時と戦後──奉天市の機械器具工業を中心に──」『経済論叢』（香川大学）第 89 巻第 2 号，2016 年

朴　仁哲（piao renzhe）　北海道大学大学院教育学研究院専門研究員

〈主な研究業績〉「「満州」における朝鮮人「安全農村」に関する一考察」『北海道大学教育学院研究紀要』第 106 号，2008 年，「朝鮮人「満州」移民研究における対話的構築主義アプローチへの一試論」富士ゼロックス小林節太郎記念基金編『富士ゼロックス小林節太郎記念基金 2009 年度研究助成論文』2011 年，「跨越年代的历史对话──以朝鲜人「満洲移民」第一代为个案──」祁进玉，孙春日主编『东北亚民族文化评论』第 2 辑，学苑出版社，2012 年

胡（猪野）慧君(hu ino huijun)　北海道大学大学院文学研究科専門研究員

〈主な研究業績〉「国民使節および駐米大使としての胡適の講演活動の意義」北海道中国哲学会『中国哲学』第 39 号，2011 年，『抗日战争时期的胡适──其战争观的变化及在美国的演讲活动──』浙江大学出版社，2013 年，「阿城・八紘開拓団，寧安の日本人残留帰国者」寺林伸明・劉含発・白木沢旭児編『日中両国から見た「満洲開拓」──体験・記憶・証言──』御茶の水書房，2014 年

辻　弘範(つじ　ひろのり)　北海学園大学経済学部教授

〈主な研究業績〉「台頭中国と朝鮮半島──「東北工程」をめぐって──」中居良文編著『台頭中国の対外関係』御茶の水書房，2009 年，「在朝日本人の日常生活──上甲米太郎日記を読む──」高麗博物館編『植民地・朝鮮の子どもたちと生きた教師 上甲米太郎』大月書店，2010 年，『こんなとき，どう言う？ ハングル表現力トレーニング』NHK 出版，2016 年

崔　誠姫(ちぇ　そんひ)　一橋大学大学院社会学研究科特別研究員

〈主な研究業績〉「第二次朝鮮教育令施行期における中等教育機関への進学過程──高等普通学校・女子高等普通学校を中心に──」『朝鮮史研究会論文集』51 集，2013 年，「1920 年代朝鮮における高等普通学校・女子高等普通学校の設立と「昇格」の事例研究」『日本植民地研究』26 号，2014 年

内藤隆夫(ないとう　たかお)　東京経済大学経済学部教授

〈主な研究業績〉「北海道近代史研究のための覚書」北海道大学『経済学研究』第 61 巻第 3 号，2011 年，「明治期石油精製業者の製造・販売活動と原油調達」『東京経大学会誌』第 279 号，2013 年，「明治期佐渡鉱山の製錬部門における技術導入」北海道大学『経済学研究』第 62 巻第 3 号，2013 年

湯山英子(ゆやま　えいこ)　北海道大学大学院経済学研究科地域経済経営ネットワーク研究センター研究員

〈主な研究業績〉「仏領インドシナにおける日本人社会──日仏共同支配前を中心に──」蘭信三編『日本帝国をめぐる人口移動の国際社会学』不二出版，2008 年（2014 年 4 月改訂版），「仏領インドシナにおける対日漆貿易の展開過程──1910 年代〜1940 年代初めの現地日本人商店からの考察──」『社会経済史学』第 77 巻第 3 号，2011 年，「台湾の仏領インドシナ調査と事業経営──南亜公司と日仏製糖会社を中心に──」『台湾学研究』(国立台湾図書館)第 20 期，2016 年

池田貴夫(いけだ　たかお)　北海道博物館学芸員

〈主な研究業績〉『クマ祭り──文化観をめぐる社会情報学──』第一書房，2009 年，「日本領期樺太の民俗・緒論」『日本民俗学』第 272 号，2012 年，『なにこれ!? 北海道学』北海道新聞社，2013 年

北東アジアにおける帝国と地域社会

2017 年 3 月 31 日　第 1 刷発行

　　　　編著者　　白木沢旭児
　　　　発行者　　櫻 井 義 秀

　　発行所　北海道大学出版会
　　札幌市北区北 9 条西 8 丁目　北海道大学構内（〒060-0809）
　　Tel. 011(747)2308・Fax. 011(736)8605・http://www.hup.gr.jp/

アイワード/石田製本　　　　　　　　　© 2017　白木沢旭児
ISBN978-4-8329-6831-8

千島列島をめぐる日本とロシア	秋月　俊幸 著	四六・368頁 定価 2800円
日露戦争とサハリン島	原　　暉之 編著	A5・454頁 定価 3800円
近代東北アジアの誕生 —跨境史への試み—	左近　幸村 編著	A5・400頁 定価 3200円
日本植民地下の台湾先住民教育史	北村　嘉恵 著	A5・396頁 定価 6400円
満蒙開拓青少年義勇軍史研究	白取　道博 著	A5・272頁 定価 5400円
コリアン・ネットワーク —メディア・移動の歴史と空間—	玄　　武岩 著	A5・480頁 定価 6500円

〈価格は消費税を含まず〉

──────── 北海道大学出版会 ────────